Leonardo Boff
Kirche: Charisma und Macht

SERIE PIPER
Band 1078

Zu diesem Buch

Thema dieses Buches ist das politische Handeln der Kirche in der Gesellschaft. Der traditionellen, machtorientierten Kirche stellt Boff, der bekannteste Vertreter der Befreiungstheologie, das neue Modell einer »Kirche der Armen« gegenüber. Wegen dieses weltweit beachteten Buches wurde Leonardo Boff 1985 vom Vatikan mit einem ›Bußschweigen‹ belegt.

»In ihrer hochgradigen Empfindlichkeit verträgt die Kirchenhierarchie eines besonders schlecht: Kritik an der Institution. Von daher der Streit um dieses Buch. Wer es liest, trifft auf einen engagierten, bisweilen frechen Theologen und frommen Franziskaner, der uns lehrt, wie die Kirche in Lateinamerika mit den Mitteln einer gesellschaftsbezogenen Theologie gesehen und verändert werden kann.«

Westdeutscher Rundfunk

Leonardo Boff, geboren 1938 in Concórdia, Franziskaner, ist heute Professor für Systematische Theologie in Petrópolis, Schriftleiter mehrerer großer theologischer Zeitschriften und Berater der Nationalen Bischofskonferenz Brasiliens.

LEONARDO BOFF

KIRCHE:
CHARISMA UND MACHT

Studien zu einer streitbaren Ekklesiologie

Mit einem Vorwort
von Norbert Greinacher

Aus dem brasilianischen
Portugiesisch
von Horst Goldstein

Piper
München Zürich

Die Originalausgabe erschien 1981 unter dem
Titel »Igreja: Carisma e Poder«
im Verlag Vozes, Petrópolis.

ISBN 3-492-11078-9
März 1990
R. Piper GmbH & Co. KG, München 1990
Lizenzausgabe mit Genehmigung des Patmos Verlages, Düsseldorf
© Patmos Verlag Düsseldorf
© des Vorwortes: R. Piper GmbH & Co. KG, München 1990
Umschlag: Federico Luci
Foto: Patmos Verlag
Satz: Lengericher Handelsdruckerei, Lengerich
Druck und Bindung: Clausen & Bosse, Leck
Printed in Germany

Inhalt

IX. Kirchliche Basisgemeinden: Mindestelemente

Norbert Greinacher
Heilige Herrschaft oder heiliger Dienst?

Vorwort zur Taschenbuchausgabe

Am Ende des fünften oder zu Beginn des sechsten Jahrhunderts schrieb ein anonymer Autor folgende Aussagen nieder: »Das allheilige Gesetz der Urgottheit ist dies, daß die Wesen zweiter Ordnung durch die der ersten Ordnung zum göttlichen Lichte emporgeführt werden... So haben also diese Männer, welche zunächst Gott schauen, die Aufgabe, die Mitglieder der zweiten Ordnung in dem demselben entsprechenden Maße neidlos die heilig von ihnen selbst geschauten göttlichen Betrachtungsbilder sehen zu lassen. Ihnen, die in alle göttlichen Geheimnisse ihrer Hierarchie mit vollkommener Wissenschaft bestens eingeweiht sind, steht es zu, andere in die hierarchischen Dinge einzuweihen, da sie dazu auch die vollendende Gewalt der mystischen Einführung besitzen... Der göttliche Stand der Hierarchen (sc. die Bischöfe: N. G.) ist der erste unter den gottschauenden Ständen; er ist auch der höchste und letzte, denn in ihm ist die ganze Institution unserer Hierarchie vollendet und abgeschlossen... Der Stand der Hierarchen ist also mit der Vollendungsgewalt erfüllt. Er vollzieht in bevorzugter Weise die Funktionen, welche die Krone der übrigen bilden, er führt mit aufklärender Predigt in die Wissenschaft der Heilsordnung ein und belehrt über deren entsprechende Stände und Gewalten. Der leuchtende Stand der Priester leitet in Unterordnung unter den Stand der gotterfüllten Hierarchen die Täuflinge zum göttlichen Anblick der Sakramente an und verrichtet im Verein mit ihm die ihm zustehenden Kulthandlungen... Wir haben nunmehr gezeigt, daß der Stand der Hierarchen die vollendende Gewalt und Wirksamkeit, der Stand der Priester die Gewalt zu erleuchten hat und tatsächlich erleuchtet, der Stand der Liturgen (sc. die Diakone: N. G.) die Gewalt zu reinigen und auszusondern besitzt... Denn die niederen Stände sind nicht imstande, in die höheren überzugehen. Abgesehen davon, daß es nicht einmal ohne Frevel für sie abginge, wenn sie sich zu einer solchen Anmaßung verstiegen. Die göttlicheren Gewalten dagegen kennen nebst der eigenen Wissenschaft auch das heilige Wissen, das den ihrem Range untergeordneten Ständen eignet.«
Der Verfasser dieses Buches über die »Kirchliche Hierarchie« gibt

sich in betrügerischer Absicht als der in der Apostelgeschichte 17,34 erwähnte Paulusschüler aus, der einer der wenigen war, die aufgrund der Rede des Paulus vor dem Areopag zum christlichen Glauben fand. Er legte sich den Namen Dionysius Areopagites zu. Im neunten Jahrhundert wurde er dann noch zusätzlich mit dem gleichnamigen Pariser Märtyrer identifiziert. Aufgrund dieser doppelten Autorität als angeblicher Paulusschüler und als angeblicher Märtyrer kam ihm im ganzen Mittelalter eine ungeheure Bedeutung zu – im Grunde bis auf den heutigen Tag. Aufgrund seiner neuplatonischen Gedanken existierte für ihn eine vorgegebene hierarchische Ordnung alles Seins, die stufenweise vom absolut transzendenten Gott durch das rein geistige Sein der Engel und das geistig-körperliche Sein der Menschen zur Materie hinführt. Die in neun Chöre hierarchisch geordneten Engel geben die von Gott empfangenen Erleuchtungen einander in sich ständig vermindernder Stärke weiter. Vom letzten Chor der Engel gehen diese Erleuchtungen auf die Menschen über, die ihrerseits in zwei Triaden eingeteilt sind: einerseits in die Bischöfe, Priester und Diakone und andererseits in die Mönche, Gläubigen und die Gereinigten, das heißt die Katechumenen und Büßer.

Diese neuplatonischen Gedanken des Dionysius Areopagites stehen im klaren Widerspruch zu dem, was Jesus von Nazaret nach dem Zeugnis der drei ersten Evangelisten gesagt hat: »Ihr wißt, daß die, welche als Fürsten der Völker gelten, sie knechten und ihre Großen über sie Gewalt üben. Unter euch ist es aber nicht so, sondern wer unter euch groß sein will, sei euer Diener, und wer unter euch der Erste sein will, sei der Knecht aller; denn auch der Menschensohn ist nicht gekommen, damit ihm gedient werde, sondern damit er diene und sein Leben gebe als Lösegeld für viele (Markus 10,42–45; vgl. Matthäus 20,25–28; Lukas 22,25–27).

Die Christinnen und Christen, die sich auf diesen Jesus von Nazaret berufen und ihm nachfolgen wollen, werden ihr gesamtes Verhalten an dieser grundlegenden Norm auszurichten haben. Vor allem aber steht diejenige Institution, die sich auf Jesus von Nazaret als Existenzgrundlage beruft, unter dieser unerbittlichen Norm. Wenn also in der Kirche im Hinblick auf ihre Kommunikationsformen überhaupt von Heiligkeit die Rede sein soll, dann nicht von einer Hierarchie, sondern von einer ›Hierodulie‹, nicht von einer heiligen Herrschaft, sondern von einem heiligen Dienst!

Eine heilige Herrschaft widerspricht auch der grundsätzlichen Gleichheit der Mitglieder des Neuen Bundes. Diese Gleichheit ist begründet in der Tatsache, daß Gott sich allen Menschen zugewandt hat und in Jesus Christus sein grundsätzliches Ja zu allen Menschen gesprochen hat. Alle Mitglieder des Volkes Gottes sind befreit von den Mächten und Gewalten. Sie sind nicht mehr Knechte, sondern Söhne Gottes (vgl. Galaterbrief 4,6 f.).

Als Söhne und Töchter Gottes unterstehen die Christinnen und Christen nicht mehr der Vormundschaft von Sakralinstitutionen. Sie sind nicht mehr der Gesetzesherrschaft unterworfen (vgl. Galaterbrief 4,5). Es gibt im Neuen Bund keine Heilsvermittlung durch sakrale Institutionen; es gibt keine Vermittlungsinstanzen zwischen Gott und den Menschen, denen sich der Christ unterwerfen muß. Institutionelle Elemente in der Kirche haben vielmehr die Aufgabe, das Leben der christlichen Gemeinde in den Dimensionen des Neuen Bundes zu artikulieren. Die Gefahr, daß wiederum eine religiöse Ungleichheit eingeführt wird, hat vor allem der Evangelist Matthäus angeprangert. Er betont die grundsätzliche Unvereinbarkeit eines mit dem Anspruch höherer Dignität gegenüber der Gemeinde auftretenden Amtes mit dem Geiste geschwisterlicher Solidarität: »Ihr dagegen sollt euch nicht Rabbi nennen lassen; denn einer ist euer Meister, ihr alle aber seid Brüder. Nennet auch niemand auf Erden euren Vater; denn einer ist euer Vater, der himmlische. Auch sollt ihr euch nicht Lehrer nennen lassen; denn einer ist euer Lehrer; Christus. Wer aber unter euch größer ist als die anderen, soll euer Diener sein« (Matthäus 23,8–11).

Diese radikal neue Gegebenheit der grundsätzlichen Gleichheit aller Christinnen und Christen fand ihren Niederschlag in der Kirche, die wir in den verschiedenen Traditionen des Neuen Testamentes wiederfinden. Allmählich aber traten die unterscheidenden Elemente doch immer mehr in den Vordergrund. Schon Ignatius von Antiochien (gestorben spätestens 117) schreibt an die Smyrnäer: »Alle sollt ihr dem Bischof gehorchen wie Jesus Christus dem Vater, und auch dem Presbyterium wie den Aposteln, die Diakone aber ehrt wie Gottes Anordnung« (8,1). Typisch dafür ist, daß das Wort »Bruder« als Bezeichnung der Christen untereinander immer mehr zurückgeht. Formelhaft klingt es schon, wenn Cyprian seine Epistel mit »fratres carissimi« beginnt. In der Einzelrede gebraucht Cyprian den Begriff »Bruder« nur im Hinblick auf die Bischöfe und Presbyter (vgl. dazu das ausgezeichnete Büchlein von Joseph Ratzinger, Die christliche Brüderlichkeit, München 1960).

Die Tendenz zur Hierarchisierung verschärfte sich vor allem durch die »Konstantinische Wende« und die damit verbundene Entwicklung der Kirche zur Staatskirche.

Historisch gesehen brachte diese zunehmende Hierarchisierung der Kirche und das Verlassen des Gleichheitsgrundsatzes vor allem drei Konsequenzen mit sich. Zunächst gab es bis in unsere Tage immer wieder Gruppen von Christinnen und Christen, die mit dieser Gleichheit radikal ernstmachen wollten, die aber keine Möglichkeiten sahen, dies im Rahmen der Kirche zu tun. Sie bildeten deshalb Gruppen außerhalb der Kirche. Sie wurden zu dem, was man »Sekten« oder später auch die »Freikirchen« nannte.

Die zweite historische Konsequenz des Mangels an Gleichheit in der Kirche besteht in der innerkirchlichen Analogie zu den Sekten: in den Orden, die schon Max Weber als innerkirchliche Sekten bezeichnet hat. Auch hier zeigt sich im Verlauf der Geschichte bis in unsere Tage hinein ganz deutlich, daß ein mächtiger Impuls für das Entstehen solcher Gruppen innerhalb der Kirche das Streben nach der Verwirklichung der christlichen Gleichheit war.

Die dritte Konsequenz des Mangels an Gleichheit in der Kirche brachte aber die weitreichendsten Folgen mit sich. Da die Menschen die von ihnen ersehnte Wirklichkeit der christlichen Gleichheit in der Kirche nicht mehr fanden, suchten sie sie außerhalb der Kirche zu verwirklichen. So kam es, daß in der Neuzeit die Gleichheit in ihrer radikal säkularisierten Form zum bewegenden Impuls vor allem von zwei Bewegungen wurde: für die Aufklärung und den Marxismus.

In meinen Überlegungen gehe ich dabei von der grundlegenden Unterscheidung zwischen Herrschaft auf der einen Seite und rationaler Machtausübung auf der anderen Seite aus, wie sie vor allem Herbert Marcus getroffen hat. Er schreibt: »Herrschaft ist etwas anderes als rationale Machtausübung. Letztere, die jeder gesellschaftsformenden Arbeitsteilung innewohnt, stammt aus dem Können und beschränkt sich auf die Verwaltung von Funktionen und Einrichtungen, die für die Förderung des Ganzen notwendig sind. Im Gegensatz dazu wird die Herrschaft von einer bestimmten Gruppe oder von einem einzelnen ausgeübt mit der Absicht, sich selbst in einer privilegierten Position zu erhalten und seine Macht zu steigern« (Triebstruktur und Gesellschaft, Frankfurt 1970, 41).

Ich bin der Überzeugung, daß diese grundlegende Unterscheidung auch für die Kirche anwendbar ist. In der Kirche muß es rationale Machtausübung geben. Weil die Kirche auch eine Institution ist, muß es in ihr Macht und Machtausübung geben. Alles andere wäre Sozialromantik. Es geht aber in der Kirche genau darum, aufgrund von Können und Fähigkeiten bestimmte Aufgaben wahrzunehmen. Aber es kann nicht darum gehen, Herrschaft auszuüben oder gar Menschen zu unterdrücken.

Der einzige Herr, zu dem sich die Kirche Jesu Christi bekennt, ist Jesus Christus selbst. Aber bei der Anerkennung seiner Autorität, der sich alle andere Autorität in der Kirche unterzuordnen hat, handelt es sich eben nicht um eine Herrschaft von Menschen über Menschen, denn gerade Jesus Christus versteht seine Aufgabe als einen Dienst an den Menschen.

Wenn Kirche heute glaubwürdig sein will, muß sie eine herrschaftsfreie Kirche sein (vgl. G. Hasenhüttl, Herrschaftsfreie Kirche, Düsseldorf 1974; N. Greinacher, Herrschaftsfreie Gemeinde: Concilium 7 (1971) 181–190). Herrschaftsfrei bedeutet nicht, daß eine Kirche ohne Machtausübung, ohne Autorität, ohne Amtsträger, ohne eine bestimmte Ordnung dem Chaos, der Anarchie überantwortet wird. Herrschaftsfrei besagt vor allem, daß dann, wenn in der Kirche von bestimmten Amtsträgern Macht ausgeübt wird, diese sich verantworten muß.

Es kommt sicher nicht von ungefähr, daß Leonardo Boff vor seinem Buch über Charisma und Macht in der Kirche eine Fülle von Veröffentlichungen vorgelegt hat, die versucht haben, inmitten der schrecklichen Wirklichkeit von Ausbeutung und Unterdrückung in der lateinamerikanischen Gesellschaft eine neue kreative und authentische Antwort zu geben, wie christlicher Glaube heute verwirklicht werden kann, eine Fülle von Veröffentlichungen, die zumindest offiziell von der universalen Kirchenleitung nicht sanktioniert wurden. Erst als er in dem vorliegenden Buch nicht einmal die Kirche selbst, auch nicht die Dienste in der Kirche infrage stellt, sondern einige gesellschaftlich und geschichtlich bedingte Formen der Praxis der Kirche kritisierte, wurde er mit der skandalösen Kirchensanktion des »Bußschweigens« belegt, das in keiner kirchenrechtlichen Bestimmung vorgesehen ist. Die universale Kirchenleitung fühlte sich also durch seine kritischen Bemerkungen über eine bestimmte Praxis der Herrschaftsausübung in der Kirche provoziert.

Das vorliegende Buch, das jetzt auf verdienstvolle Weise in einer Taschenbuchausgabe erscheint, stellt, wie man weiß, keine einheitliche Monographie dar, sondern eine Sammlung von Einzelveröffentlichungen und Vorträgen. Zu den einzelnen Ausführungen von Leonardo Boff mag man stehen, wie man will. Ich bin der letzte, der alle

Formulierungen und alle Gedanken voll unterschreiben würde. Daß aber Leonardo Boff in diesem vorliegenden Buch die zentrale Frage nach der Herrschaft in der Kirche gestellt und gleichzeitig infrage gestellt hat, ist sein großes Verdienst. Er verdient dabei die Solidarität von allen, die versuchen, Kirche zu verwirklichen im Heute der Geschichte unter dem Anspruch der Nachfolge Jesu Christi.

Wie man hört, wird Leonardo Boff von neuem mit kirchlichen Sanktionen bedroht. Die katholische Kirche kann sich keinen schlechteren Dienst erweisen, als zu versuchen, diese kritische Stimme zum Schweigen zu bringen. Falls es der universalen Kirchenleitung gelingen sollte, dieses Schweigen von Neuem zu erzwingen, was Gott verhüten möge – ich sage dies mit allem Bedacht –, dann werden die Steine reden!

Fidel Castro berichtet, daß er in seinem revolutionärem Kampf mit einigen seiner Genossen verhaftet worden war und kurz vor der Exekution stand. Ein Leutnant, der ihn bewachte, wandte sich aber zu den Soldaten, die Fidel Castro und seine Genossen erschießen wollten, und rief ihnen zu: »Ideen tötet man nicht« (vgl. Frei Betto, Nachtgespräche mit Fidel, Freiburg/Schweiz 1986, 145). Wie wahr! Ideen tötet man nicht. Sie werden weiterleben, solange es Menschen gibt, die sich in der Nachfolge Jesu Christi gegen jegliche Herrschaft von Menschen über Menschen wenden und die Kirche im Sinne des Jesus von Nazaret verstehen als eine Dienstgemeinschaft, als eine Institution, die da ist »für die Menschen und um des Heiles der Menschen willen«.

Zwischen September 1944 und Februar 1945 hat Alfred Delp im Gefängnis mit – buchstäblich – gefesselten Händen folgende Zeilen niedergeschrieben: »Das Schicksal der Kirchen wird in der kommenden Zeit nicht von dem abhängen, was ihre Prälaten und führenden Instanzen an Klugheit, Gescheitheit, ›politischen Fähigkeiten‹ usw. aufbringen... Von zwei Sachverhalten wird es abhängen, ob die Kirche noch einmal einen Weg zu diesen Menschen finden wird... Der eine Sachverhalt meint die Rückkehr der Kirchen in die ›Diakonie‹: in den Dienst der Menschheit. Und zwar in einen Dienst, den die Not der Menschheit bestimmt, nicht unser Geschmack... Es wird kein Mensch an die Botschaft vom Heil und vom Heiland glauben, solange wir uns nicht blutig geschunden haben im Dienst des physisch, psychisch, sozial, wirtschaftlich, sittlich oder sonstwie kranken Menschen« (Alfred Delp, Gesammelte Schriften IV, Frankfurt 1984, 318 f.).

Dies ist ein Vermächtnis, das es einzulösen gilt!

Einleitung

Der Untertitel: *Studien zu einer streitbaren Ekklesiologie* markiert den roten Faden, der sich durch alle Untersuchungen und Abhandlungen dieser Sammlung über die geschichtliche und theologische Wirklichkeit von Charisma und Macht in der Kirche hindurchzieht. Einige der Arbeiten waren bisher noch nicht zugänglich, andere sind bereits in verschiedenen Zeitschriften abgedruckt worden. Alle sind sie das Ergebnis von Vorträgen und Diskussionen. Der Verfasser hält mit seiner Position und seinem Interesse an einer bestimmten Art von Erneuerung und Innovation in der Kirche nicht hinter dem Berg. So handelt es sich also um eine *streitbare* Standortbestimmung. Diese hindert uns freilich nicht, sondern gibt uns Kraft, nach der Wahrheit des Glaubens zu suchen, der die Theologie ja verpflichtet ist.

Wir leben in einer privilegierten Zeit. Das kirchliche Leben ist mächtig in Bewegung gekommen und reißt uns vom Scheitel bis zur Sohle mit. Sowohl die Basis als auch die Spitze unserer Kirche hat sich auf den Weg der Erneuerung gemacht. Was dabei herauskommen wird, wird sicherlich ein neues Gesicht der kirchlichen Institution sein. Besonders an den verschiedenen Stellen der Basis gibt es lebendige Kräfte, die sich in den traditionellen Rastern der kirchlichen Organisation nicht angemessen einfangen lassen. Sie fordern eine Neustrukturierung und Neuverteilung der kirchlichen Arbeit und der religiösen Macht. Dazu bedarf es einer anderen Sicht von Ekklesiologie. Aber an Systematischem, das eine umfassende Antwort auf die Herausforderungen der Realität böte, haben wir noch nichts in Händen. Um so dringender bedürfen wir seiner allerorten in Lateinamerika.

Die vorliegende Sammlung will diese Lücke nicht schließen. Wohl aber greift sie einige Herausforderungen auf – kritisch gegenüber einer bestimmten Tradition, aber auch konstruktiv in Richtung auf ein neues Modell von Kirche – und reflektiert sie streitbar und entschieden.

In nicht sehr ferner Zeit möchten wir unserer brasilianischen Kirche eine systematische Arbeit zur Ekklesiologie vorlegen. Sie soll dem Reichtum, den der Geist hierzulande entfacht, wie auch den Herausforderungen, vor die er uns hier führt und denen wir uns mit Freimut stellen, gerecht werden. Als Gemeinschaftsarbeit von Clodovis Boff und mir soll sie den Titel tragen: *De severina Ecclesia*.

Menschen, die die Kirche mit ihren Runzeln und Falten lieben, werden den vorliegenden Band verstehen. Menschen also, die triumphalistisches Denken inzwischen hinter sich gelassen haben. Andere werden möglicherweise meinen, unser Buch sei absolut überflüssig oder gar unangebracht. Das soll mich wirklich nicht stören. Zum Schluß fällt mir kein anderer Gedanke ein als der des Augustinus, den bereits der große Philosoph Ludwig Wittgenstein zitierte:

»Et multi ante nos vitam istam agentes, praestruxerunt aerumnosas vias, per quas transire cogebamur multiplicato labore et dolore filiis Adam.« Zu deutsch: »Und viele vor uns, die dieses Leben gelebt haben, haben mühselige Wege gebaut, die wir unter vielfältigen, den Kindern Adams aufgeladenen Anstrengungen und Schmerzen zu gehen gezwungen waren.«

Landgut São José,
Estrada Santa Veridiana,
Santa Cruz, Februar 1981   *Leonardo Boff*

I. Typen pastoraler Praxis und Modelle von Kirche

Mehr und mehr zieht die Kirche in Lateinamerika die Aufmerksamkeit religiös interessierter Beobachter auf sich. Die Gründe sind zunächst das zahlenmäßige Gewicht dieser Kirche, sodann ihre derzeitigen ekklesiologischen Neuansätze, die überraschende Position ihrer Bischöfe in Sachen sozialer Problematik und schließlich das Auftauchen einer Kirche, die an der Basis des armen Volkes im Entstehen ist. Welche Tendenzen zeichnen sich nun in dieser ekklesialen Momentaufnahme ab, und welche Perspektiven eröffnen sie im einzelnen für die Zukunft?[1] Echte Ekklesiologie findet sich weder in

---

[1] Dieser Aufsatz spiegelt etwas von der Erfahrung des Autors mit der Kirche wider: Seit mehr als zehn Jahren bereist er im Dienst an verschiedenen Gemeinden Lateinamerika und versucht, die Wirklichkeit innerhalb und außerhalb der lateinamerikanischen Kirche zu reflektieren. Trotz dieses eher persönlichen Charakters seien einige Literaturhinweise gegeben, die es dem Leser ermöglichen sollen, sich in das Thema zu vertiefen: *L. Boff,* A vida religiosa e a Igreja no processo de libertação, Petrópolis ²1976; *ders.,* Teologia do cativeiro e da libertação, Petrópolis 1980, 201–220; *ders.,* Mission et universalité concrète de l'Église, in: Lumière et Vie 137 (1978) 33–52; *ders.,* Die Neuentdeckung der Kirche. Basisgemeinden in Lateinamerika, Mainz 1980, ³1983 (Petrópolis 1977); *C. Boff,* Comunidade eclesial, comunidade política. Ensaios de eclesiologia política, Petrópolis 1978; *ders.,* A influência política das comunidades eclesiais de base, in: SEDOC (Petrópolis) 11 (1979) 797–818; *P. Bigo,* L'Église et la révolution du tiers monde, Paris 1974; *L. Proaño,* Pour une Église libératrice (aus dem Spanischen), Paris 1973; *G. Arroyo u. a.,* The Church and politics in Latin America, Toronto 1977; *R. Vidales,* La Iglesia latino-americana y la política después de Medellín, Bogotá 1972; *R. Muñoz,* Nueva conciencia de la Iglesia en América Latina, Salamanca 1974; *J. Marins und Team,* Igreja e conflitividade social na América Latina, São Paulo 1976; *CLAR,* Pueblo de Dios y comunidad liberadora. Perspectivas eclesiológicas desde las comunidades religiosas que caminan con el pueblo, Bogotá 1977; *CELAM,* Conflicto social y compromiso cristiano en América Latina, Bogotá 1976; SEDOC (Petrópolis) 11 (1979) 705–862: Comunidades eclesiais de base. Estudos dos peritos. Encontro de João Pessoa (verschiedene Autoren); *R. Muñoz,* Sobre el capítulo eclesiológico de las conclusiones de Puebla, in: Puebla 3 (1979) 141–151; *L. Boff,* Aus dem Tal der Tränen ins Gelobte Land. Der Weg der Kirche mit den Unterdrückten, Düsseldorf ²1984 (Rio de Janeiro 1980); *G. Hartmann,* Christliche Basisgruppen und ihre befreiende Praxis. Erfahrungen im Nordosten Brasiliens, München/Mainz 1980, ²1981; *H. Goldstein,* Lateinamerikanische Basisgemeinden. Basis einer neuen Form von Kirche hierzulande? in: dem. (Hrsg.), Befreiungstheologie als Herausforderung, Düsseldorf 1981, ²1983, 139–167; *G. Deelen,* Kirche auf dem Weg zum Volke. Soziologische Betrachtungen über kirchliche Basisgemeinden in Brasilien, Mettingen ²1982; *H. Frankemölle,* Kirche von unten. Alternative Modelle, München/Mainz 1981.

15

den Handbüchern noch in den Schriften der Theologen. Sie lebt und atmet in ekklesialen Vollzügen, wie sie in ekklesiastischen Institutionen zu Grabe getragen wird. So ergibt sich: Wer die verschiedenen ekklesiologischen Tendenzen in Lateinamerika beschreiben will, muß die verschiedenen Praxismodelle samt den dazugehörenden Trägern und von dort aus die unterschiedlichen Verkündigungsstile und theoretischen Erarbeitungen untersuchen. Das soll im Folgenden in der gebotenen Kürze geschehen.

1. Die richtige Zuordnung: Reich Gottes – Welt – Kirche

Wenn unsere Analyse nicht nur phänomenologisch, sondern auch theologisch etwas erbringen soll, ist es wichtig, die Pole, die im Verständnis von Kirche eine Rolle spielen, sachgerecht zuzuordnen. Kirche läßt sich nicht in sich selbst und für sich selbst verstehen; sie steht im Dienst an Realitäten, die sie übersteigen: Reich Gottes und Welt. Welt und Reich Gottes sind die Säulen, auf denen das ganze Gebäude der Kirche ruht. Da ist zunächst die Wirklichkeit des Reiches Gottes, die Welt und Kirche umschließt. *Reich* – jene Kategorie, deren Jesus sich bedient, um seine *ipsissima intentio* (sein ureigenes Anliegen) zum Ausdruck zu bringen – bedeutet die in der Welt realisierte Utopie (Eschatologie), das heißt das gute Ende der Gesamtheit der Schöpfung, die dann endlich in Gott von aller Unzulänglichkeit gänzlich befreit, vom Göttlichen durchdrungen und unbedingt realisiert ist. Reich Gottes ist Erlösung in Vollendung. Die *Welt* hingegen ist der Ort der geschichtlichen Verwirklichung des Reiches Gottes. So wie sie sich gegenwärtig darstellt, befindet sie sich in gefallenem Zustand und trägt das Mal der Sünde. Deshalb baut sich das Reich Gottes gegen die Kräfte des Gegenreiches auf. Ständig bedarf es eines mühsamen Befreiungsprozesses, damit die Welt das Reich in sich aufnehmen und zu einem glücklichen Ende finden kann. Die *Kirche* ist ihrerseits der Teil der Welt, welcher in der Kraft des Geistes das Reich explizit in der Person Jesu Christi, des in unserer Unterdrückung menschgewordenen Sohnes Gottes, annimmt, ständig die Erinnerung an das Reich und das Bewußtsein von ihm wachhält, seine Anwesenheit in der Welt und in sich selbst feiert und die Grammatik seiner Verkündigung – im Dienst an der Welt – pflegt. Die Kirche ist nicht das Reich Gottes, sondern Zeichen (ausdrückliche Konkretion) und Werkzeug (Vermittlung) zu seiner Verwirklichung in der Welt.

Nun geht es darum, die drei Begriffe korrekt einander zuzuordnen. Zuerst kommt das Reich Gottes – als die erste und letzte, alles andere umgreifende Realität. Dann folgt die Welt – als Raum der Geschichtswerdung des Reiches und der Verwirklichung der Kirche. Und schließlich kommt die Kirche – als antizipatorische und sakramentale Verwirklichung des Reiches in der Welt und als Mittel dafür, daß das Reich möglichst dicht in der Welt antizipiert werden kann.

Eine zu große Annäherung der Realität der Kirche an das Reich Gottes oder gar eine Ineinssetzung beider Wirklichkeiten führt zu einem abgehobenen, idealistischen und spiritualisierenden Kirchenbild, das mit dem Gewebe der Geschichte nichts mehr zu tun hat. Wer andererseits Kirche und Welt miteinander identifizieren wollte, würde eine säkularisierte, verweltlichte Kirche zeichnen, der es wie anderen Mächten um die Macht in der Gesellschaft ginge. Eine Kirche schließlich, die um sich selbst kreist und weder mit dem Reich noch mit der Welt etwas zu tun hat, wäre eine selbstgefällige, triumphalistische Kirche, eine »vollkommene Gesellschaft«, welche die normalerweise dem Staat bzw. der Zivilgesellschaft zustehenden Funktionen verdoppelt und weder die relative Autonomie des Weltlichen noch die Gültigkeit des rationalen Diskurses anerkennt.

Alle diese theologischen Falschgewichtungen sind Pathologien und bedürfen der Therapie. Eine gesunde Ekklesiologie setzt ein korrektes Verhältnis zwischen Reich, Welt und Kirche voraus, und zwar in der von uns skizzierten Folge, so daß die Wirklichkeit »Kirche« immer als konkretes und geschichtliches Zeichen (für Reich Gottes und Heil) und als Werkzeug (der Vermittlung) des Heilsdienstes an der Welt ersichtlich wird.

2. Die großen Modelle der Vergangenheit

Nach diesen methodologischen Vorbemerkungen möchten wir vier Modelle ekklesialer Praxis vorstellen, einschließlich der entsprechenden (latenten oder expliziten) Ekklesiologien, wie sie in Lateinamerika anzutreffen sind. Wir werden die einzelnen Praxistypen mit den Herausforderungen unseres Erdteils konfrontieren und die Frage stellen, welche Bedeutung sie da haben und was in Zukunft von ihnen zu erwarten ist.

a. Kirche als *civitas Dei* – Totalität *ad intra*

Wiewohl immer weniger, gibt es auch heute noch in Lateinamerika eine kirchliche Praxis, die beinahe ausschließlich nach innen gerichtet ist. Die Kirche versteht sich als ausschließliche Trägerin des Heils für die Menschen. Durch Sakramente, Liturgie und Betrachtung der Bibel wie auch durch die Organisation der Pfarrei um strikt religiös-sakrale Aufgaben aktualisiert sie das Heilswerk Jesu. Der Papst, der Bischof und die hierarchischen Strukturen stellen in der Regel für dieses Kirchenverständnis die tragenden Elemente dar. Die Kirche ist wesentlich klerikal, so daß ohne den im Weihesakrament geweihten Priester nichts Entscheidendes in der Gemeinde passieren kann. Traditionspflege, genaueste Beobachtung der offiziellen orthodoxen Formeln und kanonisch-rechtliche Gestaltung der Liturgie mit den Gläubigen werden großgeschrieben. Die Welt hat keine theologische Relevanz und muß bekehrt werden, weil sie nur durch Vermittlung der Kirche Zutritt zum *ordo gratiae*, zur Gnadenordnung, hat. Da diese Kirche ihr Aufgabenfeld strikt im sakralen Raum sieht, sind ihr menschliche Probleme außerhalb ihrer Mauern, in Welt und Gesellschaft, gleichgültig. Politik ist etwas »Schmutziges«, von dem sie möglichst die Finger läßt. Gegenüber »weltlichen« Belangen verhält sie sich weniger neutral als vielmehr indifferent.

Hinter derartigen Praktiken steckt die Ekklesiologie von der »Kirche als vollkommener Gesellschaft«, die zu der anderen vollkommenen Gesellschaft, zum Staat, genau parallel konstruiert ist. Ein solches Verständnis verrät einen theologischen Ansatz, dem es um die Macht der Kirche geht, wenn auch nur in der Verwaltung des Religiösen. Religiöse Macht wird nicht begriffen als eine Art und Weise, das Ganze zu sehen, oder als ein »Geist«, aus dem heraus man alle Dinge angeht, sondern als ein ausgegrenzter Bereich in der Kompetenz der Hierarchie.

Verbindungen gibt es weder zum Reich Gottes noch zur Welt. Kirche und Reich sind praktisch ein und dasselbe, denn nur in der Kirche wird das Reich zur Geschichte. Mit der Welt hat die Kirche nichts zu tun; denn sie hat ihren Ort außerhalb der Welt, obwohl sie in Funktion der Welt steht. Das besagt freilich nicht, daß sich die Kirche nicht in der Welt organisiert. Im Gegenteil: Da nur sie Heil und Übernatürliches vermittelt, gründet sie vielfältige Werke, die allesamt das ausdrückliche Firmenschild »katholisch« tragen: christliche Gewerkschaften, katholische Schulen, religiöse Presse, katholische Universitäten usf. Durch solche Initiativen soll die Präsenz Gottes in der Welt gewährleistet werden. So erhellt: Kirche entwickelt sich abseits von der Welt und verdoppelt alle Diensteinrichtungen ihrerseits.

Hat solch ein Kirchenmodell Zukunft? Theologisch ist es seit dem Zweiten Vatikanischen Konzil hinlänglich überholt. Aber überlieferte Praktiken lassen sich nicht ohne weiteres mit Hilfe einer neuen Theologie abstellen. Dennoch: In dem Maße, in dem sich andere ekklesiale Praxisfiguren durchsetzen, verliert das Kirchenbild »*civitas Dei* auf Erden« zunehmend an Terrain und entlarvt sich offen als reaktionär und nicht nur als traditionalistisch. Seine Zukunft hängt am Schicksal der entsprechenden Bischöfe, die es mit ihrem Abtreten der Kirche ermöglichen, daß sie mit der Geschichte wieder in Gleichbewegung kommt. Die Chancen, dieses Modell wieder zu beleben, sind minimal.

b. Kirche als *mater et magistra* – der alte Kolonialpakt

Lateinamerika wurde unter den Bedingungen eines bestimmten Modells von Kirche missioniert; es war das Modell des Patronats. Danach gründet die Präsenz der Kirche in der Welt auf einem Pakt mit dem Staat. Dieser kümmert sich um alle Bedürfnisse der Kirche und gewährleistet, daß sie sich entfalten kann. Dabei geht es um ein Bündnis zwischen Hierarchien, zwischen der zivilen und der religiösen Hierarchie. Kirche, so gesehen, ist gleichbedeutend mit Hierarchie. Mit dem Ende des Patronats und der Ausrufung der verschiedenen republikanischen Staaten in Lateinamerika wurde das Modell korrigiert und fand eine neue Gestalt. Die Kirche nähert sich den herrschenden Klassen, die den Staat kontrollieren, und schafft sich ihre Werke innerhalb oder aufgrund der Interessen der herrschenden Klassen: höhere Schulen, Universitäten, Parteien usf. Offensichtlich haben wir es mit einer Sicht zu tun, in der sakrale Macht und zivile Macht eine Einheit bilden. Die Kirche deutet den Pakt auf ihre Weise: Sie will dem Volk und der riesigen Mehrheit der Armen dienen; denn all diese armen Schlucker haben weder Mittel noch Bildung noch etwas zu sagen. Um ihnen zu helfen, nähert sie sich an die Leute an, die effektiv helfen können, das heißt an die wohlhabenden Klassen. Sie erzieht ihnen die Kinder, damit diese – von christlichem Geist durchdrungen – die Armen befreien. Mit dieser Strategie baut sich die Kirche ein weitgespanntes Netz von Werken der Fürsorge auf. So trägt sie die Konturen einer Kirche *für* die Armen und weniger eine Kirche *mit* den Armen und *der* Armen.

In der Lehre zeigt sich diese Art von Kirche konservativ und orthodox, jeder Neuerung mißtraut sie. Ihre Dogmatik ist starr und ihre Sicht juridisch – eine Eigenheit derer, die etwas zu sagen haben in der Kirche (die Hierarchie). Immer wird mit der Autorität, besonders der des Papstes, argumentiert; ihre Sprache ist klerikal, ohne eine Spur von Prophetie. Das Glaubensgebäude sieht kompakt und perfekt aus. Es hat weder etwas zuviel noch etwas zuwenig. Wohl aber ergeben sich Konsequenzen für die soziale Praxis, so daß uns die Kirche im wesentlichen als *mater et magistra* entgegentritt: Zu allen Fragen hat sie eine Lektion parat, die sie aus dem Glaubensschatz nimmt. Dieser besteht seinerseits aus der Schrift, der Überlieferung, den Verlautbarungen des kirchlichen Lehramtes und aus einem bestimmten Verständnis des Naturrechts.

Was das Verhältnis zwischen Gottesreich, Welt und Kirche anbelangt, ist in der Tat eine gewisse Funktionalität im Blick auf die Welt nicht zu verkennen. Dabei nimmt die Kirche Beziehung zu den etablierten Mächten und nicht zu den jeweils auftauchenden historischen (reformatorischen, erneuernden oder revolutionären) Bewegungen auf; denn ihr Selbstverständnis ist vom Gedanken des Rechtes und der Macht (*potestas sacra,* die im Sakrament der Weihe verliehen wird) geprägt. Was nun das Reich Gottes betrifft, sehen auch die Vertreter dieses Kirchenbildes es nach wie vor ausschließlich in der Kirche bzw. vermittelt durch die Kirche in der Welt realisiert.

Hat dieses Verständnis noch eine Zukunft? Zumindest hat es einen langen Atem, denn es erfreut sich eines sehr starken historischen Unterbaus; im übrigen erleichtert die Konzentration der Macht in der Kirche in nur wenigen Händen (der Hierarchie) die Beziehungen zu den anderen Mächten dieser Welt. »Mächtige« verstehen sich immer verhältnismäßig leicht und arrangieren sich gern über die Köpfe des Volkes hinweg, das in Lateinamerika zugleich unterdrückt und religiös ist. Der zentralistischen römischen Politik liegt sehr an dieser Art von Kirche, die auf der priesterlichen und lehramtlichen Macht wie auf der sakralen Autorität der Hierarchie beruht. Aber je autoritärer und totalitärer die Staaten werden und je mehr sie das Volk über jedes ethisch vertretbare Maß hinaus unterdrücken, desto tiefer wird die Krise, in die dieses Kirchenverständnis gerät. Jetzt wird der evangelische Hintergrund der Kirche (der Hierarchie) hervorgehoben, bemüht man sich um Unabhängigkeit und Neutralität und tönen die Reden über das nichtpolitische Wesen der Kirche und ihre unveräußerliche religiöse Besonderheit. Im übrigen stimmt sich diese Art von Kirche mit den autoritären politischen Regimen ab; nie ist eine grundsätzliche Kritik an deren Unrechtmäßigkeit, allenfalls an Mißbräuchen von seiten der Kirche zu hören. In den lateinamerikanischen Ländern, in denen dieses Kirchenmodell den Ton angibt, überrascht es nicht, daß sich die jeweiligen Bischofskonferenzen bar jeden prophetischen Geistes und jeder evangelischen *parrhesia* zeigen. Für die Menschenrechte wird nicht öffentlich gekämpft, sondern auf der Ebene geheimer Kontakte zwischen den militärischen und den kirchlich-hierarchischen Spitzen. Jeder andere Weg wird als Einmischung in die Politik verdächtigt, die als strikter Kompetenzbereich des Staates oder der Laien gilt. Dieses Modell gefällt der herrschenden Macht, weil es das Betätigungsfeld der Kirche auf die Sakristei einschränkt. Es setzt eine funktionalistische Soziologie voraus, in der jede Körperschaft genau umschrieben ist, ihre besonderen Aktivitäten hat und sich in keine andere Korporation einmischt. Diesem Verständnis zufolge darf sich die Kirche nicht auf das Terrain der Politik begeben. Gewiß ist die Kirche keine politische Einrichtung. Trotzdem hat sie einen Bezug zur Politik, insofern diese eine objektive Dimension des Reiches Gottes besitzt und mit Ethik zu tun hat. Der Kirche obliegt es, zur ethischen und/oder religiösen Qualität der Politik Stellung zu nehmen, was eine Folge aus ihrem Evangelisierungsauftrag ist. Das besagte Modell von Kirche ist zu sehr mit den weltlichen Mächten kompromittiert, als daß es normalerweise eine kritische Haltung gegenüber Ungerechtigkeit und Unterdrückung, die dem Volk das Leben schwer machen, einnehmen könnte.

c. Kirche als *sacramentum salutis* – die Modernisierung der Kirche

Das besondere Merkmal der lateinamerikanischen Gesellschaften während der letzten fünfzig Jahre war das Auftauchen eines dynamischen, nationalistischen und auf Modernisierung bedachten Industriebürgertums. Es sah seine Aufgabe darin, den technischen Rückstand, in dem wir uns befanden, mit Hilfe einer raschen Modernisierung der ganzen Produktionsstruktur schleunigst zu überwinden. Das Gespenst, das es auszutreiben galt, war die Unterentwicklung. Zu diesem Zweck wurden – im Namen von Fortschritt und Entwicklung – alle Kräfte an sämtlichen Fronten zusammengerufen. Gleichzeitig mit diesem Prozeß entstanden angemessenere Formen der gesellschaftlichen Mitsprache: populistisch ausgerichtete Demokratie und gewerkschaftliche Organisationen.

Die Kirche nahm aktiv an diesem entwicklungsideologischen Programm teil und öffnete sich in ungeahnter Weise für die Welt. Ihre Hauptprobleme lagen nicht mehr auf dem Feld von Lehre (Kampf gegen das Vordringen des Protestantismus und gegen die Verweltlichung des Staates) und liturgisch-disziplinären Fragen, sondern bezogen sich nunmehr auf die Gesellschaft: Gerechtigkeit, Mitbestimmung, ganzheitliche Entwicklung für alle. Die Kirche kann diesen Prozeß sowohl beschleunigen als auch bremsen. Deshalb kommt es darauf an, der Wissenschaft den ihr gebührenden Wert beizumessen, die relative Autonomie der irdischen Wirklichkeiten zu achten sowie eine Ethik des Fortschritts und des Engagements zur Veränderung der Gesellschaft zu konzipieren. So trat die Kirche in den letzten fünfzig Jahren in alle großen Diskussionen über Erziehung, Wirtschaftsentwicklung, Gründung von Gewerkschaften und Bodenreform ein. Das Weltliche war in seiner theologischen Wertigkeit erkannt worden.

Das Zweite Vatikanische Konzil erarbeitete eine Theologie, die den neuen Praxisfiguren der Kirche entsprach. Teils war sie billigend, teils kritisch erhellend. Dabei ist zunächst davon auszugehen, daß die Wirklichkeit im Sinne eines *mysterium salutis* und des universalen Heilsangebotes zu verstehen ist. Die Kirche erscheint als Sakrament des universalen Heils. Entscheidend ist, daß das Heil (als Angebot) grundsätzlich universal ist und die ganze Geschichte durchdringt. Die Kirche ist das Moment der Verdichtung und der Feier des umfassenden Heils. Ihrerseits wird die Kirche in dem Maße universal, in dem sie allen Menschen die erlösende Liebe des Vaters durch seinen Sohn in der Kraft des Geistes anzeigt. Da dem so ist, sind die sogenannten irdischen und weltlichen Realitäten mögliche Träger von Gnade und Heil. Deshalb verdienen sie es, um ihrer selbst willen und nicht nur, insofern sie ein Baustein im Projekt der Kirche sind, geschätzt zu werden. In einer solchen Sicht gewann das Engagement der Christen im Kampf für eine gerechtere und brüderlichere Welt theologischen Charakter.

Im Rahmen dieser Theologie schlug sich die Kirche auf die Seite der vorwärtsdrängenden Schichten in der Gesellschaft, vor allem derer, denen es um die Veränderung der Welt ging. Sie näherte sich nicht mehr notwendig dem Staat an. Vielmehr suchte sie jetzt die Nähe all der Gruppen, die es mit Wissenschaft, Technik und politischer Macht in der bürgerlichen Gesellschaft zu tun hatten. Auch die Kirche modernisierte sich in ihren Strukturen, paßte sie an die funktionale Mentalität der Moderne an, säkularisierte sich in vielen ihrer Symbole, vereinfachte die Liturgie und brachte sie in Einklang mit dem Geist der Zeit. In ihrer Sprache wurde die Kirche prophetischer: in der Weise, daß sie die Mißbräuche des kapitalistischen Systems und die Marginalisierung des Volkes anprangerte. Aber in diesem Punkt hatte sie keine alternative, sondern eine reformistische Sicht anzubieten, der auch die modernen Gruppen in der Gesellschaft zustimmen konnten. Grundsätzlich forderte sie keine neue Form von Gesellschaft, sondern nur mehr Partizipation, die aber auch im modernen liberalen System des fortgeschrittenen und technologischen Kapitalismus durchaus einen Platz hat.

Was das Verhältnis zwischen Gottesreich, Welt und Kirche angeht, war die theologische Reflexion sehr sorgsam: Das Reich bildet den großen Regenbogen, der sich über Welt und Kirche spannt. Die Welt ist der Ort, an dem Gott am Werk ist und schon jetzt an seinem Reich baut, das – für die Eschatologie offen – trotzdem noch nicht in Fülle da ist. Die Kirche ist das Sakrament, das heißt offiziell-öffentliches Zeichen und Werkzeug, durch das Christus und sein Geist wirken und die Verwirklichung des Reiches in der Geschichte der Welt sowie – in expliziter und verdichteter Form – im Raum der Kirche beschleunigen. Unter Welt ist hier vornehmlich die Moderne zu verstehen – Produkt des gesamten wissenschaftlich-technischen Unternehmens. Um eine Annäherung an diese »Welt« und um Versöhnung mit ihr war die Kirche bemüht und bot ihr ihre diakonale Zusammenarbeit an.

Welche Zukunft ist diesem Modell von Kirche beschieden? Zugegebenermaßen ist diese Art von Kirche, zahlenmäßig betrachtet, in Lateinamerika am weitesten verbreitet. Praktisch hat sich die große Mehrheit der Lateinamerikaner das Zweite Vaticanum zu eigen gemacht und die geforderte Wende, was theologisches Denken (Theorie) und was die Gegenwart in der Welt (Praxis) betrifft, nachvollzogen. So konnte die Kirche eine traditionelle Last, die sie in den Augen des modernen Menschen wenig sympathisch erscheinen ließ, abwerfen und eine neue Glaubensgrammatik erarbeiten, die dem kritischen Geist des städtischen und im kapitalistischen Produktionsprozeß großgewordenen Menschen besser zusagte. Die Intellektuellen, die in ihrer großen Mehrheit zuvor antiklerikal waren, fanden jetzt in der Kirche eine Verbündete. Das Vertrauen der Kirche auf die Zentren der Entscheidungsmacht wächst. Diese sind ihrerseits bemüht, sich in kirchlichen Aufgaben zu engagieren und den neuen

Geist des Zweiten Vaticanums in sich aufzunehmen. Die verschiedenen Bewegungen, die jetzt entstehen, wie: Cursillos de Cristiandad, Christliche Familienbewegung, Charismatische Bewegung und andere, wenden sich an erster Stelle an die gutsituierten Gruppen der Gesellschaft und nicht an das arme und proletarisierte Volk. Welche Zukunft diese Art von Kirche mit ihrem Bündnis mit den modernen Schichten der Gesellschaft hat, hängt vom Schicksal der modernen Gesellschaft selbst ab. Die Kirche wird versuchen, die Menschen vom Wertverständnis und aus der Optik der Moderne her zu evangelisieren. Ihr Verhältnis zu den Armen wird sie mit dem Blick der Reichen für die Armen bestimmen. Die Reichen wird sie aufrufen, den Armen in ihren Anliegen zu helfen, ohne daß sie jedoch unbedingt ihren gesellschaftlichen Ort und ihr bürgerliches Verhalten ändern müßten.

3. Ein neues Modell: Kirche aus der Erfahrung der Armen

Seit den sechziger Jahren wurde man sich in fast allen lateinamerikanischen Ländern zunehmend der Mechanismen bewußt, die letztlich unsere Unterentwicklung hervorbringen. Dabei handelt es sich nicht bloß um ein technisches oder politisches Problem. Vielmehr ist Unterentwicklung die Folge kapitalistischer Entwicklung innerhalb der Staaten des Zentrums (Nordatlantik), die – um das von ihnen erreichte Niveau an Akzeleration und Akkumulation halten zu können – völlig unsymmetrische Beziehungen mit technologisch rückständigen, aber rohstoffreichen Ländern herstellen müssen. Diese werden unterentwickelt *gehalten*. Unterentwicklung erweist sich damit als Kehrseite von Entwicklung. Unterentwicklung ist abhängige und an das Wachstum der reichen Länder assoziierte Entwicklung. Abhängigkeit dieser Art aber bedeutet wirtschaftliche, politische und kulturelle Unterdrückung. Langfristig muß unsere Strategie also auf eine Befreiung abzielen, die eine selbsttragende Entwicklung ermöglicht. Und diese muß an den realen Bedürfnissen des Volkes und nicht am Konsumismus der reichen Länder und der Komplizen der reichen Länder bei uns gemessen werden.

a. Politische und religiöse Befreiung

Das historische Subjekt dieser Befreiung ist das unterdrückte Volk, das sich seines Unterdrücktseins bewußt werden, sich organisieren und Praxisschritte erarbeiten muß, die auf eine weniger abhängige und weniger ungerechte Gesellschaft abzielen und hinweisen. Die übrigen Klassen können und müssen sich dem Projekt der Unterdrückten anschließen, ohne freilich die Führung übernehmen zu wollen. So engagierten sich seit den sechziger Jahren zahllose junge Menschen, Intellektuelle und eine ganze Reihe von Bewegungen, um die Befreiung in die Wege zu leiten. Sie hatten für das arme Volk optiert. Also fingen sie an, in die Welt der Armen hinabzusteigen, sich ihre Kultur anzueignen, ihren Forderungen Ausdruck zu verleihen und Initiativen zu organisieren, die von den Leuten des *status quo* als subversiv betrachtet wurden. Nicht wenige gingen zur Gewalt der städtischen oder ländlichen Guerillas über und wurden – aufgrund der Ideologie der Nationalen Sicherheit – von den staatlichen Apparaten ebenso gewalttätig niedergemacht.

Zahllose Christen und ganze Verbände beteiligten sich an diesem Prozeß, wie die JUC (Juventude Universitária Católica = Katholische Universitätsjugend), die ACO (Ação Católica Operária = Katholische Arbeiteraktion) und andere. Dabei handelt es sich im allgemeinen um Personen und Gruppen, die (von bürgerlicher Herkunft) in einem starken Widerspruch zu ihrer Klasse standen und voller Idealismus waren, aber wenig politisches Gespür für die Machbarkeit einer derartigen Volksbefreiung hatten.

Nach den Jahren der härtesten politischen Repression (1968–1974) begann die Basis der Kirche, sowohl ekklesiologisch als auch politisch gesehen, außerordentlich wichtig zu werden. Das Volk selbst nahm sein Schicksal in die Hand. In der Mehrzahl der Fälle fängt alles mit Bibelkreisen an. Dann wird eine kleine Kirchliche Basisgemeinde gegründet. Anfangs soll sie innerlich den Glauben vertiefen, so daß man die Liturgie feiern, die Sakramente empfangen und Frömmigkeitsübungen pflegen kann. In einer etwas weiter entwickelten Phase hilft man sich gegenseitig in den Problemen des Lebens. Je besser sich die Mitglieder organisieren und je gründlicher ihre Reflexion wird, desto klarer erkennen sie, daß ihre Probleme struktureller Art sind. Ihr Randdasein resultiert aus der elitistischen Verfaßtheit der Gesellschaft, aus der privaten Akkumulation des Gewinns und aus der gesamten wirtschaftlich-gesellschaftlichen Struktur des kapitalistischen Systems. Damit steht aber die Frage der Politik an, und das Thema »Befreiung« gewinnt konkrete, geschichtliche Inhalte. Denn es geht nicht nur um eine Befreiung von der Sünde (von der wir immer befreit werden müssen), sondern um eine Befreiung auch mit geschichtlichen (wirtschaftlichen, politischen und kulturellen) Dimensionen. Der christliche Glaube zielt direkt auf die letzte

Befreiung und auf die Freiheit der Kinder Gottes im Reich ab, schließt aber auch – als eine Form der Antizipation und Konkretion der letzten Freiheit, die nur am Ende der Geschichte in Gott möglich ist – die geschichtlichen Befreiungen mit ein.

b. Eine Kirche, die aus dem Glauben des Volkes wächst

Hier nun ist wichtig festzustellen, wie das Volk vom Religiösen zum Politischen findet. Normalerweise bilden die beiden Größen in seinen Augen eine Einheit. Aber sein Einstieg ist das Religiöse, und dort erfährt es, daß die Ungerechtigkeiten Sünde sind, die Gott nicht will. Dann erst begreift es die bestehenden Strukturen, die die Ungerechtigkeiten verursachen. Sie müssen geändert werden, damit sie nicht noch weiter die soziale Sünde produzieren.

Das politische Engagement ergibt sich aus der Reflexion über den Glauben, der Veränderung fordert. Selbst wenn es nur um die Analyse der Unterdrückungsmechanismen geht, bleibt der Glaube nicht außerhalb. Vielmehr ist er der Horizont des Verstehens, die mächtige Mystik zur Aktion und der Zielpunkt allen menschlichen Handelns. Aus der Gemeinde wird keine politische Zelle. Sie bleibt, was sie ist: Ort der Glaubensreflexion und der Glaubensfeier. Zugleich ist sie aber auch der Ort, an dem ethisch, im Lichte Gottes, die Situationen, in denen sich die Menschen befinden, beurteilt werden. Die christliche Gemeinde und das politische Gemeinwesen sind nicht zwei geschlossene, sondern offene Räume, in denen sich der Christ bewegt. In der christlichen Gemeinde feiert und nährt er seinen Glauben, hört er das Wort Gottes, das ihn auf das Engagement für seine Brüder und Schwestern verweist. Im politischen Gemeinwesen wirkt und handelt er an der Seite anderer und realisiert konkret Glauben und Heil; hier hört er die Stimme Gottes, die ihn auffordert, sich in der christlichen Gemeinde zu Wort zu melden. Aber über den einen wie über den anderen Raum spannt sich die Realität des Reiches Gottes, das – wenn auch unter verschiedenen Vorzeichen – hier wie dort heranreift.

Zunächst einmal bedeutet die Kirchliche Basisgemeinde mehr als nur ein Instrument, besser an das Volk heranzukommen und es zu evangelisieren. Vielmehr ist sie eine neue und ursprüngliche Form, christlichen Glauben zu leben und sich als Gemeinschaft um das Wort, um die Sakramente (sofern möglich) und um neue, von Laien (Männern und Frauen) ausgeübte Ämter zu versammeln. Die Macht in der Gemeinde ist in einer neuen, mehr Partizipation ermöglichenden Weise verteilt, so daß jede Zentralisierung und Herrschaft seitens eines Machtzentrums vermieden ist. Glaube und Leben, Evangelium und Befreiung verbinden sich konkret und ohne künstliche Vermittlung durch die Institution zu einer Einheit. Eine reiche ekklesiale Sakramentalität (die ganze Kirche als Sakrament) blüht auf, in den Feiern wird eine überraschende Kreativität sichtbar, und überall spürt man den tiefen Sinn für das Sakrale, der für das Volk charakteristisch ist. So ist eine wirkliche Ekklesiogenesis in Gang, die Kirche wird aus dem Glauben der Armen geboren.

Auf der anderen Seite ist die kirchliche Gemeinde der Ort, an dem das Volk wirklich Demokratie praktiziert, alle anstehenden Fragen diskutiert, gemeinsam Entscheidungen herbeiführt und kritisch zu denken lernt. Für ein jahrhundertelang unterdrücktes Volk, das man nie zu Wort hat kommen lassen, bedeutet allein schon, daß es jetzt endlich das Wort ergreifen kann, einen ersten Schritt zur Übernahme von Macht und zur Gestaltung seines Schicksals. Die Bedeutung der kirchlichen Gemeinde übersteigt ihre religiöse Dimension und erlangt so ein hohes politisches Gewicht.

Hinter dieser Praxis steht eine Ekklesiologie, die in den Kategorien »Volk Gottes«, »koinonia«, »Prophetie« und »diakonia« ihre strukturierenden Achsen findet. Zugrunde liegt ihr, was sich in Puebla als die vorrangige Entscheidung für die Armen herauskristallisiert hat. Freilich kommt es darauf an, den exakten Sinn dieser Option zu erfassen: Als das neue, sich erhebende Subjekt der Geschichte, das vor allem das Projekt des Christentums in der Welt verwirklichen wird, haben die Armen (ohne Exklusivitätsanspruch) den Vortritt. Dabei sind unter den Armen nicht nur diejenigen zu verstehen, die diesen oder jenen Mangel haben – gewiß: den haben sie –, sondern insbesondere die, die auch über historische Kraft, Fähigkeit zur Veränderung und evangelisatorisches Potential verfügen. Die Kirche wendet sich ihnen direkt zu, ohne Vermittlung durch den Staat oder die hegemonialen Klassen. Deshalb haben wir es hier nicht mehr mit einer Kirche für die Armen, sondern *von* Armen und *mit* den Armen zu tun. Aus dieser Option und aus ihrem Eintauchen in die Kreise des armen Volkes heraus definiert die Kirche ihr Verhältnis zu den übrigen Schichten der Gesellschaft. Ihre Katholizität gibt sie nicht auf, sondern füllt sie mit realem und nicht nur rhetorischem Inhalt; sie wendet sich an alle, aber aus der Sicht der Armen, aus der Erfahrung ihrer Anliegen und ihrer Kämpfe. So lauten die großen Themen dieser Kirche: soziale Veränderung in Richtung auf ein gerechteres Zusammenleben, Menschenrechte als Rechte der großen armen

Mehrheit, soziale Gerechtigkeit, ganzheitliche Befreiung vor allem durch gesellschaftlich-geschichtliche Befreiung, konkreter Dienst an den in dieser Welt Zukurzgekommenen usf.

c. Eine Kirche auf der Höhe der geschichtlichen Herausforderungen

Die Kategorien »Volk Gottes« und »Kirche als Gemeinschaft« ermöglichen es, die *potestas sacra* besser in der Kirche zu verteilen, zwingen dazu, die Rolle von Bischof und Priester neu zu definieren, und geben den Weg frei für neue Ämter und einen neuen Stil von Ordensleben mitten unter dem armen Volk. Die Hierarchie hat ausschließlich eine interne Dienstfunktion und bildet keine ontologischen Schichten, die innerhalb des Kirchenkörpers zu Teilungen und wahren (analytisch verstandenen) Klassen von Christen führen könnten. Hier ist nicht der Ort, die Ekklesiologie zu entwickeln, die der tragende Grund der neuen Praxismodelle dieser Art von Kirche ist. Im übrigen hat die lateinamerikanische Theologie dazu auch bereits recht gut ausgearbeitete Materialien vorgelegt.

Zur Frage der Zuordnung von Reich, Welt und Kirche müssen wir feststellen, daß wir es hier mit einer spezifischen Form des dialektischen Bezuges der drei Pole untereinander zu tun haben. Reich Gottes ist zwar auch eine christliche Utopie vom Endzustand der Welt. Aber wir dürfen nicht übersehen, daß es sich bereits innerhalb der Geschichte und überall dort, wo Gerechtigkeit und Brüderlichkeit erblühen sowie die Armen geachtet und als Subjekte ihrer Geschichte anerkannt werden, im Entstehen befindet. Träger des Reiches sind alle Menschen, Institutionen und Handlungen, die sich an den ethischen Idealen des historischen Jesus orientieren. Die Kirche ist ein qualifizierter und offizieller, aber keineswegs der alleinige Träger. Die Kategorie »Welt« ist näherhin durch ein geschichtliches Faktum bestimmt: durch die Tatsache, daß es sich um die Welt der Armen, um die Unter-Welt handelt, die zu einer Welt umgestaltet werden muß, in der Menschen brüderlich miteinander zusammenleben können; in der Welt gibt es das Reich und das Anti-Reich (die Unter-Welt des Elends), und das Reich erstarkt im Kampf gegen das Anti-Reich, dessen Stützen prophetisch angeprangert werden können und müssen. Die Kirche wendet sich der Unter-Welt und dem Nicht-Menschen zu, um den Prozeß ihrer Befreiung mit ihrem spezifischen Beitrag zu unterstützen: indem sie die religiösen Zusammenhänge verdeutlicht und auf das Reich Gottes verweist, das schon jetzt im Werden ist, bis es schließlich in der Vollendung der Welt zu seinem Höhepunkt findet.

Aufgrund des Paktes der Kirche mit der großen Mehrheit der Armen auf unserm Erdteil (für den die Tatsache, daß Johannes Paul II. bei seinem Brasilienbesuch im Juli 1980 den Bewohnern der Vidigal-Favela in Rio de Janeiro seinen Papstring überreichte, das stärkste Symbol ist) will uns scheinen, daß sich für die Kirche ein neuer Weg auftut. Seit Theodosius war die Kirche zweifelsohne eine Kirche *für* die Armen; aber eine Kirche *der* Armen zu sein, hat sie niemals mehr geschafft. Heute betrachten wir die Armen nicht mehr nur mit karitativen und fürsorgerischen, sondern vor allem mit politischen Augen. Wahrscheinlich werden es die Klassen des armen Volkes – das neu auf den Plan tretende Subjekt der Geschichte – sein, die die zukünftige Gesellschaft gestalten werden. Die Armen werden sich zunehmend ihrer Lage bewußt, organisieren ihren Einsatz und fordern eine Gesellschaft mit mehr Mitspracherecht und weniger Elitedenken. In diese Richtung wird der soziale Prozeß wahrscheinlich gehen. In ihrem Denken und Handeln versucht die Kirche (zumindest in Lateinamerika), mit diesen Forderungen in Einklang zu kommen. Sie will nicht mehr mit überholten Modellen hinterherlaufen, und tatsächlich gelingt es ihr auch, sich auf der Höhe der Herausforderungen zu bewegen. Dank der Kirche, die mithilft, die Zukunft zur Welt zu bringen, wird es in der zukünftigen lateinamerikanischen Gesellschaft eine strukturelle Präsenz christlicher und evangelischer Elemente geben. Diese Erkenntnis ist so klar, daß Beobachter bereits die Ansicht vertreten: Eine lateinamerikanische Gesellschaft, die in ihrem Entstehensprozeß nicht auch einen erheblichen Teil von christlichen Elementen beinhalte, richte sich gegen das Volk. Die Matrix des Volkes ist christlich; und diese Matrix kommt in einer Fassung zum Ausdruck, die den historischen Bedürfnissen entspricht. Hier bietet sich der Kirche die Chance, ihre ganze Kraft und ihre ganze Wahrheit zu zeigen. In diese Richtung also geht die Hoffnung der lateinamerikanischen Kirche, und hier zeichnet sich ihre ganze verheißungsvolle Zukunft ab.

d. Ein Appell an die Weltkirche

Abschließend können wir feststellen: In Lateinamerika gibt es verschiedene Modelle kirchlicher Praxis, in deren Hintergrund jeweils latent ein entsprechendes Kirchenbild steht. Einige dieser Modelle verlängern die Tradition des kolonialen Christentums bis in unsere

Tage, andere passen sich an die neuen geschichtlichen Fakten – besonders daran, daß man im kapitalistischen System einfach mitmachen muß – an, und wieder andere, kritischere treten für Veränderungen ein, die sich gegen den herrschenden Strom richten, aber mit dem unterirdischen und tiefen Fluß der Sehnsüchte der Armen nach Befreiung in einer organischen Verbindung stehen. Alle existieren sie nebeneinander und machen die Vitalität der einen Kirche Christi aus, der sein Ostergeheimnis auch an der Peripherie der großen Nationen und altehrwürdigen Kirchen Europas erlebt und erleidet. Aber ihre Stimme wird zunehmend lauter und ist inzwischen auch im Zentrum vernehmbar. So meinen wir, sie seien ein Aufruf an die ganze Kirche, sich mehr am Evangelium zu orientieren, ihre Diensthaltung noch ernster zu nehmen und zu einem Zeichen für das Heil zu werden, das – als Geschenk Gottes – alle menschlichen Gegebenheiten durchdringt. Sie lassen Realität werden, was sein muß. Und was sein muß, ist von unbezwingbarer historischer Kraft.

II. Typen theologischer Praxis und pastorale Auswirkungen

1. Von der einen Theologie zu den vielen theologischen Tendenzen

Die Theologie resultiert (als vernunftmäßiges Wissen) aus einer spezifischen Art und Weise, das heißt im Lichte Gottes, die Gesamtheit der Dinge zu betrachten. Alle Dinge haben eine theologale Dimension, insofern sie alle in Bezug zu Gott oder aus der Perspektive Gottes gesehen werden können. In diesem Sinn, als besondere Perspektive und Optik (in der Sprache der Scholastik: *ratio formalis,* in moderner Begrifflichkeit: Pertinenzprinzip), gibt es nur eine einzige Theologie.

Gleichwohl kennen wir verschiedene Formen, den Auftrag der Theologie in der Geschichte zu realisieren. So kann man den *weisheitlichen* Charakter der Theologie betonen wollen; dann haben wir es mit der Vätertheologie zu tun. Andere Zeiten waren vor allem an der *wissenschaftlichen,* vernunftmäßigen und systematischen Seite des Glaubens interessiert; so kommt es zu den Theologischen Summen des Mittelalters. Wiederum andere Epochen sahen sich veranlaßt, den *existentiellen* Faktor des Glaubens oder seinen befreienden und *sozialen* Charakter zu unterstreichen; das ist der Ansatz der modernen Theologie. So kommt es zu den verschiedensten theologischen Tendenzen. Dabei ist jede dieser Richtungen bemüht, die apostolische Wahrheit in ihrer Gänze zu erfassen, dem Evangelium treu zu sein und alle Fakten von einer Grundeinstellung aus zu ordnen. In der Regel hängen solche Grundperspektiven von der Geschichte und von der Gesellschaft ab.

a. Reichweite und Grenzen theologischer Tendenzen
Keine Tendenz darf die Theologie monopolisieren und sich als *die* Theologie ausgeben. In allem Gesagten steckt zugleich auch das Nichtgesagte. Die Vernunft (auch die theologische Vernunft) ist begrenzt. So kann keine christliche Generation alle Fragen, die der Glaube mit sich bringt, stellen und lösen. Daraus folgt, daß jede

theologische Richtung ihre Reichweite und vor allem ihre Grenzen kennen muß. Aus dieser Demut heraus kann sie dann im Fragment der jeweiligen Zeit die ganze Wahrheit sagen. Außerdem muß sie die Offenheit haben, andere Formen von Glaubenssystematisierung zu akzeptieren, obgleich sich ihr immer wieder die Frage aufdrängt, welche Themen für die Theologie im Blick auf die Bedürfnisse der konkreten Kirche und des geschichtlichen Augenblicks am relevantesten und entscheidendsten seien.

b. »Gegner« oder Konkurrenten theologischer Tendenzen

Jede theologische Tendenz hat eine Wahrheit, die sie vermitteln, und entsprechende Irrtümer, die sie bekämpfen will. Da sie aber ihren Ort in der Kirche hat, definiert sich von dort her ihr Verhältnis zu den verschiedenen Instanzen und zu den übrigen Strömungen. Oft zeigt eine theologische Richtung ihre eigentlichen Anliegen erst in der Identifizierung der Kontrahenten, die gegen sie polemisieren, wie auch in den Dingen, die sie selbst kritisiert oder ablehnt.

c. Funktionalität der theologischen Tendenzen gegenüber Kirche und Gesellschaft

Theologen leben nicht im luftleeren Raum, sondern in Kirche und Gesellschaft. Weder die Kirche noch die Gesellschaft sind homogene Gebilde, sondern Orte verschiedener Tendenzen, Interessen und Konflikte. Wie jeder andere gesellschaftlich und kirchlich Verantwortliche nimmt auch der Theologe einen bestimmten Platz ein. Seine theoretische Produktion wie sein Handeln haben gegenüber dieser oder jener Gruppe in Kirche oder Gesellschaft eine gewisse Funktionalität, indem er sie unterstützt, kritisiert, verurteilt oder rechtfertigt. Das ist eine objektive und vom Willen des einzelnen unabhängige Gegebenheit. Trotzdem kann ein Theologe, der sich des Phänomens bewußt ist, die Funktionalität kontrollieren und lenken. Aber es wäre erkenntnistheoretisch naiv, wollte sich jemand völlig neutral, distanziert und rein theologisch äußern. Niemand hat es in der Hand, die Auswirkungen seiner Worte oder Taten auf die Adressaten voll zu kontrollieren.

d. Eine für Kirche und Gesellschaft bei uns nutzbringende und notwendige Theologie

Die verschiedenen theologischen Tendenzen, die heute in der Kirche anzutreffen sind, aufzulisten, könnte einer Übung des intellektuellen

Dilettantismus oder der Befriedigung einer – an sich berechtigten – Neugier gleichkommen. In einer offenen Kirche zirkulieren ja die Ideen, wirken sich auf die pastorale Praxis aus und helfen, den *intellectus fidei*, das Glaubensverständnis, zu speisen. Dennoch kommen wir nicht an der eigentlich entscheidenden Frage vorbei: Was für eine Theologie ist für Kirche und Gesellschaft *hic et nunc* nützlich und notwendig? Unsere Kirche hat sich in der sie umgebenden Gesellschaft bereits auf den Weg gemacht, hat ihre großen Entscheidungen schon getroffen und ist für ein bestimmtes Profil aus Aktion und Reflexion bekannt. Die Gesellschaft konfrontiert den Glauben mit großen Herausforderungen. Diese müssen von der Theologie ernst genommen und reflektiert werden, wenn sie, die Theologie, der Kirche helfen will, klar zu sehen und die richtigen Entscheidungen zu treffen. Um dieser *diakonia* willen, die jede echte Theologie in der Kirche zu leisten hat, ist aber nicht jede theologische Tendenz für diesen unverzichtbaren Dienst geeignet. Eine Kirche kann sich nur dann für mündig halten, wenn sie über eine ernstzunehmende Reflexion verfügt, die ihre Praxis begleitet, wie auch über einen Expertenstab, der imstande ist, den theoretischen Rahmen für den Glauben zu erarbeiten und in Verbindung mit den gesellschaftlich-geschichtlichen Herausforderungen zu bringen. Aber es bleibt die Frage, welche Theologie dieser Kirche, die mit dem brasilianischen – in seiner großen Mehrheit religiösen und armen – Volk unterwegs ist, entspricht bzw. welche Art von Theologie diese Kirche braucht.

2. Erste theologische Tendenz: Theologie als Entfaltung des *depositum fidei*

Im *depositum fidei*, in der »Glaubenshinterlage«, sind die für unser Heil notwendigen Wahrheiten enthalten. Dieser Theologie zufolge wurde das *depositum fidei* dem Lehramt überantwortet, das es treu bewahrt, eifrig verteidigt und authentisch interpretiert. Der Theologie obliegt es, die Wahrheiten des heiligen »Schatzes« zu entfalten, indem sie die Beziehungen zwischen den verschiedenen Geheimnissen und deren Verhältnis zur menschlichen Vernunft herausarbeitet.

Welcher Methode bedient sich diese Theologie? Sie ist bestrebt, die Wahrheiten systematisch darzulegen: von der Apologetik *(De vera religione, De revelatione, De Ecclesia)* bis hin zu den Letzten Dingen.[1]

[1] Hier sind die klassischen, von der Neuscholastik inspirierten theologischen Handbücher zu nennen. Spanische Gruppe: Sacrae Theologiae Summa, 4 Bde., Madrid 1950–1953,

Dabei geschieht die Erarbeitung wie folgt: Die von der Kirche unter-
breiteten bzw. definierten Wahrheiten werden dargestellt; es folgt
eine Beschreibung der antiken (Arianer, Pelagianer usw.) und modernen (Reformatoren, Aufklärer, Existentialisten) Gegner; und schließlich werden Beweise aus Schrift und Tradition sowie theologische Be-
gründungen beigebracht. Die Schrift betrachtet man als einen
Schrein inspirierter und offenbarter Sätze *(dicta probantia)*. Auch in
die Überlieferung greift man, ohne allerdings die all diesen Quellen
innewohnenden Theologien oder die verschiedenen Schichten ihrer
geschichtlichen Erarbeitung zu berücksichtigen. Worum es hier geht,
ist die Klarheit der Glaubenswahrheiten. Deshalb werden verschiedene »Qualifikationen« *(de fide, proxima fidei, opinio theologica* usf.)
ausgesprochen und die diesbezüglichen falschen Auffassungen
(haereticae, pias aures offendentes usf.) genau benannt.

Die pastorale Auswirkung dieser Theologie ist minimal; denn sie
trägt wenig dazu bei, die kirchlichen Probleme, die in der Regel mit
gesellschaftlichen, politischen und ideologischen Fragen verknüpft
sind, zu erhellen. Am deutlichsten ist ihr Einfluß in der Katechese;
ohne daß man sich in bemerkenswertem Maße pädagogischer Hilfs-
mittel bediente, wird schlicht die Lehre vermittelt. In der Moral setzt
diese Theologie auf das Prinzip des »Tutiorismus«, und in der Verwaltung der Sakramente hält sie sich strikt an die kanonischen Vorschriften. Ihre »Gegner« sind die Häretiker sowie alle, die in Theologie und Pastoral Neuerungen einführen wollen.

Auch in die Gesellschaft strahlt diese Art von Theologie kaum aus.
Sie verfügt weder über theoretische noch über theologische noch
über analytische Instrumente, mit denen sie ein gesellschaftliches
System beurteilen oder sich zu sonstigen weltlichen Fragen äußern
könnte. Allenfalls ist sie eine Theologie der Konsequenzen, nach dem
Motto: »Wenn die Leute mehr Moral hätten, wenn es in den Familien
und in der Schule mehr religiöse Unterweisung gäbe, dann hätten wir
nicht die Lawine von Verbrechen, mit der wir es jetzt zu tun haben.« Diese Theologie taugt für den internen Gebrauch der Kirche.

---

hrsg. von den spanischen *Jesuiten;* deutsche Gruppe: *J. Pohle/J. Gummersbach,*
Lehrbuch der Dogmatik, 3 Bde., Paderborn [10]1952 ff; französische Gruppe: Kommentar
der *Dominikaner* zur Summa Theologica des Thomas von Aquin: Initiation théologique,
Paris 1952, dt.: Die Katholische Glaubenswelt. Wegweisung und Lehre, hrsg. von einer
Arbeitsgemeinschaft von Theologen, 3 Bde., Freiburg 1959–1961; italienische (lateini-
sche) Gruppe: die verschiedenen von der römischen Universität *Gregoriana* besorgten
Handbücher.

Reichweite und Grenzen dieser Strömung: In der Formulierung der Glaubensinhalte ist sie stark, an Sorgfalt und technischer Präzision läßt sie sich nicht überbieten; der Gläubige gewinnt den Eindruck, zu wissen, was richtig und was falsch ist. Ihre Hauptschwächen: Sie macht kaum existentiell betroffen, hat keinen Bezug zur Geschichte und läuft Gefahr, starr zu sein und Schnüffler und Denunzianten zu schaffen, die vermeintliche Häresien dem Lehramt melden.

3. Zweite theologische Tendenz: Theologie als Initiation zur christlichen Erfahrung

Das Wissen des Glaubens geht nicht nur den Verstand, sondern auch das »Herz« wie die ganze Existenz an. Es muß die Möglichkeit eröffnen, das Geheimnis des Christentums als Geheimnis der Selbstmitteilung des göttlichen Lebens an das menschliche Leben zu erfahren. Wie schon die erste Tendenz, so hat auch diese Richtung in der Kirche ihre zentrale Achse, doch versteht sie Kirche als Volk Gottes oder mystischen Leib Christi.[2] Der Glaube ist Glaube der Kirche und nicht allein der Hierarchie. Die Aufgabe der Theologie ist es, das ganze christliche Geheimnis – das mehr umfaßt als nur die »geoffenbarten Wahrheiten«, nämlich auch die kultisch-liturgische Seite und das gesamte Leben der Gemeinde – vernunftmäßig zu erarbeiten.

Mit diesem Grundanliegen ist solche Tendenz imstande, viele Beiträge des modernen Denkens über Existenz, Geschichte, Bekehrungsprozeß und zwischenmenschliche Beziehungen aufzugreifen. Aber das Grundschema bleibt dasselbe wie bei der vorigen Richtung, nur daß es aktualisiert ist: In der Verwendung der Schrift berücksichtigt und nutzt sie die Ergebnisse der Exegese, dem Argument der Überlieferung geht die Beschäftigung mit Patristik und Dogmengeschichte voraus, und der *sensus fidelium* gewinnt an Gewicht.

Auch an ökumenischer Offenheit fehlt es nicht. Wenn die erste Strömung ihr Augenmerk nur auf die katholische Kirche (Hierarchie) richtete, so kommt jetzt das ganze Phänomen des Christentums in den Blick. Ihre Kontrahenten und Gegner sind alle geschlossenen Formen von Humanismus und alle totalitären Systeme, die die Transzendenz Gottes und des Menschen leugnen.

[2] Hier muß vor allem erwähnt werden: *M. Schmaus,* Katholische Dogmatik, 5 Bde., München [6]1960 ff; *ders.,* Der Glaube der Kirche, 6 Bde., St. Ottilien [2]1979.

In der Pastoral hat diese Tendenz eine beachtliche Auswirkung. Denn sie faßt den Glauben in einer Sprache, die an das Lebensgefühl des Menschen rührt und zum Glauben als Erfahrung von Gottesbegegnung (Mystagogie) ermutigt. Die Katechese greift auf menschliche Erfahrungen als Vehikel christlicher Geheimnisse zurück; in der Moral kommen die konkreten Umstände, in denen eine ethische Entscheidung getroffen wird, besser zur Geltung, ja zu ihrem Recht; und die Liturgie zeigt ihren Charakter als Feier.

Die Ausstrahlung in die Welt zielt auf die menschlichen Beziehungen, nicht auf die Strukturen ab. Der Reichtum des modernen Personalismus kommt im Kontext des Gemeinschaftlichen voll zur Entfaltung. Die Umkehr erfaßt nicht nur das Herz, sondern auch die Gruppen. Sie zeigt, daß der Glaube humanisierend wirkt und die Würde des Menschen erhebt.

Bedeutung dieser Theologie: Sie bringt den Reichtum der großen biblischen und patristischen Überlieferung mit ihrer mehr weisheitlichen und mystagogischen Theologie wieder zur Geltung; die Wahrheit, die mehr als die objektive Darstellung einer Tatsache ist, wird als Begegnung und Veränderung *(metanoia)* erlebt; und die Kirche wird als Glaubensgemeinschaft erfahren. Ihre Grenzen: Aufgrund der reichlichen anthropologischen, existentiellen und personalistischen Vermittlungen kann der Inhalt des Glaubens getrübt werden; sie läßt den strukturellen und institutionellen Charakter der großen Geschehnisse in Kirche und Gesellschaft, die mit der Dynamik der persönlichen Umkehr allein nicht zu erfassen sind, außer acht.

4. Dritte theologische Tendenz: Theologie als Reflexion über das *mysterium salutis*

Wenn in den beiden vorausgehenden Tendenzen die Kirche, sei es als Hierarchie, sei es als Volk Gottes, im Mittelpunkt der Theologie stand, dann ist jetzt das Geheimnis des Heils der Pol, um den herum sich alles systematisch ordnet.[3] *Mysterium salutis* ist der Schlüsselbegriff in der alten Tradition wie in der Theologie des Zweiten Vaticanum. Gott bietet sich selbst als universales Heil allen Menschen an, so daß *ab Abel iusto usque ad ultimum electum,* vom gerechten Abel bis

---

[3] Verwiesen sei hier nur auf das umfangreiche Sammelwerk: *J. Feiner/M. Löhrer* (Hrsg.), Mysterium Salutis. Die Grundlagen heilsgeschichtlicher Dogmatik, 5 Bde. und 1 Ergänzungsbd., Einsiedeln/Zürich/Köln 1965–1981. Im französischen Sprachraum: Le mystère chrétien, Tournai 1962ff.

zum letzten Auserwählten, sich eine einzige Heilsgeschichte spannt, in der die gesamte Geschichte der Menschen geborgen ist. So wird die Geschichte des Alten und des Neuen Testaments zu einer (im Sinn von Zeichen und Werkzeug) sakramentalen Geschichte, zum Moment der Bewußtwerdung und der Reflexion darüber, daß das Heil allen Völkern angeboten ist. Dieses umfassende Bewußtsein, das Gott durch eine besondere Offenbarung dem Volk Israel geschenkt hat, hat ebenfalls seine Geschichte und wurde in den Heiligen Schriften kodifiziert.

Die *Mysterium-salutis*-Theologie erfaßt das universale Phänomen der Religion und versteht es als Ant-Wort der Menschen auf das Wort Gottes. Trotz ständiger Sünde und Verweigerung lebt der Mensch doch immer unter dem Regenbogen der Gnade und der Vergebung Gottes.

Die Art und Weise, wie man sich in dieser Tendenz die angedeutete Gesamtschau zu eigen macht, besteht darin, daß man die Quellen des Glaubens (Schrift und Tradition) immer in einem größeren Kontext (innerhalb der Geschichte universalen Heils bzw. Unheils) betrachtet. In der Argumentation bedient man sich auch der wesentlichen Zeugnisse der anderen Religionen. So macht der ökumenische Dialog nicht an den Grenzen der christlichen Kirchen halt, sondern hält sich auch für die Weltreligionen offen.

Die »Gegner« dieser Theologie sind die theoretischen Atheisten, die sich jeder wesensgemäßen Öffnung des Menschen für das Geheimnis verschließen. Dabei denken wir an den Säkularismus, insofern dieser eine Ideologie ist, die die irdischen Wirklichkeiten als sich selbst genügend betrachtet und ihnen jeden Bezug zu etwas Größerem abspricht.

Was ihren Einfluß auf die Pastoral angeht, brachte diese Richtung einen frischen und sauerstoffreichen Wind in das alte dogmatische Gemäuer der Kirche. Ihre Bedeutung für die Pastoral ist groß; denn sie dokumentiert einen Glauben, der auch andere Formen der Bekundung Gottes in der Welt wahrnimmt, der die Zeichen der Zeit zu schätzen weiß, weil sich ja auch in ihnen der konkrete Wille des Geistes zeigen kann, und der das Verständnis der Sakramente weitet, insofern er in ihnen weniger bloße Instrumente sieht, die eine bis dahin noch nicht existierende Gnade hervorbringen, als vielmehr Zeichen, welche die bereits gegebene Gnade sichtbar werden lassen.

Ihre Auswirkungen auf die Gesellschaft: Sie vermittelt das Bild einer offenen Kirche, die von den modernen Wissenschaften etwas lernen will, das Moment von Heil bzw. Unheil in den verschiedenen Instanzen der Gesellschaft zu erfassen imstande ist und sich für alles interessiert, was den Menschen reifen läßt und sozusagen den Rohstoff für das Reich Gottes bildet, das bereits hier und heute beginnt und in der Ewigkeit zu seiner Fülle findet.

Die Reichweite dieser Theologie: Sie zeigt die Katholizität der Kirche, die aus der Universalität des Heilsopfers erwächst, regt zu einer kontemplativen Betrachtungsweise von Leben und Geschichte an, weil sie sie »schwanger mit Christus und mit dem Geheimnis« gehen sieht, und überwindet den Dualismus von Sakralem und Profanem, von Natürlichem und Übernatürlichem als unverbunden nebeneinander lagernden Wirklichkeiten.

Und ihre Grenzen: Sie neigt dazu, sich mehr mit der Geschichte der Gnade zu beschäftigen als mit der Geschichte ihrer Ablehnung und der Sünde. Insgesamt gibt sie sich ziemlich optimistisch und verherrlicht Arbeit, Wissenschaft und Technik, ohne die Tatsache zu berücksichtigen, daß diese Phänomene in ihrer geschichtlichen Konkretion gegenwärtig einer Reihe von Ländern als Instrumente der Herrschaft über andere, technisch rückständige Länder dienen.

5. Vierte theologische Tendenz:
Theologie als transzendentale Anthropologie

Das Heilsangebot Gottes richtet sich an jeden Menschen, der auf diese Welt kommt. In der uns jetzt beschäftigenden Richtung vollzieht sich nun die typisch moderne Wende vom Objekt zum Subjekt.[4] Der Mensch als Gesprächspartner Gottes stellt die Ursprungsidee aller übrigen theologischen Themen dar. Dabei geht es aber nicht um ein beliebiges Menschenbild. Weder der empirische Mensch noch das Menschenbild der anthropologischen Wissenschaften ist gemeint, sondern der Mensch, wie er uns in der Schrift begegnet: als Hörer des Wortes – in ständigem Gespräch mit dem Absoluten, das in lebendi-

---

[4] Wichtig ist hier das umfangreiche Werk von K. Rahner und dessen Schule: *J. Höfer/ K. Rahner* (Hrsg.), Lexikon für Theologie und Kirche, 2., völlig neu bearb. Aufl., 10 Bde., Registerbd. und 3 Ergänzungsbde., Freiburg 1957–1968; *F. X. Arnold u. a.* (Hrsg.), Handbuch der Pastoraltheologie, 5 Bde., Freiburg/Basel/Wien 1964–1972; *K. Rahner u. a.* (Hrsg.), Sacramentum Mundi. Theologisches Lexikon für die Praxis, 4 Bde., Freiburg/Basel/Wien 1967–1969; vgl. auch die nachkonziliaren Arbeiten von *Flick und Alszeghy,* Professoren an der Gregoriana, über Anthropologie, Gnade, Dogma und Offenbarung.

ger Transzendenz im Bewußtsein des Menschen anwesend ist und das sich nie voll kategorial erfassen läßt. So bedeutet diese Tendenz keinen Immanentismus; vielmehr bringt sie innerhalb der Geschichte die Transzendenz wieder zur Geltung und läßt uns den Menschen wieder als Geheimnis betrachten, als unendliche Offenheit, für die allein Gott das angemesssene und erfüllende Gegenüber ist.

Zu jedem Glaubensgeheimnis will diese Strömung sein *quoad nos* aufweisen: Wie weit kommt es dem Menschen mit all seinem Hoffen und Sehnen entgegen? Sie geht von der ontologischen Annahme aus, daß der Mensch so von Gott »gebaut« worden ist, daß er nur in Fühlung mit der Offenbarung voll Mensch sein kann. Allein im Gottmenschen Jesus Christus wird das anthropologische Geheimnis erahnbar. Der Schrei des Menschen aller Zeiten nach dem Unendlichen und Ewigen ist der Widerhall der Stimme des Ewigen und Unendlichen selbst, der ihn ruft. Deshalb betrifft das Geheimnis der Menschwerdung Gottes nicht nur Jesus von Nazaret, sondern geht in gewisser Weise jeden Menschen an, weil er in ihr seine Berufung verwirklicht sieht.

Die »Gegner«, mit denen sich diese Theologie auseinanderzusetzen hat, sind die, die das Christentum ungebührlich von den Bewegungen der Welt auf der Suche nach dem Absoluten trennen und verschweigen, daß es an der Offenbarung Gottes auch den Aspekt menschlicher Realisierung gibt. Gegner ist also der Immanentismus der modernen Humanwissenschaften, die das Element der Transzendenz im Menschen verdrängen und sich nicht weiter dafür interessieren.

Die pastoralen Konsequenzen liegen auf der Hand: Alle wirklich menschlichen Manifestationen und alle authentischen kulturellen Ausdrucksformen sind wichtig, weil in ihnen der Geist Gottes selbst am Werk ist. Die Gemeinde ist der Raum und der Ort, an dem das in der Geschichte sich verwirklichende Heil gefeiert wird und die Zeichen der Zeit gedeutet werden. Der Presbyter ist nicht nur Vertreter der Kirche, sondern auch Repräsentant des Menschen, von Gott angerührt, Stellvertreter Jesu, des *novissimus Adam,* in dem das Göttliche des Menschen voll sichtbar wird.

Auch die Ausstrahlung in den gesellschaftlichen Bereich ist beachtlich. Denn die Christen bewegen sich wie Pilger im Strom ihrer Mitmenschen. Alle Bekundungen, die menschliche Offenheit und Transzendenz im Sinne gelungener Antworten auf den Anruf Gottes vermitteln – und zwar auch dann, wenn der Mensch sie nur unbewußt gibt –, haben ihren Wert. Das Ziel ist eine offene und antiautoritäre

Gesellschaft, denn nur sie bietet Bedingungen dafür, daß der Mensch die ihm innewohnende Transzendenz tatsächlich verwirklichen kann.

Das theologische Gewicht dieser Richtung ist groß: Sie betrachtet nicht nur die jüdisch-christliche (Heils-)Geschichte, sondern die Menschheitsgeschichte insgesamt. Ja, sie arbeitet mit einem sozusagen sakralen Begriff vom Menschen. Dadurch überwindet sie jede Form von Profanismus und Naturalismus (von denen die klassische Theologie übrigens nicht ganz frei war) und trägt zu einem besseren Verständnis der menschlich-göttlichen Wirklichkeit bei, die früher mit den Kategorien »natürlich« und »übernatürlich« zum Ausdruck gebracht werden sollte: die bleibende Offenheit des Menschen für Gott und das ständige Gerufensein des Menschen durch Gott.

Zu den Grenzen: Diese Theologie steht in der Gefahr, die historischen Verweigerungen zu wenig ernst zu nehmen und die Geschichte des Bösen mit ihren Strukturen und Akteuren zu übersehen. Über der Betonung des transzendentalen Charakters des Menschen und der christlichen Geheimnisse entgleiten ihr deren innerweltliche Kategorisierungen (Konkretisierungen). Es mangelt ihr an der notwendigen Dialektik – in dem Sinn, daß ihr die Konfliktgeladenheit der Geschichte entgeht.

6. Fünfte theologische Tendenz: Theologie der Zeichen der Zeit (Politische Theologie, Theologie der Säkularisierung, Theologie der Hoffnung)

Das Zweite Vatikanische Konzil (*Gaudium et spes*) ging von der Tatsache aus, daß die Kirche in der Welt lebt und an ihren Hoffnungen und Sorgen teilhat. So entdeckte die Theologie neue Arbeitsfelder und neue Aufgaben. Fast erschöpfend hatte nämlich die große theologische Tradition mit ihren der Philosophie, der Geschichtswissenschaft und der Linguistik entlehnten Instrumenten bereits die direkt theologischen Themen behandelt: Gott, Jesus Christus, Offenbarung, das Heilswerk im Sohn und durch den Geist, Kirche, Sakramente, Eschatologie usf. Die Herausforderung, vor der wir heute stehen, ist aber die: Wie kann man Gegebenheiten, die sich aus sich heraus gar nicht als theologisch, sondern als profan und weltlich zu erkennen geben, überhaupt theologisch erfassen, wie etwa den Bereich der Politik, die herrschenden Gesellschaftssysteme, die Mechanismen der Wirtschaft, die Befreiungsprozesse unterdrückter Völker und Klassen oder das ganze Feld von Wissenschaft und Technik?

Wer sich zu diesen Dingen theologisch äußern will, muß sich zuvor entsprechende Kenntnisse aneignen. Sonst wird er falsche Schlußfolgerungen ziehen. Darum kommt der Theologe nicht daran vorbei, sich in analytische Texte der verschiedenen positiven und historisch-sozialen Wissenschaften einzulesen. So erwächst der Theologie in den Human- und Gesellschaftswissenschaften ein neuer Gesprächspartner. Auf der Grundlage der wissenschaftlichen und kritischen Interpretation erfolgt dann die theologische und ethische Deutung.

In den ersten Jahren nach dem Konzil entwickelte sich eine Reihe von Theologien,[5] die als Theologien der Zeichen der Zeit figurierten. Die oben skizzierten Phänomene forderten die Theologen heraus, in ihnen nach der An- bzw. Abwesenheit des Planes Gottes zu suchen. So entstanden die Politische Theologie, die Theologie der Säkularisierung, die Theologie der Hoffnung und – in den USA – die Prozeßtheologie. Alle haben sie das eine gemeinsam: Immer handelt es sich um kollektive und öffentliche Phänomene, die auch eine öffentliche und politische Artikulationsform des Glaubens erheischen. Dem Glauben soll nichts hinzugefügt werden. Es geht allein darum, jene Dimensionen, die ihm innewohnen, die aber durch eine falsch verinnerlichte, personalisierte und individualisierte Glaubenspraxis verschüttet waren, wieder freizulegen. Unter Säkularisierung versteht man eine Bewegung, die aus dem Glauben selbst folgt und die Welt von göttlichen oder magischen Merkmalen befreit und sie der verantwortlichen Kreativität des Menschen zurückgibt. Die Hoffnung – mehr als eine Tugend – ist eine ontologische Dynamik in jedem Menschen wie in der Gesellschaft. Sie verhindert Stillstand und ermöglicht Veränderungen, ja Revolutionen. Die Theologie entdeckt die »subversive und gefährliche Erinnerung an Jesus von Nazaret« wieder, der, als er unter uns lebte, »sich nicht die Überlieferung, sondern die Wahrheit« nannte (Tertullian) und der damit einen Veränderungsprozeß in Gang gebracht hat, der nicht nur das Herz, sondern auch die Gesellschaft und die ganze Schöpfung erfaßt.

Die scharfen Gegner dieser Tendenz sind alle die, die das Christentum nur im persönlichen und familiären Bereich gelten lassen wollen

---

[5] Hervorzuheben sind hier *J. B. Metz* mit seiner politische Theologie: Zur Theologie der Welt, München/Mainz 1968 u. ö.; *ders.*, Glaube in Geschichte und Gesellschaft. Studien zu einer praktischen Fundamentaltheologie, Mainz 1977 u. ö.; *Ch. Duquoc*, Ambigüité des théologies de la sécularisation. Essai critique. Gembloux 1972; *ders.* (Hrsg.), Secularization and spirituality, New York 1969; und: *J. Moltmann*, Theologie der Hoffnung. Untersuchungen zur Begründung und zu den Konsequenzen einer christlichen Eschatologie, München 1964 u. ö.

und ihm seine Kompetenz in Gesellschaft und Politik streitig machen, die sich von den Problemen der Welt fernhalten, sowie der religiöse und politische Konservativismus, der das Kommen des Reiches Gottes verzögert.

Die Auswirkungen auf die Pastoral sind klar: Sie eröffnet der christlichen Gemeinde neue Formen der Präsenz und des Zeugnisses in den Strukturen, so daß diese, selbstverständlich nach den Kriterien des Glaubens, verändert werden können.

Auch die gesellschaftliche Bedeutung braucht nicht eigens herausgestellt zu werden, denn diese Theologie zielt ja unmittelbar auf den gesellschaftlichen und geschichtlichen Bereich ab. Wenn sich die Kirche in den letzten tausend Jahren mehr dazu hergegeben hat, die etablierte Ordnung zu rechtfertigen, dann ist sie jetzt aufgerufen, ein Faktor der Veränderung und eine historische Kraft der Humanisierung der Welt zu werden, weil für eine Theologie des Reiches Gottes die Welt ja alles andere als unwichtig ist.

Das Positive dieser Richtung besteht im wesentlichen darin, daß sie der Pastoral und der Theologie Felder erschlossen hat, die für den Glauben in unserer Welt unerläßlich sind.

Ihre Hauptschwäche aber ist die, daß sie die Analyse der profanen Realitäten noch nicht ausreichend gut mit dem theologischen Diskurs verbindet, so daß beide Teile, die Theologie wie das Verständnis der Wirklichkeit, zu ihrem Nachteil lediglich nebeneinanderstehen.

7. Sechste theologische Tendenz: Theologie der Gefangenschaft und der Befreiung

Nach dem Konzil sah sich die Theologie nicht nur mit den Problemen der offenen und säkularisierten Industriegesellschaften konfrontiert, wo die Hauptfrage, die den Kirchen auf den Nägeln brannte, hieß: Wie kann man in einer kritischen, mündig gewordenen und funktionalistischen Welt Christ sein? Eine noch größere Herausforderung kam von den Rändern des Systems, aus Asien, Afrika und insbesondere aus Lateinamerika auf sie zu. Hier traten als neues gesellschaftliches Phänomen die Armen, die großen Mehrheiten der Bevölkerung auf den Plan, die vom Nutzen des Produktionsprozesses nichts abbekommen, ausgebeutet werden und der Ausschuß einer Gesellschaft sind, die zur Lösung ihrer Probleme lediglich technische und soziale Maßnahmen anzubieten hat. Nunmehr lautet die Frage: Wie kann man in einer Welt von Habenichtsen und Elendsgestalten Christ sein? Die Zeit für Reformen am System ist vorbei. Jetzt kommt es auf einen Prozeß der Befreiung an, in dem die Armen ihre zertretene Würde wiedererlangen und dazu beitragen, eine nicht unbedingt reiche, wohl aber gerechtere und brüderlichere Gesellschaft herbeizuführen.

Die methodischen Schritte, deren sich diese Strömung[6] bedient, haben inzwischen ihre Probe bestanden. Ausgangspunkt ist, daß sich Christen über die Armut, in der Gott seine Kinder nicht sehen will, ethisch empören und zugleich im Gegenüber zu den Armen die spezifische religiöse Erfahrungen machen, daß sie in ihnen dem leidenden Gottesknecht Jesus Christus begegnen. Zweitens müssen wir erkennen, auf welche Weise und aufgrund welcher Mechanismen es einerseits zu dem himmelschreienden Elend und andererseits zu dem skandalösen Reichtum kommt. Hier bedarf es der geschichtlichen, gesellschaftlichen, politischen und wirtschaftlichen Analysen. Diese Realität des Elends, die bis jetzt mit sozioanalytischen Werkzeugen erhoben worden ist, gilt es drittens mit den Augen des Glaubens und der Theologie zu betrachten und die Wege der Gnade wie die Widerhaken der Sünde auszumachen. Und schließlich müssen wir Schritte pastoralen Handelns erarbeiten, damit sich Kirche und Christen am Prozeß der umfassenden Befreiung beteiligen können. Im Gesamtrahmen des Befreiungsprozesses der Armen leistet der christliche Glaube insofern einen spezifischen Beitrag, als er gewaltfreien Methoden, der Kraft der Liebe und der unerschöpflichen Fähigkeit zu Dialog und Überzeugung den Vorrang gibt und sich bemüht, die bisweilen unvermeidliche, weil durch die Gegner jeder Veränderung erzwungene Gewaltanwendung anhand ethischer Kriterien aus der Tradition zu bedenken.

Als »Gegner« dieser Tendenz treten alle die auf, die außerstande sind, im christlichen Glauben wie im Leben Jesu ein Element der Befreiung zu erblicken, die den Glauben lediglich in Gottesdienst und Frömmigkeit gelten lassen wollen und die sich gegenüber den Schreien, welche der Ijob von heute zum Himmel schickt, fühllos erweisen.

[6] Vgl. *G. Gutiérrez*, Theologie der Befreiung, München/Mainz 1973, [7]1984; *ders.*, Die historische Macht der Armen, München/Mainz 1984; *L. Boff*, Teologia do cativeiro e da libertação, Petrópolis [2]1980; *ders.*, Aus dem Tal der Tränen ins Gelobte Land. Der Weg der Kirche mit den Unterdrückten, Düsseldorf [2]1984 (Rio de Janeiro 1980); *C. Boff*, Theologie und Praxis. Die erkenntnistheoretischen Grundlagen der Theologie der Befreiung, München/Mainz 1983 (Löwen 1976, überarbeitet Petrópolis 1978).

Ihre Bedeutung für die Pastoral der Kirche zeigt sich in den vielfältigen Formen der Praxis, die die peripheren Kirchen zur Verteidigung der Menschenrechte – besondes im Blick auf die Armen – entwickeln, im Anprangern der Gewalt des kapitalistischen und neokapitalistischen Systems wie auch in der Gründung von Basisgemeinden, in denen das Volk seinen Glauben bekundet, nährt und mit den Realitäten seines bedrückenden Lebens in Verbindung bringt.

Die Auswirkungen im sozialen Leben sind nicht minder relevant: Die Kirche macht sich aus theologischen Gründen zur Gefährtin all derer, die für eine alternative Gesellschaft mit mehr Partizipation kämpfen. Der theologische und pastorale Zusammenhalt der Bischöfe, die sich für die Armen einsetzen, reiht die Kirche in den Kreis der wichtigsten Kräfte in der Gesellschaft ein.

Welche Reichweite diese Theologie hat, läßt sich an ihrer Resonanz unter Intellektuellen ebenso wie unter einfachen Menschen aus dem Volk ablesen. Nach Jahrhunderten ist es dieser Theologie gelungen, die einfachsten Menschen auf der Straße wieder für Theologie zu interessieren. Eines ihrer Merkmale ist eine deutliche prophetische und missionarische Dimension. Angerührt durch sie, finden immer wieder Menschen den Weg zur Kirche zurück, um sich zusammen mit anderen Christen für die notwendigen Reformen einzusetzen.

Aber auch ihre Grenzen dürfen nicht übersehen werden. Wo sie den strukturellen Charakter der sozialen Sünde und die Notwendigkeit einer gleichfalls sozialen und strukturellen Gnade überbetont, läuft sie Gefahr, sowohl die persönliche Umkehr als auch das Bemühen um Vollkommenheit im christlichen Leben zu vergessen. Laut geworden ist auch die Befürchtung, das Politische könne seine Grenzen überschreiten und den Gesamtbereich des Glaubens überdecken. Ohne Zweifel hat der Glaube eine politische Dimension, die gegenwärtig dringender denn je ist und deren Anerkennung der Geist heute von seiner Kirche fordert. Aber in ihr erschöpft sich nicht der ganze Reichtum des Glaubens. Im Prozeß einer umfassenden Befreiung muß der Glaube auch andere Formen finden, in denen er sich bekunden kann, wie etwa Mystik, Liturgie und persönliche Frömmigkeit.

8. Welche Theologie braucht unsere Kirche in Brasilien?

Alle theologischen Richtungen haben ihren Sinn, weil jede von ihnen Dimensionen ans Licht bringt, die in anderen Strömungen entweder nicht recht beleuchtet werden oder gar im Dunkel bleiben. Das jedoch darf uns nicht hindern, die grundsätzliche Frage zu stellen: Welche der genannten Theologien ergibt sich aus der pastoralen, religiösen und mystischen Praxis unserer auf dem Weg befindlichen Kirche? Welche von ihnen ist ein Faktor zur Erhellung und Ermutigung für diese Praxis? Mit den in Puebla versammelten Bischöfen (Puebla, Nr. 368) meine ich, das Thema »Befreiung« sei eine der originären Schöpfungen unserer Christen und unser positiver Beitrag für die übrigen Kirchen, die es auf ihrem Weg mit anderen Problemen und Herausforderungen zu tun haben. Damit soll nicht gesagt sein, die restlichen Tendenzen brauchten uns nicht weiter zu interessieren. Vielmehr müssen wir uns aus ihnen alles das aneignen, was uns zu größerer Treue zum Evangelium, zur großen Tradition, zum Volk Gottes und insbesondere zu den Befreiungssehnsüchten der Armen verhelfen kann.

Wenn der Theologe schließlich alles getan hat, was ihm möglich war, bleibt ihm nur, sich das Wort des Herrn zu vergegenwärtigen: »Knechte sind wir nur und haben nichts anderes als unsere Pflicht getan.«

III. Die Kirche und der Kampf für Gerechtigkeit und für die Rechte der Armen

1. Dringlichkeit des Kampfes für soziale Gerechtigkeit heute

Man braucht nur um sich zu schauen, um festzustellen, wie wahr der Aufschrei der in Puebla (1979) versammelten lateinamerikanischen Bischöfe ist: »Aus dem Herzen unserer lateinamerikanischen Länder schallt ein immer nachdrücklicherer Schrei zum Himmel: der Schrei eines Volkes, das leidet und *Gerechtigkeit,* Freiheit und Achtung vor den Grundrechten des Menschen und der Völker fordert... Der Schrei wird lauter und heftiger und wirkt zuweilen gar drohend... Es geht um die Situation der Ungerechtigkeit« (Puebla, Nr. 87, 89, 90; vgl. 28). Das Volk schreit nach Gerechtigkeit und prangert die strukturelle soziale Ungerechtigkeit an.

Hinter diesen prophetischen Aufschreien verbirgt sich das Drama von – im Falle Brasiliens – 75% der Bevölkerung, die in einer Situation relativen Randdaseins leben, bzw. von 43% der Bevölkerung, die dazu verdammt sind, mit dem gesetzlich festgesetzten Mindestlohn[1] zu überleben. So sagte der Arbeiter Manoel Paulo da Silva aus Vila Penteado (Staat São Paulo): »Was ich verdiene, ist so wenig, daß ich gerade sagen kann, ich sei noch am Leben.« Und seine Frau, Helena Gomes da Silva, fügt hinzu: »Das hier ist kein Menschenleben mehr.«[2]

Kein Wunder, daß 40% der Brasilianer mit chronischem Hunger leben, arbeiten und schlafen gehen; daß 10 Millionen in diesem Land geistig behindert sind; daß 8 Millionen an Schistosomiasis (einer gefährlichen Wurmkrankheit tropischer Länder), 6 Millionen an Malaria, 650000 an Tuberkulose und 25000 an Lepra leiden.[3]

Warum sich über solche Zahlen noch groß aufregen? Sind sie nicht

[1] Mindestlohn: Der vom Gesetz vorgeschriebene Mindestlohn schwankt je nach Bundesstaat (und Umtauschbedingungen) umgerechnet zwischen 110,00 und 150,00 DM. Nachdem der Mindestlohn lange Zeit hin einmal jährlich angehoben wurde, wird er seit Dezember 1979 halbjährlich angeglichen, bei einer Inflationsrate von (im August 1984) 217% (Anm. des Übersetzers).
[2] Folha de São Paulo vom 2. 5. 1976.
[3] O São Paulo vom 6.–22. 2. 1974, S. 3.

schon hinlänglich bekannt, und haben wir uns nicht bereits an sie gewöhnt?

Aber in dem Maße, in dem wir uns dieser Lage bewußt werden, belastet sie unser Gewissen und läßt uns als Christen nicht mehr zur Ruhe kommen. So engagieren sich die Kirchen zunehmend in Kampf für soziale Gerechtigkeit. Damit aber sind wir beim Thema unserer Überlegungen.

2. Die wichtigsten Reaktionen seitens der christlichen Kirchen

Angesichts solcher Widersprüche, in denen sich die Sünde der Unterdrückung, der Verarmung und der Entmenschlichung verkörpert, entwickelten die Bischöfe der brasilianischen Kirche ihre Reaktionen. In den letzten Jahren engagierte sich die Kirche ernsthaft für die Sache der Gerechtigkeit:

Kirche als Tribun des Volkes: Die Bischöfe der CNBB (Conferência Nacional dos Bispos do Brasil – Nationalkonferenz der Bischöfe Brasiliens) durchbrachen die dem freien Wort (seit 1968) in Brasilien auferlegte Zensur und prangerten die systematische Vergewaltigung der Menschenrechte, die Folter, die unzureichenden Löhne und die ständigen Landvertreibungen immer wieder an. Die Kirche wurde zum Tribun des Volkes.

Verschiedene Instrumente zum wirksamen Kampf für Gerechtigkeit wurden geschaffen:

die Kommission »Gerechtigkeit und Frieden« auf Bundes- und Diözesanebene sowie an vielen Orten in den einzelnen Pfarreien und Basisgemeinden;

der CIMI – Conselho Indegenista Missionário (Indianischer Missionsrat), ein der CNBB angegliedertes Organ, das den Indianern bei der Verteidigung ihrer Gebiete und ihrer Kultur helfen soll;

die CPT – Comissão de Pastoral da Terra (Pastoralkommission für Grund- und Bodenfragen), ein Organ, das die Probleme von Grund und Boden – zumal dort, wo die Gewalt extreme Formen annimmt – begleiten soll;

die Bewegung gegen die Verteuerung der Lebenshaltungskosten, die mehr als eine Million Menschen auf die Beine brachte.

Bei all diesen Initiativen ist zu beachten, daß sie nicht die körperschaftlichen Interessen der Kirche, sondern die Belange des beraubten Volkes verteidigen sollen. So leistete die Kirche den Unterdrückten einen Dienst gegen die Ausbeutung, der sie ausgeliefert sind.

Die vorrangige Option für die Armen ist die theologische Geste, die dem christlichen Engagement zugrunde liegt. Die Lieblingskinder Jesu sind ja die Armen, und zwar nicht weil sie besonders gut wären und ein offenes Herz hätten, sondern eben weil sie arm sind (Puebla, Nr. 1142). »Geschaffen nach dem Bild und Gleichnis Gottes, damit sie seine Kinder sind, ist dieses Bild doch verdunkelt und wird [durch die Armut] verhöhnt ... Daher übernimmt Gott ihre Verteidigung. So sind die Armen die ersten Adressaten seines Sendungswerkes« (Nr. 1142). Wenn sich die Kirche also die Sache der Gerechtigkeit für die Armen zu Herzen nimmt, dann steht sie damit in der reinsten Nachfolge Jesu. Johannes Paul II. erinnerte die Bischöfe in Puebla ja auch daran, daß das Werk Jesu »vor allem ein Engagement für die Bedürftigsten« war (Eröffnungsansprache, III,3).

Vor diesem Hintergrund ist zu verstehen, wieso unsere Bischöfe eine Reihe von Denkschriften veröffentlichen konnten, die weltweite Beachtung fanden und die belegen, daß christliches Tun sehr wohl vom Evangelium her motiviert ist.

Du sollst deinen Bruder nicht unterdrücken (Bischöfe des Staates São Paulo, Brodoqui 1974);

Ich habe das Elend meines Volkes gesehen[4] (Bischöfe und Ordensobere aus Nordostbrasilien, 1973);

Randdasein eines Volkes – Der Aufschrei der Kirchen (Bischöfe aus dem mittleren Westen Brasiliens, 1974);

Christliche Forderungen an eine politische Ordnung[5] (eine wichtige Denkschrift der CNBB – 1977 –, die den Akzent legt auf die Mitsprache des Bürgers und des Christen beim Aufbau einer gerechten Gesellschaft, die sich als solche von der unterscheidet, in der wir im Augenblick leben und an der wir leiden[6]);

Die Kirche und die Problematik von Grund und Boden[7] (ein Dokument der CNBB vom 14. 2. 1980 zum Agrarkapitalismus und zur Bodenreform);

Die Frage von Grund und Boden in der Stadt aus pastoraler Sicht[8]

---

[4] Deutscher Text in: *H. Krauskopf* (Hrsg.), Brasilien: Zukunft für alle? Kirche als Kritiker des brasilianischen Wirtschaftsmodells, München/Mainz 1980, 51–80.

[5] Deutscher Text in: *H. Krauskopf,* Brasilien, 96–107.

[6] Vgl. *L. G. de Souza Lima,* Evolução política dos católicos e da Igreja no Brasil. Hipóteses para uma interpretação, Petrópolis 1979.

[7] Deutscher Text in: missio-Informationen (München) 3/1980, 3–24.

[8] Deutscher Text in: Weltkirche (München) 3/1982, 13–28, und in: Orientierung 46 (1982) 79–82, 94–97.

(eine Denkschrift der CNBB vom 18. 2. 1982 gegen die hemmungslose Bodenspekulation).

Solidarität der Bischöfe von São Paulo und der CNBB mit den streikenden Metallarbeitern im ABC[9] von São Paulo, wo 1980 und 1981 die größten Streiks stattfanden, die es in der Geschichte Brasiliens je gegeben hat. Obwohl die Streiks von den Arbeitsgerichten für illegal erklärt worden waren, stellte sich die Kirche auf die Seite der Arbeiter und deklarierte ihr Bemühen um bessere Löhne und um Betriebsstabilität für mindestens ein Jahr als rechtmäßig. Als das Volk sich nirgendwo mehr versammeln konnte und sich der gesamte Staatsapparat (Gerichte, Polizei, Politik) den Arbeitern verschloß, öffnete die Kirche ihnen den sakralen Raum ihrer Gotteshäuser. Was gibt es denn Sakraleres als den Menschen? Die Sakralität des Menschen ist wichtiger als die Sakralität geweihter Gegenstände und Räume. Was an Materie sakral ist, steht in Funktion der Sakralität des Menschen und seiner Rechte. Im Menschen begegnen wir der Heiligkeit Gottes. Die Solidarität der Bischöfe spaltete die öffentliche, von den herrschenden Klassen kontrollierte Meinung. Diese Art von kirchlicher Betätigung scheint vielen nicht mehr funktionsgemäß zu sein. So greifen sie die Kirche an, in Wahrheit aber attackieren sie das Volk und die Kirche, die für die Verteidigung des Volkes eintritt, weil es »immer wieder zur Ader gelassen und immer wieder kastriert« wird (Capistrano de Abreu).[10]

Als Ergebnis ihres Eintretens für soziale Gerechtigkeit gewann die Kirche an Glaubwürdigkeit, und das Evangelium erwies seine befreiende Kraft. Alles, was gerecht und ehrenhaft ist, wie auch alles Kämpfen um die Verteidigung der Menschenwürde steht nicht nur in Einklang mit dem Evangelium, sondern ist geradezu eine Forderung des Evangeliums.

Mit einem Mal empfanden viele Christen Stolz über ihren Glauben und ihre Kirche. Beinahe im ganzen Land sammelte die Kirche Nahrungsmittel und Geld, um den Streikenden in São Paulo zu helfen.

Als kleiner Indikator für die Glaubwürdigkeit der Kirche sei auf eine Statistik der Päpstlichen Katholischen Universität von Rio de

---

[9] Mit ABC bezeichnet man in Brasilien die drei Industriestädte Santo André, São Bernardo und São Caetano (Anm. des Übersetzers).

[10] Vgl. dazu die detaillierte Untersuchung von *H. T. de Souza Martins u. a.*, A Igreja na greve dos metalúrgicos, in: Religião e sociedade (1980) 6,7–68. Vgl. auch die Nummern 1/2 und 3/4 (1980) der Brasilien Nachrichten (Mettingen).

Janeiro verwiesen. 1963 gaben 60% der Studenten an, sie seien Atheisten. Als Hauptgrund wurde genannt: Die Kirche stehe auf der Seite der etablierten Ordnung, die aber sei ungerecht und richte sich gegen das arme Volk. Eine 1978 gemachte Erhebung besagte dagegen, 75% der Studenten erklärten sich für gläubig. Diesmal wurde als Hauptgrund angegeben: Zwischen Medellín (1968) und (dem damals noch in Vorbereitung befindlichen) Puebla (1979) sei die Kirche zur Stimme derer geworden, die keine Stimme hätten, und habe sich mit den Armen und Randexistenzen identifiziert. Überdies erklärten 10–15% ausdrücklich: »Ich glaube an die Kirche, aber nicht an die Religion.« So gewann die Kirche durch ihren uneigennützigen Einsatz für die Ärmsten des Volkes neu an Glaubwürdigkeit.[11]

3. Theologische Begründung des Engagements für Gerechtigkeit

Wir möchten nun einige Anhaltspunkte vortragen, die die Pflicht eines jeden Christen erhärten, für Gerechtigkeit einzutreten. Dabei bedienen wir uns jüngerer offizieller Dokumente der Kirche. So haben wir die Sicherheit einer für alle verbindlichen Lehre. Die Dokumente sind die verschiedenen päpstlichen Verlautbarungen in Sachen sozialer Gerechtigkeit: die sogenannten Sozialenzykliken, die die Soziallehre der Kirche zum Ausdruck bringen. Insbesondere beziehen wir uns auf:

De iustitia in mundo: Schlußdokument der Bischofssynode 1971;[12]

Octogesima adveniens: Apostolisches Schreiben Papst Pauls VI. aus dem Jahre 1971 anläßlich des 80. Jahrestages der Enzyklika *Rerum novarum* über »neue Bedürfnisse der sich ständig wandelnden Welt«;[13]

Evangelii nuntiandi: Apostolisches Schreiben Papst Pauls VI. über die Evangelisierung in der Welt von heute (1975); im dritten Teil seines Schreibens behandelt der Papst das Thema »Evangelisierung und ihr Verhältnis zu Politik und Befreiung«;[14]

[11] Vgl. *C. Mendes de Almeida,* Ação, justiça e paz nas opções de Puebla, in: Encontro nacional de ação, justiça e paz, Curitiba 1980, hier 10.

[12] Deutsch in: Texte zur katholischen Soziallehre. Die sozialen Rundschreiben der Päpste und andere kirchliche Dokumente, hrsg. vom Bundesverband der KAB, Kevelaer ⁵1982, 525–547.

[13] Deutsch in: Texte zur katholischen Soziallehre, 487–523.

[14] Deutsche Ausgabe in: Verlautbarungen des Apostolischen Stuhls, 2, hrsg. vom Sekretariat der Deutschen Bischofskonferenz, Bonn 1975.

Redemptor hominis: die erste Enzyklika von Papst Johannes Paul II. (1979); im dritten Teil (Nr. 17) spricht der Heilige Vater von den Menschenrechten: »»Buchstabe‹ oder ‹Geist««;[15]

Die Evangelisierung Lateinamerikas in Gegenwart und Zukunft: Beschlüsse der Dritten Generalkonferenz des lateinamerikanischen Episkopats 1979 in Puebla; durch das gesamte Papier zieht sich die vom Evangelium her inspirierte Idee der sozialen Gerechtigkeit, der ganzheitlichen menschlichen Förderung, des Kampfes für Menschenwürde und für die Befreiung des Menschen.[16]

a. Grundaussage – zentrale These

Im Schlußdokument der Bischofssynode über die Gerechtigkeit in der Welt heißt es: »Für uns sind der Einsatz für Gerechtigkeit und die Beteiligung an der Umgestaltung der Welt *konstitutiver* Bestandteil der Verkündigung der Frohen Botschaft, d. i. der Sendung der Kirche zur Erlösung des Menschengeschlechts und zu seiner Befreiung aus jeglichem Zustand der Bedrückung« (Nr. 6). »Der Auftrag, das Evangelium zu verkünden, *erfordert* heute den ungeteilten Einsatz für die volle Befreiung des Menschen ... Deshalb hat die Kirche das Recht und die Pflicht, für Gerechtigkeit im sozialen, nationalen und internationalen Bereich einzutreten und rechtswidrige Zustände zu rügen« (Nr. 36, 37).

Wohlgemerkt: Die Bischöfe sagen nicht, Gerechtigkeit sei ein integrierendes (nicht wesentliches), sondern ein *konstitutives* Thema. Wo keine Gerechtigkeit gepredigt wird, gibt es kein Evangelium, das sich auf Jesus Christus beziehen dürfte. Das hat nichts mit Politisierung der Kirche, wohl aber etwas mit Treue zu tun. Wenn wir nicht treu sind, verstümmeln wir die Botschaft Jesu in ihrem Kern und entstellen die Kirche in ihrem Wesen. So wird verständlich, weshalb hier von *Pflicht* die Rede ist. Eine Pflicht aber will eingefordert sein. Die Vernachlässigung einer so schweren, weil wesentlichen Pflicht ist Sünde, auch wenn der Bischof sie begeht. So ist auch das Wort Pauls VI. in seiner Enzyklika *Evangelii nuntiandi* zu verstehen, das von Puebla mehr als einmal aufgegriffen wird: »Die Kirche hat ... die *Pflicht,* die Befreiung von Millionen Menschen zu verkünden, von denen viele ihr selbst angehören; die *Pflicht* zu helfen, daß

---

[15] Deutsche Ausgabe in: Verlautbarungen des Apostolischen Stuhls, 6, hrsg. vom Sekretariat der Deutschen Bischofskonferenz, Bonn 1979.

[16] Die offizielle deutsche Ausgabe in: Stimmen der Weltkirche, 8, hrsg. vom Sekretariat der Deutschen Bischofskonferenz, Bonn 1979.

diese Befreiung Wirklichkeit wird, für sie Zeugnis zu geben und mitzuwirken, damit sie ganzheitlich erfolgt. Dies steht durchaus im *Einklang* mit der Evangelisierung« (Nr. 30). Zweimal benutzt der Papst das Wort *Pflicht,* und niemand soll meinen, dabei denke er an eine rein geistige Befreiung. Im Satz unmittelbar vorher zählt er nämlich durchaus konkrete Formen der Unterdrückung auf: »Hunger, chronische Krankheiten, Analphabetismus, Armut, Ungerechtigkeiten in den internationalen Beziehungen und besonders im Handel, Situationen eines wirtschaftlichen und kulturellen Neokolonialismus . . .« (Nr. 30).

b. Drei Hauptargumente

aa. Worauf aber gründet diese Pflicht? Die Bischofssynode von 1971 führt zwei Argumente an, das eine aus dem Alten und das andere aus dem Neuen Testament: »Im Alten Testament offenbart Gott sich uns als Befreier der Unterdrückten und Anwalt der Armen. Von den Menschen fordert er den Glauben an ihn und Gerechtigkeit gegenüber dem Nächsten. Nur durch Gehorsam gegen das, was die Gerechtigkeit gebietet, wird Gott als der Befreier der Unterdrückten anerkannt« (*De iustitia in mundo,* Nr. 31). Man beachte die wichtige Sentenz: *Zu Gott ist nur auf dem Weg der Gerechtigkeit zu finden.* Der Gott des Lebens ist kein Gott von Beterei, Weihrauchduft und Asketentum. Jesaja 1,11–18 ist zu entnehmen, daß Gott kein Wohlgefallen findet an Opfern und Gebeten. Sein Gebot lautet: »Lernt, Gutes zu tun! Sorgt für das Recht! Helft den Unterdrückten! Verschafft den Waisen Recht, tretet ein für die Witwen!« (1,17). Ebenso stellt auch Jesus eine Hierarchie der Werte auf: Wichtiger als religiöse Observanz sind »Gerechtigkeit, Barmherzigkeit und Treue« (Mt 23,23). Die Liebe ist das Zentrum der biblischen Botschaft, nur setzt sie, um echt zu sein, die Gerechtigkeit voraus. Deshalb stellt die Bischofssynode von 1971 fest: »Die Liebe gebietet an erster Stelle unbedingte Gerechtigkeit, nämlich die Anerkennung der Würde des Mitmenschen und seiner Rechte; umgekehrt kommt die Gerechtigkeit erst in der Liebe zur Vollendung« (Nr. 35).

Also: »Christliche Nächstenliebe und Gerechtigkeit sind untrennbar« (Nr. 35). Die Gerechtigkeit ist nämlich jenes Mindestmaß an Liebe, ohne das jede Beziehung unter Menschen unmenschlich und gewaltsam wird.

Weil der wahre Gott ein Gott der Gerechtigkeit und der Liebe ist, müssen wir immer dann die Stimme erheben, wenn ungerechte Systeme den Gott der Christen und die christliche Überlieferung für sich einsetzen. Sie geben sich als gottgläubig aus, in Wirklichkeit aber beten sie die Götzen des Geldes, der Macht und des Kapitals an. Der wahre Gott findet sich nicht in diesen Dingen, wenn sie sich ausschließend gegen andere richten. Darum prangert Bischof Pedro Casaldáliga derartige Mißbräuche im Gedicht an:

> Wo du Gesetz sagst,
> sag' ich Gott.
> Wo du Frieden, Gerechtigkeit und Liebe sagst,
> sag' ich Gott.
> Wo du Gott sagst,
> sag' ich Freiheit, Gerechtigkeit und Liebe.[17]

So wird ersichtlich, daß Gott nur dort ist, wo Gerechtigkeit, Freiheit und Liebe sind. Hier wohnt er. In frommen Worten wohnt er nicht wirklich. Nicht immer, wenn wir Gott sagen, meinen wir auch Freiheit, Gerechtigkeit und Liebe. Wenn wir aber diese Wirklichkeiten bei unserem Reden von Gott nicht mit einschließen, sprechen wir nicht von dem wahren Gott, sondern von einem Götzen.

bb. Ein anderes Argument, das zum Kampf für die Gerechtigkeit verpflichtet, leiten die Bischöfe auf ihrer Synode 1971 aus dem Neuen Testament her. In einer Zusammenfassung ihrer Argumentation in den Nr. 31–34 sagen sie: »Die christliche Botschaft setzt das Verhältnis des Menschen zu Gott in unlösbare Einheit mit seinem Verhalten zu seinen Mitmenschen« (Nr. 35). Mit anderen Worten: Die Wahrheit des Verhältnisses zu Gott mißt sich an der Wahrheit des Verhältnisses zu den Mitmenschen. Mit Gott steht nur gut, wer in Sachen Gerechtigkeit und Liebe auch gut mit den anderen steht. Die Gerechtigkeit steht also mit im Mittelpunkt der Religion. Deshalb ist beim Jüngsten Gericht das eschatologische Kriterium des Urteils über uns auch die Frage, wie wir uns zu den wirtschaftlichen und menschlichen »Nullen« unserer Geschichte verhalten haben (Mt 25,31–46).

Im übrigen – so betonen die Bischöfe – hat uns Jesus den Vater geoffenbart und zugleich gezeigt, daß dieser selbe Gott den Armen und Unterdrückten Gerechtigkeit verschafft (Lk 6,20–23: Selig die Armen, Hungernden, Traurigen, Verhaßten . . .). Johannes Paul II. erinnerte in Puebla die Bischöfe daran, daß sich Christus vor allem für die Allerärmsten eingesetzt hat (Eröffnungsansprache, III, 3,

---

[17] P. Casaldáliga, Antologia retirante, Rio de Janeiro 1978, 168.

nach: Puebla, Nr. 1141). Wenn Jesus nach Lukas sagt: »Selig, ihr Armen, denn euch gehört das Reich Gottes« (Lk 6,20), dann heißt das aller ernsthaften Exegese (Dupont, Pikaza, Schürmann, J. Jeremias und anderen) zufolge: Selig seid ihr, die ihr in Armut geraten seid, die man euch ungerecht behandelt und die ihr Gewalt zu erleiden habt, denn euch gehört das Reich Gottes, das ein Reich der Gerechtigkeit, der Liebe und des Friedens ist.[18] In Anbetracht der Ungerechtigkeit, die in der Armut zum Ausdruck kommt, ist Gott empört, fühlt sich herausgefordert und faßt den Entschluß einzugreifen. Jesus läßt die Intervention Gottes Geschichte werden: Gott kommt und stellt die Gerechtigkeit für den Unterdrückten wieder her. Aber nicht, weil dieser besonders fromm und gut wäre, sondern einzig und allein deshalb, weil er das Opfer von Unterdrückung ist, die ihn in Verarmung stürzt.

Kurz gesagt: Die Gerechtigkeit ist so wichtig, daß es ohne sie kein Reich Gottes gibt. Zeichen dafür, daß das Reich im Kommen ist und allmählich in unseren Städten Wohnung nimmt, ist, wenn den Armen Gerechtigkeit geschieht, wenn die Armen an den Gütern des Lebens und des Gemeinwesens teilhaben und wenn sie in ihrer Würde gefördert und gegen die Gewalt des wirtschaftlichen und politischen Systems, dem sie ausgesetzt sind, in Schutz genommen werden.

cc. Ein weiteres entscheidendes Argument entwickelt Paul VI. ausführlich in seiner Enzyklika *Evangelii nuntiandi* (3. Teil). Vielfältig variiert, klingt es auch in Puebla immer wieder durch (2. Teil, Kapitel 1–2): Die Gerechtigkeit gehört zum zentralen Inhalt der Evangelisierung.

Die Evangelisierung hat ihren Mittelpunkt im Heil in Jesus Christus, »das seinen Anfang gewiß schon in diesem Leben hat, aber sich erst in der Ewigkeit vollendet« (Nr. 27). »Darum gehört zur Evangelisierung eine ausführliche Botschaft ... über das Zusammenleben in der Gesellschaft, über das internationale Leben, den Frieden, die *Gerechtigkeit,* die Entwicklung; eine Botschaft über die Befreiung, die in unseren Tagen besonders eindringlich ist« (Nr. 29). Der Papst betont nachdrücklich, daß die Befreiung zum *wesentlichen* Inhalt der Evangelisierung gehört (Nr. 30; Puebla, Nr. 351). In ihrem elementarsten Sinn ist die Befreiung nämlich Befreiung von Sünde, Ungerechtigkeit und Unterdrückung und Befreiung für die Gnade der Gerechtigkeit und für die Brüderlichkeit.

[18] Vgl. *L. Boff,* Teologia do cativeiro e da libertação, Petrópolis 1980.

Dann aber ist es nicht so, als fügten wir aufgrund der aktuellen Situation bei uns dem Evangelium irgend etwas hinzu. Was wir sagen, gehört überall und zu allen Zeiten der Menschheit zum Kern des Evangeliums.

c. Verkürzungen vermeiden

Bei allem Engagement für Gerechtigkeit und Befreiung warnt der Papst vor zwei Gefahren: vor der Verkürzung aufs Religiöse bzw. der Verkürzung aufs Politische. Die *religiöse Verkürzung* sperrt die Kirche in die Sakristei ein und billigt ihr lediglich die Verwaltung des Sakralen zu. Papst Paul VI. stellt dazu fest, daß »die Kirche es nicht hinnimmt, daß ihre Sendung nur auf den Bereich des Religiösen beschränkt wird, indem sie sich für die zeitlichen Probleme des Menschen nicht interessiert« (Nr. 34). Die Kirche muß also in die ihr wesensgemäße Evangelisierung die Welt mit ihren Höhen und Tiefen einschließen. Der andere Fehler ist die *politische Verkürzung* – wenn nämlich die Sendung der Kirche auf die »Dimensionen eines rein diesseitigen Programmes« (Nr. 32) eingeschränkt wird. Die Kirche artikuliert und verbindet das Religiöse mit dem Politischen. Wie sie sich nicht nur in der Sakristei aufhält, so hält sie sich auch nicht nur auf öffentlichen Plätzen auf. Sie geht an die Öffentlichkeit, ergreift das Wort, prangert an und solidarisiert sich kraft ihrer evangelischen Inspiration und ihres religiösen Auftrags mit den Menschen. Nicht politisch, sondern evangelisch spricht sie von Politik. Es ist ihre Überzeugung, daß die Politik und der Kampf für Gerechtigkeit das Reich Gottes, das auch in diesen Dimensionen wirkt, antizipieren und konkretisieren, obwohl es sich nicht in ihnen erschöpft. Es transzendiert sie, zugleich aber durchdringt es sie und nimmt sie auf.

4. Der Kampf für Gerechtigkeit und die Politik

Wer von sozialer Gerechtigkeit und Befreiung spricht, betritt damit bereits das Feld der Politik. Deshalb kommt es darauf an, den Kampf für Gerechtigkeit und die Politik einander richtig zuzuordnen. Kein Wort ist doppeldeutiger als dieses. Die reaktionären Kräfte in Gesellschaft und Kirche bedienen sich dieser Doppeldeutigkeit, um sich aus ihrer Pflicht zum Kampf für Gerechtigkeit zu stehlen. Lauthals verkünden sie: »Kirche hat nichts mit Politik zu tun«, »Papst verbietet Priestern und Bischöfen, sich politisch zu betätigen«, »Wir wollen keine Politik in der Kirche (im Gotteshaus)« und: »Keine Politik in der Messe«. So haben wir zunächst das Wort »Politik« inhaltlich zu beschreiben.

a. Bedeutungen von Politik: »Política« mit großem Anfangsbuchstaben und »política« mit kleinem Anfangsbuchstaben[19]

Bereits Papst Paul VI. wies in *Octogesima adveniens* darauf hin, daß, »wenn von ›Politik‹ die Rede ist, vielerlei darunter verstanden werden [kann], woraus Verwirrung entsteht und das darum klar auseinandergehalten werden muß« (Nr. 46). Die lateinamerikanischen Bischöfe haben dann auf ihrer Konferenz in Puebla die Dinge klargestellt.

Zunächst gilt es, mit einem Vorurteil aufzuräumen, das weit verbreitet ist bei Leuten, die mit Politik böse Erfahrungen gemacht haben: Korruption, Manipulation und privates Interessenspiel. Für viele ist Politik gleichbedeutend mit Schmutz, Lüge und Demagogie. In Wirklichkeit ist das alles eine Pathologie von Politik. Politik ist dagegen ein höchst positiver Begriff, so daß Aristoteles sagen konnte, der Mensch, jeder Mensch sei – ob er es wolle oder nicht – ein *politisches Lebewesen.* So sprechen die Puebla-Bischöfe der Politik das höchste Lob aus, das in der jüngeren Geschichte der Kirche überhaupt bekannt ist:

»In der Tat rührt die Notwendigkeit der Gegenwart der Kirche in der Politik aus dem Wesen des christlichen Glaubens her« (Puebla, Nr. 516). Politik ist von der Herrschaft Jesu Christi umgriffen. Jesus Christus herrscht nicht nur über kleine Räume, Herz, Seele und Kirche, sondern er ist ein kosmischer Herr mit Kompetenz auch über die großen Räume, einschließlich der Politik. Politik hat mit dem Reich Gottes zu tun, weil sie mit Gerechtigkeit zu tun hat, die ja eine messianische Gabe, ein Gut des Gottesreiches ist, bzw. mit Ungerechtigkeit, die Ausdruck der Sünde, des Nein gegen Gott ist. Wenn die ersten Christen bekannten: »Jesus allein ist der Herr!«, dann legten sie damit ein politisches Bekenntnis ab, das ihnen den Tod durch die wilden Tiere einbrachte. So wird auch die zweite Feststellung der Bischöfe verständlich:

Das Interesse der Kirche an der Politik »ist eine Form, *den alleinigen Gott zu verehren,* so daß die Welt ihres mythischen Charakters

[19] Im Spanischen und Portugiesischen werden Substantive klein geschrieben. Um das Engagement für das Gemeinwohl zu kennzeichnen, schreibt man *Política* gelegentlich mit großem Anfangsbuchstaben; *política* mit kleinem Anfangsbuchstaben bedeutet dagegen: am eigenen Interesse orientierter Umgang mit Macht durch Bevölkerungsteile, wie etwa Parteipolitik (Anm. des Übersetzers).

entkleidet und zugleich dem Herrn geweiht wird (vgl. *Lumen gentium,* Nr. 34)« (Puebla, Nr. 521). Sich politisch engagieren heißt – wie wir gleich sehen werden – dafür kämpfen, daß allen Gerechtigkeit widerfährt. Für Gerechtigkeit kämpfen und Gerechtigkeit in die Tat umsetzen ist Gottesdienst – Gottesdienst, wie Paulus ihn in Röm 12,1 von uns verlangt: »Das ist für euch der wahre und angemessene Gottesdienst.« *Octogesima adveniens* mahnt: »Die Politik ist eine anspruchsvolle, aber nicht die einzige Art, die schwerwiegende Christenpflicht zu erfüllen, anderen zu dienen« (Nr. 46). Im politischen Engagement kommt die Liebe, die ihre soziale und solidarische Dimension entdeckt hat, zum Ausdruck.

Puebla unterscheidet zwei Bedeutungen von Politik:

»Política« mit großem Anfangsbuchstaben: So verstandene Politik zielt aufs Gemeinwohl, auf die Förderung von Gerechtigkeit und Menschenrechten, auf das Aufdecken von Korruption und Verletzung der Menschenwürde ab. Politik, groß geschrieben, »muß die Grundwerte jedes Gemeinwesens – innere Einheit und äußere Sicherheit – ausformulieren und dabei Gleichheit mit Freiheit, öffentliche Autorität mit rechtmäßiger Autonomie und Mitsprache von Einzelpersonen und Gruppen in Einklang bringen . . . Weiter definiert sie die Mittel und die Ethik der gesellschaftlichen Beziehungen. In diesem weiten Sinn geht Politik sehr wohl die Kirche an, einschließlich ihrer Bischöfe, die ja Diener an der Einheit sind« (Puebla, Nr. 521). Im übrigen gehören zur groß geschriebenen Politik die verschiedenen Ideologien (Marxismus, Kapitalismus, Soziallehre der Kirche usf.), insofern sie ein Bild und eine Utopie von Mensch und Gesellschaft entwickeln. So hat auch die Kirche ihre Sicht von Welt, Mensch, Zusammenleben, Güterverteilung usf. Jedesmal wenn sie das Evangelium verkündet, trägt sie auch ein politisches Programm vor, das sich aus dem Evangelium ergibt. Kirche hat immer und hatte immer ein Interesse an Politik.

So gesehen, muß die Kirche also in die Politik gehen. Wie die Gerechtigkeit ist auch die Politik Teil ihres Auftrags und ihres Wesens. Deshalb darf die Kirche es nicht unterlassen, Politik mit großem Anfangsbuchstaben zu treiben; mit anderen Worten: Angesichts von Recht und Unrecht darf sie nicht so tun, als ginge sie das nichts an; wo das Volk ausgebeutet wird, darf sie sich nicht in Schweigen hüllen. In Sachen groß geschriebener Politik gibt es keine Neutralität: Entweder man ist für Veränderungen in Richtung auf mehr soziale Beteiligung, oder man ist für die Erhaltung des *status quo,* der in vielen Ländern –

einschließlich Brasiliens – einen Großteil der Bevölkerung marginalisiert.

Politische Abstinenz im Sinne von Desinteresse für Gemeinwohl und soziale Gerechtigkeit wird von Puebla ausdrücklich kritisiert: »Die Kirche kritisiert alle, die den Bereich des Glaubens auf das persönliche bzw. familiäre Leben einschränken wollen und dabei die berufliche, *wirtschaftliche, gesellschaftliche und politische Ebene* außer acht lassen, als ob Sünde, Liebe, Gebet und Vergebung damit nichts zu tun hätten« (Puebla, Nr. 515). In einem noch härteren Text heißt es: »Auch Christen, Priester und Ordensleute können die Kirche *instrumentalisieren,* wenn sie das Evangelium verkünden, ohne Bezug auf die wirtschaftlichen, gesellschaftlichen, kulturellen und *politischen* Gegebenheiten zu nehmen. In der Praxis kommt diese *Verstümmelung* einem gewissen stillschweigenden, wenn auch unbewußten Einverständnis mit der bestehenden Ordnung gleich« (Puebla, Nr. 558).

Halten wir also fest: Neutralität gibt es nicht. Jeder hat seinen Standort. Nur daß sich einige ihrer Position nicht bewußt sind. In der Regel vertreten diese Leute den Standpunkt der herrschenden Klasse, der etablierten Ordnung, die sich in Brasilien jedoch gegen das Volk richtet und damit eine äußerst ungleiche und ungerechte Ordnung ist. Wegen dieser Ungleichheit, die sich auch in den Löhnen ausdrückt, ergriff sogar der Apostolische Nuntius, Cármine Rocco, anläßlich des Streiks 1980 in São Paulo Partei für die Arbeiter. Der Prälat ließ keinen Zweifel daran, daß damit nicht er den Konflikt schüre, da dieser bereits von anderer Seite, das heißt durch die brutalen Lohnunterschiede, objektiv angeheizt werde.[20] Puebla zufolge führt vermeintliche politische Enthaltung zur Instrumentalisierung und Verstümmelung des Evangeliums. Gerade heute gilt es, daß wir uns der *P*olitischen Dimension in Evangelium und Glauben bewußt werden. Auch hier haben wir Gott zu dienen.

Diese politische Dimension ist Gegenstand der Evangelisierung (»Das Christentum muß das Gesamt der menschlichen Existenz, einschließlich der politischen Dimension evangelisieren«: Puebla, Nr. 515) und der Feier. Auch auf der Kanzel und bei der Messe hat sie ihren Ort. Wenn unsere Predigt nicht auch Gerechtigkeit, Brüderlichkeit und Mitsprache thematisiert, wenn sie nicht auch die Gewalt anspricht, die allerorten geschieht, dann verstümmelt sie das Evange-

---

[20] Vgl. die Wochenzeitschrift Veja vom 5. 10. 1980, gelbe Seiten.

lium und entmannt die Botschaft der Propheten, einschließlich des Größten aller Propheten, Jesu Christi.

»*Política*« *mit kleinen Anfangsbuchstaben* meint alle die Aktivitäten, durch die mittels Eroberung und Ausübung staatlicher Gewalt die Gesellschaft verwaltet bzw. verändert werden soll. Puebla beschreibt sie als die Ausübung »politischer Macht mit dem Ziel, wirtschaftliche, politische und soziale Fragen nach den Kriterien und nach der Ideologie einzelner Gruppen der Bevölkerung zu lösen« (Puebla, Nr. 523). In diesem Sinn – so heißt es weiter – kann man von »Parteipolitik« sprechen (Puebla, Nr. 523). Nicht das Ganze, sondern ein Ausschnitt steht im Vordergrund. Politik mit kleinem Anfangsbuchstaben meint also Parteipolitik. Ihr geht es um einen Teil, um eine Fraktion. Politik, klein geschrieben, ist eine Aufgabe nicht für die gesamte Kirche, sondern nur für einen Teil von ihr, für die Laien.

Puebla hält fest: »Parteipolitik ist das Feld für Laien. In ihrer Stellung als Laien kommt es ihnen zu, Parteien mit einer ihren rechtmäßigen Zielen förderlichen Ideologie und Strategie zu gründen und zu führen« (Puebla, Nr. 524). Natürlich ist damit nicht gesagt, bei der Gründung von Parteien und beim parteipolitischen Engagement brauchten sie sich – als Laien und Christen – nicht an gewisse Mindestkriterien zu halten. Im Gegenteil: Ihre Aufgabe besteht grundsätzlich darin, Sauerteig und Salz im Gemenge der Parteipolitik zu sein. Einige Kriterien dazu wollen wir – zumal im Blick auf unsere lateinamerikanische Situation – im Folgenden beleuchten.

b. Politik und Schärfe des Geistes: echte Politisierung

Die Gesellschaft ist heute ein äußerst kompliziertes, undurchsichtiges und von den verschiedensten Ideologien durchdrungenes Gebilde. Eine besonders gefährliche Ideologie vertreten die herrschenden Klassen, in deren Hand sich die Medien befinden: Sie kaschieren die Konflikte, halten Nachrichten, die ihnen mißfallen, zurück und malen ein rosarotes Bild von unserer tragischen Wirklichkeit. Christen, die mit ihrem Kampf für Gerechtigkeit etwas erreichen wollen, müssen sich vor solchen Ködern hüten. Deshalb empfiehlt das Puebla-Dokument auch, sich rationaler Werkzeuge zu bedienen, damit man klarsieht (Puebla, Nr. 86, 719, 1046, 1160, 1307, besonders 826). Um bei unserem Engagement klarzusehen und Aussichten auf Erfolg zu haben, müssen wir zu zwei Werkzeugen (theoretischen Instrumentarien, Vermittlungen) greifen:

Analytisches Werkzeug: Hier geht es darum, die Ursachen zu untersuchen, die die Armut erzeugen und zur Verletzung der Menschenrechte führen. Das Problem ist in der Regel nicht persönlicher, sondern struktureller Art. Deshalb müssen wir uns auch mit mehr technischer Literatur beschäftigen, damit begreiflich wird, wie die brasilianische Gesellschaft funktioniert, wer was besitzt, wie das Einkommen verteilt wird, welche Rolle die multinationalen Konzerne in Brasilien spielen, wie in Sachen Arbeits- und Gewerkschaftsrecht die Gesetzgebung aussieht.

Praktisches Werkzeug: Der Wille allein genügt nicht. Wenn man etwas erreichen will, braucht man Organisation. Deshalb ist es wichtig, Zentren zur Verteidigung und Förderung der Menschenrechte, Aktionskomitees, Kommissionen für Gerechtigkeit und Frieden ins Leben zu rufen, in Gewerkschaften einzutreten, bei Stadtteilorganisationen mitzumachen und dort gemeinsam mit anderen zu kämpfen.

Die Aufgabe echter Politisierung: Es dürfte deutlich geworden sein, daß es einer Erziehung zum politischen Engagement im Großen wie im Kleinen bedarf. Papst Paul VI. hebt hervor, »wie wichtig die Erziehung zum politischen Leben ist« (*Octogesima adveniens,* Nr. 24). Puebla spricht von der Erziehung zur Gerechtigkeit (Nr. 1030) und von befreiender Erziehung (Nr. 1026), obgleich »einige Regierungen bestimmte Aspekte und Inhalte der christlichen Erziehung mittlerweile als subversiv betrachten« (Nr. 1017). Mehr noch: »Katholische Erziehung muß Persönlichkeiten hervorbringen, die aufgrund ihrer von der Soziallehre der Kirche inspirierten staatsbürgerlichen und *politischen* Bildung ständig an der organischen Veränderung der Gesellschaft ... arbeiten« (Puebla, Nr. 1033). Dieses Engagement nun nennen wir *Politisierung,* die jedoch nicht mit politischem Klüngel verwechselt werden darf. Politisierung ist ein positiver Begriff, der das Bemühen um Erziehung für soziales Verhalten, politische Betätigung und Mitverantwortung beinhaltet. Politischer Klüngel liegt hingegen dann vor, wenn sich einige Leute oder eine Klasse der Institutionen des Staates, die für alle da sind, zu ihrem eigenen Nutzen bedienen und auch dann, wenn sich die Hierarchie in die mit kleinem Anfangsbuchstaben geschriebene Politik, in die Parteipolitik, einmischt.

5. Kompetenzverteilung in der Kirche

Die Kirche ist grundsätzlich in drei große Einheiten gegliedert: in die Hierarchie, die vom Papst bis zum Diakon reicht; in die Laien, das heißt alle Getauften, sofern sie nicht an der Leitung der christlichen Gemeinde beteiligt sind; und in die Ordensleute, die zwischen Laien und Hierarchie stehen und von beiden etwas haben. In der Frage der Kompetenzen rangieren die Ordensleute jedoch in der Kategorie der Hierarchie.

a. Kompetenz der Hierarchie

Wir halten uns im Folgenden vor allem an das Puebla-Papier und an die Beschlüsse der Bischofssynode 1971 über die Gerechtigkeit in der Welt. Es obliegt der Hierachie, zu *verkünden* (Puebla, Nr. 518: »Wort, das die Gesellschaft verändert«) und zu rügen (*De iustitia in mundo,* Nr. 37: rechtswidrige Zustände), die Würde und die Grundrechte des Menschen zu *fördern und zu verteidigen (De iusitia in mundo,* Nr. 38), sich mit den Laien zu *solidarisieren* und sie in ihrer Kreativität zu *ermutigen* (Puebla, Nr. 525) und in jeder Nation die Sehnsüchte des Volkes zu *deuten,* vor allem jedoch die Hoffnungen derer, die die Gesellschaft leicht an den Rand des Geschehens drängt (Puebla, Nr. 525).

Gestützt auf diese Kriterien, können wir sagen: Die Bischöfe von São Paulo (Dom Cláudio Hummes, Dom Paulo Evaristo Arns) und die CNBB handelten strikt in pastoralem Auftrag, als sie den Streik im ABC unterstützten, mit dem die Arbeiter Beschäftigungsgarantie und Gewerkschaftsfreiheit (direkte Verhandlungen ohne Gängelung durch das Arbeitsministerium) forderten. In technischen Dingen jedoch ist die Hierarchie nicht zuständig. Über das *Wie* kann sie nichts sagen. Wohl aber hat sie eine ethische Kompetenz: Im Licht des Evangeliums kann sie sagen, ob etwas gerecht bzw. ungerecht, für die Partizipation gut oder schlecht ist. »Der Dienst an Frieden und Gerechtigkeit ist eine wesentliche Aufgabe der Kirche« (Puebla, Nr. 1304).

b. Kompetenz der Ordensleute

In seinem Apostolischen Schreiben *Evangelica testificatio* konfrontiert Paul VI. die Ordensleute mit dem »Schrei der Armen«. Dieser Schrei, so sagt der Papst, »muß euch daran hindern, euch auf irgendeine Form von sozialer Ungerechtigkeit einzulassen. Er zwingt euch, das Gewissen der Menschen für das Drama des Elends wie auch für die Forderungen des Evangeliums und der Kirche nach sozialer Gerechtigkeit wachzurütteln.«[21] Am Ende lädt er die Ordensleute ein, eine Annäherung an die Armen in ihrer Situation als Arme zu suchen. Puebla lehrt, die Ordensleute müßten auch zur Evangelisierung der Politik beitragen, dabei jedoch der Versuchung, sich in Parteipolitik einzulassen, widerstehen (Puebla, Nr. 528).

c. Kompetenz der Laien

Die Arbeit der Laien darf nicht als Verlängerung der Aufgaben der Hierarchie verstanden werden. Die Laien haben als Laien ihren eigenen Ort in der Kirche und müssen in dieser Eigenschaft und aus eigenem Vermögen aktiv werden. Aber sie sind keine Weltmenschen, sondern Glieder der Kirche in der Welt. Von Jesus Christus haben sie ein direktes Mandat (*Lumen gentium,* Nr. 33).

Ihr Tätigkeitsfeld ist die Welt (Puebla, Nr. 789).

Besonders hervorzuheben ist das politische Engagement (Nr. 791). Auf diesem von Ungerechtigkeiten gekennzeichneten Erdteil »dürfen sie sich einem ernsthaften Einsatz für die Förderung von Gerechtigkeit und Gemeinwohl nicht entziehen« (Nr. 793).

»Akteure der Gerechtigkeit« müssen sie sein und dürfen sich nicht damit begnügen, nur die Ungerechtigkeit anzuprangern (Nr. 793).

Ihr Feld ist die Parteipolitik (Nr. 791).[22] Ja, sie sollen Parteien mit entsprechenden Ideologien und Strategien gründen und organisieren (Nr. 524).

Alles das tun sie nicht unter der Leitung der Bischöfe, sondern aus sich selbst heraus. Sowohl die Aussagen der Bischofssynode über die Gerechtigkeit als auch das Puebla-Dokument sind eindeutig: »... geleitet vom Geist der Frohen Botschaft und von der Lehre der Kirche« (*De iustitia in mundo,* Nr. 39), »... immer vom Glauben erleuchtet und vom Evangelium und von der Soziallehre der Kirche geführt, aber auch von ihrem Verstand und ihrer Fähigkeit zu wirksamem Handeln bestimmt« (Puebla, Nr. 793). Mit dem Evangelium allein ist es nicht getan, es kommt auch auf die Schärfe des Geistes an, betonen die Bischöfe.

---

[21] Apostolische Exhorte *Evangelica testificatio* vom 31. 7. 1971, in: AAS 63 (1971) 497–526, hier Nr. 18.

[22] Das spanische Original der Puebla-Beschlüsse lautet an dieser Stelle: *»la militancia y el liderazgo en algún partido político«.* Die offizielle deutsche Ausgabe (vgl. Anm. 16) übersetzt *»militancia«* irrig mit *»Militärdienst«;* gemeint ist jedoch das Engagement in einer politischen Partei (Anm. des Übersetzers).

So kommen wir also zu dem Schluß: Wenn sich Laien zusammenfinden, eine Aktionsbewegung für Gerechtigkeit und Frieden gründen und – wie es heute in zahlreichen christlichen Gemeinden geschieht – aus sich heraus Kampagnen starten und ihre Arbeit tun, dann haben sie ein Recht dazu und tun nur ihre Pflicht. Nach der offiziellen Lehre der Bischöfe brauchen sie also nicht die Billigung ihres Bischofs oder Pfarrers, damit sich das Ganze christlich nennen darf. Christlichen Charakter hat ihre Bewegung schon deshalb, weil sie lebendige Glieder der Kirche sind und kraft ihrer Würde als Laien auf dem ihnen eigenen Feld von Welt und Politik, einschließlich der Parteipolitik, agieren. Puebla zufolge müssen die Bischöfe sie »mit ihrer Solidarität unterstützen, ihre Bildung wie ihr geistig-geistliches Leben fördern und ihre Kreativität anregen, damit die Entscheidungen, die sie treffen, sich immer mehr am Gemeinwohl und an den *Bedürfnissen der Schwächsten* orientieren« (Puebla, Nr. 525). »Dabei handeln sie im allgemeinen aus eigener Initiative, ohne die kirchliche Hierarchie mit Verantwortung dafür zu belasten; in gewissem Grade allerdings wird die Verantwortung der Kirche mitberührt, insofern nämlich, als sie deren Glieder sind« (*De iustitia in mundo*, Nr. 39).

6. Zwei Kriterien für die Betätigung der Laien in einer bestimmten Partei

Wie aus der ganzen Darlegung ersichtlich geworden ist, gehört die Parteipolitik in die Kompetenz der Laien. Damit ist freilich nicht gesagt, für Glauben und Evangelium seien alle Parteien gleichermaßen empfehlenswert. Die Entscheidung liegt letztlich immer bei jedem einzelnen; denn aus dem Evangelium läßt sich keine Partei ableiten. Trotzdem gibt es Negativkriterien, die einige Parteien ausschließen. Allerdings variieren diese Anhaltspunkte. Angesichts der ungerechten sozialen Situation in Lateinamerika und des Bewußtseinsstandes der Kirche sind hierzulande besonders zwei Kriterien zu nennen.

Um ihre Treue zum Evangelium wie zum Schrei der Unterdrückten auszudrücken, trifft die ganze Kirche ihre *vorrangige Option für die Armen* (Puebla, 4. Teil, 2. Kap., Nr. 1166–1205). Damit eng verbunden ist die Option der Kirche für eine *umfassende Befreiung;* sie soll aus den gegenwärtigen Verhältnissen eine andere, brüderlichere und gerechtere Gesellschaft entstehen lassen (Nr. 470–506).

Bei der Einschätzung der Parteien orientiert sich ein bewußter Christ, der seinen Weg mit der Kirche gehen will, an diesen beiden Anhaltspunkten. Welche Partei setzt sich mehr für die Armen ein, die ja die gewaltige Mehrheit unseres Volkes sind? Mit welcher Partei ist eher die umfassende Befreiung möglich?

Es geht nicht nur darum, *für* das Volk da zu sein, sondern *mit* dem Volk seinen Weg zu gehen, dem Volk zu helfen, auf den Weg zu kommen und selbst seine Humanisierung zu erwirken.

7. Schluß: Verstehen, unterstützen, mitmachen

Allerorten sprießen Kommissionen für Gerechtigkeit und Frieden aus dem Boden. Sie werden getragen von der Pastoral der Kirchen, sei es auf diözesaner oder pfarrlicher Ebene, sei es in Verbindung mit den Kirchlichen Basisgemeinden. Es kommt jetzt darauf an, diese Form des mit der Vermenschlichung des Lebens Hand in Hand gehenden Glaubens zu stärken. Drei Punkte müssen wir zu diesem Zweck ins Auge fassen:

a. Das Engagement richtig verstehen: Unser Einsatz für Gerechtigkeit ist die Antwort auf die offiziellen Aussagen der Kirche, des Papstes und der Bischöfe. Er zeugt davon, daß unsere Laien reife Christen geworden sind, die ihrem Glauben in einer konfliktgeladenen Welt konkrete Gestalt geben wollen.

b. Die Bewegung effektiv unterstützen: Der Kampf für Gerechtigkeit ist kein Salonfest, kein Filigranwerk, kein Rosenstrauß, kein Moment süßer Ruhe oder romantischer Verzückung. Wer für Gerechtigkeit kämpft, gerät in Konflikte, die jedes Aufdecken von Ungerechtigkeiten mit sich bringt; er lebt in einer Spannung; und er muß trotz aller Konflikte den Geist des Friedens entwickeln, ohne sich von Anwandlungen der Rache und der Überheblichkeit fortreißen zu lassen.

c. Sich der Bewegung anschließen: Die Bewegung braucht jeden Mann und jede Frau. Die Ebenen des Engagements und die Fronten des Einsatzes sind vielfältig: juristische Beratung, Fallstudien, theoretische Vertiefung, Bewußtseinsarbeit . . .

Was die Bischöfe in Puebla sagen, darf uns alle ermutigen: »Für uns Menschen von heute muß die Liebe Gottes vor allem zum Engagement dafür werden, daß den Unterdrückten Gerechtigkeit und den Bedürftigen Befreiung zuteil wird« (Puebla, Nr. 327).

IV. Das Problem der Menschenrechte in der Kirche

Kaum eine Institution in der Welt hat mehr die Würde des Menschen gepriesen als die Kirche. Sie konfrontiert das Gewissen des Menschen unmittelbar mit Gott, betrachtet ihn als Bild und Gleichnis des absoluten Geheimnisses, erblickt in ihm das Kind Gottes und den Bruder Jesu Christi, des menschgewordenen Gottes, beschreibt ihn als Träger einer von Gott selbst hypostatisch angenommenen Natur, dessen Los deshalb unwiderruflich mit dem ewigen Los der Heiligsten Dreifaltigkeit verbunden ist. Aus diesen und aus manchen anderen Gründen spielen im Menschenbild der Kirche unverletzliche Würde und Weihe eine große Rolle. Aus einer solchen Anthropologie ergeben sich sowohl unveräußerliche, weil ursprüngliche Rechte als auch eine unumgängliche Pflicht zur Achtung vor dem Menschen, die so radikal ist, daß die Sache des Menschen an die Sache Gottes rührt.

Obwohl das christliche Gewissen erst spät für die Thematik der Grundrechte und Grundpflichten des Menschen wach wurde, waren diese im theoretischen Verständnis vom Wesen des Menschen doch immer gegeben: »Der Sauerteig des Evangeliums hat im Herzen des Menschen den unbezwingbaren Anspruch auf Würde erweckt und erweckt ihn auch weiter« *(Gaudium et spes,* Nr. 26). Sicher war es dieses Menschenbild, das das Zweite Vatikanische Konzil in der Erklärung *Dignitatis humanae* das folgende, an die Dimensionen des Utopischen reichende Prinzip verkünden ließ: »In der Gesellschaft [soll] eine ungeschmälerte Freiheit walten, wonach dem Menschen ein möglichst weiter Freiheitsraum zuerkannt werden muß, und sie darf nur eingeschränkt werden, wenn und soweit es notwendig ist« (Nr. 7). Und *Gaudium et spes* warnt die Staatsbürger davor, »der öffentlichen Autorität ... eine zu umfangreiche Gewalt zuzugestehen« (Nr. 75).

Bei allem Lob ist sich die Kirche gleichwohl im klaren, daß die Freiheit im konkreten Vollzug angesichts der Rechte des anderen wie auch der Pflichten gegenüber dem Mitmenschen und dem Gemeinwohl ihre Grenzen in der persönlichen wie gesellschaftlichen Verantwortung hat. Dennoch gibt es keine Rechtfertigung für irgendeine

Form von Diskriminierung: »Jede Form von Diskriminierung in den gesellschaftlichen und kulturellen Grundrechten der Person, sei es wegen des Geschlechts oder der Rasse, der Farbe, der gesellschaftlichen Stellung, der Sprache oder der Religion, muß überwunden und beseitigt werden, da sie dem Plan Gottes widerspricht« *(Gaudium et spes,* Nr. 29). [1]

1. Das Problem: Theorie und Praxis der Menschenrechte in der Kirche

In Anbetracht eines solchen Bewußtseinsstandes der Kirche bezüglich der Menschenrechte könnte man erwarten, daß die Praxis der Kirche auch mit ihrer Theorie übereinstimmte. Aber offenbar geht nirgendwo die Reinheit theoretischer Praxis einschließlich ihrer Weitsicht und inneren Stimmigkeit glatt in die praktische Praxis mit ihren unumgänglichen Vermittlungen und den jedem Geschichtsprozeß innewohnenden Zweideutigkeiten über. Nicht jede Theorie läßt sich in eine absolut konsequente Praxis umsetzen. Der theoretische Rahmen ist wie ein imperatives und in gewissem Sinne utopisches Modell. Die geschichtlichen Konkretisierungen bleiben immer hinter ihm zurück und lassen sich immer noch verbessern. Auch die Kirche kommt aus dieser schwierigen Dialektik nicht heraus. Mit

---

[1] Vgl. *B. Kloppenburg,* O cristão secularizado. O humanismo do Vaticano II, Petrópolis 1970, 167–168: »Das Konzil schlägt einen äußerst großzügigen Ton an. Diese Art zu sprechen ist neu. Wer einen Blick zurück in die Kirchengeschichte wirft, wird unschwer feststellen, daß aus der *diakonia* nicht selten Herrschaft und Absolutismus wurde; daß sich das pastorale Amt autoritär und von oben herab gebärdete; daß das kirchliche Lehramt zu einem uniformen und unnahbaren Theologenstab wurde; daß die Disziplin die Formen eines unbeweglichen und statischen Legalismus annahm; daß aus der Kontinuität der Kirche eine starre und heilige Tradition wurde. Dagegen lese ich heute in der Nr. 8 c von *Lumen gentium,* daß die Kirche ›zugleich heilig und stets der Reinigung bedürftig‹ ist; in der Nr. 21 e von *Gaudium et spes,* die Kirche müsse ›sich selbst unter der Führung des Heiligen Geistes unaufhörlich erneuern und läutern‹; in der Nr. 6 a von *Unitatis redintegratio:* ›Die Kirche wird auf dem Weg ihrer Pilgerschaft von Christus zu einer dauernden Reform gerufen.‹ Im Gegensatz dazu hatte Gregor XVI. 1832 in der Nr. 6 von *Miriari vos* geschrieben: ›Es ist völlig absurd und in höchstem Maße eine Verleumdung, zu sagen, die Kirche bedürfe einer gewissen Wiederherstellung oder Erneuerung, damit sie zu ihrer ursprünglichen Unversehrtheit zurückfinden könne, als ob man glauben könnte, die Kirche wäre Fehlern, Unwissenheit oder irgendeiner anderen menschlichen Unvollkommenheit ausgesetzt‹ (DS 2730–2732). In der Praxis sind wir einer Art von ekklesiastischem Monophysitismus verfallen, der die menschliche Autorität der Kirche mit der Autorität Gottes identifiziert hat und in dem folglich die Tugend des Gehorsams zur charakteristischen Tugend des ›Gläubigen‹, wie die einfachste Bezeichnung für den Christen lautet, geworden ist.«

anderen Worten: Auch in der Kirche ist die Theorie eine Sache und die Praxis in gewissem Sinne eine andere.

Aber abgesehen von dem unvermeidlichen Gefälle zwischen Verkündigung und Verwirklichung gibt es noch eine andere Diskrepanz. Diese resultiert aus Machtmechanismen, institutionellen Unzulänglichkeiten und praktischen wie theoretischen Verzerrungen aufgrund von mittlerweile überholten Modellen. Auch sie führt zur Verletzung von Grundrechten der Person. Ja, auch in der Kirche werden Menschenrechte verletzt. Dabei geht es uns gar nicht um jene Fälle, die auf den Machtmißbrauch einzelner zurückgehen und damit zufällig sind, sondern wir meinen all die Fälle, die sich aus einer bestimmten Form ergeben, die kirchliche Wirklichkeit zu verstehen und zu organisieren, und die folglich bleibend sind.

Wir beschränken uns hier darauf, einige bekannte Tatsachen zu nennen, in denen etwas von Mißachtung der Menschenrechte zum Ausdruck kommt, nach Mechanismen zu fragen, die sie erklären und verständlich machen können, und schließlich gangbare Lösungsmöglichkeiten zu überlegen.

Unsere Absicht ist es nicht, die Kirche schlechtzumachen. Wir sind Teil dieser Kirche und tun eine Arbeit in ihr, die ohne ein ausdrückliches Ja zu ihrer Sakramentalität schlicht unmöglich wäre. Der Wille der Kirche zur Selbstbehauptung widerspricht nicht nur nicht der Selbstkritik, sondern fordert sie nachgerade; denn obwohl die Kirche heilig ist, ist sie doch »stets der Reinigung bedürftig« (*Lumen gentium*, Nr. 8). Die Glaubwürdigkeit, mit der die Kirche für die Menschenrechte eintritt und Verletzungen dieser Rechte anprangert, hängt davon ab, wieweit sie selbst sie innerhalb ihres eigenen Kompetenzbereichs achtet. Das Dokument der Dritten Bischofssynode (1971) *De iustitia in mundo* erhärtet noch einmal, was wir sagen: »Weiß die Kirche sich verpflichtet, Zeugnis zu geben für die Gerechtigkeit, dann weiß sie auch und anerkennt, daß, wer immer sich anmaßt, den Menschen von Gerechtigkeit zu reden, an allererster Stelle selbst vor ihren Augen gerecht dastehen muß. Darum ist unser eigenes Verhalten, unser Besitz und unser Lebensstil in der Kirche einer genauen Prüfung zu unterziehen.«[2]

Wir wollen jedoch die Tragweite unserer Überlegungen nicht überschätzen. Gewiß, sie sollen das Engagement der Kirchen für die Menschenrechte echter und wirksamer gestalten. Aber im Augen-

[2] *De iustitia in mundo*, Nr. 41.

blick liegt der Hauptwiderspruch eben nicht im Innern der Glaubens-
gemeinschaften, sondern in der Spannung zwischen ihnen einerseits
und den autoritären Staaten andererseits. Deshalb dürfen wir der
anklagenden und prophetischen Kraft der Kirchen aus taktischen
Gründen keinen Abbruch tun. Der kircheninterne Widerspruch ist
sekundär und wird auch in diesem Sinn von uns behandelt.

2. Praktiken der Kirche im Konflikt mit ihrer Verkündigung der Menschenrechte

Im Folgenden richten wir unser Augenmerk nicht so sehr auf die
Theorien als vielmehr auf die Praktiken der Kirche. Einige Verhaltensweisen, die nach unserer Meinung in Konflikt liegen mit dem
Bewußtsein der Kirche von den Menschenrechten, möchten wir
nennen. Alles können wir nicht auf den Tisch bringen.[3] Die wichtigsten Fragen haben ja auch bereits die Teilnehmer der Bischofssynode
1971 herausgestellt und mit bemerkenswerter Offenheit in ihrem
Dokument *De iustitia in mundo* festgehalten. Aber es gilt nicht nur die
Ungerechtigkeiten in der Welt, sondern auch in der Kirche deutlich
zu machen.

a. Auf institutioneller Ebene

Daß die Entscheidungsgewalt in der Kirche zentral verwaltet wird, ist
offensichtlich. Dahinter steht ein langer Entwicklungsprozeß geschichtlicher Formen, die zur Zeit ihres Entstehens vielleicht vernünf-
tig waren, sich aber reiben mit dem Bewußtsein, das wir heute vom
Recht und von der Würde der menschlichen Person haben.

So werden zum Beispiel die Leitungspositionen in der Kirche –
vom Papstamt bis zum Presbyterat – ohne vorhergehende Befragung
der Basis des Volkes Gottes besetzt; und wenn dennoch einmal
irgendwelche Leute konsultiert werden, spielt deren Meinung keine
Rolle. Die führenden Persönlichkeiten werden durch Ergänzungs-
wahl aus einem begrenzten Kreis von Männern, die in der Kirche
bereits über Macht verfügen, ausgesucht und den Gemeinden vorge-
setzt. Dabei werden die Laien, die ja die überwältigende Mehrheit
bilden, auch wenn sie im Augenblick über eine große berufliche,

---

[3] Wir geben nur einige Beispiele aus der jüngeren Kirchengeschichte. Belege aus der
Vergangenheit, die sich in Fülle beibringen ließen, würden das Problem vielleicht noch
besser verdeutlichen. Vgl. v. a. Herder Korrespondenz 25 (1971) 592–597: Das Thema
Gerechtigkeit auf der römischen Bischofssynode.

intellektuelle und selbst theologische Qualifikation verfügen, an den Rand gedrängt. Die Zentralisierung der Entscheidung führt zwangsläufig zu Margininalisierung. Diese aber berührt Grundrechte auf Information und Mitsprache bei allgemeinverbindlichen Entscheidungen und in die ganze Gemeinschaft betreffenden Belangen. Aus diesem Grund war in dem Dokument über die Gerechtigkeit in der Welt die Forderung erhoben worden, alle Ungerechtigkeiten abzustellen, durch die die Laien von der Entscheidungsfindung in der Kirche ausgeschlossen werden: »Schließlich sollten die Glieder der Kirche einen gewissen Anteil haben an der Vorbereitung von Entscheidungen gemäß den vom Zweiten Vatikanischen Konzil und vom Heiligen Stuhl erlassenen Richtlinien, insbesondere durch Einführung von Räten auf allen Ebenen« (*De iustitia in mundo,* Nr. 47).

Nicht einmal die Priester hält man für fähig, in Dingen, die sie betreffen, zu überlegen, sich zu organisieren und – im Respekt für die Einheit in der Kirche – Entscheidungen zu treffen. Auf Konzilien, Synoden oder ähnlichen Kirchentreffen sind es immer die Bischöfe, die für sie denken, handeln und entscheiden. Juristisch gelten sie als Gehilfen der Bischöfe und, was die Rechte ihres *ordo* anbelangt, als bischöfliche Anhängsel. Fast jedesmal, wenn es zur Bildung von Gruppen mit eigenen Konturen kam, erfolgten unmittelbar Verdächtigung, Diffamierung oder Druck von oben, wenn nicht gar Suspendierung und Exkommunikation. *De iustitia in mundo* betont, daß sich auch die Priester in der Kirche verwirklichen sollen: »Im eigenen Bereich der Kirche ist jedes Recht unbedingt zu achten. Keiner, welcher Art seine Beziehung zur Kirche auch sein mag, darf in den jedermann zustehenden Rechten verkürzt werden« (Nr. 42).

Ein offener Widerspruch zu den Grundrechten der menschlichen Person findet sich in der Gesetzgebung zur Rückversetzung eines Priesters in den Laienstand (1971). Der Wille, aus dem Priesteramt zu scheiden, wird mehr oder weniger als Sünde dargestellt;[4] der Präfekt

---

[4] Vgl.: Die Neuordnung von Laisierungsverfahren (Text), in: Herder Korrespondenz 25 (1971) 194–197. Ebd. 194: »Nach Anführung der Gründe, aus denen die Kirche die Laisierung mit Dispens von der Zölibatsverpflichtung meint gewähren zu sollen, mahnt der Papst in jenem Dokument (*Sacerdotalis caelibatus*):›... jedes Mittel des Zuredens‹ soll versucht werden, ›damit der schwankende Mitbruder zur Ruhe, zum Vertrauen, zur Reue und zu einem Neubeginn komme. Nur wenn auf diese Weise keine Lösung möglich ist, wird der unglückliche Priester von seinem ihm anvertrauten Amt entfernt.‹ Und der Papst fügt hinzu: ›Unter der Voraussetzung, daß er für das Priesteramt nicht mehr zurückgewonnen werden kann, aber doch gewisse ernsthafte und gute Neigungen hat, als christlicher Laie zu leben, gewährt der Apostolische Stuhl nach Prüfung aller Umstände und im Einvernehmen mit dem Ortsordinarius oder dem Ordensoberen

und der Sekretär der Glaubenskongregation sagen in einem Begleitschreiben zu dem neuen Dekret im Rückgriff auf Worte des Papstes in der Enzyklika *Sacerdotalis caelibatus* (1967), diese Männer seien »unglücklicherweise ihren in der Weihe übernommenen Verpflichtungen untreu« geworden, bzw. qualifizieren sie kategorisch als »unglückliche Mitbrüder im Priesteramt«.[5] Damit aber wird einer im Gewissen getroffenen Entscheidung die moralische Legitimität aberkannt. Nicht ohne Grund werden die Betreffenden mit einer Reihe von Verboten bestraft, die sie in einen Stand noch unterhalb der Laien versetzen. So darf der Laisierte, wo sein Status bekannt ist, bei gottesdienstlichen Feiern mit dem Volk weder irgendeine liturgische Funktion übernehmen noch die Predigt halten. Jedes pastorale Amt ist ihm verwehrt. In Seminaren, theologischen Fakultäten und ähnlichen Einrichtungen darf er keine Lehrtätigkeit ausüben. In einem späteren Dokument werden 1973 die Restriktionen präzisiert und rühren nunmehr – abgesehen von den Schäden für den Glauben der Betroffenen und für deren Verhältnis zur sichtbaren Kirche – sogar an ihren Lebensunterhalt. Verboten ist ihnen nämlich der Zutritt sowohl zu Fakultäten, Instituten und Schulen für kirchliche oder religiöse Wissenschaften (zum Beispiel: Fakultäten für kanonisches Recht, Missionswissenschaft, Kirchengeschichte und Philosophie sowie Instituten für Pastoral, Religionspädagogik, Katechese usf.) als auch zu anderen Stätten für höhere Studien, an denen theologische oder religiöse Fächer gelehrt werden, auch wenn solche Einrichtungen nicht unmittelbar von einer kirchlichen Obrigkeit abhängen. Verheiratete Priester dürfen dort weder eigentlich theologische Fächer noch mit ihnen in engerer Verbindung stehende Disziplinen (zum Beispiel: Religionspädagogik und Katechese) unterrichten. Untersagt ist es ihnen weiterhin, katholische Schulen zu leiten oder Religionslehrer zu sein, unabhängig davon, ob es sich um eine katholische oder eine andere Schule handelt.

Es liegt auf der Hand, daß Diskriminierungen dieser Art nicht nur die in den Laienstand versetzten Priester selbst treffen, sondern auch die Gemeinde, insofern sie ja der außergewöhnlichen Qualifikation dieser Männer für Führungsfunktionen und für die Ausbreitung des Glaubens beraubt wird.

mitunter alle erbetenen Dispensen, indem er die Liebe über den Schmerz siegen läßt.« Die Enzyklika *Sacerdotalis caelibatus* ist auf deutsch erschienen als: Enzyklika über den priesterlichen Zölibat, lateinisch-deutsch (Nachkonziliare Dokumentation, 8), Trier 1968, hier Nr. 87.
[5] Herder Korrespondenz 25 (1971) 194; *Sacerdotalis caelibatus*, Nr. 83.

Ein Punkt, der am augenscheinlichsten dem Rechtsgefühl widerspricht, ist, daß die Frau in der Kirche nach wie vor diskriminiert wird. Frauen bilden die Hälfte aller Gläubigen, und die Zahl der Ordensfrauen ist zehnmal höher als die der männlichen Ordensmitglieder. Trotzdem gelten sie juristisch als unfähig für beinahe alle Leitungsämter in der Kirche. In römischen Sekretariaten, Kommissionen und Kongregationen gibt es nur verschwindend wenige Frauen. Aufgrund einer kulturellen Tradition, die auch die historische Gestalt des Wortes Gottes mitgeprägt hat, ist die Frau von Ämtern, die mit dem Sakrament der Priesterweihe zu tun haben, ausgeschlossen. Diese Tradition wurde zur normativen Lehre erklärt und am 15. Oktober 1976 – unter Mißachtung aller exegetischen und dogmatischen Argumente, die von den besten Theologen der Gegenwart beigebracht worden waren[6] – von der Heiligen Kongregation für die Glaubenslehre noch einmal bekräftigt.[7] Allem Anschein nach ist das Hauptargument der römischen Kongregation dabei weder die Tatsache, daß die Überlieferung keine Priesterweihe für Frauen kennt, noch das Verhalten Christi, noch die Praxis der Apostel, sondern die biologische Seite: das biologische Faktum nämlich, daß Christus Mann war. So lautet es im Text: Man darf die Tatsache nicht vernachlässigen, »daß Christus ein Mann ist. Um die Bedeutung dieser Symbolik für die Ökonomie der Offenbarung gebührend zu berücksichtigen, muß man daher einräumen, daß in den Funktionen, die den Weihecharakter erfordern und wo Christus selbst, der Urheber des Bundes, der Bräutigam und das Haupt der Kirche, in der Ausübung seiner Heilssendung repräsentiert wird – was im höchsten Maße in der Eucharistie geschieht –, seine Rolle von einem Mann verkörpert wird (das ist der eigentliche Sinn des Wortes *persona*)« (S. 16).

Nun gibt es aber keinen männlichen Menschen *in abstracto*. Wie jeder Mensch ist auch jeder Mann durch seine Rasse, Sprache und geographische Verwurzelung (Geburtsort) geprägt. So fragen wir: Wäre es nicht berechtigt, und läge es nicht in der Logik der offiziellen Argumentation, zu fordern, daß nur der zum Priester geweiht wird, der nicht nur Mann ist, sondern auch – wie Jesus – Jude ist, in Galiläa

---

[6] Vgl. die Aufstellung der theologischen Argumente in: *L. Boff*, Das Priestertum der Frau und seine Möglichkeit, in: ders., Die Neuentdeckung der Kirche (Kap. I, Anm. 1), 110–140.

[7] Vgl.: Erklärung der Kongregation für die Glaubenslehre zur Frage der Zulassung der Frauen zum Priesteramt (Verlautbarungen des Apostolischen Stuhls, 3), hrsg. vom Sekretariat der Deutschen Bischofskonferenz, Bonn 1976.

geboren wurde, aramäisch spricht und beschnitten ist? Bleibt es für die Kirche ohne alle Folgen, daß sich Jesus elf verheiratete Männer und nur einen ledigen zu Aposteln ausgewählt hat? Warum spielt dies keine Rolle, sondern nur das andere? Im übrigen wirkt der Text selbst diskriminierend, wenn er den Begriff *Person* allein dem Mann vorbehält, insofern er nämlich den Schluß ermöglicht, die Frau sei, da sie ja des Weihesakramentes unfähig sei, keine *Person.*

Dagegen hatte die Konzilskonstitution *Gaudium et spes* jede Diskriminierung als Widerspruch zum Plan Gottes entschieden abgelehnt (Nr. 29).

Mit einer Klarheit, die keinen Zweifel zuläßt, hatte der Erzbischof von St. Paul, Minneapolis, L. Byrne, auf der Bischofssynode 1971 gesagt: »Kein Argument sollte dazu dienen, die Frau von irgendeinem kirchlichen Dienst auszuschließen, wenn es lediglich auf männlichen Vorurteilen und blinder Anhänglichkeit an rein menschliche Traditionen beruht, die auf überholte Vorstellungen von der sozialen Stellung der Frau und auf eine fragwürdige Schriftinterpretation zurückgehen.«[8] Kardinal Paulo Evaristo Arns, Erzbischof von São Paulo, stellt die Frage: »Müssen wir da nicht an die Situation der Frau in Gesellschaft und Kirche denken? Wäre es nicht geradezu kurzsichtig, nur die Vorschriften und Sitten der Vergangenheit zu sehen, ohne Kräften, die für die menschliche Entwicklung so entscheidend sind, neue Horizonte zu eröffnen?«[9]

b. Auf der Ebene der Meinungsbildung in der Kirche

Partizipation setzt Zugang zu Informationen voraus. Wie können Kirchenmitglieder helfen, Entscheidungen zu fällen, wenn sie an Informationen, die für die Meinungsbildung nötig sind, nicht herankommen? Informationen fließen in der Kirche nur in einem engen Kreis. Wenn der Staat die Informationsfreiheit und die Möglichkeiten der Medien einschränkt, reagiert die Kirche sehr allergisch. Anders jedoch verhält sie sich, wenn sie selbst katholische Informa-

[8] Herder Korrespondenz 25 (1971) 592–597, hier 593.
[9] Direitos humanos e a tarefa da Igreja, in: Direitos humanos (CEI, Suplemento 15), Rio de Janeiro 1976, 27–30, hier 28. Vgl. die widersprüchliche Äußerung des französischen Theologen *L. Bouyer,* der in L'Osservatore Romano vom 30. 1. 1977 (deutsche Wochenausgabe: 7 [1977] 5, 8–9) zu dem Dokument, in dem das weibliche Priestertum zurückgewiesen wird, schreibt: »Die Religion der Bibel, das Judentum und noch mehr das Christentum verkünden die grundsätzliche Gleichheit von Mann und Frau. Nur nicht im Priestertum.« Entweder ist die Gleichheit gegenüber dem Recht universal, oder man kann nicht von Gleichheit reden, ohne zynisch zu sein.

tions- und Meinungsorgane einer beinahe inquisitorischen Kontrolle unterzieht. Es gibt Hierarchen, wahre Hampelmänner, die alles an ihrer eigenen Meinung festmachen und Priester und Ordensmitglieder daran hindern, an die Öffentlichkeit zu gehen oder sich in religiösen Fragen zu äußern. Nicht selten nimmt die Repression systematische Formen an mittels Suspendierung und Druck; das kann so weit gehen, daß eine Rückversetzung in den Laienstand nahegelegt und erleichtert wird. Jeder Artikel in einer wissenschaftlichen oder Fragen der Spiritualität gewidmeten Zeitschrift, der nicht mit einer gewissen Art bischöflicher Interpretation übereinstimmt oder der angesichts neuer gesellschaftlicher Probleme Hypothesen vorbringt, ruft (oft genug heftige) Reaktionen hervor: Dem Redakteur wird mit der Entlassung oder mit der Eröffnung eines Lehrverfahrens vor höheren Instanzen gedroht.

Es gibt Diözesen, in denen Priester nur dann Vorträge vor Ordensfrauen oder Gruppen von Priestern halten dürfen, wenn sie zuvor ein Formular ausfüllen, das seinem Tenor nach beinahe einem Gerichtsverhör gleichkommt. Anderswo ist man, allein weil man Theologe ist, schon häresieverdächtig und dem Mißtrauen ausgesetzt, abwegige Theorien zu vertreten und gegen die kirchliche Obrigkeit zu sein. Viele Bischöfe meinen ihre Ignoranz durch autoritäres Auftreten wettmachen zu sollen, das vernünftige Argumente meidet und lediglich monoton Ausführungen aus dem *Osservatore Romano* rezitiert. Unsicherheit führt zu Machtgehabe, und die Erniedrigung des anderen wird zum Mittel der Selbstbehauptung.

Wen wundert es da, daß Unterwürfigkeit und Farblosigkeit Kennzeichen der kulturellen Produktion im Katholizismus sind? Von Dom Hélder Câmara stammt ein Ausdruck, der Bände spricht: Ein Großteil der katholischen Presse ist der Ehe erlegen, die der Teufel in die Kirche eingeführt hat: der Verbindung von Mittelmaß und Geschmacklosigkeit. Diese unglückliche Verbindung resultiert aus einer übertriebenen ideologischen Kontrolle über die Vernunft, die ja nur auf dem Humus der Freiheit gedeihen und Frucht bringen kann. Deshalb heißt es in dem Dokument über die Gerechtigkeit in der Welt auch: »Die Kirche erkennt jedermann das Recht auf Meinungs- und Gedankenfreiheit zu; dazu gehört auch das Recht eines jeden auf Anhörung im Sinne eines von Achtung für die berechtigte Vielfalt der Meinungen im Raum der Kirche getragenen Gesprächs« *(De iustitia in mundo,* Nr. 45).

c. Auf der Ebene von Lehre und Disziplin

Was die Lehre angeht, ist die Praxis der Kirche durch eine lange, anhaltende und offensichtliche Einschränkung der Grundrechte der menschlichen Person belastet. So kann ein bekannter katholischer Kirchenrechtler eine eingehende Studie zu diesem Thema mit der Feststellung beschließen: »In der Kirche gibt es keine human-christliche Tradition für ein angemessenes geistig-geistliches Verfahren weder zur Feststellung des Irrglaubens noch zu seiner Abwehr. Vornehmlich in der Kirche des Westens gewann die Ortho*doxie* den Vorrang gegenüber der Ortho*praxie*.«[10] Zwar verfügt die Kirche heute nicht mehr über die politischen Machtmittel, um wie früher gegen die der Häresie Angeklagten mit Gewalt vorgehen zu können, aber weder die Mentalität noch die Verfahrensweise haben sich grundsätzlich geändert. Die körperliche Folter ist abgeschafft, aber nach wie vor gibt es die Qual der juristischen Unsicherheit in den Lehrverfahren, derAnonymität der Anzeigen, der Unkenntnis über die eigentlichen Anlässe der Vorwürfe und die Prozeßakten, der willkürlichen Verzögerung der Prozeßdauer, des Ausbleibens von Eingangsbestätigungen von Erklärungen, der Weigerung, Fragen zu beantworten, des zeitlichen Abstandes zwischen dem einen und dem anderen Brief wie auch der Ungewißheit und der Unsicherheit darüber, ob der Prozeß überhaupt noch läuft oder ob er inzwischen eingestellt worden ist oder ob man dabei ist, die Methoden noch raffinierter zu gestalten. Wenn man zu alldem noch die Marginalisierung hinzunimmt, die der Angeklagte in der Ortskirche eben deshalb zu erleiden hat, weil bei der Heiligen Kongregation für die Glaubenslehre gegen ihn ermittelt wird, dann kann das für ihn dunkle Nächte voller Schmerz und Einsamkeit, psychologische Verwirrung und, was es in diesem Jahrhundert auch schon gegeben hat, den physischen Tod bedeuten.

Am 15. Januar 1971 wurden die Statuten für Lehrverfahren veröffentlicht. Sie stammen aus der Heiligen Kongregation für die Glaubenslehre (dem früheren Heiligen Offizium und der Heiligen Inquisition). Es wird dort eine Form von Autorität vertreten, die für heutiges Rechtsempfinden eine Reihe von – sogar in offenkundig atheistischen Gesellschaften akzeptierten – Grundrechten verletzt.[11] Aufgrund

[10] *J. Neumann,* Ketzerverfahren – eine Form der Wahrheitsfindung? in: Theologische Quartalschrift 154 (1974) 328–339, hier 338.
[11] Vgl.: Die neue Untersuchungsordnung der Glaubenskongregation (Text), in: Herder Korrespondenz 25 (1971) 143–144. Siehe dazu auch das Interview: Struktur, Verfahren

eingegangener Anzeigen wird der Prozeß eröffnet, ohne daß der Betreffende davon in Kenntnis gesetzt wird. Später, wenn die Kongregation bereits Position bezogen hat, wird er dann unterrichtet und ersucht, auf die verschiedenen zur Debatte stehenden Fragen zu antworten. In der Regel handelt es sich dabei um Sätze, die aus dem Zusammenhang gerissen, verstümmelt und nicht selten schlecht aus dem Original ins Lateinische übersetzt wurden.[12] Der Angeklagte hat keinen Einblick in die Akten, in die konkreten Vorwürfe wie auch in die verschiedenen Gutachten der Heiligen Kongregation. Diese benennt einen Vertreter des Betroffenen, den *Relator pro auctore,* dessen Namen der Angeklagte freilich nicht kennt und den er auch nicht selbst vorschlagen darf. So handelt es sich um ein Verfahren, das zwangsläufig an Kafkas *Prozeß* erinnert und in dem Ankläger, Verteidiger, Gesetzgeber und Richter ein und dieselbe Heilige Kongregation in der Gestalt immer derselben Personen ist. Es gibt weder das Recht auf einen Anwalt noch des Einspruchs bei einer anderen Instanz. Alles geschieht im geheimen. Da es kein verbrieftes Recht gibt, entstehen Gerüchte und schaden sowohl der Person als auch der Arbeit des Bezichtigten.

Das einzige Recht, das der Beschuldigte hat, ist, Gesuche der Heiligen Kongregation für die Glaubenslehre zu beantworten. Aber er sollte sich hüten, auf Fragen, die er selbst stellt, eine Antwort zu erwarten oder zu meinen, er werde über den Gang des Prozesses unterrichtet. Noch ehe er sich verteidigen kann, ist der Beschuldigungsbrief mitsamt den verurteilenden Einschätzungen bereits da: Die Äußerungen des Angeklagten sind entweder *theologice incertae, periculosae, erroneae* oder unvereinbar mit der *doctrina catholica* und der *regula fidei.* Am Ende, aber noch bevor der Bezichtigte antworten kann, kommt schon die Strafe: Über die anhängenden Fragen darf er in Zukunft weder schreiben noch reden. Was dem Angeklagten gemeinhin bleibt, ist – mit den Worten von Hans Küng[13] –, »sein Todesurteil von vornherein zu unterschreiben«.[13] Das Kolloquim, zu

und Aufgaben der Glaubenskongregation. Fragen an ihren Sekretär, Erzbischof *Jérôme Hamer,* in: Herder Korrespondenz 28 (1974) 238–246; das kritische Interview in derselben Nummer: Es ginge anders besser. Ein Gespräch mit Professor *Johannes Neumann* über die römische Glaubenskongregation, 287–297, sowie: Die Meinung von *Hans Küng.* Fragen der Redaktion an den Tübinger Theologen, in: Herder Korrespondenz 27 (1973) 422–427.

[12] Vgl. den Prozeß gegen den katholischen Bibelwissenschaftler *H. Haag* über die Erbsünde: Ein Verfahren der Glaubenskongregation, in: Theologische Quartalschrift 153 (1973) 184–192, bes. 190.

[13] *H. Küng,* in: Herder Korrespondenz 27 (1973) 425 (vgl. Anm. 11).

dem er nach Rom gebeten wird und das ihm eine letzte Chance der Rechtfertigung geben soll, läuft ohne die juristischen Sicherheiten ab, die in jedem Rechtsstaat selbstverständlich sind: In die Akten hat er keinen Einblick, und ein Anwalt steht ihm auch nicht zur Verfügung. Mit Recht stellt H. Küng, der ja bittere Erfahrungen auf diesem Gebiet hat machen müssen, fest: »Es sieht beinahe so aus, als ob ein katholischer Theologe unter ähnlichen Bedingungen nach Rom reisen sollte wie damals die Tschechen zum ›Kolloquium‹ mit dem sowjetischen Politbüro ... Ein Kol-loquium hat Sinn, wenn es ein echtes Miteinander-Reden ist und nicht das Diktat der einen Seite, welche die bedingungslose Kapitulation des anderen fordert.«[14]

Johannes Neumann führt dazu aus: »Das Lehramt hat die Aufgabe und die Pflicht, die Lehre positiv vorzustellen und gegenüber möglichen oder scheinbaren Irrtümern positiv abzugrenzen. Das ist aber eine helfende Aufgabe. Daneben wird man als *ultima ratio* Lehrbeanstandungsverfahren nicht ausschließen dürfen. Für sie müßten aber dann folgende Grundsätze beachtet werden: Erstens ist in der Regel das Subsidiaritätsprinzip zu beachten, d. h., zunächst sollte dafür gesorgt werden, daß bei den Bischofskonferenzen der Weltkirche solche Organe bestehen, die auf der unteren Ebene Lehrprüfverfahren durchführen können. Die Weisungskompetenz der Glaubenskongregation gegenüber den ›Ermittlungsbehörden‹ auf der unteren Ebene bleibt unberührt. Zweitens, diese Untersuchungen sollten in einem formalen, sauberen Verfahren durchgeführt werden, in dem die Ermittlungsbehörden von den Entscheidungsinstanzen konsequent getrennt sind. Dabei müssen die Rechte des Autors gesichert sein. Drittens muß gewährleistet sein, daß der Autor von Anfang an die Möglichkeit hat, sich zu verteidigen und seine Lehre darzulegen. Das setzt voraus, daß er Einsicht in die Akten hat, und schließt mit ein, daß er einen theologischen Berater beiziehen kann, der sein

---

[14] *Ders.*, ebd. 426. Berühmt wurde – wegen seiner Direktheit und wegen der ideologischen Vergewaltigung jedes garantierten Rechtes – der Prozeß gegen *Ivan Illich*. Das Verhör begann wie folgt: »Ich bin Illich. – Das weiß ich. – Monsignore, wie heißen Sie? – Ihr Richter. – Ich dachte, ich könnte Ihren Namen erfahren! – Das ist nicht wichtig. Mein Name ist Casoria.« Illich sollte unter Eid gezwungen werden, über alles, was in den Räumen der Heiligen Kongregation passierte, absolutes Schweigen zu bewahren. Er willigte jedoch nicht ein. In dem Verhör wurden Bagatellen aus dem Leben eines Instituts mit Fragen über fünfzig Personen, Glaubensproblemen, theologischen Diskussionspunkten und »subversiven Interpretationen« miteinander vermengt. So lautete zum Beispiel eine Frage: »Ist es wahr, daß Frauen nach Ihrem Dafürhalten in Beichtstühlen ohne Gitter beichten sollten?« Vgl. *L. Kaufmann*, Schicksal eines Propheten, München 1970.

Anliegen verdeutlicht, der vielleicht seine Aussage transponiert in eine andere Sprech- und Denkweise, wenn die Verstehensmöglichkeit bei denen, die darüber zu entscheiden haben, nicht vorausgesetzt werden kann. Ich kann mir vorstellen, daß dies heute bei einer Reihe von Problemen in den Grenzgebieten zwischen Naturwissenschaft und Theologie der Fall ist, das kann aber auch ebensogut in philosophisch-exegetischen Fragen angebracht sein.«[15]

Die *regula fidei* und die *doctrina catholica,* die die Glaubenskongregation ja immer hochhalten will, stehen im Dienst am Glauben an das Heil, das Jesus Christus uns gebracht und vermittelt hat. Aufgabe der Theologie wie auch des Lehramtes ist es, die Substanz des Glaubens stets so darzustellen, daß sie von den Gläubigen existentiell gelebt und von der menschlichen Vernunft in ihrer jeweiligen historischen Konkretion nachvollzogen werden kann. Die *regula fidei* will den Kern des Glaubens bewahren und schützen, ihn aber nicht zu einer Konserve von unveränderlichen Formeln machen. Das Außergewöhnliche des christlichen Glaubens besteht gerade darin, daß er bei allen geschichtlichen Veränderungen und in unterschiedlichen Ausformulierungen doch immer seine Identität bewahrt. So war es, seitdem es mit den Evangelien anfing, und so wird es sein, solange die Geschichte dauert. Was sich ändert, sind unsere Welterfahrung und unsere Probleme. Wenn die Theologie diese geschichtlichen Faktoren nicht berücksichtigt und sie nicht in die Erarbeitung des christlichen Glaubens mit hineinnimmt, wird die *regula fidei* zu einer Karikatur überholter und entleerter Realitäten. Große Theologen wie Johannes, Paulus, Origenes, Augustinus, Thomas von Aquin, Möhler, Rahner hatten den Mut, sich den Fragen ihrer Zeit zu stellen und aus dem Schatz des Glaubens angemessene Antworten darauf zu suchen. Das aber geht nicht, indem man lediglich Formeln wiederholt; vielmehr bedarf es des Versuchs, für die jeweilige Zeit eine neue Grammatik und Syntax für den Glauben zu schaffen.[16] Da bei dieser Arbeit

[15] *J. Neumann,* in: Herder Korrespondenz (Anm. 11), 297.
[16] Die *katholische Lehre* ist sicherlich kein starres und lebloses Gebilde. Wie sie eines Tages ihren Ursprung nahm und nicht fertig vom Himmel fiel, so ist sie auch heute noch im Entstehen, wächst noch immer und assimiliert noch weiter die unerschöpflichen Reichtümer des Glaubensschatzes. Jede Epoche hat die wichtige Aufgabe, mit ihren Fragen und Sehnsüchten ungeahnte Dimensionen des christlichen Geheimnisses zu offenbaren. Der Theologie obliegt es, in Gemeinschaft mit der ganzen Kirche und dem obersten Lehramt die Frohe Botschaft von der Befreiung, die Jesus Christus uns gebracht hat, zu vertiefen, in die Sprache des Hier und Heute zu übersetzen und in die Tat umzusetzen. Nicht alles in der Theologie ist Sicherheit und Dogma. Auch für Hypothesen, für Wahrscheinlichkeiten und für einen gesunden Pluralismus ist sie offen.

aber Irrtümer nicht auszuschließen sind, müssen die Verantwortlichen gegebenenfalls zur Verteidigung des rechten Glaubensverständ-
nisses eingreifen und eine Untersuchung der betreffenden theologischen Lehren einleiten. Dabei dürfen sie jedoch nicht die unveräußerlichen Rechte und die Würde der Person verletzen. Deshalb heißt es
in *De iustitia in mundo:* »Das Gerichtsverfahren (*forma procedendi
iudiciaria*) soll dem Beschuldigten das Recht einräumen, seine Ankläger zu kennen, wie auch das Recht, sich in geeigneter Weise zu verteidigen. Zu einer vollkommenen Rechtspflege gehört auch ein zügiges
Verfahren« (Nr. 46).

Dies sind einige der Probleme, in denen die Glaubwürdigkeit der
Kirche bei ihrer Verkündigung und Verteidigung der Menschenrechte auf dem Spiel steht. Andere, zumal in Sachen Liturgie zum
Beispiel, könnten noch genannt werden. Um uns über die Lage zu
unterrichten, können jedoch diese genügen.

3. Versuch einer Erklärung

Das Auseinanderklaffen von Theorie und Praxis der Menschenrechte
in der Kirche verlangt nach einer Deutung. Kurzsichtig wäre es, den
ganzen Widerspruch einfach mit menschlichen Unzulänglichkeiten
der kirchlichen Verantwortungsträger erklären zu wollen, als wären
sie Opfer eines bestimmten Verständnisses von Glaubenslehre oder
elementarer Instinkte von Macht- und Selbstbehauptung. Alles das
mag in Einzelfällen wahr sein; denn wo es Autorität gibt, kann sie
mißbraucht werden. Trotzdem müssen wir davon ausgehen, daß die
meisten Verantwortlichen guten Glaubens sind, ein reines Gewissen
haben und in ihrer persönlichen Moral untadelig sind.

Das Problem liegt auf einer tieferen Ebene und rührt an eine strukturelle Gegebenheit, die in ihrer Logik und in ihrem Funktionieren
weithin von Personen unabhängig ist. Im Folgenden möchten wir von
verschiedenen Gesichtspunkten aus das Problem angehen, um dem

---

Für die Theologie darf nicht weniger gelten, was für die Heilige Schrift gilt und was die
Bibelkommission 1915 treffend zum Ausdruck brachte: »Alles, was der Hagiograph
behauptet, aussagt und zu verstehen gibt, muß als vom Heiligen Geist behauptet,
ausgesagt und zu verstehen gegeben aufgefaßt werden« (AAS 7 [1915] 337–358, hier
357). Mit anderen Worten: In der Bibel »gibt es neben der kategorischen Feststellung
auch die Aussage einer Wahrscheinlichkeit, einer Möglichkeit, einer einfachen Mut-
maßung oder gar eines Zweifels« (*P. Benoît*, L'inspiration [Initiation Biblique, 1],
Tournai 1954, 37; *P. Grelot*, La Bible, parole de Dieu, Paris/Tournai 1965, 108). Um
wieviel mehr gilt das für die Theologie, die ja nicht göttlich inspiriert zu sein braucht!

Mechanismus auf die Spur zu kommen, der den beschriebenen Widerspruch verursacht.

a. Historisch-soziologische Annäherung

Eine der Hauptursachen ist ohne Zweifel die Machtstruktur in der Kirche. Was die Entscheidungskompetenz angeht, dreht sich alles um Papst, Bischöfe und Priester, während Laien und Ordensleute ausgeschlossen bleiben. Soziologisch betrachtet, herrscht in der Kirche ein autoritätes System.[17] Autoritär ist ein System dann, wenn die Machtinhaber nicht der freien und spontanen Bestätigung durch die Untergebenen bedürfen, um in ihr Amt zu gelangen und die Macht auszuüben. Autorität unterscheidet sich von Macht und Herrschaft durch die freie und spontane Unterordnung einer Gruppe von Menschen unter einen anderen Menschen oder eine Institution.[18] Wo in den Beziehungen diese selbstverständlichen Bedingungen fehlen, wird Autorität zum Autoritarismus. Das kirchliche Machtsystem geht davon aus und tritt so auf, als käme es direkt von Gott zu den Menschen, die es gläubig annehmen müßten. Die Sozialisation durch die Katechese, die Theologie und die gewohnte Ausübung der Machtstruktur garantiert den Fortbestand dieser Struktur von Generation zu Generation.[19]

Es besteht kein Zweifel daran, daß jede echte Autorität eines Menschen der Autorität Gottes unterstellt ist. Das gilt ganz besonders für die Kirche Christi. Die Frage ist nur, ob man von der gegenwärtigen Macht*struktur* behaupten kann, sie sei auch in den Mechanismen ihrer Ausfaltung (Papst – Bischof – Presbyter – Laie) unmittelbar göttlichen Ursprungs, oder ob diese Mechanismen nicht daraus resultieren, daß die Kirche und die Autorität Gottes in der

---

[17] Unter System verstehen wir ein bestimmtes Gefüge von Elementen (Personen, Institutionen), die untereinander in Verbindung stehen, sich wechselseitig beeinflussen und mit ihrer Theorie und ihren Praktiken ein mehr oder minder geordnetes Ganzes bilden. Wir betrachten die Kirche als ein System, das seine Subsysteme (Hierarchie, Lehramt, Verkündigung, Organisation der Mitglieder) hat. Als System ist die Kirche ihrerseits ein Subsystem der Gesellschaft, das unter dem Einfluß der Gesellschaft steht und das seinerseits diese zu beeinflussen imstande ist. Kirche ist nur dann zu verstehen, wenn man diese Gegebenheit mit in Betracht zieht und ihre mit dem Hauptsystem, das heißt mit der sie umgebenden Gesellschaft, in Verbindung stehenden Praktiken ins Auge faßt.

[18] Vgl. *B. Sauer*, Autoritäre Systeme in der Kirche heute, in: H. J. Türk (Hrsg.), Autorität, Mainz 1973, 114–125; *R. Tilmann*, Die Autoritätskrise in den Kirchen, ebd. 26–40.

[19] Vgl. die eingehende Analyse des Machtsystems in der Kirche von *C. A. Medina/P. A. Ribeiro de Oliveira*, Autoridade e participação. Estudo sociológico da Igreja católica, Petrópolis 1973; *W. Weber* (Hrsg.), Macht, Dienst, Herrschaft in Kirche und Gesellschaft, Freiburg 1974.

Geschichte stehen. Auf der Linie des Neuen Testaments läßt sich theologisch verantwortlich sagen, die Autorität Christi sei in einem ersten und grundlegenden Sinn der ganzen Kirche übertragen und dann in den verschiedenen Trägern (Papst, Bischöfen usw.) organisch ausdifferenziert worden; wie das alles konkret werde, hänge von der jeweiligen kulturellen Situation ab.

In der Tat standen die christlichen Urgemeinden vor der Notwendigkeit, sich einen institutionellen Rahmen zu geben. Dabei bestand für sie gar keine andere Möglichkeit, als sich der gesellschaftlichen und politischen Formen ihrer Umwelt zu bedienen, in denen sie der von Gott und von Christus kommenden Autorität eine konkrete Gestalt geben sollten. Die augenblickliche Machtstruktur in der Kirche gründet also auf Erscheinungsformen von Macht, die Jahrhunderte alt sind und sich in ihr verbinden. Besonders zwei müsssen hervorgehoben werden: die Erfahrung mit der römischen Macht und die mit der feudalen Struktur. Ihnen entlehnte die Kirche gebräuchliche Titel, Ausdrucksformen und Machtsymbole. Auch die Hierarchie ist als Wort und als Konzeption ein Ergebnis dieses Prozesses. Diese notwendige »Verweltlichung« der Kirche war die Bedingung dafür, daß sie in der Welt fortbestehen konnte; und theologisch läßt sich im Sinne der Inkarnation sagen, daß sie von Gott auch gewollt war. Der römische und feudale Stil der Machtausübung, der hier keineswegs abschätzig verstanden ist, besteht bis heute in der Kirche fort und bildet unserer Meinung nach eine der Hauptursachen für die Konflikte mit unserem Bewußtsein von den Menschenrechten.

Der römische und feudale Machtstil zeichnet sich *erstens* durch eine pyramidenförmige Hierarchie mit unterschiedlichen *ordines* (Tertullian) aus. *Zweitens* handelt es sich um eine personalisierte Pyramide. Inhaber der Macht zu sein ist ein lebenslängliches Amt. Sein Wille ist Gesetz (*lex animata*) innerhalb des eigenen *ordo*, der im Gehorsam an den höheren *ordo* gebunden ist. *Drittens* geht es dabei um eine heilige und kosmische Hierarchie. Mit anderen Worten: Ihre Legitimierung kommt nicht von unten, sondern von oben, von Gott. Je höher jemand in der Pyramide steht, desto näher ist er bei Gott und desto größeren Anteil hat er an Seiner göttlichen Macht. Gehorsam gegen den Oberen ist grundsätzlich Gehorsam gegen Gott. Gehorsam, auch in zivilen Dingen, ist etwas Religiöses. *Viertens* ist Autorität dieser römischen und feudalen Art eine unantastbare Hierarchie, die keine interne Kritik zuläßt. Befehle sind gut, weil sie von der Autorität kommen, die ja von oben legitimiert ist. Kritik auf der eigenen Ebene ist unmöglich, allenfalls kann man an eine höhere Instanz appellieren. Eine Revolution von unten käme einer Revolution des Alls, einem universalen Chaos gleich. So bedeutet jedes Ansinnen auf Veränderung ein Attentat gegen Gott als den Urheber der Ordnung und der Pyramide sakraler Macht.[20]

Dieses Verständnis von Autorität schuf Ordnung und Integration und verlieh persönlichem wie sozialem Leben Sinn und Bedeutung.

Die Erfahrung der Kirche im Rahmen dieser Machtstruktur war so tief und so erfolgreich, daß diese sich bis heute halten konnte. Aus den großen Revolutionen der Moderne, die die Ursache für die Neustrukturierung der Macht waren (Französische Revolution, industrielle, sozialistische Revolution usw.), ging sie beinahe unversehrt hervor. In dem Maße, in dem die Kirche aufgrund der gesellschaftlichen Veränderungen in den letzten Jahrhunderten angegriffen wurde, hatte sie sich politisch und auch in ihrer Lehre zu behaupten. Was sie in Wirklichkeit aber verteidigt, ist nicht so sehr die göttliche Autorität als vielmehr eine historische Form, in welche sie die göttliche Autorität gekleidet hat. Ihre Form und ihr Stil haben sich kaum verändert, verändert hat sich der Raum, in dem sie etwas zu sagen hat und anerkannt wird. Früher wurde sie von der ganzen Gesellschaft anerkannt, heute gerät sie zunehmend ins Getto. Die große Gesellschaft nimmt in der Frage der Macht keine Notiz mehr davon, was in der Kirche geschieht; und bei Entscheidungen, welche die Geschichte einer Nation bewegen, spielt es keine Rolle mehr, ob die Kirche dabei ist oder nicht.

Diese zentralistische Machtstruktur führt zur Marginalisierung vor allem der Laien. Von den Strukturen her ist den Laien der Weg zu einer wirksamen Beteiligung an Entscheidungen, auch wenn sie die ganze Gemeinschaft angehen, versperrt. Da sie – machtlos – an der Basis der Pyramide ihren Platz haben, werden sie weder als Träger noch als Produzenten symbolischer Werte angesehen. Ihre Wahrheit und ihr Wort besteht darin, daß sie die Stimmen höherer Instanzen als Echo wiederholen. So aber werden strukturell (das heißt: unabhängig vom guten bzw. bösen Willen bestimmter Kirchenmitglieder) heilige Rechte der menschlichen Person beeinträchtigt.

---

[20] *A. Delp,* Das Schicksal der Kirchen, in: ders., Gesammelte Werke, hrsg. von R. Bleistein, Bd. 4: Aus dem Gefängnis, Frankfurt 1984, 318–323, hier 319: »Eine kommende ehrliche Kultur- und Geistesgeschichte wird bittere Kapitel zu schreiben haben über die Beiträge der Kirchen zur Entstehung des Massenmenschen, des Kollektivismus, der diktatorischen Herrschaftsform usw.«

Wie wir noch sehen werden, war sich das Konzil der geschichtlichen Bedingtheit der Machtformen in der Kirche bewußt. Deshalb entwarf es ein theologisches Verständnis von Autorität, das kollegialer und weniger monarchisch und damit geeigneter ist, zu neuen Strukturen der Mitarbeit im Leben der Kirche anzuregen. Genannt seien insbesondere: *Lumen gentium* (Kirche), *Christus Dominus* (Bischöfe), *Apostolicam actuositatem* (Laien) und *Gaudium et spes* (Kirche und moderne Welt).

b. Analytische Annäherung: Selbstverständnis der Autorität

Ein anderer Weg zur Erklärung des Widerspruchs zwischen Theorie und Praxis der Menschenrechte führt über die interne Analyse des Selbstverständnisses von kirchlicher Autorität. Treffend schreibt Emile Durkheim: »Eine Gesellschaft besteht nicht einfach aus der Masse von Individuen, aus denen sie sich zusammensetzt, aus dem Boden, den sie besetzen, aus den Dingen, deren sie sich bedienen, aus den Bewegungen, die sie ausführen, sondern vor allem aus der Idee, die sie sich von sich selbst macht.«[21] Das Selbstverständnis, das eine Gruppe von sich hat, ist für die Erklärung ihres Verhaltens einer der Hauptfaktoren. Welches Bild hat denn aber die kirchliche Autorität von sich? Sie hält sich für die wichtigste, wenn nicht die ausschließliche Trägerin der Offenbarung, die Gott der Welt zukommen läßt. Ihr obliege es, die Offenbarung zu verkünden, zu erläutern, zu verteidigen und stets rein und unversehrt zu bewahren.[22] Diese Offenbarung sei in der Heiligen Schrift verbrieft, und dem Lehramt der Kirche obliege ihre rechtmäßige Interpretation. So wird die Offenbarung nach Art einer Lehre als ein Bündel von heilsnotwendigen Wahrheiten verstanden.

Das also ist der gordische Knoten: daß die Offenbarung als Lehre begriffen wird. Gott offenbart notwendige Wahrheiten, von denen einige für den Verstand erreichbar, andere unerreichbar sind. Alle aber sind sie geoffenbart, um uns den Weg zum Heil zu erleichtern. Empfangen aus der Hand Gottes, besitzt das Lehramt einen Komplex absoluter, unfehlbarer und göttlicher Wahrheiten. So haust das

---

[21] *E. Durkheim*, Die elementaren Formen des religiösen Lebens, Frankfurt 1981 (Paris 1937), 566.

[22] Obwohl die Lehrtexte wie *Lumen gentium, Apostolicam actuositatem* u. a. besagen, die ganze Kirche (Laien und Geweihte) sei für den Erhalt und die Integrität des Glaubens und der Offenbarung verantwortlich, verhält sich in der Praxis die Hierarchie, als wäre sie allein dafür verantwortlich.

Lehramt in einem Diskurs und artikuliert eine absolute, unbezweifelbare Lehre. Rückfragen, die das Leben möglicherweise mit sich bringt und die die Lehre eventuell in Frage ziehen, können nur auf Mißverständnissen beruhen. Leben, Erfahrung und alles, was von unten kommt, muß der Lehre weichen.[23]

Nun hat aber das Verständnis der göttlichen Offenbarung als Mitteilung von Wahrheiten sofort auch Folgen für das Problem der Menschenrechte: Intoleranz und Dogmatismus. Wer Träger einer absoluten und göttlichen, heilsnotwendigen Wahrheit – *sicut opportet ad salutem consequendam* – ist, kann keine andere Wahrheit vertragen. »Das Schicksal dessen, der beansprucht, die Wahrheit zu besitzen, ist Intoleranz« (Rubem Alves). Das Heil hängt also an der Kenntnis der orthodoxen Wahrheit. Diskurs und Sein sind eins: Wer die göttliche Wahrheit hat, ist gerettet. Die Wahrheit ist entscheidender als das gute Leben. Deshalb beschäftigte sich die Inquisition auch nicht mit moralischen Vergehen, sondern nur mit Vergehen gegen die orthodoxe Wahrheit.[24] Wer einen moralischen Fehltritt tut, sündigt, stellt aber den Verständnisrahmen, das Gebäude der Wahrheiten und das Machtsystem, das jene mit sich bringen, nicht in Frage. Zwar widerspricht auch er der Wahrheit, bekennt sich aber als Sünder, weil er ihren Gültigkeitsrahmen ja nicht bestreitet. Der Häretiker hingegen leugnet die Gültigkeit des Wahrheitsgebäudes und verkündet ohne Angst und Reue eine andere Wahrheit. In diesem lehrhaften Offenbarungsverständnis ist Häresie nicht nur ein Verbrechen gegen die Einheit der Kirche, sondern auch dagegen, daß die Kirche Trägerin der göttlichen Wahrheiten ist. Deshalb wird der Ketzer auch mit dem Gottlosen gleichgesetzt, und so beschreibt ihn auch ein Edikt des Kaisers Konstantin (*Eusebius*, Vita Constantini 3,64). Die unerbittliche Strenge der Inquisition ergibt sich aus der eisernen und zwingen-

---

[23] Freud hat nachgewiesen, daß, wenn es zu einem Konflikt zwischen Psyche und Realität kommt, jene das Bestreben hat, diese durch Wörter zu ersetzen, um so den konkreten Kontakt mit ihr zu umgehen. N. Brown meint, wenn sich jemand vor einem Kontakt mit der Wirklichkeit scheue, dann schiebe er Wörter wie einen Vorhang sowohl zwischen sich und seine Umwelt als auch zwischen sich und seinen eigenen Körper. Vgl. *N. Brown*, Life against death. The psychoanalytical meaning of history, Middletown 1959, 68–73 und 137–176. Die Angst vor dem Leben ergibt sich aus der Struktur des Lebens, das ja dynamisch und unvorhersehbar ist und alle absoluten Vorstellungen problematisiert und zerstört. Das Wort hingegen ist stabil, ist ein fertiges Rezept, schafft Sicherheit und läßt sich manipulieren.

[24] Einen knappen und bündigen Überblick über die ideologischen Voraussetzungen der Institution von Inquisition, Heiligem Offizium und Glaubenskongregation bietet *J. Neumann*, Ketzerverfahren (Anm. 10).

den Logik des Systems und besimmt auch heute noch die an der Lehre orientierte Mentalität der Verantwortlichen in der Heiligen Kongregation für die Glaubenslehre.

Solange dieses dogmatische und lehrhafte Verständnis von Offenbarung und Heil in Jesus Christus fortbesteht, müssen wir unweigerlich damit rechnen, daß die Freiheit zu divergierendem Denken in der Kirche unterdrückt wird. Dabei wird die Repression mit dem besten Gewissen durchgeführt werden – in der Annahme, eine heilige Pflicht zu erfüllen, und mit dem einzigen Willen, das göttliche Recht der Offenbarung zu erhalten, angesichts dessen jedes menschliche Recht weichen muß.[25]

c. Strukturelle Annäherung

Die beiden vorigen Interpretationen erklären noch nicht ausreichend das Gefälle zwischen dem Bewußtsein für die Menschenrechte und ihrer historischen Nichtverwirklichung in der Kirche. Sie liegen auf der Ebene der Ideen und der Darstellungsformen. Hinter dieser Ebene aber verbirgt sich ein anderer, tieferer, struktureller Zusammenhang, auf den jene verweist: das konkrete Verhalten von Menschen unter bestehenden Machtverhältnissen. Ideen sind keine Größen, die aus eigener Kraft daherkommen. Ideen sind Erzeugnisse eines konkreten Lebens, in dessen Dienst sie stehen. Mit anderen Worten: Um ein Phänomen von seinen Strukturen her zu verstehen, ist nicht von dem auszugehen, was die Menschen denken und sagen (obwohl dies, wie wir vorhin sahen, eine relative Autonomie hat), sondern von dem, was sie im Ablauf ihres realen Lebens wirklich tun.[26] In der Kirche verfügen die Mitglieder, welche die Mittel zur

---

[25] Zur Überwindung des lehrhaften Verständnisses vgl.: *L. Boff*, Que é fazer teologia partindo de uma América Latina em cativeiro? in: Revista Eclesiástica Brasileira 35 (1975) 853–879.

[26] Vgl. *C. Boff*, Teologia e prática, in: Revista Eclesiástica Brasileira 36 (1975) 789–810, hier 798: »Nach Marx kann die Theologie die materiellen Lebensbedingungen nicht mehr ausklammern, es sei denn unter der Strafe, die Realität der ungerechten Situation zu ›mystifizieren‹. Das Wort der Theologie zum Sozialen ist nur als zweites Wort glaubwürdig, das heißt: nachdem es die genannten Verhältnissen gerecht geworden ist. Das aber ist exakt die Funktion einer sozioanalytischen Vermittlung. Zugleich muß, gegen den theoretischen Pragmatismus und gegen den erkenntnistheoretischen Idealismus, anerkannt werden, daß die theologische Praxis zwei verschiedene, wenn auch voneinander nicht trennbare Ordnungen impliziert: die interne Ordnung und die externe Ordnung. Erstere ist definiert durch die Autonomie der theoretischen Praxis, deren Regeln Beachtung verlangen. Letztere bezieht sich darauf, daß die Theologie von den sozialen Produktionsbedingungen abhängig ist, mit anderen Worten: von der Ökonomie der kulturellen Güter, auf die der Theologe ständig seine ideologisch-

religiösen Symbolproduktion innehaben, auch über die Macht. Sie schaffen und kontrollieren den offiziellen Diskurs. Soziologisch gesehen herrschen also in der Kirche unbestreitbar Trennung und Ungleichheit: Die eine Gruppe produziert das Symbolmaterial, während die andere es konsumiert. Die Geweihten können produzieren, zelebrieren und entscheiden, während die Nichtgeweihten dem Geschehen nur beiwohnen und zustimmen dürfen. Das ganze Potential auf seiten der Ausgeschlossenen, zu produzieren und an Entscheidungen mitzuwirken, geht verloren. Die Gruppe, in deren Händen die Mittel zur Symbolproduktion liegen, schafft sich nun auch die ihr entsprechende Theologie: Um ihre Macht zu rechtfertigen, zu festigen und unters Volk zu bringen, gibt sie deren geschichtlich gewordene Form als von Gott gesetzt aus. Da die zentralisierte, monarchische und ausschließende Funktionsweise der Macht wie auch das lehrhafte Verständnis von Offenbarung und Heil als (in dieser konkreten Gestalt) von Gott gewollt dargestellt werden, sind sie unantastbar und versagen sich jeder Reform.

Diese Sicht jedoch vertuscht den eigentlichen Konflikt, der hinter dem Ganzen steckt: Die einen haben die Macht über die anderen, eine Macht, die sich nicht von ihren Privilegien und Rechten trennen will und sich reibt mit den unverletzlichen Rechten der menschlichen Person (zu partizipieren, Symbole zu produzieren, sich frei zu äußern usf.). Dem christlichen Laien bringt man bei, da er einfacher Christ sei, habe er es mit göttlichen Satzungen zu tun, die ihn von bestimmten Dingen ausschließen und ohne jede Möglichkeit des Widerspruchs einer Gruppe unterordnen, deren Macht von oben komme. Dies ist um so schlimmer, je mehr dieses Verständnis dogmatisiert und gegen Reformen abgesichert wird. So bleibt dem Laien nichts anderes, als zu akzeptieren, daß ihm die Hierarchie zwar Rechte zugesteht, daß er diese aber nicht in Anspruch nehmen kann, weil sie in der Organisationsform der Kirche keinen Platz haben. Damit verlieren die Menschenrechte ihre Unveräußerlichkeit und werden verletzt.

Wir möchten betonen: Es geht hier nicht darum, ob es in der Kirche eine Autorität geben darf. Die Autorität existiert, und Gott will sie. In Frage steht lediglich die geschichtlich gewordene, ausschließende Form ihrer Organisation wie auch der Theologie, die man darüber

politische Aufmerksamkeit zu richten hat.« Der hier zitierte Artikel ist eine Zusammenfassung von *C. Boff*, Theologie und Praxis (Kap. II, Anm. 6).

entwickelt hat und die das Machtgefälle zwischen den Mitgliedern ein und derselben Kirche ideologisch rechtfertigen soll.

Die strukturelle Ungleichheit, die dadurch entsteht, daß ein Teil einer Gruppe die Mittel zur Symbolproduktion an sich zieht, schafft eine Situation des ständigen Konflikts mit den Menschenrechten.

4. Lösungswege

Wie läßt sich die Kluft zwischen Theorie und Praxis in der Kirche schließen oder zumindest verringern? Wenn die offizielle Lehre eine so große Last ist und die Inhaber der sakralen Macht in ihren Interessen nur bekräftigt, besteht dann überhaupt eine Chance für Wege einer Erneuerung, die an die Struktur rührt? Angesichts des Widerspruchs innerhalb des kirchlichen Bewußtseins selbst glauben wir, eine vernünftige Hoffnung hegen zu dürfen. Wenn einerseits Praktiken, die mit den entsprechenden theologischen Theorien gerechtfertigt werden, einen Angriff auf die Grundrechte des Menschen darstellen, so steht doch andererseits die Kirche unter der Dringlichkeit des Evangeliums, das alle mißbräuchlichen und restriktiven Formen des Umgangs mit der Macht kritisiert und anprangert und zu Achtung und Dienst auffordert. Weder die Botschaft Jesu in ihrer ganzen Bedeutung noch die Kirche, die von jener lebt und ihr in der Welt Gestalt gibt, begünstigen die Herrschaft von Menschen über Menschen oder die Knebelung von Freiheiten. Im Gegenteil: Sie setzen voraus, garantieren und fördern Freiheit, Brüderlichkeit und selbstlosen gegenseitigen Dienst. Wir leben nach dem »Gesetz der Freiheit« (Jak 1,25; 2,12), und »damit wir frei sind, hat Christus uns befreit« (Gal 5,1). Diese Imperative unserer Gründungstexte werden uns in der Hoffnung bestätigen und zu Taten bewegen, die wenigstens Hinweise auf diese Ideale sind.

Zunächst kommt es darauf an, die idealistische Versuchung zu bannen, ein Bewußtseinswandel genüge, um eine strukturelle Veränderung in der Kirche zu erzielen. Mehr als neue Ideen verändern neue Verhaltensweisen (die freilich durch die angemessenen Theorien gestützt sein müssen) die Wirklichkeit der Kirche. Die Veränderungen ebnen dann ihrerseits den Weg für ein entsprechendes theoretisches und thematisches Verständnis und werfen ein neues Licht auf Evangelium und Überlieferung.

Hinsichtlich der Praxis müssen wir zugeben, daß in den letzten Jahren, insonderheit jedoch seit dem Konzil höchst wichtige Schritte getan wurden. Wie die Kirche in vergangenen Jahrhunderten das römische und feudale Regime übernommen hat, so macht sie sich jetzt auch Formen aus unserer zivilen Gesellschaft zu eigen, die besser zu unserem Gespür für die Menschenrechte passen. Wir beziehen uns hier auf die vieldiskutierte Frage der Demokratisierung der Kirche. Dabei geht es weniger um konkrete Inhalte und Formen der Machtverteilung, sondern vielmehr (unter Beibehaltung der Grundgestalt der Kirche, das heißt von Elementen, die nicht zur Disposition stehen, wie der Offenbarung Jesu Christi, den wesentlichen Lehren über seine Person und sein Werk, den ethischen Imperativen, die seine Botschaft beinhaltet, und der Sakramentalität der Kirche) um einen Titel zur Bezeichnung verschiedener Intentionen und Strukturen, die dazu beitragen, daß möglichst viele partizipieren und es zu einer freien und brüderlichen Gemeinschaft kommt.[27] Nur noch wenige Hierarchen pflegen das zentralistische und feudale Modell. Immer deutlicher tritt die Gestalt des Bischofs und Priesters hervor, der wirklich Hirt und religiöser Führer seines Volkes ist, in selbstlosem Dienst ohne jeden Titel und mit einem Stil, der die evangelischen Züge der Diakonie durchscheinen läßt. Es würde zu weit führen, und es ist hier auch nicht der Ort dafür, die verschiedenen Veränderungen, die auf den verschiedenen Ebenen der kirchlichen Macht in Gang sind, im einzelnen zu beschreiben.[28] Doch nicht nur die Art und Weise, wie die etablierte Macht gehandhabt wird, ist dabei, sich zu verändern (und zu vermenschlichen), sondern auch neue Formen des Kircheseins sind im Entstehen, insbesondere in den Kirchlichen Basisgemeinden, so daß sich uns der Gedanke an eine wirkliche Ekklesiogenesis aufdrängt.

Da diese neue Praxis der Kirche besser den Forderungen der Menschenrechte entspricht, ermöglicht sie uns *zweitens,* die Autorität im Sinne des Evangeliums zu verstehen, und läßt uns erkennen, daß manche Elemente im herrschenden Begriff von kirchlicher Obrigkeit aus einer Metaphysik von Schöpfung, absoluter Macht des Schöpfers und kosmischer Harmonie stammen, die wenig zu tun haben mit dem neutestamentlichen Begriff des Dienstes. Die Autorität der und in der Kirche stammt von der Autorität Jesu. »›Autorität hat oder gewinnt

---

[27] Vgl. das ganze Heft 3 des 7. Jahrgangs (März 1971) der Zeitschrift Concilium, das von der »Demokratisierung der Kirche« handelt.
[28] Vgl. eine Auflistung der modernen Veränderungen in der Kirche bei *R. Tilmann,* Die Autoritätskrise in den Kirchen, in: H. J. Türk (Hrsg.), Autorität (Anm. 18), 26–41; und: *N. Greinacher,* Herrschaftsfreie Gemeinde, in: Concilium 7 (1971) 181–190.

Jesus durch das, was er sagt und tut, und zwar deshalb, weil man dies als hilfreich, als befreiend, als gut und segensvoll empfindet. Oder anders gesagt, die Autorität Jesu ist zu bestimmen als Heilsvollmacht.‹ Jesus hat sich auf seine Vollmacht nicht berufen, sie nicht legitimiert, nicht in autoritärer Weise darauf gepocht; er hat den Dialog mit der Freiheit der Menschen gesucht, Freiheit provoziert ... Autorität hat Jesus, weil er aus der Autorität der Freiheit, der Liebe, handelt, und die Menschen zu schöpferischem Wirken, zur Liebe und Freiheit ermächtigt.«[29] Kirchliche Autorität, die auf der Linie Jesu liegt, muß auf der Gleichheit der Brüder und Schwestern gründen (Gal 3,26–29: »Ihr seid alle einer in Christus«; Mt 23,8: »Ihr seid alle Brüder«; Jak 2,2–4: »Unter euch dürft ihr keine Unterschiede machen«), auf der Brüderlichkeit, der jeder christliche Persönlichkeitskult mit Qualifikationen wie »Meister«, »Vater« usf. (Mt 23,8–9) widerstrebt, sowie auf dem Dienst, der weder Herrschaft noch Anspruch der Letztinstanz kennt (Mk 10,42–45; Lk 22,25–27; Joh 13,14). In der Urkirche kleidete sich diese Obrigkeit in verschiedene Gewänder: In den paulinischen Gemeinden (Korinth) war sie vom Charisma geprägt; in der Jerusalemer Gemeinde herrschte das synagogale Modell (Ältestenrat) vor; und die Gemeinden der Pastoralbriefe waren um die apostolischen Delegaten mit ihrem Presbyterium zentriert, wobei die Beteiligung eines jeden Getauften, der für Paulus ja Träger des Evangeliums gewesen war, allerdings geringer wurde. Aber wichtig ist nicht die Form; entscheidend ist, daß es sich immer um einen Dienst handelte. Was sich jedoch durchsetzte, war die Linie der Pastoralbriefe, in der dem Amtsträger die Macht durch Handauflegen vermittelt wird und die verschiedenen kirchlichen *ordines* ihren Ursprung nehmen. Hier steckt – falls nicht ständig die Mystik des Dienstes gegenwärtig bleibt – anfanghaft der Kern jener Diskriminierung unter den Brüdern und Schwestern im Glauben, die später so weit geht, daß die Geweihten alle Macht in der Kirche an sich ziehen. Dies aber widerstreitet sicher der Grundabsicht Jesu, der Brüderlichkeit verkündet. Die Zentralisierung der Macht ist *eine* Form der Leitung, die aus geschichtlichen Gründen (in diesem Fall: wegen der Bedrohung durch den Agnostizismus) gerechtfertigt sein mag, die aber nicht die alleinige Gültigkeit für alle Zeiten beanspruchen kann. Die Vielfalt der Autoritätsformen im Neuen Testament

---

[29] *R. Pesch*, Neutestamentliche Grundlagen kirchlich-demokratischer Lebensform, in: Concilium 7 (1971) 166–171, hier 170. Das Zitat im Zitat stammt aus: *J. Blank*, Das Evangelium als Garantie der Freiheit, Würzburg 1970, 67 f.

legt eine andere Ausrichtung nahe. Die Autorität war eher kollegial als monarchisch.[30]

Unter dem Einfluß einer neuen Praxis und eines neuen Stils von Autorität in der Kirche machte sich das Zweite Vatikanische Konzil die Idee der Kollegialität zu eigen, und zwar nicht nur auf der Ebene der Bischöfe, sondern in gewisser Weise auch auf der Ebene der gesamten Kirche. Während die vorkonziliare Theologie zum Beispiel die Laien von jedem Amt ausschloß, da sie ja nicht geweiht seien, lehrt das Zweite Vaticanum, daß sie, »durch die Taufe Christus einverleibt, zum Volk Gottes gemacht und des priesterlichen, prophetischen und königlichen Amtes Christi auf ihre Weise teilhaftig, zu ihrem Teil die Sendung des ganzen christlichen Volkes in der Kirche und in der Welt ausüben« *(Lumen gentium,* Nr. 31). Während es in der Enzyklika *Humani generis* Pius' XII. (1950) noch hieß, die Hierarchie sei alleine für die Verwaltung des Wortes Gottes verantwortlich (Nr. 18), stellt das Zweite Vaticanum konsequent fest: »Die Laien verkünden Christus und stellen den Kern seiner Lehre heraus« *(Apostolicam actuositatem,* Nr. 16).

Schließlich ist man in Theologie und Kirche zunehmend dabei, das lehrhafte Verständnis von Offenbarung und Glauben, das zu einem verhängnisvollen Dogmatismus geführt hat, zu überwinden. Gott hat nicht primär wahre Sätze über sich, über den Menschen und über die Erlösung geoffenbart, sondern sich selbst in seinem Geheimnis, seinem Leben und seinen Heilsplänen. Göttliches Leben durchdringt das menschliche Leben. Nicht formulierte Wahrheiten retten, sondern Gott selbst, der sich uns als Heil gibt. Glaube im ursprünglichen Sinn besteht in einem uneingeschränkten Ja zum lebendigen Gott und nicht bloß in der Zustimmung zu einem Credo von Sätzen.

Auch die Lehre hat ihre Bedeutung, allerdings als abgeleitetes Moment. In die Formulierung der Lehren über Offenbarung und Erlösung fließen Varianten ein, die kulturabhängig sind und damit auf die Seite des Menschen gehören. Wie schon an der Bibel abzulesen ist, wandeln sich die Lehren; doch sind sie alle so beschaffen, daß sie die Anwesenheit des Heils und des lebendigen Gottes zu erkennen geben.

---

[30] Vgl. *A. Weiser,* Autorität im Alten und Neuen Testament, in: J. Türk (Hrsg.), Autorität (Anm. 18), 60–76; *W. Thüsing,* Dienstfunktionen und Vollmacht kirchlicher Ämter nach dem Neuen Testament, in: W. Weber (Hrsg.), Macht, Dienst, Herrschaft (Anm. 19), 61–74.

Die Kirche weiß sich nicht nur als Trägerin von Offenbarung und Heil, sondern fühlt sich mit Recht auch für die Lehren *(regula fidei)* verantwortlich; denn es gibt Lehren und Artikulationen von Glauben und Offenbarung, die zu einer falschen Darstellung Gottes und seiner Liebe führen. Der Glaube muß sich stets in den Lehren und Theologien wiedererkennen können. Darin besteht das Kriterium für die Rechtmäßigkeit einer jeden Theologie, die sich der kirchlichen Gemeinde anbieten will. Hier hat das Wächteramt der Kirche seine Funktion, das jedoch – wenn es sich vor Entartung hüten will – keiner dogmatischen Rigidität und doktrinären Starre verfallen darf, als ob die Lehre das letzte Kriterium wäre. Die Lehre ist immer eine geschichtlich-kulturelle Wiedergabe der göttlichen Offenbarung. Schließlich eignen wir uns das Heil nicht mit Hilfe unserer Lehren an, sondern durch eine konsequente Lebensweise, die geprägt ist von der Begegnung mit dem lebendigen und wahren Gott.

Dieser existentielle und biblische Offenbarungs- und Glaubensbegriff gibt Raum für verschiedene Wege der absoluten Wahrheit. Diese aber ist ein endzeitliches Geschenk. Solange die Geschichte währt, drücken unsere Formulierungen die absolute Wahrheit aus, aber sie vermögen nicht das ganze Absolute der Wahrheit auszudrücken. Im Gesagten steckt immer auch das Nichtgesagte, und jeder Gesichtspunkt ist stets auch die Sicht eines Punktes. So wird es immer Möglichkeiten geben, den Glauben in Lehren zu sagen, die sich der verstandesmäßigen Raster einer anderen Kultur und – warum nicht? – einer anderen Gesellschaftsklasse bedienen.

5. Schluß

Mit dem Wissen, das die Kirche um die unauslotbare Würde des Menschen hat, kann sie in Sachen Menschenrechte das Gewissen der Welt sein. Aber mit Predigt allein ist es nicht getan. Denn die Kirche wird nur dann Gehör finden, wenn sie mit ihrer Praxis bezeugt, daß sie die Menschenrechte in ihrem eigenen Kompetenzbereich selbst achtet und fördert. Anderenfalls hätte der recht, der ihr vorwirft: »Warum siehst du den Splitter im Auge der anderen, aber den Balken in deinem eigenen Auge siehst du nicht? Wie kannst du den anderen sagen: Laß mich den Splitter aus deinem Auge herausziehen! – und dabei steckt in deinem Auge ein Balken? Du Heuchler! Zieh zuerst den Balken aus deinem Auge, dann kannst du versuchen, den Splitter aus dem Auge der anderen herauszuziehen« (vgl. Mt 7,3–5).

Wir möchten schließen mit einem Appell von Kardinal Dom Paulo Evaristo Arns, der sich in der Kirche zum Vorkämpfer in der Verteidigung verletzter Menschenrechte vor allem der Namenlosen entwikkelt hat und dem deshalb der dornige Weg eines Propheten nicht ganz unbekannt ist: »Der moderne Ijob hat große Gedichte zu schreiben. Aber in der Regel wird sie kein anderer lesen als Gott allein in seinem Herzen. Haben die Kirchen den Mut, in diesem Augenblick der Geschichte das Herz Gottes zu sein?«[31]

[31] *P. E. Arns*, Direitos humanos e a tarefa da Igreja (Anm. 9), hier 29.

V. Können sich Macht und Institution in der Kirche bekehren?

1. Gescheiterte, aber nicht zerstörte Hoffnungen angesichts der institutionellen Kirche

In der Kirche finden sich zwei Verhaltensweisen, die sich weder ohne weiteres einander beiordnen lassen noch sich gänzlich decken: eine Hinwendung zu Welt und Gesellschaft und eine Befassung mit dem Innenleben und den verschiedenen Strukturen der Kirche. Im Blick auf das erste Modell stellt sich die Kirche als ein homogenes und äußerst einheitliches Ganzes dar. Während der letzten Jahrzehnte kam die Kirche zu einem Ansehen und wurde zu einer moralischen Autorität wie nie zuvor in der Geschichte des Abendlandes. Sie versinnbildet, was es an Höchstem und Heiligstem im Geheimnis von Mensch und Gott gibt. Soweit die Hoffnungen der Menschheit, daß nicht alles zunichte gemacht wird oder in den Kreislauf der Interessen der Mächtigen gerät, noch nicht frustriert sind, werden sie von der Kirche verkörpert. Die Kirche vermittelt Vertrauen und schafft, was Kennzeichen des Evangeliums ist: die Freude, zu leben und zu hoffen.[1]

Das andere Verhalten betrifft die inneren Beziehungen. Christen schlagen sich herum mit ehrwürdigen Traditionen und Liturgievorschriften, mit genau definierten Moralcodices und jahrhundertegewichtigen kirchlichen Strukturen und Machtformen, die ein Stab von Experten, die Hierarchie, zentral in der Hand und unter Kontrolle hat.

Auf dieser internen Ebene werden hier und da Spannungen, Konflikte und Äußerungen von autoritärem Gebaren sichtbar,[2] die kaum

---

[1] Als Beispiel für diese Erfahrung sei der Brasilienbesuch des Papstes im Juli 1980 erwähnt. Vgl. die gesamte Nr. 159 (September 1980) der Revista Eclesiástica Brasileira: Balanço da visita do Papa.

[2] Beachtlich der Mut und die Redlichkeit von Kardinal *Aloísio Lorscheider* bei der Eröffnung der Bischofssynode 1974 in Rom: Panorama da Igreja universal a partir de 1971, in: Conferência Nacional dos Bispos do Brasil (CNBB), Boletim da Imprensa, Nr. 47/74 vom 27. 9. 1974. Eine kurze Zusammenfassung dieses Panoramas findet sich in: Herder Korrespondenz 28 (1974) 591–593.

hinter ähnlichen Herrschaftsformen in der zivilen Gesellschaft zurückbleiben. Da beschließt ein Bischof, der Basisarbeit in seiner (Erz-)Diözese ein Ende zu setzen, und trifft damit Dutzende von kirchlichen Gemeinden, Priestern, Ordensfrauen und Pastoralträgern, versetzt ohne vorhergehende Gespräche die Pfarrer, vertreibt im wörtlichen Sinn Ordensfrauen aus seinem Gebiet, entläßt Laien aus dem pastoralen Dienst und bringt die Gemeinde durcheinander. Aber die Leute können sich an niemanden wenden, denn der Bischof ist die letzte Instanz. Und viele geraten in schwere Glaubenskrisen, die direkt von Kardinälen, Bischöfen und Pfarrern verursacht sind. Sie fühlen sich ausgestoßen von einer Institution, der sie ihre beste Zeit gewidmet und auf die sie ihre ganze Hoffnung gesetzt haben. Was ist das für eine Dienst-Macht, von der das Evangelium spricht? Was bedeutet dienstbereite und arme Kirche? Kann die institutionelle Kirche unter den Armen und Unterdrückten eine befreiende Rolle spielen? Kann ein Bischof oder ein Pfarrer, der von einer allmächtigen Mystik der heiligen Macht durchdrungen und davon überzeugt ist, daß nur er mit ihr ausgerüstet ist, sich bekehren? Kann man der »vorrangigen Option für die Armen« trauen und erwarten, daß eine Kirche aus ihrem geschichtlichen Pakt mit den hegemonialen Kräften ausbricht und in Solidarität mit den Entrechteten und Verarmten umkehrt zur evangelischen Armut, zum Mut der Propheten, die weder Verfolgung noch Folter noch Tod fürchten, zur konsequenten und unerschrockenen Nachfolge ihres Gründers, des leidenden Gottesknechtes Jesus Christus? Die folgende Überlegung möchte in aller Ehrlichkeit und Wahrhaftigkeit eines, der gläubig in dieser institutionellen Kirche engagiert ist, nach den Gründen fragen, weshalb die Hoffnungen scheitern, und gleichwohl den Glauben an die Kraft des Geistes neu beleben. Denn Er ist imstande, das eingeschlafene Herz des institutionellen Leibes der Kirche aufzuwecken, damit dieser die lebendige und keineswegs leichendüstere Gegenwart des getöteten und auferweckten Jesus Christus wieder zu spüren gibt und die gefährliche und keineswegs lähmende Erinnerung daran wieder entfacht.

Wenn wir von institutioneller Kirche sprechen, denken wir nicht an die Gemeinschaft der Gläubigen, die in der Welt die Gegenwart des auferstandenen Christus bezeugen – im Sinne jenes bedeutungsträchtigen Ereignisses, das die Auferweckung von Mensch und Kosmos antizipiert. Vielmehr denken wir an die Organisation der Gemeinde von Gläubigen mit ihrer Hierarchie, ihren heiligen Gewal-

ten, Dogmen, Riten, Canones und ihrer Tradition.[3] Mit der institutionellen Organisation will die Gemeinde ihren Bedürfnissen von
Stabilität, Erhalt der eigenen Identität, Verbreitung des Evangeliums,
innerem Beistand, Leitung usf. entsprechen. Ohne ein Mindestmaß
an Institution kann eine Gemeinde nicht bestehen, weil sie von
dorther Einheit, Zusammenhalt und Identität bezieht. Die Institution
ist keine Größe in sich, sondern eine Funktion im Dienst an der
Glaubensgemeinschaft. Daraus folgt, daß sie immer etwas Abgeleitetes ist, daß sie im Gleichschritt mit den geschichtlichen Veränderungen zu gehen hat, durch die die Gemeinde hindurch muß, und daß sie
sich mit Brüchen auseinanderzusetzen und angemessene institutionelle Antworten zu finden hat. Diesen historischen Prozeß von Treue
und Dienst gegenüber der Gemeinde wie gegenüber dem Herrn, der ja
in ihr lebt, nennen wir ständige Bekehrung. Diese aber fordert eine
Haltung der Entäußerung und der inneren Armut, so daß die Institution in den Stand versetzt wird, glorreiche Errungenschaften aufzugeben, wenn sie wahrnimmt, daß sie sie – um der Gemeinde und dem
Herrn, der in ihr wirkt, zu dienen – loslassen muß. Nur wenn sich die
Gemeinde mit ihren Institutionen bekehrt, leistet sie der Welt einen
Heilsdienst. Anderenfalls wird sie zu einer kleinen Welt in der Welt,
zu einem Getto, ist auf ihr Heil und ihren Ruhm bedacht und verrät
damit ihre unaufgebbare Berufung zur Universalität. Die kognitive
Elite, die die christliche Gemeinde in einer Welt darstellt, die sich
noch nicht für sie entschieden hat, darf das göttliche Heil nicht als
ausschließlich für sie gedacht betrachten – es ist ja im Gegenteil für
die ganze Welt bestimmt –, würde sie doch sonst ihr katholisches
Wesen verkehren. Die christliche Gemeinde steht im Dienst am Heil
und hat teil daran, aber sie besitzt es nicht.

Die Institution zeichnet sich aus durch Lebensdauer, Stabilität und
von ihr selbst festgelegte Spielregeln.[4] Aufgrund dieser Merkmale

[3] Vgl. G. *Hasenhüttl,* Kirche und Institution, in: Concilium 10 (1974) 7–11; siehe auch
das ganze Heft 10 des 6. Jahrgangs (Oktober 1970) der Zeitschrift Concilium über die
»Strukturen der Präsenz der Kirche in der Welt von heute«.
[4] Zur Problematik der Institution vgl.: M. *Honecker,* Kirche als Gestalt und Ereignis. Die
sichtbare Gestalt der Kirche als dogmatisches Problem, München 1963 (verschiedene
Annäherungen von der Soziologie her); für den typisch anthropologischen und soziolo-
gischen Aspekt des Problems vgl.: A. *Gehlen,* Der Mensch. Seine Natur und seine
Stellung in der Welt, Bonn 1953 u. ö.; *ders.,* Anthropologische Forschung. Zur
Selbstbegegnung und Selbstentdeckung des Menschen, Hamburg 1961 u. ö.; F. *Jonas,*
Die Institutionenlehre Arnold Gehlens, Tübingen 1966; M. *Kehl,* Kirche als Institution.
Zur theologischen Begründung des institutionellen Charakters der Kirche in der
neueren deutschsprachigen katholischen Ekklesiologie, Frankfurt 1976; L. *Dullaart,*

läuft sie Gefahr, den Rhythmus der Geschichte zu verpassen, sich selbst zu genügen, ihren funktionalen Charakter zu vergessen und Passivität, Monotonie, Mechanisierung und Entfremdung zu erzeugen. Nach und nach versteht sie sich ideologisch als Epiphanie der Verheißungen, die sich angeblich in ihr erfüllen, überlagert die Gemeinschaft, obwohl sie ihr eigentlich zu dienen hätte, ersetzt die Wahrheit durch systeminterne Sicherheit und schafft Schismen, indem sie Bewegungen, die sich nicht mit den Maschen ihres Netzes einfangen lassen, abstößt. Jede Institution hat die Tendenz, sich zu ontokratisieren, das heißt zu einem Machtsystem zu werden, das Kreativität und Kritik unterdrückt. Institution hat stets mit Macht zu tun. Treffend sagt Lord Acton, jede Macht neige dazu, korrupt zu werden, und die absolute Macht, absolut korrupt zu werden.

Wie wir im Laufe dieser Arbeit sehen werden, blieb auch die Institution der Kirche nicht frei von dieser Dysfunktion. Die Macht brachte sie in die schreckliche Versuchung, die Menschen zu beherrschen, ja sich an die Stelle Gottes und Jesu Christi zu setzen. Zu bestimmten Zeiten ist sie der Versuchung auch verhängnisvoll erlegen. Die institutionelle Sklerose hinderte die Kirche daran, auf die Herausforderungen der durch die Moderne aufgeworfenen Brüche sachgerechte Antworten zu finden, und führte dazu, daß sie als ein Hort des antievangelischen Konservativismus angesehen wurde und daß in der kirchlichen Praxis ein tiefer Riß entstand zwischen der Kirche als Volk Gottes und der Kirche als Hierarchie, zwischen der einen Kirche, die denkt und redet, aber nicht handelt, und der anderen Kirche, die nicht denken und nicht reden darf, aber handelt. Dieser praktische Bruch ist um so schlimmer, als die Proklamationen und Erklärungen des Zweiten Vatikanischen Konzils über die Kirche als Volk Gottes und die Aufgabe der Laien erst jetzt über einen oberflächlichen theologischen Verbalismus hinauskommen.

Welche Chance hat die institutionelle Kirche, das Evangelium zu aktualisieren und in seinem Licht Antworten auf die großen Herausforderungen der Welt von heute zu finden, einer Welt, die bereits vor vierhundert Jahren an der Kirche vorbei und ohne, ja bisweilen gegen sie entstanden ist? Worauf dürfen wir überhaupt noch hoffen? Was dürfen und müssen wir in der Freiheit, die das Evangelium jedem Gläubigen gibt und die Christus ja selbst gegenüber den Institutionen

Kirche und Ekklesiologie. Die Institutionenlehre Arnold Gehlens als Frage an den Kirchenbegriff in der gegenwärtigen systematischen Theologie, München/Mainz 1975.

seiner Zeit eingeführt hat, kritisieren? Welche Art von Bekehrung ist gefordert?

2. Hat die Institution Kirche die Prüfung der Macht bestanden?

Um eine realistische Antwort auf diese Fragen zu finden, muß man untersuchen, wie sich die Institution Kirche in der Geschichte angesichts der sozialen Brüche in der westlichen Gesellschaft – einschließlich Lateinamerikas – verhalten hat.[5] Aufgrund der typischen Zentralisierung der kirchlichen Macht war die Reaktion in diesem Punkt, von Europa bis nach Amerika, höchst homogen.

Ausgangspunkt unserer Überlegungen muß die Einsicht sein, daß das Christentum selbst das Ergebnis eines Bruches ist. Für das Judentum ist es noch heute eine Häresie. In den beiden ersten christlichen Generationen zweifelte niemand daran, daß das Neue, das mit Jesus Christus angebrochen war, nicht einfach eine Verlängerung des Judentums in der geschichtlichen Gestalt der Apostelzeit war. Im Mittelpunkt standen der Neue Bund, der neue Äon, der neue Mensch, die Erfüllung der Verheißungen, die Freiheit der Kinder Gottes, der als endzeitliche Gabe bereits mitgeteilte Geist, die schon angebrochene Auferweckung und das endgültige Reich, das in der Verherrlichung und Erhöhung des Herrn bereits antizipiert war. Alle diese Themen tragen, wie Joseph Comblin aufmerksam beobachtet,[6] einen unbestreitbar revolutionären Inhalt in sich und verweisen die Kirche über ihre gegenwärtigen Strukturen hinaus, die – so harmlos und angepaßt, wie die Institution geworden ist – dieses Veränderungspotential weithin haben verkümmern lassen. Die Urkirche und vor allem Paulus waren noch bemüht, in ausgeklügelten Diskussionen mit der alttestamentlichen und rabbinischen Überlieferung das Neue an der christlichen Existenz in einem umfassenden theologischen Sinn zu deuten. Der Einbruch des Christlichen mußte auf einen Begriff gebracht werden. Die Evangelien wie die paulinische

[5] Als Gesamtsicht vgl.: *J. Barnadas*, Christlicher Glaube und koloniale Situation in Lateinamerika, in: Concilium 9 (1973) 742–745; *E. Dussel*, Hipótesis para una historia de la Iglesia en América Latina, Barcelona 1976; zu Brasilien siehe: *E. Hoornaert*, Kirchengeschichte Brasiliens aus der Sicht der Unterdrückten 1550–1800, Mettingen 1982; *F. C. Turner*, Catholicism and political development in Latin America, Chapel Hill 1971; *C. P. Ferreira de Camargo*, Igreja e desenvolvimento, São Paulo 1971; *Th. Bruneau*, The political transformation of the Brazilian Catholic Church, Cambridge 1974.

[6] Vgl. *J. Comblin*, Théologie de la révolution, Paris 1970, 216–234 (Les thèmes révolutionnaires du christianisme).

Theologie boten da beeindruckende und ausdrucksstarke Synthesen. Die Gemeinden der dritten Generationen, die der Pastoralbriefe, fanden sich schon in einer ruhigeren Lage. Sie hatten die Gründungsphase bereits hinter sich und besaßen schon die früher erarbeiteten theologischen Sythesen. Ihr Problem ist nicht der Aufbau, sondern die Erhaltung, die rechte Ordnung in der Gemeinde und die Bewahrung der einen Lehre. So tauchen bereits hier die ersten Vorboten dessen auf, was in der späteren institutionellen Kirche entscheidend sein wird.[7]

Doch während der ersten drei Jahrhunderte war das Entscheidende für die Kirche nicht der Aspekt der Institution.[8] Die Einheit beruhte auf der Übereinstimmung im Glauben wie auf dem Mut zur öffentlichen *martyria* und nicht so sehr auf den institutionellen Strukturen. Gewiß: Der Konflikt mit der Häresie zwingt die Gemeinde, den Kanon des Neuen Testaments wie auch die Linie der Apostelfolge festzulegen. Beides wird zu wichtigen Säulen der kirchlichen Institution. Aber die Kirche ist frei von Macht, ist arm und besteht aus Armen. Was sie hat, sind Männer und Frauen, die die offizielle Religion und Moral in Frage stellen. Märtyrer sind ihre Würde. Kühne Sätze – wie sie bei Ignatius von Antiochien zu finden sind: »Haltet zum Bischof, zum Presbyterium und zu den Diakonen! . . . Tut nichts ohne den Bischof!« (Phil 7,1.2); wer sich dem Bischof fügt, fügt sich »nicht ihm, sondern dem Vater Jesu Christi, dem Bischof aller« (Magn 3,1; vgl. Smy 8,1); »Alle sollen die Diakone achten wie Jesus Christus« (Tral 3,1); oder: »Die Diakone aber achtet wie Gottes Gebot!« (Smy 8,1) haben mit dem späteren Episkopalismus noch nichts zu tun. Von einer rechtlichen und auf Macht erpichten Sicht ist hier noch nichts zu spüren. Vielmehr handelt es sich um eine mystische Einstellung, für die der auferweckte *Christus praesens*, der gegenwärtige Christus, in charismatischen Personen lebt, die in der Gemeinde bestimmte Funktionen des Dienstes und der Einheit haben. Ihre Autorität beziehen diese Menschen daher, daß sie das Christusgeheimnis in ihrem Leben vorbildlich nachvollziehen, aber

---

[7] Zur historisch-theologischen Problematik der drei ersten christlichen Generationen siehe die wichtigsten Bücher: *G. Hasenhüttl,* Charisma. Ordnungsprinzip der Kirche, Freiburg 1969; *P. Dias,* Vielfalt der Kirche in der Vielfalt der Jünger, Zeugen und Diener, Freiburg 1968; *H. Küng,* Die Kirche, Freiburg/Basel/Wien 1967; *J. Daniélou/ H. I. Marrou,* Von der Gründung der Kirche bis zu Gregor dem Großen (Geschichte der Kirche, 1), Einsiedeln 1963.

[8] Vgl. *D. Warwick,* Die Zentralisierung der kirchlichen Autorität. Überlegungen aus der Sicht der Soziologie der Organisation, in: Concilium 10 (1974) 56–61.

noch nicht daher, daß sie mit sakraler Macht ausgestattet worden wären.

Die Lage änderte sich radikal mit der Konstantinischen Wende. Das Christentum, das bis dahin *religio illicita,* eine verbotene Religion, gewesen war, wird nunmehr zur offiziellen und mithin sakralen Ideologie des Reiches. Die Kirche bekommt die große Chance, das Getto zu verlassen und eine wirkliche *ecclesia universalis* zu werden. Sie beginnt ihr großes kulturelles und politisches Abenteuer und startet das Experiment mit der Macht, einschließlich aller Risiken, die damit gegeben sind. Wird sie den geschichtlichen *kairos* nutzen, die Macht im Sinne Jesu, das heißt anders als die Heiden, zu handhaben und damit einen neuen Stil des menschlichen Zusammenlebens zu prägen, einen neuen Humanismus zu schaffen und der Politik einen neuen Sinn zu geben?

Doch alles ging zu schnell. Trotz der Verfolgungen war die Kirche offensichtlich nicht darauf vorbereitet, mit den Herausforderungen der Macht im Sinne des Evangeliums umzugehen. Sie rührte die bestehende Ordnung nicht an, sondern übernahm sie und paßte sich ihr an. Sie bot dem Reich eine Ideologie, welche die herrschende Ordnung untermauerte und den heidnischen Kosmos sakralisierte. »Die Religion, die das Abendland geprägt hat, war also nicht eigentlich die christliche Botschaft, sondern die Synthese von antiker und christlicher Religion«, so schließt ein moderner Forscher seine Untersuchung über die Ursprünge der Christenheit und der Staatsreligion ab.[9] Mit dem Einzug der Reichsbeamten in die Kirche kam es – da sich diese ja die neue Staatsideologie zu eigen machen mußten – eher zu einer »Paganisierung des Christentums« als zu einer »Konversion des Reiches«.[10] Die Kirche, die bis 312 mehr Bewegung als Institution gewesen war, wurde zur großen Erbin der Einrichtungen des Reiches: des Rechtes, der Gliederung in Diözesen und Pfarreien, der bürokratischen Zentralisierung, der Ämter und des Titelwesens. Gern paßte sich die Institution Kirche den politischen Realitäten und der unerbittlichen Gleichförmigkeit an. So begann sie eine Laufbahn der Macht, die bis in die Gegenwart reicht und deren Ende wir heute anscheinend miterleben dürfen.

Die Schlüsselkategorie zum Verständnis der Kirche insgesamt ist die der *potestas.* Fortan begreift sich die Kirche grundsätzlich als eine

[9] *R. Hernegger,* Macht ohne Auftrag. Die Entstehung der Staats- und Volkskirche, Olten/Freiburg 1963, 431.
[10] *J. Comblin,* Théologie de la révolution (Anm. 6), 244.

Gemeinschaft, die mit Macht ausgerüstet ist (Hierarchie) – gegenüber einer anderen Gemeinschaft, die keine Macht besitzt (Volk Gottes aus Laien), über die jene aber die Macht ausübt. So tut die Macht sich als der große Horizont auf, innerhalb dessen das Evangelium assimiliert, verstanden und verkündet wird. Christus wird zum *Imperator*, zum kosmischen Herrn; er ist nicht mehr der leidende Gottesknecht, der den Mächten dieser Welt und dem Imperium, dessen Erbe jetzt der Papst ist, gegenüberstand, jener Jesus also, der auf alle Macht und Herrlichkeit dieser Erde entschieden verzichtet hatte.[11] Die Institution Kirche idealisiert die Vergangenheit und interpretiert die neutestamentliche *exousia* (Macht), die Kompetenz des Petrus, die Brüder und Schwestern im Glauben zu bestärken, mit Hilfe von Kategorien juristischer und politischer Macht. Ideologisch und im Sinne der Inhaber der sakralen Macht werden die Worte, die ja – wie wir sehen werden – eigentlich in einer Missionssituation gesprochen wurden (Kirche gegenüber Welt und nicht Hierarchie gegenüber Gemeinde), gedeutet: »Wer euch hört, der hört mich, und wer euch ablehnt, der lehnt mich ab; wer aber mich ablehnt, der lehnt den ab, der mich gesandt hat« (Lk 10,16).

Bis zum 11. Jahrhundert stand die Macht der Kirche unter der Vormundschaft des Reiches. Dieses Verhältnis geht zurück auf Konstantin, der das erste ökumenische Konzil – in Nizäa (325) – einberufen und sich selbst Bischof »für die draußen« genannt hatte; es fand seinen rechtlichen Ausdruck in der Laieninvestitur. So wurde die Kirche zu einem großen Lehen der Kaiser, die fortan die kirchlichen Ämter besetzten und auf weltliche Art verwalteten. Das jedoch führte zu einem Streit zwischen den beiden Mächten, zwischen der sakralen und der weltlichen Macht, und jede beanspruchte, Erbin des Reiches des Augustus zu sein. Dabei bediente sich die sakrale Macht aller möglichen Machenschaften, bis hin zur Fälschung von Dekreten, ja bis hin zur Fälschung des *Constitutum Constantini,* um ihre Ansprüche rechtfertigen zu können. Dies bestätigt freilich die These, der zufolge die Macht unabhängig von dem Vorzeichen, unter dem sie steht – sei es christlich oder heidnisch, sei es sakral oder weltlich – unerschütterlich der inneren Logik folgt, immer mehr Macht zu wollen, ein unersättlicher Dinosaurier zu sein und alles und alle den eigenen Machtinteressen zu unterwerfen.

[11] Vgl. *E. Iserloh,* Prophetisches Charisma und Leitungsauftrag des Amtes in Spannung und Begegnung als historisches Phänomen, in: W. Weber (Hrsg.), Macht, Dienst, Herrschaft (Kap. IV, Anm. 18), 143–153.

Unter Gregor VII. kam es im 11. Jahrhundert zu einer entscheidenden Wende in der Machtstruktur.[12] In seinem *Dictatus Papae* (1075) erhob sich der Papst gegen die Vorherrschaft der weltlichen Macht, die in Simonie, Bestechlichkeit und jede Art von Sakrileg entartet war, und begründete somit die Ideologie der absoluten Macht des Papsttums. Diese stützt sich nicht mehr auf die Gestalt des armen, demütigen und schwachen Jesus Christus, sondern auf Gott, den allmächtigen Herrn des Kosmos und die alleinige Quelle der Macht. Der Papst versteht sich als der alleinige, mystische Abglanz der göttlichen Macht in der Ordnung der Schöpfung. Er ist ihr Vertreter und Statthalter. Vor diesem Hintergrund werden die folgenden Aussagen des *Dictatus Papae* verständlich: »Der Römische Bischof allein darf der allgemeine Bischof genannt werden« (2); »Sein Legat soll allen Bischöfen auf dem Konzil vorsitzen, auch wenn er geringeren Ranges ist, und er kann über sie das Urteil der Absetzung aussprechen« (4); »Des Papstes Füße allein haben alle Fürsten zu küssen« (9); »Sein Ausspruch darf von keinem in Frage gestellt werden; er selbst darf allein die Urteile aller verwerfen« (18); »Er selbst darf von niemand gerichtet werden« (19); »Die Römische Kirche hat sich nie geirrt und wird nach dem Zeugnis der Schrift nie in Irrtum verfallen« (22); »Der Römische Bischof wird, falls seine Wahl kanonisch erfolgte, unzweifelhaft kraft der Verdienste des heiligen Petrus heilig« (23).

So übernahm der *Summus Pontifex* das Erbe des römischen Reiches, installierte sich als die absolute Macht und verband in seiner Person das *sacerdotium* mit dem *regnum*. Die Diktatur des Papstes war geboren. Seit der Zeit entwickelt sich die Ideologie der sogenannten »Kephalisation«, des Hauptes als der Fülle von Sinn und Macht. Der Ausdruck *caput* (Haupt), den das Neue Testament Christus vorbehalten hatte, wird nunmehr auf den Papst bezogen. Er gilt als Träger aller Werte und aller Macht Gottes, Christi, der Kirche, des Volkes, des Reiches wie des Bischofskollegiums. René Laurentin schreibt: »Der Papst wurde mit Christus gleichgesetzt. Man bezeichnete ihn immer weniger als Nachfolger des Petrus, sondern immer mehr als Nachfolger und Vikar Jesu Christi, den Hervé Nedellec (†1323) als den ersten Papst ansieht (*Y. Congar,* Ämter [1971], 113).

---

[12] Vgl. *A. Fliche,* La réforme grégorienne, 3 Bde., Genf 1978 (Löwen 1924 f); *G. B. Ladner,* The concepts of »Ecclesia« and their relations to the idea of papal »plenitudo potestatis« from Gregory VII to Boniface VIII, in: Miscellanea Historiae Pontificiae 18 (1954) 49–77.

Er wurde ›der milde Christus auf Erden‹, wie ein Wort der heiligen Katharina von Siena lautet.«[13] Aus diesem Verständnis absoluter Macht konnte 1955 der Salesianer Luigi Bertetto in einem Betrachtungsbuch über Don Bosco schreiben: »Der Papst ist Gott auf Erden ... Jesus hat den Papst über die Propheten, über die Vorläufer gesetzt ... über die Engel ... Jesus hat den Papst auf die gleiche Stufe mit Gott gestellt.«[14] Das ist schlicht eine Häresie wie auch eine offensichtliche Sünde gegen das zweite Gebot, das untersagt, den heiligen Namen Gottes unnütz zu gebrauchen, indem man ihn auf jemanden anwendet, der nicht Gott und nicht der menschgewordene Gott, Jesus Christus, ist. Sonderbarerweise blieben solche verbalen Auswüchse aber von jenen Strafen verschont, die anderen rasch auferlegt werden, wenn sie aus theologischen oder historischen Gründen irgendwie die Macht des Papstes kritisieren. Die Ideologie des Persönlichkeitskultes entschuldigt wohlwollend derartige Mißgriffe und findet immer noch eine geneigte Interpretation für solche übersteigerten Aussagen.

Diese Ideologie der Macht schuf nach und nach den ekklesiologischen Ballast, der in Theologenkreisen bis ins 19. Jahrhundert und in der Mentalität der höchsten offiziellen Hierarchie praktisch bis heute fortbestand. Die absolute Macht des Papstes bestimmte den weiteren Gang der Geschichte in Kirche und Gesellschaft: Geschichte war entweder die Geschichte dieser absoluten Macht, ihrer Erfolge, ihrer Bestätigung und ihrer Konsolidierung, oder sie war eine Geschichte, die – um selbständig sein und fortbestehen zu können – gegen jene Macht angehen mußte. So geriet die Kirche in ein schreckliches Dilemma: Entweder sie herrscht, oder sie wird beherrscht.

Wie jede andere totalitäre Macht entwickelt auch die mächtige Institution Kirche ihre Argumentation, um sich zu rechtfertigen. Die Vernunft verzichtet auf ihre kritische Funktion und wird zu einem bloßen Werkzeug des Systems. Die Theologie gerät schlicht zu einem *sentire cum ecclesia,* einem »Empfinden mit der Kirche«, wobei unter *ecclesia* eindeutig die Institution zu verstehen ist. Erschreckend deutlich wird das in der offiziellen Theologie unter Pius XII. wie auch in der Kurientheologie, die die Texte für das Zweite Vatikanische Konzil vorzubereiten hatte, dann aber eine massive Abfuhr bekam,

---

[13] *R. Laurentin,* Das Petrus-Fundament in der gegenwärtigen Unsicherheit, in: Concilium 9 (1973) 209–218, hier 212.
[14] *L. Bertetto,* San Giovanni Bosco. Meditazioni, Turin 1955, 90. Eine Fülle anderer Beispiele bringt *H. Küng,* Unfehlbar? Eine Anfrage, Zürich 1970, passim.

weil ihre Papiere nicht den lebendigen Glauben der Kirche als Volk Gottes zum Ausdruck brachten. Praktisch ist demnach die Kirche eine einzige riesige Diözese, in welcher der Papst – da er ja nicht alle erreichen kann – Stellvertreter für sich *(vices suas agentes)* einsetzt, die Anteil haben an seiner Macht. Die Dogmen werden rechtlich und die kirchenrechtlichen Bestimmungen dogmatisch verstanden. Die Einheit, die als Konformität und Uniformität ausgelegt wird, verstellt den Blick dafür, daß Konflikte Zeichen für Vielfalt und Leben sind. So wird der Konflik zu etwas Pathologischem herabgemindert, das Spaltung und Schisma verursacht. Die schlichteste und einfachste Lösung besteht in seiner Beseitigung. Typisch für jede Art von Machtstruktur ist es, alles zu eliminieren, was nicht in das System paßt.[15] Die Kirche, die auf einen Bruch mit der Synagoge zurückgeht, läuft Gefahr, selbst zu einer Synagoge zu werden, zu einer in sich selbst geschlossenen, großen Sekte, in der die Kleriker alles kontrollieren. Die Logik der Macht ist der Wille nach mehr Macht, nach Selbsterhaltung und Fortbestand, nach Aushandlung von Kompromissen und im Falle eines Risikos von Konzessionen, um überleben zu können. All dies läßt sich ablesen an der Geschichte der Institution Kirche.

Kirchliche Macht verstand sich immer als Macht aus Gottes Hand. Allerdings: Das Göttliche an der Macht der Institution Kirche ist nur ihr Ursprung. Ihre konkrete Handhabung ist wenig göttlich, sondern vollzieht sich nach der Logik jedweder menschlichen Macht, einschließlich all ihrer Tricks. Neuere soziologische Untersuchungen haben gezeigt, daß die Entscheidungsbefugnis in der Institution Kirche in extremer Weise zentralisiert ist.[16] Im Folgenden seien hier einige Seiten eines brasilianischen Analytikers abgedruckt, auf denen beschrieben wird, daß die Regierungsform der Kirche und die der Kommunistischen Partei der Sowjetunion überraschende Parallelen aufweisen:

»Wenn wir die politischen Positionen der Institution [Kirche] beleuchten wollen, müssen wir . . . davon ausgehen, daß Papst und Bischöfe ein ganz besonderes Gewicht haben. Sie sind die Träger der

---

[15] Vgl. *R. Rudge,* Die Soziologie des Konflikts und das kirchliche Leben, in: Concilium 10 (1974) 51–55.

[16] Vgl. die ausgezeichnete kritische Untersuchung von *C. A. de Medina/P. A. Ribeiro de Oliveira,* Autoridade e participação (Kap. IV, Anm. 19); *H. Dombois,* Hierarchie. Grund und Grenze einer umstrittenen Struktur, Freiburg 1971, bes. 47–65; *O. Maduro,* Religión y lucha de clases, Caracas 1979, 123–163.

kirchlichen Macht *par excellence.* Die Priester haben gleichsam die Nebenrollen – die die Engländer *supporting cast* nennen –, und die Laien bilden die Statisten.

Die Position des Papstes im Verhältnis zur Macht der anderen Mitglieder der Hierarchie ähnelt sehr der des Generalsekretärs der Kommunistischen Partei in der Sowjetunion vor der chinesischen Revolution. Der Papst ist, aus Tradition, der unfehlbare Führer der Politik und, dem Dogma zufolge, der unfehlbare Interpret der Lehre. Der Generalsekretär der KPdSU hatte eine vergleichbare Stellung: Seine ›theologische‹ Autorität zweifelte niemand an, und die Interpretation der gesamten Lehre, das heißt der Werke von Marx und Lenin, lag bei ihm. Der eine wie der andere waren Chef einer riesigen Bürokratie, die zwar nicht alle Gläubigen – die christlichen Massen bzw. das sozialistische Proletariat – vereinigte, die sich aber gleichwohl als deren Vorhut verstand und das Recht für sich beanspruchte, im Namen aller zu sprechen. Beide konnten also ähnlich frei die politische Linie festlegen, der das multinationale Gebilde von Organen unter ihrem Kommando zu folgen hatte. Diese politische Linie stimmte hier wie dort, im Vatikan wie in der Sowjetunion, unweigerlich mit den speziellen Interessen des Entscheidungszentrums überein. Daß das Zentrum in die inneren Belange der örtlichen Apparate – Ortskirchen bzw. Bruderparteien – eingriff, gründete auf derselben prinzipiellen Anerkennung der Hierarchie wie der ebenso prinzipiellen internationalen Solidarität. Die organisatorische Basis für die Ausübung der Macht war eine elitäre Gruppe, die aus den ständigen professionellen Mitarbeitern rekrutiert wurde und in der eine Nationalität eindeutig den Ton angab: die römische Kurie mit einer italienischen Mehrheit bzw. das Politbüro, in dem vornehmlich Russen saßen. Obwohl die Elitegruppen in Sachen Lehre und Machtausübung maßgeblich waren, wurden ihre Chefs von Gremien gewählt, die unter dem Gesichtspunkt der Nationalität nicht so einheitlich waren: vom Kardinalskollegium und vom Zentralkomitee. Bei der Rekrutierung der Kader gab es theoretisch keine· Diskriminierung irgendwelcher gesellschaftlicher Gruppen, und alle hatten gleiche Aufstiegschancen. Trotzdem wurde auf der einen Seite das Bürgertum und auf der anderen Seite das Proletariat bevorzugt. Den Kadern oblag es gleichermaßen, kritiklos zu den etablierten Machtstrukturen zu stehen und ihnen Gehorsam zu geloben. Aus höheren Gründen – im Interesse von Proletariat und Revolution bzw. mit Rücksicht auf die Kirche –, deren Grenzen freilich nur die höchsten Richter zu definieren imstande waren, war ihre Redefreiheit eingeschränkt. Die Bildung der Kader geschah hier wie dort in speziellen Schulen, deren Ideologie unter strenger Kontrolle eines bürokratischen Apparates stand und deren Lehrkörper nach Rechtgläubigkeit, Treue und Kenntnis des Lehrsystems ausgewählt wurde. Beide Bürokratien verfügten über spezialisierte Organisationen, von denen einige mit der Überwachung der Lehre, mit der Propaganda sowie mit den internationalen Beziehungen beauftragt waren. So kam ihnen ein besonderes Gewicht zu. Die eine wie die andere veranstaltete internationale Versammlungen, die nach langwierigen Vorbereitungen die theoretischen Fragen klären, die Kontrolle durch den obersten Leiter verstärken und Spaltungen und Schismen entgegentreten sollten: die Konzilien und Synoden hier und die Konferenzen der kommunistischen Parteien dort. Die Entwicklung der örtlichen Organisationen hing ab von einer Politik des Exports ständigen Personals, das in Proselytismus und Propaganda spezialisiert war. Die ideologische Unterweisung unterschied sich in ihrer Starrheit kaum: Initiativen von mittleren Ebenen gab es überhaupt nicht; immer ging es um die Erklärung der Geschichte nach Maßgabe der eigenen Lehre: um Entwicklung durch Versöhnung der Menschen auf der einen und Fortschritt durch Klassenkampf auf der anderen Seite. Die ideologische Unbeweglichkeit bedingte die gleiche Intoleranz gegenüber Schismatikern und führte in beiden Fällen zum Aufbau von Überwachungsorganen, zur Einschränkung der Redefreiheit, zu Inquisitionsmaßnahmen, zu Überprüfungen und Ausschlüssen.

Der grundlegende Unterschied besteht in der größeren Solidität der Stellung des Leiters der älteren Bürokratie; denn für den Papst gab es in den Kirchen der verschiedenen Länder kein Gegenüber, während sich der Generalsekretär der KPdSU mit den Generalsekretären seiner Bruderparteien verständigen mußte, die ja theoretisch ebenso wichtig waren wie er. So kommt es, daß die theoretischen Gründe für die Hegemonie des Papstes ausdrücklicher sind. Als die internationale Spanne, die einen größeren Pluralismus hätte mit sich bringen können, wie auch die interne Entwicklung der Institutionen, die zu einer größeren Freiheit in der Theorie hätte führen können, den beiden Bürokratien zu schaffen machte, vermochte die Macht des Papstes den Kritikern besser standzuhalten. Wer heute die Politik der Kirchen in den einzelnen Ländern untersucht, kommt kaum daran vorbei, sich mit den Losungen des Papstes von vor dreißig Jahren zu beschäftigen. Im Verhältnis zwischen den verschiedenen kommunistischen Parteien und dem Generalsekretär der KPdSU jedoch gilt das nicht unbedingt.«[17]

Diese Parallelen in Strukturen und Verhaltensweisen zeigen die Logik jeder zentralistischen Macht. Der Hinweis der Kirche auf den göttlichen Ursprung ihrer Macht ändert nichts Wesentliches an der Handhabung und an den Pathologien, die bei einer solchen Art von Machtausübung zutage treten. In der Tat funktioniert die Institution Kirche bürokratisch, als ob sie ein riesiges multinationales Unternehmen wäre. Zentrum und Stammhaus, in dem alle ideologischen und strategisch-taktischen Entscheidungen getroffen werden, befinden sich in Rom, mit dem Papst und der Kurie um ihn herum. Die Diözesen entsprechen praktisch den über die ganze Welt hin eingerichteten Filialen. So besteht ein echtes Abhängigkeitsverhältnis zwischen Zentrum und Peripherie, das alle Bereiche berührt: Theologie, Pastoral, Liturgie, Kirchenrecht usf. Zwar hatte das Zweite Vatikanische Konzil theoretisch eine Theologie der relativen Unabhängigkeit und Selbständigkeit des Bischofs in seiner Ortskirche – im Rahmen einer Ekklesiologie der *communio,* der Gemeinschaft – entwickelt; aber die praktische Verwirklichung dieses Verständnisses stößt auf Hindernisse seitens des Zentrums.

Dieser Stil der Machtausübung erzeugte eine ganze Fülle krankhafter Formen sozialen Verhaltens, die bereits Gegenstand psychologischer wie soziologischer Untersuchungen waren,[18] wie etwa Mangel an schöpferischer Phantasie, Dialog und kritischem Geist wie auch eine Inflation von Aufrufen zu Gehorsam, Unterwerfung, Verzicht, Demut, Tragen des Kreuzes Christi, Disziplin und Ordnung – alles gewiß vom Evangelium gespeiste Werte, die jedoch immer so gelebt wurden, daß durch sie die etablierten Mächte gerechtfertigt und untertänigst verteidigt wurden.

Wie bereits gesagt, konnte sich die Geschichte im Westen seit dem 11. Jahrhundert nur auf zwei Wegen entwickeln: entweder als Niederschlag der absolutistischen Macht des Papsttums oder als Angriff auf sie. Das letzte hat sich verwirklicht. Die institutionelle Kirche mußte sich gegen die Vorkämpfer der Freiheit wehren. So kommt es, daß sie sich – insbesondere seit dem 16. Jahrhundert – als eine Kirche des

[17] *M. Alves Moreira,* L'Église et la politique au Brésil, Paris 1974, 75–73.
[18] Vgl. *A. Görres,* Pathologie des katholischen Christentums, in: Handbuch der Pastoraltheologie, hrsg. von F. X. Arnold u. a., II/1, Freiburg/Basel/Wien 1966, 277–343; *Th. O'Dea,* Pathologie und Erneuerung der religiösen Institution, in: Concilium 10 (1974) 62–66.

contra definiert: Die Kirche ist gegen die Reformation (1521), gegen die Revolutionen (1789), gegen heute anerkannte Werte wie die Gewissensfreiheit, die Gregor XVI. noch 1846 als *deliramentum* (DS 2730) verurteilte, sowie die Meinungsfreiheit, die vom selben Papst als *pestilentissimus error* (DS 2731) verdammt wurde, gegen die Demokratie usf.[19] Wird die Institution Kirche, die sich seit 1968 mit wachsender Deutlichkeit für die Befreiung ausspricht, imstande sein, einen Bruch in die Geschichte zu bringen? Als Macht fürchtet sie jede Veränderung, die ihren sicheren Besitzstand an Macht in Gefahr bringen könnte. Aus eigenem Antrieb tritt Macht nie ab. Allenfalls teilt sie, wenn die Gefahr des Scheiterns droht. Macht will immer auf der Seite der Sieger stehen. Deshalb ratifiziert Rom, das Zentrum der institutionellen Kirche, mit leichter Hand siegreiche Revolutionen sowie mit Schweiß und Blut erstrittene Rechte. Solange gekämpft wird, hält es sich offiziell zurück oder ist neutral. Wenn aber der Sieg errungen, alle Gefahr vorbei und jede Zweideutigkeit ausgeschlossen ist, dann ist es plötzlich da und verkündet, das Evangelium habe einen weiteren Sieg erkämpft. Aber es ist doch wohl zu einfach, von anderen errungene Freiheiten sich als die seinen zu eigen zu machen. »Sie [die Kirche] erkennt diese Freiheiten dann an, wie sie vorher die Gültigkeit der Ketten anerkannt hat.«[20] Da die Kirche zentralistisch und autoritär strukturiert ist, paßt sie sich ohne große Gewissensprobleme autoritären, ja sogar totalitären Regimen an – unter der Bedingung, daß ihre Rechte nicht verletzt werden. »›In jeder kritischen Situation ... läßt sich das Verhalten der Kirche zuverlässiger von ihren konkreten Interessen als politische Organisation voraussagen als von ihren zeitlosen Dogmen.‹ Man kann noch einen Schritt weiter gehen und sagen: Diese Dogmen sind so elastisch und mehrdeutig, daß sich die Kirche einer Vielzahl politischer Umstände anzupassen

---

[19] *J. B. Metz,* Kirchliche Autorität und menschliche Freiheitsgeschichte – Ein Kapitel angewandte politische Theologie, in: Gottesreich und Menschenreich. Ihr Spannungsverhältnis in Geschichte und Gegenwart, Regensburg 1971, 97–128.

[20] *G. Lewy,* Die katholische Kirche und das Dritte Reich, München 1965 (New York 1964), 358, unter Bezugnahme auf *A. M. Knoll,* Katholische Kirche und scholastisches Naturrecht: Zur Frage der Freiheit, Wien 1962, 56–59. *Ch. Dawson,* Religion and the modern state, New York 1936, 135, schreibt: Der Katholizismus »steht autoritären Vorstellungen des Staates keineswegs feindselig gegenüber. Gegenüber den liberalen Lehren vom göttlichen Recht der Mehrheiten und von einer uneingeschränkten Meinungsfreiheit vertrat die Kirche stets die Prinzipien von Autorität und Hierarchie und befürwortete immer die Vorrechte des Staates.« Der Verfasser fügt noch hinzu, in gesellschaftlichen Dingen lägen die Vorstellungen der Enzykliken Leos XIII. und Pius' XI. »viel näher denen des Faschismus als denen des Liberalismus oder des Sozialismus«.

vermag, wobei die Skala von der Demokratie bis zur totalitären Diktatur reicht.«[21] In seiner minutiösen Untersuchung über *Die katholische Kirche und das Dritte Reich* weist Günter Lewy nach, wie die institutionelle Kirche in der Konfrontation mit einer äußerst totalitären Ideologie wie dem Nationalsozialismus unfähig war, ihre ideellen Ziele und ihren evangelischen Auftrag von ihrem Interesse am Überleben zu trennen. Die Bischöfe verurteilten systeminterne Exzesse, stellten aber auch immer klar, »daß die katholische Religion ebensowenig gegen die nationalsozialistische Regierungsform sei wie gegen irgendeine andere«,[22] obwohl jedermann wußte, daß die von den Nazis praktizierte Politik des Völkermords integrierender Bestandteil der nationalsozialistischen Lehre war. Die institutionelle Kirche verhält sich weder prophetisch, noch geht sie das Risiko ein, in einem Gebiet ausgelöscht zu werden. Vielmehr will sie überleben und reagiert opportunistisch, selbst wenn sie schwerste Verletzungen der Menschenrechte miterlebt – wie die Abschlachtung von Millionen von Juden und von Tausenden polnischer Intellektueller im Zweiten Weltkrieg.

Hier liegt ein großer Unterschied zwischen der Kirche der ersten drei Jahrhunderte und der späteren Kirche, die die Erfahrung der Macht erlebt. Die Urkirche war prophetisch, nahm gelassen Foltern auf sich und starb standhaft im Martyrium. Ums Überleben sorgte sie sich nicht, weil sie an die Zusage des Herrn glaubte, der ihr Unvergänglichkeit zugesichert hatte. Überleben war kein Problem für die Kirche, sondern für Gott. Die Bischöfe gingen den Brüdern und Schwestern voraus und bestärkten sie, für den Herrn zu sterben. Später wird die Kirche opportunistisch: Sie will ihren Platz in der Welt verteidigen; die Unvergänglichkeit ist keine Herausforderung an den Glauben mehr, sondern das Ergebnis von Klugheit und

[21] *G. Lewy,* Die katholische Kirche, 353. Das Zitat im Zitat stammt aus: *S. Hook,* Integral humanism, in: Reason, social myths and democracy, New York 1940, 91.

[22] *G. Lewy,* Die katholische Kirche, 359. *Lewy* fährt fort: »Und als die Hitler-Regierung heftig auf die im *Osservatore Romano* im Juli 1933 getroffene Feststellung reagierte, daß das Konkordat zwischen Deutschland und dem Heiligen Stuhl nicht die Anerkennung einer bestimmten politischen Doktrin bedeute, konnten die Bischöfe entgegnen: ›Die Behauptung des *Osservatore Romano,* der Abschluß des Konkordates bedeute noch keine Zustimmung zum nationalsozialistischen Staate, will keineswegs eine grundsätzliche Ablehnung desselben besagen, sonst wäre der Abschluß des Konkordates überhaupt nicht erfolgt. Sie ist nur bewußte Aussetzung eines Werturteils, die durch das Verhältnis des Heiligen Stuhles zu allen Staaten bedingt ist‹« (ebd. 435; der Autor zitiert aus: Verhandlungen der Vertreter der Fuldaer Plenar-Bischofskonferenz im Reichsinnenministerium, vom 25. bis 30. Juni 1933, 27).

menschlicher Anpassung, die es ihr gestatten, trotz schwerster Spannungen mit den Forderungen des Evangeliums auch unter totalitärsten Regimen zu überleben. Der Bischof geht nicht mehr frei den Weg des Zeugnisses bis zum Martyrium, sondern muß in der Regel getrieben werden, läuft hinter der Herde her, schaut nicht selten zu, wie seine Propheten dezimiert werden, macht ängstliche Vorbehalte und ruft zur Treue nicht mehr zu Christus, sondern zur Institution Kirche auf. Um zu überleben, modifiziert die kirchliche Institution sogar die Interpretation ihrer Lehren, wie der Fall der Gewaltanwendung und des Rechtes zum Aufstand beispielhaft belegt. So verläuft eine Linie von den Enzykliken Gregors XVI. (1831–1846) über den *Syllabus* Pius' IX. (1864) und die Enzyklika *Quod apostolici muneris* Leos XIII. (28. Dezember 1878) bis zum Rundschreiben *Populorum progressio* Pauls VI. (26. März 1967), in dem die revolutionäre Gewalt verurteilt wird, auch wenn die motivierende Provokation dazu groß sei. Derartiges zu lehren ist leicht, wenn die Institution ein freundschaftliches Verhältnis zu den in Frage stehenden Regimen hat. Wenn jedoch die Kirchen in Brand gesteckt und die Amtsträger eingesperrt und umgebracht werden – wie in der mexikanischen Revolution der »Cristeros« 1927 und in der spanischen Revolution 1936 bis 1939 geschehen –, dann bricht eine andere Linie in der Interpretation der revolutionären Gewalt auf. Mitglieder des spanischen Episkopats unterstützten den Generalissimus Franco, und Pius XI. traf eine Unterscheidung zwischen gerechten und ungerechten Erhebungen. Die »Zuflucht zur Gewalt« beschrieb er als einen Akt der Selbstverteidigung gegen alle, die das Volk in den Ruin stürzen.[23] Ob nun die Interpretation so oder so lautet, immer geht es um das eine: Das Überleben der Institution soll gesichert werden, weil es ohne sie das Evangelium in der Welt nicht geben könne. Aber hat das Evangelium Macht, »Klugheit«, Konzessionen und Tricks, wie sie für heidnische Mächte kennzeichnend sind und wie sie von Jesus (vgl. Mk 10,42) kritisiert werden, überhaupt nötig, oder besteht seine Stärke nicht gerade in der Schwäche, im Verzicht auf alle Sicherheit und im prophetischen Freimut, wie die Kirche der ersten drei Jahrhunderte sie beispielhaft gelebt hat?

Das Ergebnis solchen Umgangs mit der Macht durch die Kirche – der nur zu kirchlichem Randdasein, zu dünner und blutloser Kom-

---

[23] Vgl. die Enzyklika *Firmissimam constantiam* vom 28. März 1937 (DS 3775–3776).

munikation untereinander sowie zu einer wahren religiösen und evangelischen Unterentwicklung führt – ist das Bild einer Kirche, die sich über die Maßen, beinahe möchten wir sagen: die sich neurotisch um sich selbst sorgt, ohne wirkliches Interesse an den großen Problemen der Menschen.

Allerdings wäre der Eindruck falsch, die Institution Kirche tue nicht den Mund auf, ermahne nicht zur Umkehr und gestehe nicht mitunter ihre geschichtlichen Fehler ein. An verschiedenen Stellen hebt das Zweite Vatikanische Konzil hervor, die Kirche sei eine *Ecclesia semper reformanda* und habe sich ständig zu bekehren. Allerdings wird die Umkehr dann so interpretiert, daß das Machtsystem bleiben kann, wie es ist. Bekehrung wird in einem innerlichen und privatisierenden Sinn gedeutet: Die Kirchenmitglieder hätten sich zu bekehren, das heißt ein moralisch heiliges Leben zu führen und in ihren Absichten lauter zu sein. Die Institutionen mit ihren Strukturen, die fortwährend Ungerechtigkeit und Diskriminierung erzeugen und Partizipation, Mitsprache und Mitverantwortung, verhindern, bleiben davon unberührt. Sie haben ihre eigene Dichte und sind von der guten bzw. bösen Absicht des einzelnen unabhängig. Wenn aber die Umkehr nicht auch an die Institution der Kirche rührt und die Art und Weise hinterfragt, wie diese Macht ausgeübt wird und wie sie in der Gesellschaft auftritt, dann kann man nicht wirklich von evangeliumsgemäßer Bekehrung sprechen. Dann kommt es zu solch grotesken Bildern, daß Menschen zwar absolut wohlwollend sind und wirklich ehrliche Absichten haben, sich gegenüber der Institution aber loyal und unkritisch verhalten und mit Hilfe dieser Institution Kirche und Menschen die schwersten Schäden zufügen. Treffend sagt Pascal: Nie geschieht das Böse so perfekt, als wenn es mit gutem Willen und reinem Herzen getan wird.

Wie es um die Reform der Institution Kirche Anfang der siebziger Jahre stand, kommentiert Yves Congar wie folgt: »Unsere Epoche der schnellen Wandlungen und kultureller Änderungen (aufgrund philosophischer Gärungsstoffe und soziologischer Bedingungen, die von denen verschieden sind, die die Kirche bisher gestaltet hat) ruft nach Revision der ›traditionellen‹ Formen, die über den Bereich von Adaption und Aggiornamento hinausreicht und vielmehr Neuschöpfung sein muß. Es genügt nicht mehr, mit Hilfe entsprechender Anpassung Früheres festzuhalten; was not tut, ist Neuaufbau. Ein solcher Neuaufbau kann in gültiger Weise nur dann erfolgen, wenn man von einer sehr mutigen Revision des historischen Elements der

Institutionen, Strukturen und Formen und einem sehr unverfälschten Rückgriff auf die geistig-geistlichen Quellen ausgeht.«[24]

Auf der Linie dieser Überlegungen Congars wollen wir im Folgenden fragen, welche Werte eine Reform der Institution Kirche inspirieren müssen. Zuvor jedoch möchten wir noch kurz den Weg bilanzieren, den die Kirche als Institution und Machtfaktor durch die Geschichte gegangen ist.

3. Ende der Re-Formen: Neu-Schöpfungen tun not

a. Sosehr es die gegenwärtigen Inhaber der kirchlichen Macht auch irritieren mag, es führt kein Weg an der Feststellung vorbei, daß die Institution Kirche die Prüfung der Macht nicht bestanden hat. Man hätte erwarten können, daß sie im Laufe der Geschichte einen anderen, evangeliumsgemäßen Stil der Machtausübung entwickelt hätte. Dagegen hielt sie sich an die Kriterien heidnischer Macht: Herrschaft, Zentralisierung, Marginalisierung, Triumphalismus und menschliche *hybris* in sakralem Gewand. Der kritischen Soziologie zufolge war das Christentum nicht negativ, das heißt nicht kritisch genug. »Nur allzuoft, namentlich in der konstantinischen Ära seiner Geschichte, hielt das Christentum einer ungerechten Gesellschaft, einem ungerechten Staat nicht den Spiegel der Ideale der Güte, Gerechtigkeit und Liebe vor. Vielmehr zog es vor, affirmativ für den größeren Besitz und die stärkeren Bataillone Partei zu ergreifen. Es umgab die ungerechten Herren der Gesellschaft mit der Aura einer himmlischen Gerechtigkeit, legitimierte sie damit und bewog die vielen, sich im Produktionsprozeß und auf dem Schlachtfeld willig und demütig für die wenigen zu opfern. Das Christentum kam um sein eschatologisches Salz und entartete zu einer Ideologie, welche die bestehenden Herrschaftsordnungen rechtfertigte. Damit verstärkte es nur noch die Entzweiung zwischen dem Partikulären und dem Universalen [und wich ihrer Versöhnung in einer freieren Gesellschaft aus]. Es wurde reaktionär.«[25] Mit Argumentieren ist es nicht getan. Vielmehr kommt es darauf an, die Geschichte anhand der Kriterien der Zeit zu verstehen. Warum sollen – wenn es gerade um

[24] Y. *Congar*, Erneuerung des Geistes und Reform der Institution, in: Concilium 8 (1972) 171–177, hier 175.
[25] R. *Siebert*, Religion in der Sicht der kritischen Soziologie, in: Concilium 10 (1974) 23–30, hier 26.

die Kirche geht – die Kriterien des Evangeliums nicht sehr viel mehr zum Zuge kommen?

b. Bei der Konstantinischen Wende hatte das Christentum keine andere Alternative, als sich einer geschichtlichen Aufgabe in der Form der sakralen und politischen Macht zu stellen. Als Erbin des Reiches hatte es die Chance, wirklich ökumenisch und universal zu werden. Dieses Ziel wurde erreicht. Das Christentum ist nicht gegen die Macht als solche, sondern gegen jene teuflische Form, in die sie sich gemeinhin in der Geschichte kleidet: die Beherrschung und Unterjochung anderer. Aber verspielt hat es die Chance, einen neuen Stil des menschlichen Zusammenlebens zu entwickeln, bei dem die Macht nur mehr eine Funktion des Dienstes am Wohl aller ist und es nicht mehr um die Heranbildung und den Erhalt von nutznießerischen Eliten geht, die alle anderen an den Rand drängen.

c. Obgleich das Christentum weiter heidnische Formen der Macht praktizierte, hat es dennoch dem Abendland und mittelbar der ganzen Welt ein christliches Gepräge aufgedrückt. Die Geschichte der Welt läßt sich nicht schreiben ohne Bezug auf die jahrhundertealte Präsenz des Christentums. Allerdings sollte man sich nicht täuschen über die Qualität des Christentums in der abendländischen Kultur. Es ist oberflächlich und teilweise deutlich antichristlich; es brachte den Atheismus als kulturelles Phänomen hervor. Ebenso entstanden auf seinem Boden die großen totalitären Ideologien: Nationalsozialismus, Kapitalismus und Marxismus, der Kolonialismus und die Sklaverei samt allen Nebenerscheinungen wie Unterdrückung, ungerechte Kriege und koloniale Abhängigkeit.

d. Alles deutet darauf hin, daß die Erfahrung der Kirche mit der Macht heute an ihr Ende gekommen ist. Und zwar aus zwei Gründen: Erstens erübrigt sich das Christentum immer mehr als Ideologie der modernen, säkularen und pragmatischen Industriegesellschaft. Während es früher in der Geschichte der Integrationsfaktor für die verschiedenen gesellschaftlichen Kräfte und das legitimierende Totem für die aufstrebenden Mächte war, hat es heute diese Funktion nicht mehr. Zweitens werden sich die Christen zunehmend der schlimmen Engführung bewußt, in die die Kirche mit ihren Institutionen geraten ist. So führte Dom Aloísio Lorscheider auf der Bischofssynode 1974 aus: »Wir müssen die gegenwärtigen Strukturen der Kirche überprüfen und uns fragen, wieweit sie heute anders sein können und müssen . . .«[26] »Keiner weiß, wie wir mit den uns zur

[26] Panorama da Igreja Universal a partir de 1971 (Anm. 2), II, 2, S. 4.

Verfügung stehenden Möglichkeiten noch Heilsmittel schaffen können.«[27] »Es bedarf einer gründlichen theologischen Reflexion darüber, wie das Verhältnis zwischen Hierarchie und Laien innerhalb des Volkes Gottes auszusehen hat. Unter Beachtung der spezifischen Aufgaben aller und unter der sorgenden Führung der Hierarchie müssen wir eine mitbestimmende Mitverantwortung konzipieren, entwickeln und organisieren. Die Gläubigen, die Laien sind heute viel sensibler für eine effektive Mitwirkung dort, wo Entscheidungen gefällt werden. Man möchte nicht mehr nur Anregungen geben dürfen für die, die entscheiden, sondern selbst zusammen mit denen, die entscheiden, die Entscheidungen treffen.«[28] In der Zusammenfassung seiner umfangreichen Untersuchung über den »brasilianischen Katholizismus im Umbruch« trifft Thomas Bruneau folgende wichtige Feststellung: »Die Auflösung der Institution ist die *conditio sine qua non* für die Mitwirkung des Laien in der brasilianischen Kirche.«[29] Hierarchen, die diesen *kairos* nicht verstehen, begreifen nicht die Lektion, die die Zeichen der Zeit lehren, und tun alles andere, als an der Zukunft der Kirche zu arbeiten. Bei allem guten Willen und allen ehrlichen Absichten, die wir ihnen nicht absprechen, erschöpfen sie sich in dem sinnlosen Bemühen, eine Art von machtvoller kirchlicher Präsenz gegenüber den Mächtigen wiederzubeleben, die weder dem Evangelium noch den Herausforderungen des Augenblicks entspricht. Die Kirche steht einer neuen Gesellschaft gegenüber, die auch die Chance einer neuen Begegnung eröffnet. »Wer die Irrtümer der Vergangenheit nicht kennt«, heißt es bei Hegel, »ist dazu verurteilt, sie zu wiederholen.« Dies ist der Sinn unserer Überlegungen, die vielleicht gar zu negativ anmuten. Der Blick in die Gegenwart wie auch in die Zukunft, die sich uns auftut, läßt uns keine Zeit, die Errungenschaften der Vergangenheit zu besingen. Die Institution hat sie schon zur Genüge mit ihrer Apologetik gefeiert.

e. In Anbetracht der Neuartigkeit der Situation muß die Kirche – mit den prophetischen Worten Karl Rahners – »im Mut zum Neuen und Unerprobten bis zur äußersten Grenze . . . gehen, bis dorthin, wo für eine christliche Lehre und ein christliches Gewissen eindeutig und undiskutabel eine Möglichkeit, noch weiter zu gehen, einfach nicht mehr sichtbar ist. Der einzige heute im praktischen Leben der Kirche erlaubte Tutiorismus ist der Tutiorismus des Wagnisses . . . Das

---

[27] Ebd. III, 2, S. 6.
[28] Ebd. III, 3, S. 7.
[29] *Th. Bruneau*, The political transformation (Anm. 5), 239.

Sicherste ist heute nicht mehr die Vergangenheit, sondern die Zukunft.«[30] Wenn jemand Mut haben darf, dann die Christen. Wissen sie sich doch geführt vom Geist, der sie von Wahrheit zu Wahrheit geleitet. Je mehr sie sich auf sich selbst und ihre Vergangenheit versteifen, desto mehr laufen sie Gefahr, dem Ruf des Herrn, der als der Auferstandene in der Welt lebt, untreu zu werden und den Heiligen Geist auszulöschen.

f. Wenn wir im Blick auf den Umgang mit der Macht gestehen, daß von der institutionellen Kirche in der Vergangenheit wenig Ermutigung ausgegangen ist, dann lehnen wir die Institution Kirche damit keineswegs ab. Sie ist eine konkret existierende Größe, die das Geheimnis des Christentums expliziert und trotz aller systeminternen Widersprüche Jesus Christus den Befreier verkündet. Jeder Christ hat zu dieser Vergangenheit zu stehen und darf sie weder verkennen noch verdrängen. Es gibt eine Neurose, die dann entsteht, wenn man seine eigene dunkle Geschichte nicht akzeptiert. Neurotische Christen brauchen wir aber nicht. Deshalb ist jeder aufgefordert, sich kritisch die Vergangenheit seiner institutionellen Kirche anzueignen und zu verhindern, daß sie sich in Gegenwart und Zukunft fortsetzt. Zur Vergangenheit zu stehen heißt nicht, sie zu rechtfertigen. Vielmehr handelt es sich um einen Akt des Mutes gegenüber uns selbst, denn es ist ja *unsere* Vergangenheit, insofern wir Glieder des Volkes Gottes sind, innerhalb dessen die hierarchische Kirche ihren Ort hat. Das kann uns nicht beruhigen, sondern es rührt an unsere Mit-Verantwortung für die Zukunft des Glaubens in der Welt. Die Sache Christi und des Volkes Gottes ist zu wichtig, als daß sie nur der Hierarchie überlassen werden dürfte. »Die Institution ist nichts Schlechtes. Von ihr gilt zu einem guten Teil auch, was Paulus vom Gesetz sagt: Es sei notwendig, schaffe jedoch alleine das Gute nicht, ja es könne sogar Gelegenheit zur Sünde werden und Menschen, die allein in ihm ein Heilmittel suchen, verlocken.«[31]

Nur eine konkrete und evangelische und damit kritische freie Liebe vermag die Kirche auch mit ihren Grenzen und Fehlern zu akzeptie-

---

[30] K. Rahner, Die grundlegenden Imperative für den Selbstvollzug der Kirche in der gegenwärtigen Situation, in: Handbuch der Pastoraltheologie, II/1, 256–276, hier 275–276.

[31] P. A. Liégé, A Igreja diante de seu pecado, in: A Igreja do futuro, Petrópolis 1973, 121. In seinem Panorama da Igreja universal (Anm. 2) sagt Aloísio Lorscheider mit klaren Worten: »Die Konzeption einer hierarchischen Kirche, die alle Rechte und alle Macht bei sich konzentriert, hat ohne Zweifel der Ausbreitung der Kirche geschadet« (III, 2, S. 7).

ren. Denn nur wer die Kirche liebt, bekehrt sich zu sich selbst und entdeckt allmählich die faszinierende Schönheit der Braut Christi und der Mutter aller Menschen.

4. Zurück zu den Quellen: die evangelische Bedeutung der Autorität

Unsere bisherigen Überlegungen haben zu dem Schluß geführt: Mit den Reformen geht es zu Ende, Neu-Schöpfungen tun not. Das Modell Kirche-Institution-Macht hat inzwischen alles gegeben, was es hat geben können. Die Haltung der institutionellen Kirche kann nur die der Umkehr sein, mit allem, was das bedeutet an Armut, Absage an falsche Sicherheiten, Ja zur Unfähigkeit, die Zukunft in den Griff zu bekommen, Notwendigkeit an Glauben, Vertrauen und Hingabe an den Geist. Dieser ist ja der Kirche geschenkt, nicht damit er sie einen bereits garantierten und errungenen Schatz entwickeln läßt, sondern »damit er sie aus der zunehmenden Komplexität herausführt, die aus heidnischer Infiltration und neopharisäischen Systemen in der Kirche entstandenen Apparate zerschlägt«[32] und gewährleistet, daß sie bei allen Konflikten zwischen Glauben und Welt dem Wesentlichen, das heißt Jesus Christus, treu bleibt (vgl. Mt 10, 20; Joh 15,26; 16,8).

Es bedarf eines Neuverständnisses der Quellen des Glaubens, und zwar nicht mehr aus dem Blickwinkel des Zentrums mit den Kriterien der Macht, sondern aus der Perspektive von Menschen, die alle Macht darangegeben haben. Die ekklesiastische Macht las und las und las im Neuen Testament beinahe ausschließlich die Katholischen Briefe, in denen, wie gesagt, die ersten Anzeichen eines Denkens auftauchen in Kategorien von Macht, Rechtgläubigkeit, Tradition, Erhalten mehr als Schaffen, Moralisieren mehr als prophetisch Verkünden. Die Sache wie die historische Gestalt des armen, schwachen, machtlosen und gegenüber dem gesellschaftlichen wie religiösen *status quo* seiner Zeit kritischen Jesus wurde von der Institution ikonisiert und spiritualisiert und damit ihrer aufrüttelnden Kraft entleert.

Eine Kirche, der an einer neuen Gegenwart in der Welt liegt und die nicht die Formen und Irrtümer von vorgestern wiederholen will, muß

---

[32] *J. Comblin*, Atualidade da teologia da missão (III), in: Revista Eclesiástica Brasileira 33 (1973) 579–603, hier 582.

sich ohne Wenn und Aber auf den Weg machen zurück zu den Quellen der zentralen Botschaft Jesu Christi, der evangelischen Einschätzung der Machtstrukturen und der Wichtigkeit des Geistes in der Kirche. Das möchten wir im Folgenden kurz beschreiben, nachdem wir bereits an anderer Stelle näher darauf eingegangen sind.[33]

a. Das Grundprojekt Jesu: Befreiung und Freiheit

Jesus hat nicht die Kirche, sondern das Reich Gottes gepredigt, das bedeutete: Befreiung für die Armen und Trost für die Weinenden, Gerechtigkeit, Frieden, Vergebung und Liebe. Er predigt keine etablierte Ordnung und fordert den Untertan auch nicht zu größerer Untertänigkeit, Demut und Treue auf. Jesus befreit zur Freiheit und zur Liebe, so daß der Untertan untertänig, aber zugleich auch frei, kritisch und ohne Unterwürfigkeit loyal sein kann, wie der Inhaber der Macht auch Diener, Bruder und frei vom Gelüst nach größerer Macht sein soll. Brüderlichkeit, eine freie Kommunikation mit allen Menschen, eine neue Solidarität unter ihnen: mit den Kleinen, mit den Letzten der Erde, mit den Sündern, ja mit den Feinden ..., Güte, Verzicht auf das Urteil über andere, unterschiedslose Liebe und grenzenlose Vergebung, das sind die großen Ideale Jesu. Weder führt er Privilegien ein, noch sakralisiert er sie, weil Privilegien die Menschen in Kasten und Klassen spalten. Seine *exousia,* das heißt seine Souveränität, wie sie in seinen Worten und Taten zutage tritt, ist keine Macht nach Art menschlicher Macht. Wenn er verkündet, ihm sei alle Macht im Himmel und auf der Erde gegeben (vgl. Mt 28,18), und er diese Macht an die Apostel weitergibt, dann müssen wir genau darauf achten, um welche Art von Macht es sich dabei handelt. Um die Macht Gottes geht es. Was aber ist die Macht Gottes? Es ist die Macht des Vaters unseres Herrn Jesus Christus, der sich uns als Vater von unendlicher Güte erwiesen hat und der mit seiner grenzenlosen Fähigkeit, die Menschen zu ertragen, geduldig mit uns zu sein und auch die »Undankbaren und Bösen« (Lk 6,35) zu lieben, uns immer wieder überrascht. Jesu Macht ist die Macht der Liebe. Die Macht der Liebe ist etwas anderes als die Herrschafts-Macht, sie ist schwach und verletzlich, und durch ihre Schwäche und durch ihre Fähigkeit, zu schenken und zu vergeben, gewinnt sie. Sein ganzes Leben hin-

[33] Vgl. *L. Boff,* Libertação de Jesus Cristo pelo caminho da opressão, in: Grande Sinal 28 (1974) 589–615, bes. 594–606.

durch hat Jesus diese *exousia* gezeigt.[34] Deshalb verzichtet er auf Herrschafts-Macht und stirbt lieber in Schwäche, als daß er sich die Menschen unterwirft und sie zwingt, seine Botschaft anzunehmen. So entgöttlicht er die Macht: Sie ist nicht mehr der Ausweis seiner Transzendenz, und bis zuletzt weigert er sich, seine Göttlichkeit mit Mirakelgewalt zu beweisen (vgl. Mk 15,32). In der Schwäche zeigt sich die Liebe Gottes und der Gott der Liebe (1 Kor 1,25; 2 Kor 13,4; Phil 2,7).

b. Kritik an jeder Herrschafts-Macht

Vor dem Hintergrund des Gesamtprojekts, das Jesus verfolgt, wie auch des neuen Umgangs, zu dem er die Menschen mit seiner Botschaft auffordert (Umkehr), wird die Kritik verständlich, mit der er den bestehenden Formen von Macht in seiner Umwelt begegnet. »Ihr wißt, daß die, die als Herrscher gelten, ihre Völker unterdrücken und die Mächtigen ihre Macht über die Menschen mißbrauchen. Bei euch aber soll es nicht so sein, sondern wer bei euch groß sein will, der soll euer Diener sein, und wer bei euch der Erste sein will, soll der Sklave aller sein. Denn auch der Menschensohn ist nicht gekommen, um sich dienen zu lassen, sondern um zu dienen und sein Leben hinzugeben als Lösegeld für viele« (Mk 10,42–45; Lk 22,25–27). Mit diesem Wort nimmt Jesus Stellung zu Streitereien über Rangordnung und Privilegien unter den Aposteln. Dabei hat das Logion folgende Bedeutung: »Der Evangelist Markus hält es für unvereinbar mit der Kreuzesnachfolge eines Jüngers Jesu, daß sich ein Träger kirchlicher Verantwortung als Nachfolger und Stellvertreter Jesu im Sinne einer besonderen Herrschaftskompetenz gegenüber der Gemeinde versteht und gebärdet.«[35] Wer Christus und seine *exousia* vertritt, muß ein Diener sein, wie Jesus es war. Anderenfalls müßte er sich mit heidnischen Tyrannen vergleichen lassen. Gegen eine Ausübung von Herrschafts-Macht in der kirchlichen Gemeinde wendet sich auch Matthäus. Im ersten Evangelium sagt Jesus: »Ihr sollt euch nicht Rabbi – Meister – nennen lassen; denn nur einer ist euer Meister, ihr alle aber seid Brüder. Auch sollt ihr niemand auf Erden euren Vater nennen, denn nur einer ist euer Vater, der im Himmel. Auch sollt ihr euch

---

[34] Vgl. *J. Reese,* Die Macht der Ohnmacht, in: Concilium 9 (1973) 694–699; *W. Foerster,* Art. Exousia, in: Theologisches Wörterbuch zum Neuen Testament, hrsg. von G. Kittel, Bd. II, Stuttgart 1935, 559–571.

[35] *H. Eising/K. Löning,* Herrschaft Gottes und Befreiung des Menschen, in: W. Weber (Hrsg.), Macht, Dienst, Herrschaft (Kap. IV, Anm. 18), 38–60, hier 58.

nicht Lehrer nennen lassen; denn nur einer ist euer Lehrer, Christus. Der Größte von euch soll euer Diener sein« (Mt 23,8–11). Sonderbarerweise hat sich gerade das, was Jesus nicht wollte, in der Institution Kirche durchgesetzt: Aus dem Willen nach Macht entstanden Hierarchien von Meistern, Lehrern, Vätern, Vätern aller Väter und Dienern aller Diener.

Die Apostel sind die Träger der *paradosis* (des Kernstücks der Botschaft und des Heilshandelns Christi). Das verleiht ihnen eine besondere Autorität. Aber ihre Autorität bringt ihnen nichts an Privilegien, nichts an Verfügungsgewalt über fremde Freiheit; Diener aller Diener haben sie zu sein. *Exousia* begründet *diakonia*. Macht als Dienst und als diakonale Funktion zu praktizieren, das ist die große Herausforderung für die Kirche als Institution. Da gibt es Spannungen und Versuchungen. Keine Ideologie kann, gegen das Evangelium, rechtfertigen, was im Laufe der Geschichte der Kirche geschehen ist, wenn sich Hierarchen, nicht selten um primitive Instinkte nach Besitz und Selbstverherrlichung zu befriedigen, mit Titeln, mit Ehren und mit weltlicher wie sakraler Macht überhäuften.

Die *exousia* der Apostel von gestern und heute beinhaltet nicht nur die diakonale Autorität zu Predigt und Weitergabe der Botschaft, sondern auch zum Aufbau und Schutz der Gemeinde. Paulus ist sich »der Vollmacht« bewußt, »die der Herr ihm zum Aufbauen, nicht zum Niederreißen gegeben hat« (2 Kor 13,10). Christi wegen schrickt er nicht vor einem Konflikt mit der Gemeinde zurück, und um sie zu schützen (nicht um sie zu strafen), fühlt er sich verpflichtet, einige Mitglieder auszuschließen (1 Kor 5,3–5). Nie aber vergißt er den diakonalen Charakter seiner Autorität: »Wir wollen nicht Herren über euren Glauben sein, sondern wir sind Helfer zu eurer Freude« (2 Kor 1,24; 2 Kor 13,10).[36]

Diese Überlegungen sind für die Rechtfertigung der Funktionen der Einheit und der Leitung in der kirchlichen Gemeinde von größter Wichtigkeit. In Gemeinschaft mit der Gesamtkirche und in Kontinuität mit ihrer Geschichte haben die Träger dieser Funktionen durchaus eine formale Berechtigung. Diese ist allerdings leer, wenn sie nicht einhergeht mit einer materialen Legitimierung, die im Vergleich mit dem Vorbild des demütigen, armen, schwachen und dienstbereiten Jesus erworben wird. Der Stil der Autoritätsausübung muß jesuanisch sein, das heißt diakonal und voller Achtung, wie zwischen Geschwistern und nicht wie zwischen Herr und Untergebenem.

[36] Vgl. *K. Kertelge*, Gemeinde und Amt im Neuen Testament, München 1972, 158–168.

Normalhin leitet die kirchliche Obrigkeit ihre Berechtigung von dem bei Lukas überlieferten Satz ab: »Wer euch hört, der hört mich, und wer euch ablehnt, der lehnt den ab, der mich gesandt hat« (Lk 10,16). In dem *logion* geht es um die Empfehlungen an die Missionare, an die zweiundsiebzig Jünger. Dieser missionarische Sitz im Leben ist wichtig für das rechte Verständnis des Textes. In der Mission begegnen die Menschen der neuen Botschaft Jesu, die nicht auf Macht oder spektakuläre revolutionäre Ergebnisse abzielt, sondern auf Umkehr, Liebe, Verzeihen, umfassende Vergebung usf. Somit wird hier eine Botschaft verkündet, die geltenden menschlichen Zuständen und Werten widerspricht. Menschen werden zur Umkehr aufgerufen. Das Evangelium ist Krise und Gericht über menschliche Verhaltensweisen. Deshalb führt es zum Konflikt. Die Menschen verschließen sich und weisen Botschaft und Boten ab. In dem Lukas-text geht es also um die Begegnung zwischen Evangelium und Welt und nicht um das Verhältnis zwischen Hierarchie und Gemeinde der Gläubigen. Auch die Gläubigen sind ausgesandt, und auch für sie gelten die Worte Jesu. Den Vers zu übersetzen: Wer etwas am Vertreter Christi (der Hierarchie) ablehnt, lehnt Christus selbst ab, hieße ihn in einem statisch-juridischen Sinn mißbrauchen, der der Missionssituation nicht entspricht.[37] Wenn ein Missionar, der Christus und das Christusgeheimnis verkündet und dabei nicht sich selbst oder die Institution – oder zumindest nicht an erster Stelle die Institution –, sondern wirklich die Heilsbotschaft Jesu durchklingen läßt, auf Ablehnung stößt, dann möge er wissen, und dann mögen die Menschen wissen, daß hier Christus selbst angewiesen wird. Was hier also abgelehnt wird, sind nicht irgendwelche Sätze, sondern die Funktion des Evangelisators und der Verkünder des Heils selbst.

Das Verhalten Jesu Christi ist für eine Kirche, die auf seiner heiligen Menschheit gründet, die kritische Norm. Wenn sie in seinem Sinne Autorität als Dienst verstünde und konkret und konsequent lebte, dann wäre die Kirche sicherlich der Ort der Freiheit, der Brüderlichkeit und der freien Kommunikation zwischen allen, zwischen den mit der Sorge für die Einheit der Gemeinde Beauftragten und allen übrigen Mitgliedern. Die Kirche wäre Symbol für wahre Befreiung und Freiheit und nicht für die einheitliche Ausrichtung aller auf ein geschlossenes und zentralistisches System, das alle Anders-

---

[37] Vgl. *W. Thüsing,* Dienstfunktion und Vollmacht kirchlicher Ämter nach dem Neuen Testament, in: W. Weber (Hrsg.), Macht, Dienst, Herrschaft (Kap. IV, Anm. 18), 61–74, genauerhin 62–65.

denkenden disqualifiziert, und zwar bisweilen mit Ausdrücken, die sonst nur für moralisch Verkommene oder Kriminelle gebraucht werden.

5. Ekklesiogenesis: Aus der alten entsteht die neue Kirche

Aus evangelischer Meditation und theologischem Verständnis der Zeichen der Zeit hat ein beachtlicher Teil der kirchlichen Institution die Herausforderungen, die dem christlichen Glauben erwachsen sind, verstanden und bemüht sich um verantwortliche Lösungen. Fast allenthalben ist zu beobachten, wie auf dem Mutterboden der alten eine neue Kirche aufbricht: Basisgemeinden an den Rändern der Städte, Kirche der Armen, Kirche aus Armen, Bischöfe, Priester und Ordensleute unter den Randexistenzen, Evangelisierungszentren in der Verantwortung von Laien usw.[38] Diese Kirche hat definitiv auf politische Macht verzichtet. Ihr Kernstück besteht in der Vorstellung der Kirche als Volk Gottes, das unterwegs ist und sich offenhält für das historische Abenteuer der Menschen, das sich vor keinem Risiko scheut und sich über alle kleinen Erfolge freut, das ein tiefes Gespür hat für die Nachfolge Jesu und sich mit den Armen, Vertriebenen und Entrechteten identifiziert. Diese Kirche wächst Tag für Tag, öffnet sich, je nachdem welche Bedürfnisse die Gemeinde hat, für neue Ämter, umgreift das ganze Leben der Menschen und nicht mehr bloß den gottesdienstlichen Raum und Ritus, wurzelt in der Welt der Arbeit und realisiert mitten in der weltlichen Welt den tiefen Sinn und die unerhörte Freude der Auferstehung.

Wir erleben gegenwärtig eine wahre Ekklesiogenesis, das heißt ein Neuentstehen der Kirche, und zwar gerade dort, wo die institutionelle Struktur sichtbare Zeichen von Ermüdung und Auflösung an den Tag legt. Das Evangelium ist nicht gefesselt an die klassischen und erprobten Formen der Vermittlung, die wir aus einer für die Institution ruhmreichen Vergangenheit ererbt haben. Als Bewegung kann sich das Evangelium immer neu entfalten und Strukturen entwickeln, die unserer Zeit besser entsprechen – ohne Polemik gegen die alte Kirche, ohne Klagen und ohne die Überheblichkeit derer, die sich im Besitz eines lebendigeren und echteren Christentums wähnen.

[38] Vgl. *L. Proaño,* Pour une Église libératrice, Paris 1973, bes. 133–159; *B. Dumas,* Los dos rostros alienados de la Iglesia una. Ensayo de teología política, Buenos Aires 1971, 125–172; *A. F. Gregory,* Comunidades eclesiais de base. Utopia ou realidade, Petrópolis 1973; ferner die in Kap. I, Anm. 1 genannte Literatur.

Eine derartige Kirche weiß, daß sie nicht für sich da ist, sondern daß sie den Auftrag hat, Zeichen Christi für die Welt und Raum des sichtbaren Wirkens des Geistes zu sein. Als Zeichen besteht sie nicht für sich, sondern für die anderen. Die Kirche stammt *von* Christus und ist *für* die Welt. Da sie aus der Überzeugung lebt, daß sie nie fertig, sondern immer unterwegs ist und noch das werden muß, wozu sie eigentlich bestimmt ist, nämlich Sakrament Christi und des Geistes, glüht sie von innerer, schöpferischer und selbstkritischer Dynamik und hat ein Herz, das hinreichend feinfühlig ist, um bereits in dieser Welt die Gegenwart des Auferstandenen und seiner Gnade zu spüren, noch ehe sie in der Verkündigung des Evangeliums expliziert wird.

Wie alle Erneuerungsbewegungen hat auch diese neue Kirche ihren Entstehungsort am Rande des großen Geschehens. Nur hier besteht die Möglichkeit zu echter Kreativität und Freiheit gegenüber der Macht. Hier wird der Glaube durch persönliches Zeugnis geboren und vermittelt, und keine Institution stützt oder behindert ihn. So tut sich ihm hier eine Chance für evangelische Reinheit und Authentizität auf, wie sie nie gegeben sein kann innerhalb einer bereits bestehenden Institution mit ihrem Bemühen um Selbstabsicherung, mit der Bürokratie, ohne die sie nicht auskommt, und mit der Zeit, die sie braucht, um sich zu erhalten und auszubreiten, sich zu rechtfertigen und zu verteidigen.

Natürlich schaut die alte Kirche ein wenig mißtrauisch auf die neue Kirche am Rande und auf die evangelischen Freiheiten, die sie sich nimmt. Möglicherweise sieht sie eine Konkurrentin in ihr, redet von Parallelkirche, parallelem Lehramt, Mangel an Gehorsam und Loyalität gegenüber dem Zentrum. Die neue Kirche wird sich strategisch und taktisch klug verhalten müssen und sich nicht auf das Schema von Verurteilung und Verdächtigung, dessen sich das Zentrum eventuell bedient, einlassen dürfen. Sie wird dem Evangelium treu bleiben und begreifen müssen, daß die Institution – insofern sie Macht ist – nur eine Sprache sprechen kann, die ihre Macht nicht in Gefahr bringt, und daß sie immer fürchtet, jemand könne vom Pfad des vom Zentrum diktierten Verhaltens abweichen, was sie dann für fehlende Loyalität hält. Bei allem Verständnis dafür wird die neue Kirche ihrem Weg treu bleiben und loyal ungehorsam sein müssen. Oder um es deutlicher zu sagen: Sie wird die Forderungen des Evangeliums ausgesprochen ernst nehmen und zugleich hinhören müssen, was auch in den Verlautbarungen des Zentrums an Wahrem und

Evangeliumsgemäßem enthalten ist. Kritisch genug und von der Richtigkeit ihres Weges überzeugt, wird sie den Mut haben müssen, im Herrn und im Evangelium den Anordnungen des Zentrums den Gehorsam zu versagen, allerdings ohne Grollen und Klagen, sondern mit dem festen Willen, dem Geist treu zu bleiben, den wir auch beim Zentrum annehmen. Im Grundsätzlichen wird die Gemeinschaft also nicht angerührt. Diese evangelische Lauterkeit ist für das Zentrum eine Pro-Vokation in dem Sinn, auch selbst für den Geist wach zu werden, der sich ja nicht in die Bahnen menschlicher Interessen leiten läßt. Die Offenheit für die Gemeinschaft als ganze sowie die Absage an jeden möglichen Bruch, der Einheit und Liebe zerstören könnte – selbst wenn dies hieße, vom Zentrum isoliert, verfolgt und verurteilt zu werden –, bilden die Garantie christlicher Authentizität und das Siegel der Inspiration durch das Evangelium.

Die Zukunft der Institution Kirche hängt nach unserer festen Überzeugung an diesem kleinen Keimling, der die neue, im Milieu der Armen und Machtlosen wachsende Kirche ist. Auf der Ebene der Gegenwartsweisen des christlichen Glaubens in der Welt bietet sie eine gangbare und angemessene Alternative für eine neue Gestalt der kirchlichen Institutionen in der Gesellschaft, weil ihre Macht nur mehr in der Dienstfunktion bestehen wird. Papsttum, Bischofsamt und Presbyterat verlieren nicht ihre Aufgabe; neue, vielleicht reinere und dem evangelischen Ideal näher kommende Funktionen der Stärkung im Glauben werden ihnen erwachsen: Prinzip der Einheit und der Versöhnung in der Gemeinde zu sein. Religiöse Führer werden die Fähigkeit haben müssen, die Ereignisse und die Sehnsüchte der Menschen, zumal der Armen, im Licht des Christusgeheimnisses auf ihre Bedeutung hin zu beleuchten. Im Blick auf diese neuen Verhältnisse sagt der bekannte amerikanische Soziologe Andrew Greely zur Aufgabe des Papstes: »Der Papst muß durch seine persönliche Haltung, durch die Arten von Fragen, die er stellt, durch die Atmosphäre, die er in der Kirche schafft, und nicht zuletzt durch die Wirksamkeit seiner Verwaltungtätigkeit dafür sorgen, daß die christliche Kirche mehr zum Licht auf dem Berg wird, was sie ja eigentlich sein soll – zu einem Licht, das Zeugnis gibt für die christliche Überzeugung, daß Gott ein Gott der Liebe ist und daß seine Liebe durch die Art der Beziehungen der Menschen zueinander verkündet wird ... Er sollte der Aufgeschlossenste, am meisten Liebende und der am stärksten Vertrauende von allen Christen sein. Sein Vertrauen auf das christliche Engagement, seine freudige Ergriffenheit von der

Frohen Botschaft und sein Bauen auf das Werk des Geistes muß *durchscheinend* werden: Sie müssen aus seinen Worten, seinen Taten und dem gesamten Stil seiner Führung hervorleuchten. Liegt das Papsttum in der Hand eines Mannes von solch transparenten Überzeugungen, so wird es notwendig und unvermeidlich zur einflußreichsten Führungsstellung in der Welt«.[39] Was hier vom Papst gesagt wird, gilt *mutatis mutandis* auch von den niederen Ebenen des Bischofs und des Priesters und anderer Ämter oder Monitoren, denen die Einheit und die Leitung einer Gemeinde übertragen ist. Die letzten Päpste stehen grundsätzlich auf dieser Linie.

6. Sara, die Unfruchtbare, wurde schwanger

Vermag sich die Kirche zu einem anspruchsvollen und beredten Zeugnis für das Evangelium in der Welt zu bekehren? Sie vermag es, denn sie zeigt es. Unter der Bedingung freilich, daß sie auf einen bestimmten Typ von Macht verzichtet, und in dem Maße, in dem sie diesen Verzicht praktiziert. Ihrer ganzen Berufung nach streckt sich die Kirche nach dem kommenden Reich aus, und aus ihrem Selbstverständnis läßt sie verlauten, daß sie nur provisorisch ist. Die eigentliche Identität der Kirche hängt nicht an einer Vergangenheit, die sie vergeblich wiederherzustellen sich bemüht, sondern an der Zukunft Gottes, die sich erst noch offenbaren wird. Wenn – wie das Konzil lehrt (*Gaudim et spes,* Nr. 34, 39) – die Veränderung und die Entwicklung der Welt durch die Menschen das Reich vorbereiten und antizipieren, um wieviel mehr muß dann auch die ständige Veränderung der Kirche den neuen Himmel und die neue Erde vorbereiten und antizipieren![40] Die »Ruhe der Ordnung«, das Fixiertsein auf starre Modelle wie auch das hartnäckige Wiederbelebenwollen vergangener Formen bauen den Glauben weniger auf, als daß sie seine spezifische Dimension der Offenheit für die Zukunft und der endzeitlichen Hoffnung kompromittieren und uns vergessen lassen, daß wir ein pilgerndes und fahrendes Volk auf dem Weg zur dynamischen Ruhe Gottes sind.[41] In dem Maße, in dem sich die Kirche zu einer immer adäquateren Gestaltgebung des Evangeliums bekehrt,

---

[39] *A. Greely,* Vorteile und Nachteile eines Kommunikationszentrums in der Kirche. Soziologischer Gesichtspunkt, in: Concilium 7 (1971) 276–283, hier 281.
[40] Vgl. *P. Eyt,* Igreja e mutações sócio-culturais, in: A Igreja do futuro (Anm. 31), 15–34.
[41] Vgl. das ausdrucksstarke Gedicht von *Lothar Zenetti* auf der folgenden Seite:

wird sie fähig, Zeichen der Befreiung zu werden und sich auf einen Befreiungsprozeß an der Seite aller Menschen einzulassen.

Erfahren und weise wie alle alten Damen, lächelt die Kirche vielleicht, wenn sie unsere Überlegungen hört, ähnlich wie Sara, die Unfruchtbare. Sara glaubt nicht mehr daran, daß sie noch ein Kind bekommen wird. Deshalb lacht sie. Dennoch sei es uns gestattet, zu träumen und uns an die Stelle Abrahams zu denken, der von Gott gefragt wurde: »Warum lacht Sara? . . . Gibt es denn etwas, das für Gott unmöglich wäre?« (Gen 18,13–14). Lächle, Sara, denn du, die du unfruchtbar warst, wurdest schwanger, die du eine alte Frau warst, wurdest eine junge Mutter! Sara ist bereits schwanger geworden. Im Schoß der alten Sara werden schon die Zeichen jungen Lebens sichtbar: Eine neue Kirche wird geboren, in den Kellern der Menschheit.

Inkonsequent
Frag hundert Katholiken
was das wichtigste ist
in der Kirche.
   Sie werden antworten:
   Die Messe.
Frag hundert Katholiken
was das wichtigste ist
in der Messe.
   Sie werden antworten:
   Die Wandlung.
Sag hundert Katholiken
daß das wichtigste in
der Kirche die Wandlung ist.
   Sie werden empört sein:
   Nein, alles soll bleiben, wie es ist!
Aus: *L. Zenetti*, Texte der Zuversicht, München ⁵1981.

VI. Der römische Katholizismus: Strukturen, gesunder Zustand und Pathologien

Der Katholizismus ist als Gestaltwerdung des Evangeliums in der Zeit nicht nur eine theologische Größe, sondern auch eine geschichtliche, politische, soziologische und religiöse Wirklichkeit, die sich anhand verschiedener formaler Kriterien untersuchen läßt. Dabei ist jede Interpretation Rechtens, insofern sie tatsächliche Aspekte am Katholizismus ins Auge faßt; aber sie ist auch begrenzt, insofern sie sich auf die je eigene Perspektive beschränkt.

Unseren Versuch möchten wir als eine der möglichen Analysen des Katholizismus verstehen. Was wir vorhaben, ist eine Analyse und eine theologische Interpretation unter theologischem Blickwinkel und anhand von Kriterien, die von der Grammatik des theologischen Diskurses bestimmt sind. So wichtig und berechtigt unser Ansinnen auch sein mag, es hat seine Grenzen. Aber es ist sowohl offen, von anderen Perspektiven zu lernen, als auch bereit, auf der Grundlage seines eigenen Verständnisses seinen Beitrag zum besseren Verständnis des Gesamtphänomens Katholizismus zu leisten.

1. Etappen auf dem Wege zur Formulierung des Problems

Die Frage, was Katholizismus sei, verbindet sich in der Geschichte der theologischen Ideen und ekklesiologischen Kontroversen mit der Reformation und insbesondere mit den exegetisch-historischen Diskussionen des vorigen Jahrhunderts im Bereich des protestantischen Christentums.[1] »Katholisch« war gleichbedeutend mit »deka-

---

[1] Vgl. die wichtigste Literatur zu dem Thema: *H. Wagner*, An den Ursprüngen des frühkatholischen Problems. Die Ortsbestimmung des Katholizismus im älteren Luthertum, Frankfurt 1973 (der Autor befaßt sich nicht nur mit dem Protestantismus, sondern auch mit der katholischen Seite, bes. 295–317); *ders.*, Zum Problem des Frühkatholizismus, in: Zeitschrift für katholische Theologie 94 (1972) 433–444; *K. H. Neufeld*, »Frühkatholizismus« – Idee und Begriff, ebd. 1–28; *A. Ehrhard*, Urkirche und Frühkatholizismus (Die katholische Kirche im Wandel der Zeiten und der Völker, 1. Bd., 1. Teil), Bonn ³1951; *A. Loisy*, L'Évangile et l'Église, Paris 1902 u. ö.; *P. Batiffol*, Urkirche und Katholizismus, Kempten/München 1910 (Paris 1909); *H. de Lubac*, Glauben aus der Liebe, übertragen und eingeleitet von H. U. von Balthasar, Einsiedeln 1970 (Paris 1938), 248–267; *M. de Certeau/J. M. Domenach*, Le

dent«. Ernst Troeltsch prägte 1908/1909 den technischen Ausdruck *Frühkatholizismus,* der den Niedergang des Evangeliums bezeichnen sollte, so wie er ihn bereits in den ersten Gemeinden des Neuen Testaments festzustellen meinte.[2] Auf dieser Dekadenz sei der spätere Katholizismus geschichtlich aufgebaut.

Der sogenannte Katholizismus hatte sich nicht um das Thema gekümmert. Warum auch? Für den ruhigen katholischen Glauben reichte es zu wissen, daß das, was heute existiert, in geschichtlicher Kontinuität mit dem Evangelium und der Urkirche steht. Als aber der aufkommende Protestantismus diese Kontinuität anzweifelte und den Katholizismus der Zersetzung des Evangeliums beschuldigte, fühlte dieser sich genötigt, über seine Identität nachzudenken.

a. Bei den Protestanten: vom Vor-Urteil zum Begriff

In der Reflexion auf unsere Frage lassen sich verschiedene Etappen ausmachen, insbesondere auf protestantischer Seite. Der Protestantismus stand vor der Frage nach der Legitimität des Bruches mit dem Katholizismus. Es hieß: Die römische Kirche beansprucht die wahre Kirche Christi zu sein, weil sie in der Folge der Urkirche steht. Auch Luther versuchte in seiner Schrift *Wider Hans Worst* (1541) nachzuweisen, daß er und seine Bewegung sich in nahtloser Kontinuität mit der Alten Kirche befänden.[3] Daher sei der katholische Anspruch hinfällig. Der Katholizismus sei das Ergebnis eines Abfalls. Diese These wurde sodann eingehend ausgearbeitet in dem großen historischen Sammelwerk *Magdeburger Zenturien,* das ab 1559 unter der Federführung von Matthias Flacius Illyricus erschien. Hier erhielt die Dekadenztheorie ihren Segen.[4]

aa. Entstehung des Katholizismus: vom Jahre 1000 zur Zeit Jesu

Die Reformatoren fühlten sich in Gemeinschaft mit der Kirche bis zur Jahrtausendwende. Erst seit dem Mittelalter sei es zum Katholi-

---

christianisme éclaté, Paris 1974; *R. Hernegger,* Macht ohne Auftrag. Die Entstehung der Staats- und Volkskirche, Olten/Freiburg 1963; *P. Stockmeier,* Glaube und Religion in der frühen Kirche, Freiburg 1973. Weitere Titel werden an den entsprechenden Stellen zitiert.

[2] *E. Troeltsch,* Die Sozialllehren der christlichen Kirchen und Gruppen (Gesammelte Schriften, Bd. 1), Aalen 1977 (Tübingen 1911 und 1922); Frühkatholizismus: ebd. 83–178. Die erste Veröffentlichung des Textes erfolgte 1908/1909.

[3] Weimarer Ausgabe 51, 469–572, hier 478 f; vgl. *W. Höhne,* Luthers Anschauungen über die Kontinuität der Kirche, Berlin/Hamburg 1963.

[4] Vgl. die Zusammenfassung der Thesen, in: *H. Wagner,* Zum Problem des Frühkatholizismus (Anm. 1), 434–435.

zismus im Sinne eines Abfalls von der wahren Kirche gekommen. Spätere Protestanten jedoch schoben das Entstehungsdatum des Katholizismus weiter zurück: bis zur Konstantinischen Wende. Die Gemeinschaft mit der Kirche ließen sie nur noch für die ersten Jahrhunderte gelten. Adolph von Harnack setzt die Geburtsstunde des Katholizismus schon zu Anfang des zweiten Jahrhunderts an: »Der Kampf mit dem Gnosticismus hat die Kirche genötigt, ihre Lehre, ihren Kultus und ihre Disziplin in feste Formen und Gesetze zu fassen und jeden auszuschließen, der ihnen nicht Gehorsam leistete ... Bezeichnet man unter ›katholisch‹ die Lehr- und Gesetzeskirche, so ist sie damals, im Kampf mit dem Gnosticismus, entstanden.«[5] Andere protestantische Gelehrte unseres Jahrhunderts verlagerten das Entstehen des Katholizismus bis hinein ins Neue Testament. Die Sorge um rechte Lehre, kirchliche Disziplin und Weitergabe der Macht – alles Elemente, die uns in den Pastoralbriefen begegnen – weise untrüglich auf entstehenden Katholizismus hin. Andere gehen noch weiter. Ernst Haenchen, Hans Conzelmann, Philipp Vielhauer, Ernst Käsemann und Willi Marxsen und andere zögern nicht, den Katholizismus schon bei Lukas und Matthäus zu finden. So meint Käsemann: »Denn der Frühkatholizismus resultiert neutestamentlich letztlich aus dem Aufhören der Naherwartung, sofern an deren Stelle die Ekklesiologie tritt.«[6] Das gelte klar für Lukas und mit Sicherheit auch für Matthäus. In diesem Sinne bedeuteten die Evangelien – als Dokumente der Theologie der Urgemeinden – Katholizismus, denn sie legten die Botschaft, die Lehren, die paränetischen Mittel usf. fest.

Andere sind noch radikaler in der Rückverlagerung der Geburtsstunde des Katholizismus. Jesus selbst sei verantwortlich für ihn. Auch er habe die vom Vater empfangene Offenbarung in definierte Inhalte, eine sprachlich fixierte Botschaft und von seiner kulturellen Umwelt entlehnte Darstellungsformen übersetzt. Wenn man unter »katholisch« die historischen, juridischen, ideologischen und gesellschaftlichen Vermittlungen versteht, in denen und durch die das Christentum bzw. die Erlösung des Sünders konkret wird, dann müssen wir zugegebenermaßen sagen, daß der Katholizismus bereits in den Taten und Worten Jesu von Nazaret enthalten ist.

[5] *A. von Harnack*, Das Wesen des Christentums, Leipzig 1900; hier zitiert nach: Siebenstern-Taschenbuch 27, Hamburg 1964, 126 f.
[6] *E. Käsemann*, Kritische Analyse, in: ders. (Hrsg.), Das Neue Testament als Kanon. Dokumentation und kritische Analyse zur gegenwärtigen Diskussion, Göttingen 1970, 336–398, hier 372, Anm. 77.

So erhellt, daß sich hinter einer konfessionellen und polemischen Frage – wann nämlich der Katholizismus entstanden sei – ein für den christlichen Glauben schweres, wenn nicht das schwerste Problem hermeneutischer Art verbirgt: Wie läßt sich das Absolute des Anspruchs mit dem Relativen der geschichtlichen Vermittlungen in Einklang bringen? Wie ist das Wort Gottes, das sich in menschliche Wörter kleidet, zu verstehen? Wie läßt sich *das* Evangelium, das von vier Evangelien bezeugt wird, überhaupt fassen? Wie kann man bei der Pluralität von Theologien und christlichen Konfessionen von der Identität des Glaubens sprechen?

Ehe wir uns in diese überaus wichtigen Fragen vertiefen, möchten wir mit unserer geschichtlichen Befragung fortfahren. Sie legt das Problem frei, das uns hier beschäftigt.

bb. »Katholizismus im Keim so alt wie die Kirche«

Adolf von Harnack, der große Kenner der ersten Jahrhunderte, beschäftigt sich ausgiebig und polemisch mit dem bereits von Rudolph Sohm studierten Problem der Entstehung des Katholizismus.[7] Für Harnack ist der Katholizismus das Ergebnis verschiedener Kräfte, die allmählich zusammenströmten und sich gegen Ende des ersten Jahrhunderts miteinander verbanden. Die erste dieser Kräfte war das Judentum, das sich in der Art niederschlug, wie sich die christlichen Urgemeinden in juridischen Strukturen familiären und patriarchalischen Zuschnitts organisierten. Die Urkirche verstand sich als Erbin des alttestamentlichen Gottesvolkes, das ja eine juridisch organisierte Gemeinde war. Das Recht des Volkes war göttliches Recht; deshalb galt auch in den christlichen Urgemeinden das Recht als etwas Göttliches. Daraus folgert Harnack: »Der Katholizismus ist also, wenn man seine embryonale Form einbegreift, so alt wie die Kirche; kaum ein oder das andere seiner Elemente hat gefehlt.«[8] Wenn jedoch das göttliche Recht auch den Kern des späteren Katholizismus bildet, dann bildet es ihn durchaus noch nicht für das Urchristentum. Zwar war es im Keim bereits vorhanden, aber das

[7] *A. von Harnack*, Entstehung und Entwickelung der Kirchenverfassung und des Kirchenrechts in den zwei ersten Jahrhunderten. Nebst einer Kritik der Abhandlung R. Sohms: »Wesen und Ursprung des Katholizismus« und Untersuchungen über ›Evangelium‹, ›Wort Gottes‹ und das trinitarische Bekenntnis, Leipzig 1910; *ders.*, Die Mission und Ausbreitung des Christentums in den ersten drei Jahrhunderten, Leipzig 1902 u. ö.; *ders.*, Lehrbuch der Dogmengeschichte, Bd. I: Die Entstehung des kirchlichen Dogmas, Freiburg/Leipzig ⁵1931 (Tübingen 1885).
[8] Entstehung und Entwickelung der Kirchenverfassung, 182, Anm. 1.

charismatische Element hatte den Vorrang vor der juridischen, vom Judentum ererbten Komponente. Zum Judentum kommt eine zweite Kraft hinzu: die charismatische Struktur der Apostel und Wanderpropheten, deren Entscheidungen juristisch bindend waren. Im zweiten Jahrhundert – so Harnack – starben die Charismatiker. Die Gemeinden wurden den Leitern anvertraut, die für die Ordnung verantwortlich waren. Unter dem Druck äußerer Umstände, etwa des Montanismus, kam es zu einem katholischen Bündnis. Hier setzte sich die Idee der apostolischen Sukzession durch, welche die charismatische Struktur in den Gemeinden verdrängte. Die Bischöfe, die als Nachfolger der Apostel galten, hielten die religiöse Macht in ihren Händen und bildeten im kleinen, was später das Wesensmerkmal des Katholizismus werden sollte. Seine endgültige Gestalt fand der Katholizismus mit seinem Meisterwerk, dem Dogma, dem Kernstück der römischen Kirche, unter der Einwirkung der dritten Kraft: des Hellenismus. Unter Hellenismus versteht man gemeinhin die Intellektualisierung des Christentums, die aus der Begegnung der jüdisch-christlichen Botschaft mit der griechischen Philosophie resultiert. Wörtlich sagt Harnack: »Das Dogma ist in seiner Conception und in seinem Ausbau ein Werk des griechischen Geistes auf dem Boden des Evangeliums.«[9] Das Wesen des Katholizismus bezeichnen in der Definition Harnacks die »Umschmelzung des christlichen Glaubens zu einer geoffenbarten, aus geschichtlichen und ideellen Elementen bestehenden philosophisch-hellenischen Lehre, die als apostolisch prädiziert und durch heilige Weihen, durch die Autorität und durch den Gedanken überliefert wird, sowie die Gleichsetzung der empirischen, von dem ›apostolischen‹ Episkopate geleiteten Kirche als Rechtskörper mit der Kirche Christi«.[10]

In der Definition Harnacks mischen sich offenbar Schlußfolgerungen historischer Art mit theologischen Elementen aus seinem protestantischen Gesichtskreis. Kurz gesagt: Für Harnack bedeutete Katholizismus die Vergöttlichung der Tradition, wobei übersehen worden sei, daß diese das Ergebnis einer geschichtlichen, von Menschen gesteuerten Entwicklung sei. Christentum sei das göttlich Wahre, das mit Recht, Disziplin und lehrhaften Vermittlungen nichts zu tun habe.

[9] Lehrbuch der Dogmengeschichte I, 20.
[10] Entstehung und Entwickelung der Kirchenverfassung, 184–185.

cc. »Zum Katholizismus kam es und mußte es kommen aus eiserner Notwendigkeit«

Gegen Harnack zog der bedeutende Jurist und Historiker Rudolph Sohm[11] erbittert zu Felde. Er brachte das Problem auf einen Nenner, der auch heute noch für Ekklesiologen und Kirchenrechtler stets aufs neue eine Provokation ist.[12] Sohm widerspricht der Behauptung Harnacks, in der Urkirche habe ein vom Judentum ererbtes göttliches Recht gegolten. Vielmehr habe sich die Kirche als *mysterium* bzw. *sacramentum* und Leib Christi begriffen, nicht aber als Verlängerung des alttestamentlichen Gottesvolkes. Alles, was sie getan habe, habe sie mystisch als Willen des Auferstandenen verstanden, der in ihr lebte. Sakramente im modernen Sinn – mit vorgezeichneten Handlungen zur Vermittlung der Gnade – habe es nicht gegeben.[13] Alles sei sakramental gewesen, und alles habe Christus als Instrument zur Wirkung in seinem Leib, der Kirche, gedient. Warum, so fragt Sohm, kam es dann zu den sieben Sakramenten und zu dem Recht, das sie regelt? Und seine Antwort: Sie entstanden und mußten entstehen »aus eiserner Notwendigkeit«.[14] Die Gemeinde wuchs allmählich. Aus dem Leib Christi wurde eine Korporation von Christen. Man mußte sich organisieren, wollte Sicherheit und verlangte nach Gewißheit. Der Glaube an das Evangelium wich Schritt für Schritt dem Glauben an das göttliche Recht. So installierte sich der Katholizismus in der Geschichte. Mit dem Entstehen des (katholischen) göttlichen Rechtes entwickelten sich nach Sohm im wesentlichen zwei Dinge: *erstens* das Formalprinzip des Katholizismus, das heißt die Identifizierung der sichtbaren und rechtlich organisierten Kirche mit der Kirche im religiösen Sinn *(Ecclesia)*; *zweitens* das Materialprinzip des Katholizismus, nämlich die Erlösung (Rechtfertigung) durch die Sakramente (der Kirche und des Priesters) mit Hilfe äuße-

---

[11] *R. Sohm,* Wesen und Ursprung des Katholizismus, Sonderausgabe, Darmstadt 1967 (unveränderter reprographischer Nachdruck der 2., durch ein Vorwort vermehrten Ausgabe Leipzig/Berlin 1912); in der Einleitung polemisiert Sohm gegen Harnack: III–XXXIII; *ders.,* Kirchenrecht, Bd. I: Die geschichtlichen Grundlagen, Leipzig 1892; Bd. II: Katholisches Kirchenrecht, Darmstadt 1970 (fotomechanischer Nachdruck) (Leipzig 1923); *ders.,* Das altkatholische Kirchenrecht und das Dekret Gratians, Darmstadt 1967 (unveränderter reprographischer Nachdruck) (Leipzig 1918).

[12] Zu der modernen, von Sohm angestoßenen Diskussion vgl.: *L. Boff,* Die Kirche als Sakrament im Horizont der Welterfahrung. Versuch einer Legitimation und einer struktur-funktionalistischen Grundlegung im Anschluß an das II. Vatikanische Konzil, Paderborn 1972, 392–399 (reichhaltige Literaturangaben!).

[13] Vgl. *R. Sohm,* Das altkatholische Kirchenrecht, 537.

[14] Wesen und Ursprung des Katholizismus, 56.

rer rechtlich geregelter Bestimmungen. Wenn sie verwaltet werden, gewähren sie Gnade; wenn sie abgelehnt werden, verhindern sie die Vermittlung von Gnade.[15]

So ist, sagt Sohm, der Katholizismus eine menschliche und historische Konstruktion und nicht mehr die Kirche im theologischen Sinn, weil diese das Werk des Geistes ist.[16] Das Leben des Katholizismus sei Teil des Lebens der Menschen und mit den Menschen. Das Leben der Kirche dagegen sei geistiges Leben, Leben der Gläubigen durch Christus mit Gott. Über das Verhältnis »dieser beiden ›Kirchen‹«, so behauptet Sohm, herrsche große Verwirrung. Wichtig aber sei, beide auseinanderzuhalten.[17] Mehr noch: »Das Kirchenrecht steht mit dem Wesen der Kirche im Widerspruch. ... Die Kirche will kraft ihres Wesens kein Kirchenrecht.«[18] Das Wesen des Katholizismus besteht Sohm zufolge »darin, daß er zwischen der Kirche im religiösen Sinn (der Kirche Christi) und der Kirche im Rechtssinn nicht unterscheidet ... Die Durchsetzung der Unterscheidung bedeutete das ... protestantische Prinzip ... der Mangel der Unterscheidung bedeutet das katholische Prinzip.«[19]

Sohm rührt an den neuralgischen Punkt des Problems. Aber er unterläßt es, der Frage nachzugehen, wie sich die beiden Dimensionen zueinander verhalten und wie die rechtliche, lehrmäßige und institutionelle Seite der Kirche denkerisch mit der geistigen (vom Heiligen Geist stammenden) und transzendenten zu verbinden sei. Es ist nicht damit getan, sie einander gegenüberzustellen und aus ihnen zwei Kirchen zu machen. Vielmehr kommt es darauf an – und hier liegt das eigentliche Problem –, zu untersuchen, in welchem Verhältnis sie zueinander stehen. Weder Sohm noch Harnack tragen zu dieser Frage etwas bei. Beide halten sich an die dogmatische Behauptung der protestantischen Überlieferung: Die juridische Kirche, der Katholizismus, sei Dekadenz und Perversion der Kirche des Evangeliums.

Gleichwohl anerkennt Sohm, das Recht habe auch einen positiven Aspekt gehabt.[20] Obschon es die »Erbsünde« der Kirche sei und die Botschaft Christi verfälscht habe, habe es doch den geschichtlichen Fortbestand der Kirche garantiert.

[15] Vgl. ebd. 56–68.
[16] Vgl. ebd. 8.
[17] Ebd. 9.
[18] Kirchenrecht I, 2f.
[19] Wesen und Ursprung des Katholizismus, 13.
[20] Vgl. Das altkatholische Kirchenrecht, 67f.

Gegen derartige Simplifizierungen Sohms tritt der Historiker Harnack auf. Er will beweisen, daß aufgrund der historischen Quellen das Vorhandensein des organisatorischen Aspektes bereits in den Anfängen des Christentums festgestellt werden muß.

dd. Katholizismus als konkrete und geschichtliche Form
  des Christentums

In seiner Schrift *Die Soziallehre der christlichen Kirchen und Gruppen* widmet der Theologe Ernst Troeltsch, der dann aber zur Geschichte und zur Soziologie überwechselte, annähernd hundert Seiten auch der Problematik des Frühkatholizismus.[21] Troeltsch protestiert gegen die Trennung zwischen Katholizismus und Christentum, wie sie von Sohm und Harnack vorgenommen worden war. Das Christentum sei keine Idee oder abstrakte Größe. Vielmehr habe es sich immer die heilige, katholische und apostolische Kirche genannt. In dieser konkreten Gestalt sei der Kern des Christentums zu suchen, und man dürfe es nicht in einem leeren und geschichtslosen Raum belassen.[22] Im Lichte eines derartig konkreten Verständnisses polemisiert Troeltsch gegen die protestantische Tradition. Nach seiner Meinung gründet die alte Kirche auf drei elementaren Säulen: Evangelium, Paulinismus und Frühkatholizismus. Aber die drei Faktoren ständen in keiner zeitlichen Folge, sondern bildeten die konstitutiven Prinzipien bei der Organisation der konkreten Kirche. Was diese Organisation charakterisiere, sei ihr religiöser Charakter und nicht irgendein soziales oder politisches Ideal. Das, was in den verschiedenen Formen, in die sich die Kirche kleide, stets dasselbe bleibe, sei ihr religiöser Aspekt. Freilich habe die Kirche im Laufe der Jahrhunderte diese ihre Identität nicht immer bewahrt. Vielmehr habe die Unterscheidung zwischen *ius divinum* und *ius humanum,* zwischen göttlichem und menschlichem Recht, die Kirche säkularisiert und den Mechanismen der Organisation preisgegeben.[23] So sei sie zu einer politischen und nicht mehr spezifisch religiösen Kraft entartet. Diese Tendenz sei bereits in den Anfängen der Urkirche zu spüren.

Troeltsch hat das Verdienst, das Problem an seinem richtigen hermeneutischen Ort angesiedelt zu haben. Was konkret *existiert,* ist

---

[21] Vgl. *E. Troeltsch,* Die Soziallehren (Anm. 2), 83–178; *K. H. Neufeld,* Frühkatholizismus (Anm. 1), hier 16–20; *M. Honecker,* Kirche als Gestalt und Ereignis. Die sichtbare Gestalt der Kirche als dogmatisches Problem, München 1963, 31–55.

[22] Vgl. *E. Troeltsch,* Die alte Kirche, in: ders., Aufsätze zur Geistesgeschichte und Religionssoziologie (Gesammelte Schriften, Bd. 4), Tübingen 1925, 65–121, hier 66.

[23] Vgl. *E. Troeltsch,* Die Soziallehren (Anm. 2), 87.

nicht das Christentum, sondern der Katholizismus. Außerhalb der Geschichte gibt es kein Christentum. Das Christentum existiert und subsistiert nicht außerhalb geschichtlicher Konkretionen, sondern immer nur in ihnen und durch sie. Deshalb darf die Unterscheidung zwischen Evangelium und Katholizismus nicht in einer Weise hervorgehoben werden, daß die beiden Begriffe hypostasiert und in Opposition zueinander gebracht werden. Im Rahmen der geschichtlich gewordenen Gestalt hat dann die Unterscheidung ihren Platz.

ee. Das ganze Neue Testament ist Frühkatholizismus

Die Diskussion über den Frühkatholizismus änderte sich erheblich, als in der Exegese neue Methoden aufkamen, die ihrerseits einen neuen Erkenntnisstand ermöglichten. Mit Hilfe der Form-, Traditions- und Redaktionsgeschichte erkannte man, welch ungeheure theologische Arbeit sich hinter den »einfachen« Evangelien verbirgt. Das Evangelium Jesu Christi ist uns nicht unmittelbar zugänglich. Es hüllt sich in vier Versionen, Traditionen und Theologien, welche die vier Evangelien bilden. In der Sprache Sohms und Harnacks müßten diese aber bereits als katholisch bezeichnet werden, als Ergebnis schon des Katholizismus im Sinne einer lehrmäßigen, katechetischen, liturgischen und paränetischen Übersetzung des Evangeliums in die Bedingungen und Bedürfnisse der verschiedenen christlichen Gemeinden. Wenn dem aber so ist, dann läßt sich – wie wir bereits sahen – unschwer erkennen, daß der Katholizismus in sämtlichen vier Evangelien und im ganzen übrigen Neuen Testament steckt.

Wo aber ist dann das Evangelium, so wie es vom Wort des Lebens verkündet wurde, zu finden? Mit rigorosen historisch-kritischen Verfahrensweisen machte sich die Exegese auf die Suche nach den *ipsissima facta et verba,* den ureigenen Taten und Worten Jesu (bekannt sind die Arbeiten von Joachim Jeremias, Martin Dibelius und anderen); dies soll evangelisch, alles andere katholisch sein, das heißt Interpretation und Ausgestaltung. Ein derartiges Ansinnen ist undurchführbar. Denn zum einen bestände die Gefahr, die Authentizität der Botschaft Jesu den Kriterien von Historikern und Exegeten anheimzugeben; da sich diese aber ändern, würde sich auch die Echtheit der Botschaft Jesu ändern. Zum anderen stoßen wir hier auf ein unumgängliches hermeneutisches Hindernis. Selbst wenn wir die *ipsissima facta et verba* historisch eruieren, haben wir immer noch nicht unmittelbar die Botschaft Jesu, weil ja auch dieser seine messianische Erfahrung anhand der Symbolwelt seiner Kultur und seiner

Zeit interpretiert hat. Das aber ist, hermeneutisch gesehen, als katholisch und nicht als evangelisch zu betrachten.

Andere, Vorsichtigere gingen einen anderen Weg auf der Suche nach einem Kanon im Kanon.[24] Es galt der Auftrag, das Evangelium unter der Decke der Evangelien herauszufinden. Das wäre dann die Offenbarung, die Brücke zu Gott, Gottes Botschaft an die Welt. Alles andere wäre theologische Interpretation. So mündet also die Frage, was Katholizismus sei, in die Grundfrage, was Evangelium, was die Botschaft, was die Sache Jesu und was das einzig Notwendige sei, ohne das wir unseres Verhältnisses zu Christus wie zum Vater und am Ende gar unserer Erlösung verlustig gingen. Das wäre der Kanon im Kanon. Allerdings läßt sich dieser Kanon im Kanon nicht in einem Satz, einem Text oder in einem Kern von Wahrheiten ansetzen; denn dann hätten wir es wieder mit einer Vermittlung wie jeder anderen zu tun, mit einem geschichtlichen und kulturellen Gebilde, einem der Welt entnommenen Inhalt, nicht aber mit dem Evangelium. Auf der Ebene der Sprache ist jede Festlegung eines Zentrums auch schon eine Dezentrierung, und jede Identifizierung eines Wesens ist nicht wesentlich, sondern kategorial. Dann aber läßt sich nicht chemisch rein herauspräparieren, was die Sache Jesu bzw. was das Wesen des Christentums sei. Ein derartiges Vorhaben ist schlicht unmöglich. Das Evangelium ist auf vielerlei Weise in der Wirklichkeit verleiblicht; so lebt es in der Geschichte und spricht den Menschen an. Aus diesen Verleiblichungen kann man es nicht herauslösen, ohne es zu ruinieren. Das Evangelium begegnet uns immer zusammen mit den Evangelien und das Christentum immer zusammen mit dem Katholizismus. Was aber ist dann das Evangelium, die Sache Jesu und das einzig Notwendige? Kategorial läßt sich das nicht sagen, sondern es muß in jeder christlichen geschichtlichen Vermittlung neu identifiziert werden. Treffend sagt Ernst Käsemann: »Die Bibel ist weder Gottes Wort im objektiven Sinn noch das System einer Glaubenslehre, sondern Niederschlag der Geschichte und Verkündigung der Urchristenheit. Die Kirche, welche sie kanonisiert, behauptet jedoch, daß sie eben auf diese Weise Trägerin des Evangeliums sei.«[25] Freilich

[24] Vgl. *I. Lonning*, Kanon im Kanon, Oslo/München 1972; *I. Frank*, Der Sinn der Kanonbildung. Eine historisch-theologische Untersuchung der Zeit vom 1. Clemensbrief bis Irenäus von Lyon, Freiburg 1971, v. a. 203–212; *N. Appel*, Kanon und Kirche. Die Kanonkrise im heutigen Protestantismus als kontroverstheologisches Problem, Paderborn 1964, v. a. 332–337; *E. Käsemann* (Hrsg.), Das Neue Testament als Kanon (Anm. 6).

[25] *E. Käsemann*, Begründet der neutestamentliche Kanon die Einheit der Kirche? in: ders.,

ist sie nicht Trägerin des Evangeliums einfach deshalb, weil sie die Bibel besitzt, sondern dadurch, daß sie sich eben mittels ihrer immer wieder in Verbindung mit dem lebendigen Christus bringt und sich durch ihn erlöst weiß. Die Bibel ist ein katholisches Produkt und steht stets im Dienst an der Heilsbegegnung mit dem lebendigen Christus.

Unsere letzten Überlegungen haben verdeutlicht, daß sich das Problem des Katholizismus total geändert hat. War der Begriff anfangs abschätzig gemeint, so weist er jetzt auf einen grundlegenden Aspekt hin. Katholisch heißt schlicht Vermittlung; und der Bezug, den diese Vermittlung zu dem als lebendig angenommen und stets als Erlöser erlebten Christus hat, macht das Evangelische aus. Auf diese Weise tritt die historische Frage, wann der Katholizismus samt seinen Inhalten (Recht, Traditionen, Sakramente usf.) entstanden sei, zurück, und in den Vordergrund rückt das hermeneutische Problem. Auf dieser Ebene sind sowohl Katholiken als auch Protestanten »katholisch«. Beide müssen sich mit den Vermittlungen herumschlagen.

Aus der Kenntnis dieser Veränderung des Problems kommt Willi Marxsen in seiner Schrift *Der Frühkatholizismus im Neuen Testament*[26] zu der Feststellung, was den Frühkatholizismus (wie den späteren Katholizismus) kennzeichne, seien nicht gewisse Aussagen des Neuen Testaments bzw. eine gewisse Gruppe von Schriften (Katholische Briefe), sondern die dogmatische Art, die Texte des Neuen Testaments zu lesen.[27] Diese gehe schlicht und einfach, ohne sich von den geschichtlichen Vermittlungen Rechenschaft zu geben, davon aus, das Neue Testament sei ohne weiteres Gottes Wort. Die Texte würden dogmatisch dazu benutzt, Lehren zu rechtfertigen und disziplinäre Maßnahmen der Kirche unwiderruflich zu begründen. Auch hier hat »Katholizismus« einen abschätzigen Bedeutungszug und meint eine Art Pathologie, mit der die christliche Botschaft erlebt und gelebt wird. Katholiken wie Protestanten können an ihr gleichermaßen leiden.

Exegetische Versuche und Besinnungen, Bd. I, Göttingen 1960, 214–223; *ders.*, Zum Thema der Nichtobjektivierbarkeit, ebd. 224–236; das Zitat findet sich 232.
[26] Vgl.: *W. Marxsen*, der »Frühkatholizismus« im Neuen Testament (Biblische Studien, 21), Neukirchen 1964 (1958).
[27] Vgl. ebd. 57; vgl. *ders.*, Das Neue Testament als Buch der Kirche, Gütersloh 1966, 131–132.

b. Bei den Katholiken: von der Pathologie zur Normalität

Bis hierher haben wir uns ausschließlich damit beschäftigt, wie Protestanten auf die Frage reagieren, was Katholizismus sei. Im Folgenden möchten wir uns kurz der katholischen Position zuwenden. Wie wir bereits anmerkten, fühlten sich die Katholiken im Besitzstand, *in iure possessionis;* sie sahen keinen Anlaß, sich um ihre Selbstidentifizierung zu bemühen, die sie von anderen abhöbe, die gegen sie polemisierten. Aktion lag ihnen fern, sie ließen es, anfangs, bei reiner Reaktion bewenden. Anstatt die Herausforderung zu einer Vertiefung des Verhältnisses zwischen Evangelium und Geschichte, Christus und Kirche, Erlösung und Sakrament anzunehmen, verteidigten sie massiv, was sie hatten. So nahm »katholisch« die Bedeutung von konservativ, traditionalistisch und reaktionär an. Den Besitzstand theologisch zu vertiefen hatte man kein Interesse. Man vergaß, daß Vermittlung Vermittlung ist; statt dessen wurde sie dargestellt und zu glauben angetragen, als wäre sie etwas Göttliches, Evangelisches und Apostolisches. Zwar ist alles, was mit dem Göttlichen, mit Christus und mit den Aposteln zu tun hat, in irgendeiner Weise apostolisch, christlich und göttlich. Aber nicht in *recto,* denn dann würden wir unmittelbar, in einer Art Theophanie, dem Göttlichen begegnen; sondern nur *in obliquo,* sofern die Vermittlung in sich und durch sich Göttliches bzw. Evangelisches vergegenwärtigt. Auf diese Weise wurde eine pathologische Form als Katholizismus schlechthin ausgewiesen. Das Ganze wurde offizielle Rede, fand Eingang in die nachtridentinischen Dogmatikhandbücher und hielt sich bis zu Beginn des Zweiten Vaticanum. So wurde zum Beispiel die Kirche wie folgt beschrieben: Ehe Christus in den Himmel auffuhr, ließ er eine rundum fertige Kirche zurück, mit ihren Strukturen, ihrem Lehrgebäude, ihren unterschiedlichen Ämtern und mit den sieben Sakramenten. Das Problem, vor dem die Kirche stand, war, dies alles rein zu erhalten – auch auf Kosten einer befreienden, aber gefährlichen Entfaltung. Die Kirche dürfe sich im Laufe der Geschichte nicht ändern. Sie gehe sozusagen stracks auf die Begegnung mit dem Herrn in der Parusie zu. Ihre Entwicklung verlaufe gradlinig, und ihr Wachstum bewege sich nur in der Horizontalen. Eine eventuelle spätere Entwicklung sei schon in den Anweisungen Christi an die Apostel vorgesehen und in Schrift und Überlieferung enthalten. Auf diese Weise wurde eine bestimmte, geschichtlich gewordene und in einer bestimmten Phase der Geschichte entstandene Form theologisch gerechtfertigt und für alle Zeiten verbindlich gemacht. Alles galt als von Jesus Christus eingesetzt. So kann Johann Adam Möhler in einer Rezension einen Theologen seiner Zeit stellvertretend für viele andere sagen lassen: »Gott schuf die Hierarchie, und für die Kirche ist nun bis zum Weltende mehr als genug gesorgt.«[28]

Für uns liegt heute auf der Hand, daß es Ideologie ist, etwas geschichtlich Gewordenes als natürlich und etwas Menschliches als göttlich darzustellen. So gewinnt nämlich das Menschliche einen nicht hinterfragbaren, für alle als verbindlich erklärten Wert, und das Geschichtliche wird zu einem Element eisig-starrer Herrschaft der Geschichte. Hier ließe sich nun von einem pathologischen Aspekt des Katholizismus sprechen wie auch von der Möglichkeit, daß er zu einem Element der Unterdrückung von Menschen wird. Dazu später mehr.

aa. Auf der Suche nach einer theologischen Normalität

In der weiteren Entwicklung baute die katholische Theologie dieses Verständnis von Kirche, als wäre sie fix und fertig aus den Händen des Heilands hervorgegangen, nach und nach ab.[29] Historische und exegetische Untersuchungen belegten zur Genüge, daß sowohl die Kirche als auch das katholische Dogma der geschichtlichen Entwicklung unterliegen. Dabei waren protestantische Arbeiten in diesem Punkt von unbestreitbarem Nutzen. Aber nicht nur sie. Auch katholische Studien belegten die Tatsache. Ein Name, der an dieser Stelle auf keinen Fall vergessen werden darf, ist der Kardinal Newmans. Doch der erste, der das Problem in unserem Sinne anging, war ohne Zweifel Johann Adam Möhler mit seinem 1825 erschienenen Buch *Die Einheit in der Kirche oder das Prinzip des Katholizismus, dargestellt im Geiste der Kirchenväter der ersten drei Jahrhunderte.* Der Verfasser arbeitet hier Entwicklungen und Konkretisierungen der Kirche in den ersten drei Jahrhunderten heraus, die es verbieten, von einer rein explizierenden Entwicklung zu sprechen. Es habe Neuerungen und geschichtliche Veränderungen gegeben. Deshalb zeichne sich das katholische Prinzip nicht durch eine uniforme Unveränderbarkeit der Formen aus, sondern durch die Einheit *in der* Kirche, die bei aller Pluralität und Variationsbreite immer gewahrt bleibe. Aus

---

[28] J. A. Möhler, (Rezension) Des ersten Zeitalters der Kirchengeschichte erste Abtheilung: die Zeit der Verfolgungen. Von Dr. Theod. Katerkamp ... Münster 1823, in: Theologische Quartalschrift (Tübingen) 5 (1823) 484–532, hier 497.

[29] Vgl. J. Ratzinger, Das neue Volk Gottes. Entwürfe zur Ekklesiologie, Düsseldorf 1969, 75–89 (Vom Ursprung und vom Wesen der Kirche); N. Appel, Kanon und Kirche (Anm. 24), 351–379.

diesem Grund spricht Möhler von Einheit *in der* Kirche und nicht *der* Kirche.

So wird aufgrund dieser Feststellung klar, daß die vorfindliche Kirche nicht nur Geschenk von oben ist, sondern auch das geschichtliche Erzeugnis von gläubigen Menschen im Dialog mit ihrer Umwelt. Deshalb hat gerade die Entscheidung als konstitutives Prinzip der Kirche eine so große Bedeutung. So konnte Harnacks bekannter Schüler, der protestantische, später zum Katholizismus übergetretene Theologe Erik Peterson, in seiner berühmten Schrift *Die Kirche* – nachdem er behauptet hatte, es sei nur deshalb zur Gründung der Kirche gekommen, weil die Juden Christus abgelehnt hätten und weil sich die Parusie verzögert habe – seine dritte These formulieren: »Kirche gibt es nur unter der Voraussetzung, daß die zwölf Apostel im Heiligen Geist berufen sind und aus dem Heiligen Geiste heraus die Entscheidung, zu den Heiden zu gehen, getroffen haben.«[30] *Konkret* heißt das: Die Kirche verdankt ihren Ursprung dem im Lichte des Heiligen Geistes getroffenen Entschluß der Apostel: »Denn der Heilige Geist und wir haben beschlossen . . .« (Apg 15,28). Deshalb kann Joseph Ratzinger, der die Thesen Petersons in seine ekklesiologische Konzeption aufnimmt, auch sagen: »Zur Kirche gehört mithin die Vollmacht der Entscheidung, das Dogma; tritt sie doch erst durch den Glauben an diese Vollmacht in Existenz und muß ohne sie ganz unbegreiflich bleiben. Die ganze Form der biblischen Überlieferung ist ein Ausdruck dieses Glaubens, insofern die Worte Jesu nicht archivarisch konserviert, sondern auf die kirchliche Gegenwart hin gehört und ausgelegt wurden.«[31] Noch nachdrücklicher behauptet Peterson: »Ich bin . . . der Meinung, daß eine Kirche ohne apostolisches Kirchenrecht und ohne die Fähigkeit, dogmatische Entscheidungen zu fällen, überhaupt als Kirche nicht angesprochen werden kann.«[32]

Heinrich Schlier – ein Exeget, der ebenfalls vom Protestantismus zum Katholizismus übertrat – schrieb eine in diesem Zusammenhang wichtige Studie mit dem Titel: *Das bleibend Katholische.*[33] Im Unterti-

[30] *E. Peterson,* Die Kirche, in: ders., Theologische Traktate, München 1951, 409–429, hier 417.

[31] *J. Ratzinger,* Zeichen unter den Völkern, in: M. Schmaus/A. Läpple (Hrsg.), Wahrheit und Zeugnis. Aktuelle Themen der Gegenwart in theologischer Sicht, Düsseldorf 1964, 456–466, hier 458.

[32] *E. Peterson,* Die Kirche (Anm. 30), 421.

[33] *H. Schlier,* Das bleibend Katholische (Ein Versuch über ein Prinzip des Katholischen), in: Catholica 24 (1979) 1–21.

tel heißt das Buch: *Ein Versuch über ein Prinzip des Katholischen.*
Auch für Schlier ist eines der Prinzipien, vielleicht sogar das wichtigste Prinzip des Katholizismus das der *Entscheidung.* Gott treffe in
Jesus Christus die Entscheidung für die Welt. Diese göttliche Entscheidung werde nach außen sichtbar in der Entscheidung der Kirche, im Wort und im Sakrament. Die Kirche lebe, insofern sie sich
fortwährend entscheide, sich in der Auseinandersetzung mit den
entscheidenden Forderungen der Geschichte die göttliche Entscheidung zu eigen zu machen. So lebe der christliche Glaube stets im
Prozeß einer Gestaltwerdung in der Realität der Welt, der Ideen, der
Ideologien und der Gebräuche.[34] Glauben gebe es nicht an sich,
sondern immer nur konkretisiert in einer Theologie oder in einem
Weltverständnis innerhalb kirchlicher Institutionen. Das aber sei
kein besonderes Merkmal des späteren Katholizismus, so sei es von
Anfang an gewesen. Das Neue Testament sei das Buch der Predigt der
Kirche, ein Produkt von Dogmatik, Liturgie, Katechese, Hymnolo-
gie und der theologischen Traditionen und Strömungen in den Urge-
meinden. Der heutige Katholizismus setze denselben, mit dem Neuen
Testament begonnenen Prozeß fort.

bb. Das Problem des Katholizismus ist ein Problem der
    Ekklesiologie

Wie unsere bisherigen Überlegungen zu verstehen gegeben haben,
münde die Frage nach dem Katholizismus in die Frage nach der
Kirche. Ist Christentum möglich ohne geschichtliche Vermittlung?
Mit anderen Worten: Kann man sich ein Christentum ohne seine
Erscheinungsformen in der Welt vorstellen? Die Konkretisierung des
Christentums in der Geschichte heißt Katholizismus und Kirche. Wie
aber haben wir uns Kirche dann zu denken? Nicht mehr denkbar ist
das alte Muster: hier die unsichtbare und geistige Kirche Christi, dort
die verschiedenen sichtbaren kirchlichen Zusammenschlüsse, die alle
auf Menschen zurückgehen. Die Kirche ist immer die greifbare und
lebendige Eintracht aus Göttlichem und Menschlichem, aus Glauben
und Geschichte. Die Frage wird noch brisanter, wenn man an die
gegenwärtigen ekklesiologischen und ökumenischen Diskussionen
um das Verhältnis zwischen Christus und Kirche denkt. Lag es in den
Überlegungen des historischen Jesus, eine in ihren wesentlichen
Strukturen bereits organisierte Kirche zu gründen? Oder entstand die

[34] Vgl. ebd. 3f.

in ihren Einzelheiten ausgeprägte Institution der Kirche als das geschichtliche Ergebnis des Zusammentreffens verschiedener sich miteinander verbindender Faktoren – wie der Botschaft Jesu vom Gottesreich, verschiedener eschatologischer Elemente in seinem Handeln (etwa des Zwölferkreises), seines Todes und seiner Auferstehung, der Parusieverzögerung, der Übernahme des Glaubens durch die Heiden usf.?

Im Augenblick zeichnen sich im katholischen Raum zwei Grundrichtungen ab: In einer mehr dogmatischen Sicht sagen die einen, die Kirche sei bereits in der Verkündigung des Gottesreiches und im Handeln Jesu gegenüber den Zwölfen enthalten gewesen, so daß sie eine gewisse Kontinuität über den Graben des Kreuzestodes und der zeitweiligen Auflösung der allerersten Gemeinde hinaus bewahren konnte. Im Rückgriff auf exegetische Arbeiten und schärfer historisch argumentierend, neigen die anderen zu der Feststellung, als Institution habe die Kirche in den Vorstellungen des historischen Jesus noch keinen Platz gehabt, sondern sie sei eine spätere, nachösterliche Entwicklung, die besonders mit dem fortschreitenden Prozeß der Enteschatologisierung zu tun habe. Namen wie Rudolf Schnackenburg[35], Josef Blank[36] und Anton Vögtle[37] im Bereich der katholischen Exegese und Erik Peterson[38], Joseph Ratzinger[39], Hans Küng[40] und ich selbst[41] in der systematischen Theologie sind dieser Richtung zuzuordnen.

In dieser letzten Perspektive wird deutlich, daß die Kirche als geschichtliche Realität synonym für »Katholizismus« ist. Kirche bzw. Katholizismus ist die Übersetzung des Evangeliums in das konkrete Leben der Gläubigen, wie die vier Evangelien und die

[35] Vgl. *R. Schnackenburg*, Art. Kirche. Die Kirche im Neuen Testament, in: LThK VI, 167–172; *ders.*, Die nachösterliche Gemeinde und Jesus, in: K. Müller (Hrsg.), Die Aktion Jesu und die Re-Aktion der Kirche. Jesus von Nazareth und die Anfänge der Kirche, Würzburg 1972, 119–149, v. a. 122–126; *ders.*, Die Kirche im Neuen Testament. Ihre Wirklichkeit und theologische Deutung. Ihr Wesen und Geheimnis (Quaestiones Disputatae, 14), Freiburg/Basel/Wien 1961.
[36] Vgl. *J. Blank*, Der historische Jesus und die Kirche, in: Wort und Wahrheit 26 (1971) 291–307.
[37] Vgl. *A. Vögtle*, Jesus und die Kirche, in: Begegnung der Christen. Studien evangelischer und katholischer Theologen, hrsg. von M. Roesle und O. Cullmann, Stuttgart/Freiburg 1960, 54–81.
[38] Vgl. *E. Peterson*, Die Kirche (Anm. 30).
[39] Vgl. *J. Ratzinger*, Das Geschick Jesu und die Kirche, in: Theologische Brennpunkte, 2, Bergen-Enkheim 1965, 7–18.
[40] Vgl. *H. Küng*, Die Kirche, Freiburg/Basel/Wien 1967.
[41] *L. Boff*, O Jesus histórico e a Igreja, in: Perspectiva teológica 5 (1973) 157–171.

Predigt der Apostel es auch waren. Kirche und Katholizismus resultieren aus der Wirkungsgeschichte des Evangeliums in sämtlichen Bereichen des menschlichen Lebens. Die Frage ist dann aber, wie das Evangelium, das ja in der Wurzel und im Innern der Kirche steckt, zu verstehen und wie die Kirche, die ja dem Evangelium in der Welt seine Konkretion gibt, zu deuten sei. Evangelium ist nämlich – genau betrachtet – keineswegs gleichbedeutend mit Kirche. Trotzdem ist es auch nicht ohne sie zu verstehen. Wir kommen auf das Problem gleich zurück.

c. Schlußfolgerung: Evangelium und Katholizismus, Identität und Nicht-Identität

Am Schluß dieses historischen Teils wollen wir die aufgetauchten systematischen Fragen wieder aufnehmen.

aa. Es hat sich gezeigt, daß der Katholizismus keine Entartung und kein Verfallsprozeß einer *historisch* früheren, reinen und ursprünglichen Größe ist, welche die Botschaft Jesu bzw. das Evangelium wäre. Katholizismus ist vielmehr ein Prinzip – das Prinzip der Gestaltwerdung des Christentums in der Geschichte. Katholizismus ist Vermittlung des Christentums.

bb. Das Grundproblem liegt darin, wie diese Vermittlung zu denken sei. Einerseits ist sie das konkretisierte Evangelium, und andererseits ist sie wieder nicht das Evangelium. Einerseits herrscht eine geschichtliche Identität mit dem Evangelium, weil es ja kein Evangelium ohne Vermittlung gibt; andererseits ist das Evangelium nicht die Vermittlung. Das Evangelium ist weder der Text der vier Evangelien, noch liegt es auf derselben Ebene wie die Texte. Das Evangelium ist sozusagen die Anfangskraft und die strukturierende Mächtigkeit des Katholizismus, eine Art Leben, das Strukturen, Artikulationen und Gerippe schafft, welche ihrerseits das Leben bekunden und von ihm leben, ohne daß sie mit ihm identifiziert werden könnten. Das Bewußtsein von dieser Spannung gibt dem Katholizismus Offenheit und Selbsttranszendenz, so daß er stets neue Vermittlungen für das Evangelium hervorbringen kann. So ist die katholische, apostolische, römische Kirche einerseits die Kirche Christi, weil sie in dieser real existierenden Vermittlung in der Welt sichtbar wird. Und sie ist es nicht, weil sie nicht den Anspruch erheben darf, sie allein sei mit der Kirche Christi identisch, da diese auch in anderen christlichen Kirchen subsistieren kann. In Überwindung früherer Ekklesiologien, die dazu neigen, die Kirche Christi schlicht und einfach mit der römisch-katholischen Kirche zu identifizieren, lehrt das Zweite Vatikanische Konzil treffend: »Diese Kirche (Christi), in dieser Welt als Gesellschaft verfaßt und geordnet, ist verwirklicht in der katholischen Kirche [*subsistit in:* hat ihre konkrete Form in der katholischen Kirche].«[42] Hier ist vermieden, was in früheren Dokumenten stand: daß sie die Kirche Christi *ist*.

cc. In bezug auf die Identität und Nicht-Identität zwischen Kirche und Evangelium gibt es grundsätzlich zwei Modelle möglicher christlicher Haltungen. Zum einen können sich Christen die geschichtlichen Vermittlungen voller Begeisterung und ohne große Vorbehalte zu eigen machen, weil sie in ihnen die Gegenwart des Evangeliums und eine konkrete Form der Vergegenwärtigung Jesu Christi und seiner Sache erkennen. Andere unterziehen alle Vermittlungen unentwegt einer kritischen Überprüfung, weil sie in ihnen weder das Evangelium noch den lebendigen Christus zu entdecken vermögen; statt dessen sehen sie das menschliche Gebilde und suchen unermüdlich nach einer immer größeren Reinheit des Evangelischen. Beide Stile gründen auf objektiven Gegebenheiten eines realen Problems, des Problems der Identität und Nichtidentität des Evangeliums mit der Kirche, des Christentums mit dem Katholizismus. Beide jedoch können auch zu einer Pathologie entarten – dann nämlich, wenn nur noch die Identität behauptet und die Nicht-Identität vergessen bzw. die Nicht-Identität festgestellt und die Identität übersehen wird. Nach unserer Meinung ist gerade dies der Dreh- und Angelpunkt des Problems zwischen römischem Katholizismus und Protestantismus. Es handelt sich weniger um unterschiedliche Lehren, die Christen voneinander trennen, als vielmehr um unterschiedliche Stile, das Christentum zu leben.

---

[42] *Lumen gentium*, Nr. 8; vgl. *Unitatis redintegratio*, Nr. 5. Alle Schemata, die auf dem Zweiten Vaticanum vorgelegt wurden, gingen schlicht und einfach von der Identität zwischen der Kirche Christi und der katholischen Kirche aus. In der Nr. 7 des Schemas aus dem Jahre 1963 hieß es: »Haec igitur ecclesia, vera omnium Mater et Magistra, in hoc mundo ut societas constituta et ordinata, *est* Ecclesia catholica a Romano Pontifice et Episcopis in eius communione directa . . .« Das Schema aus dem Jahre 1964 ersetzt das *est* durch *subsistit in* und gibt dazu in der Relatio 25 folgende Erklärung: »Loco ›est‹ . . . dicitur ›subsistit in‹ ut expressio melius concordet cum affirmatione de elementis ecclesialibus quae alibi adsunt« (Typis Polyglottis Vaticanis 1964). Vgl.: *F. Ricken*, »Ecclesia . . . universale salutis sacramentum«. Theologische Erwägungen zur Lehre der Dogmatischen Konstitution »De Ecclesia« über die Kirchenzugehörigkeit, in: Scholastik 40 (1965) 352–388. Die beiden Schemata sind nach Ricken zitiert.

2. Welche Autorität hat der Frühkatholizismus über den späteren Katholizismus?

Die bisher entwickelten Überlegungen endeten mit der Feststellung, das ganze Neue Testament sei als Buch Buch der Kirche, geschichtliches Ergebnis eines Prozesses, in dem die Botschaft Jesu in den verschiedenen kulturellen Bereichen der damaligen Zeit Gestalt gewann. Dieses Buch bietet uns nicht nur theologische Lehren, sondern die ganze Verschiedenartigkeit des Lebens in den frühen Gemeinden mit all ihren Ämtern und kirchlichen Strukturen, eben den »Frühkatholizismus«. In seinem erkenntnismäßigen Rang unterscheidet sich der Frühkatholizismus nicht vom späteren Katholizismus. Dennoch messen ihm die christlichen Kirchen im Verhältnis zu den übrigen Konkretionsformen der christlichen Botschaft eine unveräußerliche Autorität bei. Er ist zum unbestrittenen Bezugsrahmen geworden.

Doch wie ist jene Autorität zu verstehen? Die Antwort ist nicht einfach. Bei der Beantwortung der Frage sind einige unleugbare Daten zu berücksichtigen: Da ist *erstens* die Veränderlichkeit der Botschaft, die uns in vier Fassungen vorliegt, die sich ihrerseits nach Auswahl, Verteilung und Darstellung des Jesusmaterials wie der Überlieferungen spürbar unterscheiden. *Zweitens* begegnen wir einer außerordentlichen Vielfalt theologischer Richtungen bei den Synoptikern ebenso wie in den übrigen Schriften des Neuen Testaments. Zu beobachten ist *drittens* eine gewisse Unversöhnbarkeit verschiedener theologischer Positionen; ja, es gibt sogar Widersprüche, wie zwischen dem Matthäusevangelium und dem Galaterbrief, dem Römer- und dem Jakobusbrief; selbst innerhalb des *Corpus Paulinum* fehlt es nicht an Widersprüchen, wie etwa bezüglich des jüdischen Gesetzes zwischen Röm 7,12 und Gal 3,13. Gleichwohl finden sich alle diese Stellen innerhalb ein und desselben Kanons. Aus dieser Feststellung folgert zum Beispiel Ernst Käsemann, auf der Ebene der Textanalyse begründe das Neue Testament – *historisch* gesehen – nicht die Einheit der Kirche, sondern die Vielfalt der Konfessionen.[43] Trotzdem kann sich eine Konfession zu ihrer Rechtfertigung nicht mit dem Hinweis begnügen, irgendein Text oder irgendeine theologische Richtung im Neuen Testament sei ihr Fundament. Auf die Gesamtheit und nicht nur auf einen Ausschnitt aus den neutestamentlichen Zeugnissen

---

[43] Vgl. *E. Käsemann*, Begründet der neutestamentliche Kanon die Einheit der Kirche? (Anm. 25).

142

kommt es an. Die Einheit der Kirche ist eine theologische Wirklichkeit, die auf dem Hinhören auf das eine Evangelium Jesu Christi und auf dem Gehorsam ihm gegenüber gründet, und dieses Evangelium ist mehr als die Texte der vier Evangelien. Was hier entscheidet, ist nicht die Geschichte, sondern der Glaube.

Ohne uns in diese Frage vertiefen zu wollen, würden wir *erstens* sagen, der Text des Neuen Testaments habe ein besonderes Gewicht, nicht weil er Text ist, sondern weil er das *erste* Textzeugnis derer ist, die als erste die Zeugen des Wortes des Lebens waren. Nicht der Text als Text ist verbindlich, sondern die Botschaft, die er übermittelt. Die Inspiration bestimmt nicht Grammatik und Semantik des Wortlauts, und doch ist die Botschaft – geschichtlich betrachtet – an den Text gebunden. Dieser ist sozusagen der Schlüssel zur Entzifferung der Botschaft. Ohne das Text-Zeugnis wäre der Zugang zur Botschaft und zu Jesus, so wie er unter uns gelebt hat, versperrt. Das ist der Grund, weshalb der Glaube, als geschichtliche Kraft, an diese ersten Texte gebunden ist. Im Horizont und im Lichte der Fragen, welche die jeweilige Gegenwart aufwirft, hat er sie immer wieder zu lesen und neu zu lesen, zu interpretieren und neu zu interpretieren. So kommt die Botschaft, die der Text gefangenhält, frei und wird in einer neuen Textgestalt aktuell, um auch jetzt wieder jenen Glaubensimpuls zu geben, den sie schon bei ihrem Entstehen entwickelt hatte.

Zweitens besitzen auch die Inhalte der Texte eine besondere Autorität. Denn sie gehen ja auf die Männer und Frauen zurück, die Zeugen der Jesusgeschichte sind, in der Gott uns erlöst hat. Inhalte wie Texte sind kulturell und zeitlich bedingt. In diesem Sinne stoßen auch sie an die Grenze der Geschichte. Trotzdem sind auch sie gleichsam Schlüssel zur Entzifferung der Botschaft. Die Inhalte sind Repräsentationen, Darstellungen, deren sich die Reflexion bedient, um das Nichtkonkretisierbare zu konkretisieren: die Wahrheit des Gottmenschen Jesus Christus, seiner Befreiungsbotschaft und seines Heilsereignisses. Die Kirche muß den Mut zum Dogma haben, zur gemeinschaftlichen Formulierung der Botschaft, die sie im Glauben faßt und in der Liebe zu leben und in der Hoffnung zu bezeugen sich bemüht. Ebenso kann und muß sie den Mut aufbringen, jene Formulierungen anzuprangern, in denen sich nach ihrer Meinung die befreiende Botschaft Jesu nicht wiedererkennen läßt. Deshalb konnte Paulus im ersten Korintherbrief sagen, mit den gnostischen Enthusiasten könne die Gemeinde keine Gemeinschaft pflegen, aber auch nicht mit den judaisierenden Nomisten, die das Neue am Christentum gegenüber

143

dem Judentum nicht verstanden hatten. Die Inhalte und die Repräsentationen als solche (nicht aber als Entzifferungsschlüssel) dürfen freilich nicht in ausschließlicher Weise dogmatisiert werden; sonst würde die spätere Geschichte der Aufgabe beraubt, im Lichte und in Weiterentwicklung jener ersten Schlüssel des Neuen Testaments auch ihrerseits solche Entzifferungsinstrumente zu schaffen. Die dogmatische Festlegung ist angesichts drohender Häresien und der Verkehrung der christlichen Erfahrung legitim und auch notwendig. Aber in ihrer Formulierung ist sie ein Schlüssel zur Entzifferung, der nur für eine bestimmte Zeit und für bestimmte Verhältnisse gültig ist. Wer ihren zeitlichen und geschichtlichen Charakter vergißt und sie – auch in ihrer Formulierung – für alle Zeiten und dazu noch ausschließlich gelten lassen will, macht sie zum Hindernis für neue notwendige Gestaltwerdungen des Christentums. Jede ausschließende Dogmatisierung eines Textes ist immer eine pathologische Form der Wahrheit. Die Verbindlichkeit des Dogmas ist geknüpft an die ausgesagte Wahrheit und nicht an die Ausschließlichkeit der Aussageweise.

Es gibt einen Umgang mit dem Neuen Testament, der Dogmatisierung ist: Der Text wird als Text zur letzten Instanz hochstilisiert. Dagegen kommt dem Text in einer ersten Annäherung eines umfassenden Prozesses nur insofern Vollmacht zu, als er uns den Zugang zur Botschaft ermöglicht. In einem zweiten Moment dieses dialektischen Prozesses muß der Text über sich selbst hinausweisen und einem anderen Text, dem des Glaubens heute, Platz machen. Der Text des Frühkatholizismus behält – als erster apostolischer Text – seine Autorität und ist Bezugspunkt für alle weiteren Formulierungen, doch darf er nicht als exklusiv oder als »Gefriermaschine« der Geschichte betrachtet werden.

Drittens will die Tatsache ganz ernst genommen werden, daß sich im Neuen Testament eine Vielfalt von Theologien und lehrmäßigen Positionen findet, die sich sogar widersprechen können. Alles aber hat Platz in ein und demselben Kanon und macht die eine Kirche aus. Eine solche Haltung begründet ihrerseits einen bestimmten Stil, den christlichen Glauben zu leben. Das Entscheidende am Glauben erschöpft sich dann nicht im Aspekt der Lehre (der *ein* Moment des dialektischen Prozesses ist), sondern es besteht im gemeinsamen Bezug und in dem einen Willen, der einen Botschaft Jesu Christi des Befreiers treu zu bleiben. Dieser Stil, von dem das Neue Testament zeugt, bedeutet eine ständige Herausforderung für den Katholizismus, sich nicht auf seinen Erfolgen auszuruhen oder von dem Glanz einer Formulierung hinreißen zu lassen. Programmatisch heißt es bei Paulus: »Was ist denn Apollos? Und was ist Paulus? Ihr seid durch sie zum Glauben gekommen. Sie sind also Diener, jeder, wie der Herr es ihm gegeben hat ... Einen anderen Grund kann niemand legen als den, der gelegt ist: Jesus Christus« (1 Kor 3,5.11).

Was aber wäre dann die wirklich katholische Haltung? Offen sein für alle Richtungen, ohne auch nur eine einzige, die vom Neuen Testament her möglich ist, auszuschließen. Wirklich katholisch sein heißt damit: »Offen und frei zu sein für die ganze, umfassende Wahrheit des Neuen Testamentes.«[44] Pathologisch katholisch sein wäre hingegen: sich ausschließlich auf einige Linien festlegen oder ein paar Strömungen, in denen sich der Glaube artikuliert, für das Ein und Alles nehmen. Eine Pathologie dieser Art kann sich ebensosehr wie im römischen Katholizismus auch im Protestantismus und in anderen Konkretionen der christlichen Botschaft zeigen.

3. Identität des Katholizismus

Jetzt haben wir den wesentlichen Punkt unserer Reflexion erreicht: Wir können sagen, worin die Identität des Katholizismus besteht. Damit geben wir aber auch schon zu erkennen, daß wir auf dem Boden des Katholizismus stehen; denn die Rede von der Identität des Katholizismus bedeutet eine Ausleuchtung des Horizonts, innerhalb dessen wir uns seit eh und je befinden. Was wir bereits zuvor sagten, gilt auch hier: Der Katholizismus ist ein Prinzip der Gestaltgebung des Christentums, geschichtliche Konkretion des Evangeliums und Objektivierung des christlichen Glaubens.

Katholisch sein schließt zunächst eine *affirmative* Haltung ein: Ja sagen zu der Konkretion, sich zu der Artikulation bekennen und einem bestimmten Weg folgen. Warum aber tut man das? Weil man Christ sein will. Außerhalb dieser Welt, ohne Wort, ohne Geste, ohne Gemeinschaft und ohne einen lebendigen Bezugsrahmen kann man nicht Christ sein. Um Christ sein zu können, muß man Mut haben zum Provisorischen, zum Geschichtlichen, zum Dogma, zum Recht, zur moralischen Norm und zur liturgischen Disziplin. Ohne Skelett kann man nicht aufrecht gehen. Wenn also jemand christlich leben will, muß er diese »Wirbelsäule«, muß er die Grenzpfähle seines

---

[44] *H. Küng*, Der Frühkatholizismus im Neuen Testament als kontroverstheologisches Problem, in: E. Käsemann (Hrsg.), Das Neue Testament als Kanon (Anm. 6), 175–204, hier 198 f.

Lebensraums akzeptieren. Ohne das gibt es keine Konkretion, und Konkretion bedeutet immer auch Grenze, und Grenzen schaffen ein Gefühl der Unterdrückung. Aber wie sollte jemand, der dieses Gefühl nicht hat und nicht akzeptiert, den Geschmack der evangelischen Freiheit kosten können? So entsteht Optimismus, Mut zum Sein, Lust an der dichten Gegenwart des Christentums. Identität. Um Christ zu sein, muß man »katholisch« (im Sinne von Vermittlung) sein.

Katholisch sein bedeutet sodann auch eine *negative* Haltung: ein Nein zur Objektivierung und zu ein für allemal festgelegten Wegen. Warum dies? Weil man authentischer Christ sein will. Für den Christen gibt es keine einfache Identität zwischen Christentum und Katholizismus, zwischen Glauben und Lehre. Die bejahte Konkretion ist Vermittlung. Sie vergegenwärtigt, aber verbirgt auch, öffnet Wege, aber verschließt auch Möglichkeiten. Und was verbirgt sie? In der Vermittlung wird das Christentum verdunkelt. Dieses ist nämlich eine Quelle, die sich nicht in einem Kanal einfangen läßt, eine Wurzel, die mehr hervorbringt als einen Stiel und eine Blüte. Christentum ist offen für . . . Daher bietet es die Möglichkeit zur Kritik und zum Mut zu dem, was nicht ist. Wir spüren einen Mangel. Nicht-Identität umgibt uns. Wohlgemerkt: Es wird hier nicht negativistisch verneint, sondern Nicht-Identität bejaht. Es wird bejaht, daß das bisher Getane zu überwinden und Offenheit für ein neues Tun zu schaffen sei. Um eines Ja willen muß ein Nein gesagt werden.

Katholizismus ist somit eine dialektische Bewegung, die Identität und Nicht-Identität behauptet. Sowohl die Affirmation des Ja als auch die Affirmation des Nein sind topisch, das heißt, sie sind mit der Konkretion verbunden. Das eine wie das andere entspringt ein und derselben Quelle, dem Christentum. Wer ein echter Christ sein will, muß innerhalb des einen dialektischen Prozesses mutig ja und nicht minder furchtlos nein sagen.

Wie aber läßt sich in einem Wort dieser dialektische Prozeß aussagen, der den Katholizismus charakterisiert und seine Identität bewirkt? Es müßte eine Kategorie sein, die einerseits die Einheit des dialektischen Prozesses wahrt, die andererseits aber in sich auch die Unterscheidung zwischen der Affirmation der Identität und der der Nicht-Identität umgreift und die schließlich aus der Geschichte dieses Prozesses selbst hervorgeht. Diese Kategorie ist *sacramentum*.[45] Der Katholizismus ist das Sakrament des Christentums.

Sacramentum ist eines der ältesten Wörter des Katholizismus, mit dem dieser sich selbst definiert. Es ist die lateinische Übersetzung des griechischen *mysterion,* Geheimnis. *Sacramentum* bringt die spannungsreiche Einheit zwischen dem Menschlichen und dem Göttlichen, zwischen dem Sichtbaren und dem Unsichtbaren, zwischen dem Greifbaren und dem Geheimnisvollen zum Audruck, so daß das Greifbare, Sichtbare und Menschliche zur Gegenwart und zur Mitteilung des Geheimnisvollen, Unsichtbaren und Göttlichen wird. In diesem Sinne benennt der Begriff das Grundgesetz der gesamten Heilsökonomie. Die Gnade fällt nicht wie ein Strahl vom Himmel, sondern geht durch die Körperlichkeit und überhaupt durch die Elemente dieser Welt, vermittels deren Gott dem Menschen begegnet. Alle christlichen Geheimnisse sind – wie Scheeben deutlich sah – sakramentale Geheimnisse, weil sie sich in menschlicher oder kosmischer Vermittlung dartun und so gegenwärtig werden.[46] Selbst die Dreifaltigkeit ist ein sakramentales Geheimnis, insofern sie sich auf dem historischen Weg Jesu Christi geoffenbart hat.

Im Sakrament wird die Identität behauptet: In der Vermittlung ist die Gnade gegenwärtig und geschieht die Parusie des Geheimnisses. Es tritt aus seinem unverletzlichen Dunkel hervor, erstrahlt in einem Wort, verkörpert sich symbolisch in einer Geste und teilt sich in einer Gemeinde mit. Aber im Sakrament kommt auch die Nicht-Identität zum Ausdruck. Gott und seine Gnade sind nicht ausschließlich an diese oder jene sakramentale Artikulation gebunden. Die *res sacramenti* (die Gnade) kann sich außer in einem bestimmten auch in einem anderen *sacramentum* (Zeichen) mitteilen. Außerdem erstrahlt die Gegenwart nicht in grellem Licht, sondern wird vermittelt in der Dunkelheit einer menschlichen Geste, die durchaus ihr Eigensein bewahrt, in der Undurchsichtigkeit eines geschichtlichen Wortes, das nach wie vor seiner besonderen Grammatik folgt, und in den Doppeldeutigkeiten einer sündigen Gemeinde, die ihre eigenen Strukturen hat. Trotz aller Gegenwart spüren und erleiden wir im Sakrament auch eine Abwesenheit. Das Geheimnis offenbart sich im Sakrament, aber es bleibt im Sakrament (Zeichen) auch Geheimnis. Auch Nicht-Identität herrscht.

[45] Vgl. *L. Boff,* O que significa propriamente sacramento? in: Revista Eclesiástica Brasileira 34 (1974) 860–895.
[46] Vgl. *M. J. Scheeben,* Die Mysterien des Christentums. Wesen, Bedeutung und Zusammenhang derselben nach der in ihrem übernatürlichen Charakter gegebenen Perspektive dargestellt, hrsg. von J. Höfer, Freiburg 1941 u. ö., 459.

Dieser ganze dialektische Prozeß macht den Katholizismus aus. Ihn in dem einen oder anderen Moment anhalten hieße: ihn spalten und in die Pathologie stürzen. In dieser sakramentalen Zirkelbewegung, in der das Übernatürliche und das Natürliche eine dialektische Einheit bilden, zeigt sich, was Christentum ist. Was ist Christentum? Wir wissen es nicht. Was wir wissen, ist nur, was der historische Prozeß zu erkennen gibt. Mit anderen Worten: Allein in den Gestaltwerdungen, im Katholizismus wird die Identität des Christentums geoffenbart – und verhüllt.

Die Identität des Katholizismus besteht also in der dialektisch angenommenen, überwundenen und noch einmal neu angenommenen Sakramentalität. Anhand der großen Themen der Theologie könnten wir verdeutlichen, wie sich diese Sakramentalität artikuliert und den Katholizismus charakterisiert.[47] So wird zum Beispiel die Kirche im Sinne der organisierten Gemeinde von Gläubigen als Sakrament Christi auf Erden und als Leib des Herrn dargestellt. Einerseits herrscht eine Identität zwischen Christus und der Kirche insofern, als er uns durch sie anspricht und durch sie weiter in der Welt wirkt. Andererseits herrscht aber auch eine Nicht-Identität zwischen ihnen, insofern Christus die Kirche transzendiert und diese nur Zeichen und Werkzeug für ihn ist. Dasselbe gilt für die sieben Sakramente. Im konkreten, in der Gemeinde gesetzten Zeichen wird die Gnade sichtbar, wobei zwischen Bedeutungsträger (Signifikant) und Bedeutetem (Signifikat) Identität herrscht. Zugleich besteht aber eine Nicht-Identität zwischen ihnen, insofern die Gnade gegenüber den greifbaren Bedeutungsträgern immer auch ihre Freiheit bewahrt. Einerseits vertritt die hierarchische Institution Christus inmitten der Gläubigen, so daß es heißt, sie sei die Verlängerung der Sakramentalität Christi, andererseits ist sie nicht er, insofern sie wie jeder andere Machtfaktor in der Welt ihren eigenen Status, ihre eigene Mechanik und ihre eigene Logik hat.

Zu den beiden Dimensionen stehen und sie als Ausdruck ein und desselben Geheimnisses, das die Einheit der Kirche und in der Kirche begründet, verstehen, das heißt: ja sagen zur Sakramentalität. So sind Gnade, Evangelium und Heil niemals Größen in sich, sondern bilden einen Teil der Welt und ihrer Geschichte – und zwar aufgrund der Sakramentalität Gottes und Jesu Christi.

[47] Vgl. das sehr ökumenisch eingestellte Buch von *P. E. Persson*, Evangelisch und Römisch-Katholisch. Kernfragen der heutigen Diskussion, Göttingen 1961, bes. 28–61.

4. Römischer Katholizismus: beherzte Bejahung der sakramentalen Identität

Wie verhielten sich die Christen gegenüber dieser sakramentalen Dialektik, die die Identität des Katholizismus ausmacht? Möglicherweise betonte man hier schärfer die Identität und dort deutlicher die Nicht-Identität im Sakrament. So kam es zu zwei verschiedenen Stilen im Katholizismus. Nach unserem Eindruck zeichnet sich das römische Christentum (Katholizismus) dadurch aus, daß es beherzt die sakramentale Identität behauptet, während das protestantische Christentum furchtlos die Nicht-Identität herausstellt. Das eine legt den Akzent auf Gestaltgebung, Geschichte und Mut zum Vorläufigen, während das andere für die Freiheit des Evangeliums, das Absolute und für die Lösung von den Schemata dieser Welt steht. Offensichtlich schließt das eine das andere nicht aus, sondern ein. Es geht um Akzentsetzungen und um Stile, das Gesamt des Christentums zu leben.

Anhand der Geschichte der ersten Jahrhunderte möchten wir nun herausarbeiten, daß der Katholizismus von dem entscheidenden Willen geprägt ist, zu übernehmen, zu assimilieren und niemandem etwas aufzuzwingen, was nicht Inhalt des Glaubens wäre. Mit dem römischen Katholizismus verhielt es sich in etwa so wie mit Kindern, die ihre ersten Erfahrungen machen und davon ein Leben lang geprägt bleiben. Die ersten geschichtlichen Erfahrungen des Christentums bestimmten seine spätere Entwicklung. Jede große Struktur und Konstellation in der Geschichte diente dem Christentum als Material der Gestaltwerdung, das von ihm angereichert, in Anspruch genommen und komplexifiziert wurde. Der heutige römische Katholizismus ist Erbe dieser zutiefst komplexen und auch zwiespältigen Erfahrung. Als gestalterisches Prinzip hat er seinen Keim bereits im Neuen Testament, das eine jüdisch-hellenistische Ausdrucksform der Botschaft Jesu ist. Er hat auf ältere Kategorien zurückgegriffen, wie es auch gar nicht anders hätte sein können. Im Prozeß der Geschichte gibt es nie einen absoluten Anfang, so daß es illusorisch wäre, alles niederreißen und mit dem Bau ganz von vorn anfangen zu wollen. Das Neue erweist sich immer als Synthese und andersartige Wiederbelebung von Früherem und Älterem. Der römisch-abendländische Katholizismus spiegelt sich mit seinen Haupttendenzen am besten wider im Brief des Clemens von Rom an die Korinther. 1966 legte Karlmann Beyschlag eine Studie mit dem Titel *Clemens Romanus und der Frühkatholizismus* vor.[48] Dort heißt es: »Nahezu alles, was den Frühkatholizismus, zumal westlicher Prägung, konstituiert, ist uns bei der Analyse der ersten Clemenskapitel begegnet: die jüdisch-alttestamentliche Verankerung der Kirche ... und die apologetische Beurteilung Israels, die Hochschätzung des Apostolischen unter dem Namen des Petrus und das Dogma von der ökumenischen Einheit der Kirche, der Primat des ersten Glaubensartikels vor dem zweiten und dritten und die Synthese von Weltgeschichte und Heilsgeschichte, der weltliche Ordnungs- und Friedensgedanke und die Umformung der apokalyptischen Eschatologie, die Sicherheit des kirchlichen Weltbewußtseins und die relative Unsicherheit in der Christusfrage und Soteriologie, der Primat des ›synoptischen‹ Jesus und die katholische Interpretation der paulinischen Theologie, das zum Weltmissionsgedanken erweiterte Aussendungskerygma und die Organisation der Kirche durch Amt und Kirchenrecht, die Synthese von Geist und Amt, von Christlichkeit und Kirchlichkeit, die christlichen Lebensordnungen als ›neues Gesetz‹ und die (zweite) Buße als zugleich weltliche und christliche Möglichkeit, das (agonistisch interpretierte) Martyrium im Rahmen der Kirche unter gleichzeitiger Loyalität gegen den Staat, die kirchliche Beurteilung der Welt überhaupt und die weltliche Beurteilung der Kirche usw.«[49] Diese Elemente bilden in der Tat die Säulen des römischen Katholizismus, was vor einigen Jahren ein bekannter katholischer Historiker mit einer Arbeit zu dem Thema *Glaube und Religion in der frühen Kirche* noch einmal bestätigt hat.[50]

Als das Christentum in die Welt trat, fand es kein religiöses Vakuum vor. Die Länder, in die es kam, waren alle religiös besetzt. Wie sollte es sich da verhalten? Alles niederreißen und völlig neu anfangen? Es zeigte sich vielmehr die Gültigkeit des katholischen Prinzips der Sakramentalität. Trotz des Purismus eines Tatian oder eines Markion, die beide irrigerweise ein reines Evangelium wollten, frei vom Heidentum der eine und frei vom Judentum der andere, setzte sich der Wille zur Einkörperung und zur Identität durch. Das Christentum griff die religiösen Inhalte auf, läuterte die einen, integrierte

---

[48] *K. Beyschlag*, Clemens Romanus und der Frühkatholizismus. Untersuchungen zu I. Clemens 1–7, Tübingen 1966.

[49] Ebd. 350.

[50] *P. Stockmeier*, Glaube und Religion (Anm. 1). Vgl. den kritischen Kommentar dazu von *J. Blank*, Überformung des Glaubens durch Religion. Zur geschichtlichen Bewältigung eines aktuellen Themas, in: Herder Korrespondenz 27 (1973) 590–594.

die anderen und lehnte wieder andere ab. So kam es zu einer äußerst spannungsreichen Synthese, ohne daß die grundlegende Identität des Christlichen verlorenging. Allerdings muß eine gar zu abstrakte Darstellung dieser Osmose, an der im dialektischen Denken wenig geschulte, dafür aber zum Formalismus tendierende Geister häufig Kritik üben, vermieden werden. Urchristentum, Judentum und Heidentum bilden keine abstrakten Größen, die in Frontstellung zueinander gestanden hätten. Menschen aus Fleisch und Blut, Juden, Heiden, Griechen und Römer, die ihre Kulturen und die Werte ihrer religiösen Vergangenheit liebten, bekehrten sich zum Christentum. Bei aller Kritik und Ablehnung nahmen sie, was sie waren, mit in den Glauben hinein. Beispielhaft sagt Paulus: »Nicht du trägst die Wurzel, sondern die Wurzel trägt dich« (Röm 11,18). Mit anderen Worten: Nicht die Christen wurden Römer oder Griechen, sondern Griechen und Römer wurden Christen. Dieser Prozeß wurde einmal dadurch erleichtert, daß die Römer tief religiös waren[51] und sich für neue kulturelle Formen offenhielten, die sie gern übernahmen, wie zum anderen auch dadurch, daß sich das Heidentum in einer Phase bemerkenswerter Spiritualisierung befand.[52]

Der Frühkatholizismus bot sich der Welt in religiösem Gewand dar, weil jede Kultur religiös war. Für das Judentum war es ein *hodos,* ein Weg (Apg 9,2; 19,23) bzw. eine gesonderte Gruppe von Juden, die den Nazarener (*hairesis:* Apg 24,5.14) verehrte. Bei Ignatius von Antiochien († 110) taucht zum erstenmal die Wortschöpfung *christianismos,* Christentum, im Gegenüber zum *ioudaismos,* Judentum, auf.[53] Für Ignatius ist Christentum gleichbedeutend mit Katholizismus, wie wir ihn beschrieben haben. Deshalb fordert er seine Adressaten auf, »zu lernen, nach dem Christentum *[kata christianismon]* zu leben«. Doch das Christentum, das nicht als *religio licita,* als »erlaubte Religion«, anerkannt war,[54] war rechtlich mindergestellt und

[51] Vgl. dazu *Cicero,* in: De haruspicum responsis 19: »So gut wir auch von uns selbst denken mögen, übertreffen wir an Zahl doch nicht die Hispanier, an Stärke nicht die Gallier, an Schläue nicht die Punier, an Kunstbeflissenheit nicht die Griechen, schließlich an Vaterlandsliebe nicht die Italier und Latiner. Wohl aber sind wir allen Völkern und Nationen an Frömmigkeit, Religiosität und bezüglich dieser einzigartigen Weisheit, daß alles der Leitung und Regierung der Götter untergeordnet sein muß, überlegen.«
[52] Vgl. *P. Stockmeier,* Glaube und Religion (Anm. 1), 24–30, 120.
[53] Brief an die Gemeinde von Magnesia 10, 3 (PG 5,672).
[54] Bereits *Tacitus,* Annales XV, 44, beschreibt das Christentum als *exitiabilis superstitio;* vgl. *Sueton,* Nero XVI, 2: *genus hominum superstitionis novae ac maleficae; Plinius,* Epistula 96 ad Traianum 8: *superstitionem pravam et immodicam; Minucius Felix,* Octavius 9, 2: *vana et demens superstitio* (CSEL 2,13).

wurde verfolgt. Deshalb entwickeln die Apologeten die Tendenz, das Christentum als eine Religion darzustellen, die wie die anderen Kulte eine für das Reich nützliche Funktion haben könnte. Ja, es sei die wahre Philosophie und Pädagogik des Menschen. Minucius Felix sagt gar in seinem *Octavius*: »Man könnte denken, die Christen seien die Philosophen von heute und die Philosophen von gestern seien Christen gewesen.«[55] In ihrem Bemühen, das Christentum als eine für das Reich vorteilhafte Religion zu beschreiben, übernahmen sie, was das Verhältnis zwischen Religion und Staat angeht, das geltende Modell. Dazu kam es 311 mit dem Toleranzedikt des Galerius. Der erste Rechtsakt, mit dem das Christentum zur *religio licita,* zur »erlaubten Religion«, erklärt wurde, bezog sich auf den Aspekt der Kultgemeinschaft und ordnete es damit in den Rahmen des römischen Rechtes ein. Konstantin (306–337), der am 28. Oktober 312 an der Milvischen Brücke über Maxentius gesiegt hatte, gewährte bald danach den christlichen Priestern Immunität und stellte sie damit auf eine Stufe mit den heidnischen Kultdienern. Mehr noch: Fortan unterstützte sie der Staat auch finanziell. Gegen die Einordnung der Priester in den offiziellen religiösen Rahmen gab es seitens des Christentums nicht die geringste negative Reaktion. Im Gegenteil. Dankbar waren die Christen damit einverstanden, denn endlich sahen sie sich nicht nur frei von den Verfolgungen, sondern konnten sich auch darüber freuen, daß die wahre Religion einen weiteren Sieg errungen hatte. Eusebius von Cäsarea (†339) deutete in seiner *Praeparatio Evangelica* diese politisch-religiöse Wende als Höhepunkt der Heilsgeschichte und als Erfüllung der biblischen Verheißungen.

Die Gestaltwerdung des Christentums als Religion in den Koordinaten der Romanität wurde vollständig mit dem Gesetz Theodosius' des Großen vom 28. Februar 380, das das Christentum zur Staatsreligion ausrief. Das Christentum ist für alle verbindliche *lex.* Häretiker werden zu »Irren« erklärt und müssen als Konspirateure gegen die politische Ordnung, die zugleich ja auch die religiöse Ordnung ist, ausgemerzt werden.[56] Mit der Romanisierung des Christentums wuchsen bestimmten Grundbegriffen des Neuen Testaments zwangsläufig römische Charakteristika zu. So erhielten Begriffe wie Glauben *(fides),* Mysterium *(sacramentum),* Ordnung *(ordo),* Volk *(plebs)* und Kirche *(ecclesia)* neben ihrem spezifisch religiösen Gehalt immer auch einen rechtlichen Bedeutungszug. Bei den Römern war

[55] Octavius 20, 1 (CSEL 2, 28).
[56] *P. Stockmeier,* Glaube und Religion (Anm. 1), 102.

nicht der Priester (der nur ausführender Amtsträger war) für die Religion zuständig, sondern Staat und Kaiser. Bei Tertullian fungiert der Glaube klar als *regula fidei*, als Glaubensregel, oder einfach als *lex*.[57] Die römische Ideologie, derzufolge die *dea Roma* für die Größe des Reiches verantwortlich ist, wird bei Ambrosius († 397), Prudentius († 405) und Leo dem Großen († 461) allmählich zu einer christlichen Ideologie, in der Christus und die Apostelfürsten Petrus und Paulus als die eigentlichen Säulen der Größe gelten. So predigt Leo der Große: »Die beiden Apostel sind es, die dich (Rom) zu so hohem Ruhme geführt haben ... Durch die göttliche Religion solltest du deine Herrschaft weiter ausbreiten als vordem durch deine weltliche Macht.«[58]

Mit unerhörter Kühnheit wächst der Katholizismus in eine kulturelle und organisatorische Rolle hinein. Er tritt an die Stelle der heidnischen Ideologie, der heidnischen Funktionen und der heidnischen Liturgie. Dabei schafft er weniger Neues, als daß er sich Vorfindliches zu eigen macht. Gut ist das daran abzulesen, wie er sich gegenüber der heidnischen Volksreligiosität verhielt, die neben den offiziellen Kulten sehr lebendig und vielgestaltig war. Wer sich bekehrte oder auch unter dem Druck der *lex civilis,* des zivilen Gesetzes, zum Christentum übertrat, nahm in den Glauben sein magisches Weltverständnis mit hinein, das reich an Engeln, Dämonen, Riten und Überlieferungen war.[59] All das wurde nicht ausgemerzt, sondern getauft, übernommen und integriert, ohne daß es in jedem Falle auf seiten der Gläubigen, die in ihrem subjektiven Erleben nach wie vor Heiden blieben, zu einer inneren Umkehr gekommen wäre. Tertullian sagt von der Religiosität des Volkes: »Bei jedem Schritt und Tritt, bei jedem Eingehen und Ausgehen, beim Anlegen der Kleider und Schuhe, beim Waschen, Essen, Lichtanzünden, Schlafengehen, beim Niedersetzen und, welche Tätigkeit wir immer ausüben, drücken wir auf unsere Stirn das kleine (Kreuz-)Zeichen.«[60] Wahrscheinlich ersetzt das Kreuzzeichen hier magisch-heidnische Gesten. So war das Ganze mehr ein Umkleiden als ein Umkehren. Dieses kollektive

---

[57] De praescriptione haereticorum 14 (CChr 1, 198).
[58] Sermo 82, 1 (PL 54, 422–423).
[59] Vgl. *E. Stemplinger,* Antiker Volksglaube, Stuttgart 1948; *R. Hernegger,* Macht ohne Auftrag (Anm. 1), 287–356.
[60] De corona III, 4 (CChr 2, 1043); *Augustinus,* In Psalmum 44, 24 (PL 36, 509): »Vestitus reginae huius quis est? Et pretiosus est, et varius est: sacramenta doctrinae in linguis omnibus variis. Alia lingua afra, alia syra, alia graeca, alia hebraea, alia illa et illa ... In veste varietas sit, scissura non sit ... Quaelibet sit varietas linguarum, unum aurum praedicatur: non diversum aurum, sed varietas de auro.«

Phänomen veranlaßte Augustinus zu einer *interpretatio christiana,* einer christlichen Interpretation der heidnischen Riten: »Dasselbe, was jetzt christliche Religion genannt wird, gab es auch bei den Alten.«[61] Für Augustinus war das Christliche immer schon – wenn auch unter anderen Zeichen – in der Welt vorhanden: *mutata sunt sacramenta, sed non fides,* die Zeichen sind andere, nicht aber der Glaube! So ist das Heidentum eine andere Form, dieselbe christliche Substanz zum Ausdruck zu bringen. Deshalb hindert auch grundsätzlich nichts daran, seine Bekundungsweisen zu übernehmen. Von demselben sakramentalen Optimismus ist auch Papst Gregor der Große († 604) erfüllt, als er Missionare zu den Sachsen schickt: »Keineswegs sollen die Tempel, sondern nur die Götzenbilder darin zerstört werden. Weihwasser soll man nehmen und auf die Götzenbilder sprengen. Altäre soll man errichten und die Reliquien niederlegen, denn wenn die Tempel wohlgebaut sind, sollen sie aus Stätten des Dämonenkults zu Stätten der Verehrung des wahren Gottes werden. Wenn das Volk sieht, daß sein Tempel nicht zerstört wird, wird es von Herzen die Irrtümer aufgeben und, den wahren Gott erkennend und anbetend, an den Orten zusammenkommen, die ihm gewöhnlich vertraut waren.«[62]

Dieses Verhalten resultierte nicht aus wirtschaftlichen Überlegungen, sondern aus einem heilsgeschichtlichen und sakramentalen Grundverständnis, demzufolge Gott und seine Gnade sich immer der Realität der Geschichte bedienen, um dem Menschen zu begegnen.

Trotz dieses unbesiegbaren Optimismus wußte man aber auch um die Notwendigkeit der Unterscheidung der Geister. Nicht alles konnte man ohne weiteres akzeptieren und integrieren. Augustinus, der sich mit allen möglichen magischen Objektivierungen beschäftigte, stellte für seine Gläubigen folgende Richtlinien auf: »Alle diese Dinge, die weder im Autoritätswort der Heiligen Schrift enthalten sind noch durch die Beschlüsse der Bischofssynoden Geltung fanden noch aufgrund der Gewohnheit der Gesamtkirche in Kraft sind, sondern je nach Sitte der verschiedenen Orte in zahllosen Varianten vorkommen, so daß nicht zu erkennen ist, welchen Gründen die Menschen bei ihrer Einführung folgten, müssen meines Erachtens dort, wo es möglich ist, unverzüglich beseitigt werden. Obwohl man nämlich nicht ausmachen kann, inwiefern sie dem Glauben widersprechen, beladen sie doch die Religion, die nach dem Erbarmen

[61] Retractationes I, 3 (PL 32, 603).
[62] Epistulae XI, 76 (PL 77, 1215).

Gottes frei sein und sich durch einfache und klare gottesdienstliche Formen auszeichnen soll, mit Sklavenlasten.«[63]

Dieser ganze Prozeß will hermeneutisch verstanden sein. Wenn das Christentum in einem ersten dialektischen Moment Gestalt annimmt, dann identifiziert es sich mit dem, was es sich zu eigen macht, wertet es auf und vervollkommnet es. In einem zweiten Moment geht es dann auf kritische Distanz und nimmt die Identifizierung zurück, um frei zu bleiben für neue Gestaltwerdungen. Das erste Moment charakterisiert zutiefst den römischen Katholizismus. Dieser ist von dem unbändigen Willen zur Übernahme, zur Synthese mit den ihn umgebenden Realitäten, zur Erneuerung und Planung der Zukunft geprägt. Mit einem großartigen Satz des Augustinus sagt der Christ: »Ego in omnibus linguis sum; mea est graeca, mea est syra, mea est hebraea, mea est omnium gentium, quia in unitate sum omnium gentium. – Ich bin in allen Sprachen zu Hause. Meine Sprache ist das Griechische, das Syrische und das Hebräische. Meine Sprache ist die aller Völker, weil ich in der Einheit mit allen Völkern bin.«[64] Da nichts dem Reich Gottes fremd ist, darf auch nichts für das Christentum fremd sein. Vielmehr fühlt es sich dazu berufen, mit seinem Sauerteig die ganze Welt zu durchdringen. Als Erbe dieses Geistes konnte John Henry Newman sagen, die Überlegung laute: »›Diese Dinge finden sich im Heidentum, darum sind sie nicht christlich.‹ Wir dagegen ziehen es vor zu sagen: ›Diese Dinge finden sich im Christentum, darum sind sie nicht heidnisch.‹«[65] Die Geschichte der auf die Konstantinische Wende folgenden Jahrhunderte bestätigt nur den eingeschlagenen Weg. Da und dort macht sich der Aspekt der Negativität, das Bewußtsein von der Nicht-Identität, bemerkbar. Insgesamt aber bestimmt er nicht den römischen Katholizismus, sondern das protestantische Christentum.

5. Pathologien des römischen Katholizismus

Bis hierher haben wir versucht, den Katholizismus in seiner ursprünglichen und normalen Dynamik zu beschreiben. Aber der Katholizismus weist auch pathologische Erscheinungsformen auf. Es

---

[63] Epistula 55, XIX, 35 (CSEL 34, 2, 210); vgl. auch Epistula 54, I, 1.
[64] *Augustinus*, In Psalmum 147, 19 (PL 37, 1929).
[65] *J. H. Newmann*, Über die Entwicklung der Glaubenslehre, Bd. 8 der ausgewählten Werke, Mainz 1969 (durchgesehene Neuauflage der Übersetzung von Theodor Haecker), 328–329.

gibt nicht nur das Katholische, sondern auch das Katholizistische –
eine entartete Form des Katholischen. Auch das Katholizistische
gehört zur Geschichte des Katholizismus, und Katholiken müssen
auch zu ihm stehen. Das Pathologische verweist auf das Normale,
und das Negative bewahrt immer auch einen Bezug zum Positiven;
denn damit etwas pathologisch und negativ sein kann, muß es mehr
als nur pathologisch und negativ sein. Vieles von dem, was die traditionelle protestantische Kritik sowie die Kulturkritik gegen den
römischen Katholizismus vorbringt, ist nichts anderes als Kritik am
Katholizistischen und muß von einsichtigen Katholiken akzeptiert
werden. Wir haben herausgearbeitet, daß die katholische Identität in
der Sakramentalität besteht, in der positiven Übernahme der Vermittlung, in der uns Christus und das Evangelium erreichen. Aus
diesem Grunde kommt im Katholizismus der Institution, der Lehre,
dem Gesetz, dem Ritus, den Sakramenten, den Ämtern und vielen
anderen Vermittlungen des Christentums ein so großes Gewicht zu.
Das aber kann zu wirklichen Pathologien führen. Bereits sehr früh
erkannte Leo der Große diese Gefahr. In einer Predigt über das Ende
der Verfolgungen und über den Frieden zwischen Christentum und
Reich sagt er: *»Habet igitur, dilectissimi, pax nostra pericula sua. –* So
hat denn, Geliebteste, die Friedenszeit, in der wir leben, ihre Gefahren . . .«[66] Und diesen ist die Kirche nicht immer entgangen. Alles,
was man sich an Pathologien vorstellen kann, hat sie in ihrer Geschichte zu bieten. Es würde zu weit führen, auch nur die hauptsächlichen hier zu behandeln, was im übrigen ja auch schon andere mit
bemerkenswerter Kompetenz getan haben.[67] Unsererseits möchten
wir nur die Grundpathologie ansprechen, die in der Verabsolutierung
und Ontokratisierung der Vermittlung besteht. Nur mehr das Moment der Identität zwischen Vermittlung und Christentum wird
betont, wodurch die andere Dimension der Nicht-Identität verdunkelt, wenn nicht verdrängt wird. So wird etwa die Institution der
Kirche in einer Weise absolut gesetzt, daß sie dazu neigt, an die Stelle
Jesu Christi zu treten oder sich auf eine Ebene mit ihm zu stellen. Statt
sich als sakramentale Funktion des Heils zu verstehen, wird sie eine
selbständige Größe, genügt sich selbst und drängt sich allen in unter-

---

[66] Sermo 36,4 (PL 54, 256).
[67] Vgl. *A. Görres*, Pathologie des katholischen Christentums (Kap. V, Anm. 18);
B. Welte, Wesen und Unwesen der Religion, in: ders., Auf der Spur des Ewigen.
Philosophische Abhandlungen über verschiedene Gegenstände der Religion und der
Theologie, Freiburg 1965, 279–296.

drückerischer Weise auf. Der Katholizismus hebt besonders das Wort (Dogma) und das Gesetz (Kanon) hervor. Wort und Gesetz jedoch verlangen den Spezialisten (Dogmatiker und Kanonisten). Aufgrund dessen entwickelten sich ganze Eliten von Gelehrten und Hierarchen, die ausschließlich mit der Verwaltung des Sakralen befaßt sind. Da sie alleine etwas von diesen Dingen verstehen, gehen sie davon aus, daß man nur vermittels ihrer Lehren, Dogmen, Riten und Normen das Heil erlangen und zur Kirche gehören kann.[68] Nun ist das eine das Dogma und das andere der Dogmatismus, das eine das Gesetz und das andere der Legalismus, das eine die Tradition und das andere der Traditionalismus, das eine die Autorität und das andere der Autoritarismus. Das pathologisch-katholische Verständnis verkürzt das Christentum auf eine einfache Heilslehre: Es ist wichtiger, die Wahrheiten zu wissen, *sicut opportet ad salutem consequendam,* wie es heilsnotwendig ist, als sie in praktizierter Nachfolge Jesu Christi zu tun. Jesus, sein Land, seine Worte, seine Geschichte – alles wird gepriesen, Heilige werden verehrt, Märtyrer besungen, heldenhafte Glaubenszeugen gefeiert, nur das Wichtigste wird kaum bedacht: ihnen nachzufolgen und das zu tun, was sie getan haben. Den Kult zu feiern führt nicht immer zur Umkehr, wohl aber oft genug zur Entfremdung von der wahren christlichen Praxis.

Die Verabsolutierung sowohl einer Lehre, einer Kultform, einer Weise der Machtverteilung in der Gemeinde, die alle Entscheidungskompetenz in der Hand einer kleinen hierarchischen Elite zentralisiert, als auch der Art und Weise, wie die Kirche in der Gesellschaft präsent wird, führte zu unleugbaren Formen der Unterdrückung der Gläubigen. Die institutionelle Verhärtung ließ Phantasie, Kritikfähigkeit und schöpferische Gestaltungskraft verkümmern. Alles Neue wird sogleich mit Verdacht belegt, weil die Neigung zur Apologie des kirchlichen *status quo* vorherrscht und mehr zur Loyalität gegenüber der Institution als zur Treue gegenüber der Botschaft und den Forderungen des Evangeliums aufgerufen wird. Die Idee der Sicherheit wiegt schwerer als die der Wahrheit und der Wahrhaftigkeit. Spannungen werden oft genug mit Druck erstickt, wobei nicht selten menschliche Grundrechte, die sogar von konfessionslosen oder offiziell atheistischen Gesellschaften respektiert werden, Schaden leiden.

[68] Vgl. *M. de Certeau/J. M. Domenach,* Le christianisme éclaté (Anm. 1), 47.

Der römische Katholizismus war nicht genügend negativ, das heißt kritisch: »Nur allzuoft, namentlich in der konstantinischen Ära seiner Geschichte, hielt das Christentum einer ungerechten Gesellschaft, einem ungerechten Staat nicht den Spiegel der Ideale der Güte, Gerechtigkeit und Liebe vor. Vielmehr zog es vor, affirmativ für den größeren Besitz und die stärkeren Bataillone Partei zu ergreifen. Es umgab die ungerechten Herren der Gesellschaft mit der Aura einer himmlischen Gerechtigkeit, legitimierte sie damit und bewog die vielen, sich im Produktionsprozeß und auf den Schlachtfeldern willig und demütig für die wenigen zu opfern. Das Christentum kam um sein eschatologisches Salz und entartete zu einer Ideologie, welche die bestehenden Herrschaftsordnungen rechtfertigte. Damit verstärkte es nur noch die Entzweiung zwischen dem Partikulären und dem Universalen [und wich ihrer Versöhnung in einer freieren Gesellschaft aus]. Es wurde reaktionär.«[69]

Aber es gab nicht nur Entstellungen, sondern auch die theologisch-ideologische Rechtfertigung. Gern schrieb man göttlichem Recht zu, was nur historischen Rechtes ist, und nannte Naturrecht, was Kulturprodukt ist. So blieben Institutionen, Gesetz und Lehre von jeder Kritik oder von jedem Versuch zu sozialer Veränderung verschont. Das aber war der Nährboden für all die unterdrückerischen Mythologien, die im Katholizismus ideologisch vertreten wurden: wie der Mythos der absoluten Macht der Könige, der Heiligkeit des Reiches und anderes mehr.

Die Absolutsetzung eines Typs von Kirche und eines Stils in der Darstellung der evangelischen Botschaft schuf eine merkwürdige Art von Pathologie: die Mentalität der Apokalyptik. Wenn ein verabsolutierter Status in die Krise gerät, haben Menschen, die sich ganz auf ihn eingelassen haben, das deutliche Gefühl, das Ende der Welt und die endgültige Eschatologie ständen unmittelbar bevor. Alles scheint zu Ende zu sein. Theologen und Heilige sind dieser Illusion erlegen. So sah zum Beispiel Hieronymus im Fall des römischen Reiches ein offensichtliches Zeichen für das baldige Ende der Welt (Ep. 123,15–17: PL 22,1057–1058). Papst Gregor erkannte in den Umwälzungen seiner Zeit wie in den Niederlagen Roms das Zeichen für das unmittelbar bevorstehende Ende (Hom. in Evang. I,5: PL 76,1080 bis 1081). Was jedoch eintraf, war das Ende *einer* Welt mit ihrer Ordnung und ihrer Macht. Aber diese Welt ist weder die ganze Welt, noch er-

[69] R. Siebert, Religion in der Sicht der kritischen Soziologie (Kap. V, Anm. 25), 26.

schöpft sich in ihr die ganze Geschichte. Die Geschichte geht weiter, neue Welten entstehen, und neue Chancen tun sich dem Glauben auf, unter den Menschen Gestalt anzunehmen und ihnen die heilschaffende Begegnung mit Gott zu ermöglichen.

Die pathologischen Erscheinungsformen im römischen Katholizismus gewannen freien Lauf, als die Kirche das negative Denken aus ihrer Mitte verbannte, das bis dahin das Bewußtsein für die Nicht-Identität wachgehalten hatte. Es war ein historischer Fehler, den Protestantismus auszuschließen; denn was damit ausgeschlossen wurde, war nicht nur Luther, sondern auch die Möglichkeit echter Kritik und des Widerspruchs gegen das System im Namen des Evangeliums. Denn das Katholizistische kann zu einer totalen, reaktionären, gewalttätigen und repressiven Ideologie werden, so wie sie heute von bekannten totalitären Regimen in verschiedenen Ländern Lateinamerikas angerufen wird. Nichts ist dem evangelischen Geist ferner und fremder als der Anspruch des katholizistischen Systems auf uneingeschränkte Unfehlbarkeit, Nichthinterfragbarkeit und absolute Gewißheit, als die Einkapselung des Christentums in eine einzige und ausschließliche Ausdrucksform, als die Unfähigkeit, das Evangelium in anderen Bekundungen als in einer einzigen Lehre, einer einzigen Liturgie, einem einzigen Moralkodex und einer einzigen kirchlichen Organisationsform wiederzuerkennen. Christliche Erfahrung wird durch Indoktrination seitens des herrschenden Systems ersetzt. So lebt man in der Hölle immer wieder interpretierter und noch einmal ideologisch neu interpretierter Bedeutungsträger (Signifikanten), die nie und nimmer ungültig werden dürfen, im endlosen Gefängnis von Deutungen und Erklärungen, die schließlich den Bezug zu dem einzig Notwendigen, zum Evangelium, verschütten. Die Fetischisierung der Vermittlung im Katholizismus ist verantwortlich für seine geschichtliche Versteinerung und für die Langsamkeit, mit der er die Zeichen der Zeit begreift und in ihrem Licht die befreiende Botschaft Jesu übersetzt und im jeweiligen Heute greifbar werden läßt.

Zum Schluß dieses Abschnitts sei noch einmal hervorgehoben, daß derartige Erscheinungsformen Pathologien eines gesunden, richtigen Prinzips sind – Pathologien, die gleichwohl die positive Kraft in der Identität des Katholizismus nicht zu zerstören vermögen. Das Negative lebt von einem fundamentaleren Positiven, und die Kritik, so wahr und so schneidend sie auch sein mag, inspiriert sich an etwas Größerem und Gesunderem. Ohne das Problem so auf den Punkt zu bringen, würden wir urteilen ohne Unterscheidung der Geister und würden am Ende Christentum mit Katholizismus und Identität mit ihren historischen Konkretionen verwechseln.

6. Offizieller römischer Katholizismus und Volkskatholizismus

Aus unserer bisherigen Reflexion ergeben sich einige Überlegungen für das Thema Volkskatholizismus.

1. Es geht um *Katholizismus*. Das heißt: Der Vermittlung wird großes Gewicht beigemessen. In der Frömmigkeit findet der Glaube zu seiner Gestalt. Im Gelübde, in der Prozession, in der brennenden Kerze, in der Heiligenverehrung lebt das Evangelium, das in solchen Ausdrucksformen seine Identität konkretisiert: sie vergeschichtlichen es. Deshalb herrscht im Katholizismus ein grundsätzlicher Optimismus: Freude, Heiterkeit und Lust an der Gegenwart der Transzendenz Gottes und Jesu Christi in der Transparenz der Realitäten dieser Welt, die als Vehikel der Offenbarung und Mitteilung des Heils begriffen werden.

2. Die Rede ist vom populären Katholizismus, vom *Volks*-Katholizismus. Wenn wir auch nicht in die schwierige Diskussion einsteigen möchten, was *popular* ist, nehmen wir den Begriff hier doch in einer relativen Bedeutung. Popular ist, was nicht offiziell ist, was sich von den Eliten, die die Verwaltung des Katholizismus innehaben, abhebt. Volkskatholizismus ist eine andere Art der Gestaltwerdung als die offizielle römische, mit einer eigenen Symbolwelt, eigenen Sprache und eigenen Grammatik, eben der des Volkes. Deshalb muß er nicht unbedingt als Abweichung vom offiziellen Katholizismus angesehen werden.[70] Vielmehr ist er ein anderes, eigenes System, welches das Christentum in konkrete Verhältnisse des menschlichen Lebens übersetzt.[71] Seine Sprache fußt auf wildem Denken, und seine Gram-

---

[70] Vgl. *P. A. Ribeiro de Oliveira*, Religiosidade popular na América Latina, in: Revista Eclesiástica Brasileira 32 (1972) 354–364, bes. 355.

[71] Vgl. *J. Comblin*, Para uma tipologia do catolicismo no Brasil, in: Revista Eclesiástica Brasileira 28 (1968) 46–73, bes. 48: »Der Unterschied zwischen dem Katholizismus der Kleriker und dem Katholizismus des Volkes besteht einfach darin, daß die Kleriker der Ansicht sind, ihr Christentum sei rein und allein authentisch, während die anderen das Problem von Orthodoxie und Authentizität gar nicht kennen. In Wirklichkeit gibt es lediglich verschiedene Systeme, mittels deren das Christentum in konkrete menschliche Lebensverhältnisse übersetzt wird. Die volkstümlichen Formen verdienen eine ebenso große Wertschätzung wie die offiziellen Formen. Zum Christentum bekehren sich die Menschen nicht dadurch, daß die Kleriker ihnen allen ein von ihnen selbst a priori offiziell definiertes Christentum auferlegen, sondern dadurch, daß jeder innerhalb

matik folgt den logischen Mechanismen des Unbewußten. Wer den Volkskatholizismus verstehen will, braucht ein angemessenes Instrumentar, das anders sein muß als das, mit dem er an den offiziellen Katholizismus, der sich ja durch reflektiertes Denken und logische Schärfe seiner lehrmäßigen Systematisierung auszeichnet, herangehen würde.

3. Der Volkskatholizismus ist *römischer* Katholizismus. Obwohl er seine eigene Identität hat und die Anerkennung dieser Tatsache unerläßlich ist für eine adäquate Beschäftigung mit ihm, steht er, gerade weil er popular ist, immer mit dem offiziellen römischen Katholizismus in Verbindung. Die offiziellen Lehren, die Heiligen, die Sakramente usf. bezieht er vom offiziellen Katholizismus. Dieser ist seine ständige Nahrungsquelle und verleiht bzw. verweigert ihm seine Legitimität. Die Katholiken des Volkskatholizismus legen großen Wert darauf, zur offiziellen Kirche der Kleriker zu gehören. So kommt es, daß der Volkskatholizismus nur in seinem dialektischen Verhältnis zum offiziellen Katholizismus zu verstehen ist. Dieser hat die Kontrolle über das Wort, die Lehre und die Gesetze, doch überläßt er dem Volk die Praxis, die recht frei ist. Hier kann das Volk seine Kreativität entfalten, seiner religiösen Erfahrung freien Lauf lassen und sich ungehindert ausdrücken. Aber auch ihrerseits beeinflußt die Erfahrung die offizielle Theologie, trägt zur Erneuerung der offiziellen Strukturen bei und eröffnet dem offiziellen Katholizismus neue Formen der Gegenwart in der gelehrten Kultur der Zeit. Nicht ohne Grund haben die größten Erneuerungsbewegungen, die neu entstehenden Frömmigkeitsformen wie auch die größten Propheten, Heiligen und Mystiker ihren Ursprung inmitten des Volkes, wo die Gottes- und Christuserfahrung, frei von den Überichs der offiziellen Lehre, eine neue Vermittlung erproben kann. Ohne Volkskatholizismus kann der offizielle Katholizismus nicht *leben*, und ohne den offiziellen Katholizismus kann sich der Volkskatholizismus – insofern er Katholizismus ist – nicht *rechtfertigen*.

4. Wie im offiziellen Katholizismus kann es auch im römischen Volkskatholizismus pathologische Erscheinungen geben. Dem Volkskatholizismus droht aufgrund seiner besonderen Struktur leichter die Gefahr der Verirrung, denn bei ihm ist ja das Element der

seiner eigenen Struktur einen erneuerten Zugang zum Evangelium findet. Wir dürfen den Volkskatholizismus nicht zerstören, sondern müssen seine Vertreter ihn im Rahmen seiner eigenen Dynamik verbessern lassen. Das aber setzt voraus, daß wir den Volkskatholiken wenigstens ihre Existenz und ihren Zusammenhang zugestehen.«

Erfahrung stärker als das der Kritik, das des Symbols, das aus der Tiefe des Unbewußten emporkommt, stärker als das des Begriffs, der das Produkt des wachsamen Verstandes ist. Nicht selten tauchen aus dem kollektiven Unbewußten Archetypen religiöser Erfahrung der Menschheit auf, die die christliche Identität durchaus in Gefahr bringen können, wie beispielsweise der Eifer für Sicherheit und Gewißheit, der zu fetischistischen und magischen Handlungen führen kann. Gewiß: Der Volkskatholizismus kann eine wahre innere Befreiung bedeuten, insofern er die Menschen zum Überleben ermutigt, ihnen trotz aller Widersprüche der Gegenwart Hoffnung macht und in ihnen den transzendenten Sinn des Daseins wachhält. Da er sich aber nicht darum kümmert, daß seine Verhaltensweisen auch kritisierbar sind, können sich die Schemata der Unterdrücker bei ihm einschleichen – und damit ideologische Interpretationen der menschlichen Konflikte, die mit Hilfe religiöser Manipulation die bestehenden Macht- und Ungerechtigkeitsverhältnisse konservieren sollen. So kommt es darauf an, sorgfältig zu prüfen, was im Volkskatholizismus popular und was antipopular ist.

7. Schluß: Der römische Katholizismus muß traditioneller und weniger traditionalistisch werden

Katholizismus – das geht aus unserer Analyse hervor – bedeutet grundsätzlich eine optimistische Haltung gegenüber den Gegebenheiten der Geschichte und eine Offenheit für kulturelle Formen, Traditionen und Lebensweisen, in denen christlicher Glaube und Evangelium zum Ausdruck kommen können. Diese Haltung macht die große katholische Tradition, ihre Besonderheit und ihren Ruhm aus. Sie hat katholischen Christen Freude und Heiterkeit vermittelt und sie unter katholischen Vorzeichen die Geschichte aufbauen lassen. Allerorten, wohin der Katholizismus vordrang, schuf er eine katholische Kultur mit Denkmälern und Kirchen, mit sakraler Kunst und Literatur. Neben dieser positiven Dimension gibt es aber auch eine deutlich pathologische Seite, die man nicht nur nicht verdrängen darf, sondern sehr bewußt vor Augen haben muß.

Um dieser katholischen Haltung willen müßte der heutige Katholizismus – der ja in einem bestimmten Typ der Gestaltwerdung fest verwurzelt und nicht minder fest entschlossen ist, diesen gegen alle Veränderungen zu verteidigen, sofern sie nicht bloß Modernisierungen der bestehenden Struktur sind – an seiner ureigenen Tradition festhalten: sich neuen Experimenten zu öffnen und sich neue religiöse Erfahrung kritisch zu eigen zu machen. So denken wir zum Beispiel an den ganzen Reichtum der großen brasilianischen Volksreligiosität, in der nicht nur afrikanische, amerindianische und iberische Elemente, sondern auch Beiträge der aus dem modernen Europa eingewanderten Bevölkerungen zusammenfließen. Der gegenwärtige Katholizismus ist nicht römisch-katholisch genug im Sinne der oben beschriebenen Identität. Vielmehr ist er zu katholizistisch und zu reaktionär, läßt es an Treue zu seiner großen Tradition fehlen und ist wie besessen von seinen geringeren und jüngeren Überlieferungen. Statt traditionell genug zu sein, ist er zu traditionalistisch. Zuwenig katholisch und traditionell, fällt es ihm schwer, hochherzig auf den Volkskatholizismus zuzugehen und sich aus der christlichen Erfahrung des Volkes Gottes heraus erneuern zu lassen.

VII. Plädoyer für den Synkretismus:
Aufbruch zur Katholizität des Katholizismus

Wie die Geschichte bis in unsere Tage zeigt, schließt Katholizismus Mut zur Gestaltwerdung in neuen Formen ein, zur Übernahme heterogener Elemente und zur Verschmelzung – nach den Kriterien seines spezifisch katholischen Ethos. Katholizität als Synonym für Universalität ist nur unter der Bedingung möglich und verwirklichbar, daß wir nicht vor dem Synkretismus zurückschrecken, sondern ihn im Gegenteil zum Prozeß der Entstehung von Katholizität machen.

Als sich in der Folge des Konzils die Kirche für die anderen Religionen öffnete und die Güter der Kulturen für sie außerordentlich an Wert gewannen, wurde auch dieses Problem aktuell. Dabei handelt es sich nicht allein um religiöse und kulturelle Ökumene, sondern um eine Einladung, das Evangelium auch in Räume vordringen zu lassen, die der Kirche bisher verschlossen oder fremd waren. Da und dort fragt man skeptisch: Ist das Ganze nicht eine neue Strategie des Katholizismus, sich innerlich zu festigen und sein historisches Gewicht zu erhalten? Wenn dem so wäre, wäre das Interesse für den Synkretismus unter theologischem Gesichtspunkt aber rein instrumentell und sogar falsch. Oder rühren wir hier an ein »Gesetz der Gestaltwerdung«, so wie es für den Katholizismus charakteristisch ist, dessen historisches Schicksal und bleibende Aktualität ja daran hängt, wieweit er fähig ist, sich zu »synkretisieren«? Unter diesem Gesichtspunkt wäre Synkretismus etwas Positives und ein normaler Prozeß, der zur Bildung des Katholizismus führt.

1. Was ist Synkretismus?

Die Frage nach dem Wert des Synkretismus[1] – ob sie positiv oder negativ beantwortet wird – verweist auf den Standort des Beobach-

---

[1] Vgl. einige wichtige Titel: *E. Hoornaert*, Kirchengeschichte Brasiliens aus der Sicht der Unterdrückten 1550–1800, Mettingen 1982, bes. 24–30: Katholizismus und Synkretismus, und 122–124: Wahrer und falscher Synkretismus; *Kamastra*, Synkretismus, Leiden 1970; *J. D. Y. Peel*, Syncretism and Religious Change, in: Comparative Studies in Society and History 10 (1967–1968) 2, 121–141; *G. Thils*, Syncrétisme ou catholicité?

ters. Wer an einer Stelle steht, die vom Katholizismus – verstanden als abgerundete, etablierte und geschlossene Größe – profitiert, wird dazu neigen, den Synkretismus als eine Bedrohung anzusehen, die es zu meiden gilt. Wer dagegen näher am Erdboden ist, dort, wo sich die Konflikte abspielen und die Herausforderungen drängen, in Kontakt mit dem Volk, das seinen Glauben in Osmose mit anderen religiösen Ausdrucksformen lebt, und wer Katholizismus als etwas Lebendiges und folglich Offenes versteht, das die verschiedensten Elemente in sich aufnimmt, neue Synthesen schafft und dadurch auch sich selbst verändert, der wird im Synkretismus einen normalen und natürlichen Prozeß sehen.

Wir sind Erben der Art und Weise, mit dem Thema umzugehen, die vornehmlich jener schmale Sektor in der Kirche pflegte, der die ersten Plätze einnahm und das theologische und institutionelle Wissen innehatte. Für ihn hat »Synkretismus« einen abschätzigen Klang. Für den früheren Generalsekretär des Ökumenischen Rates der Kirchen, Willem A. Visser't Hooft, ist der Synkretismus die große Versuchung dieses Jahrhunderts, denn die Seele des Menschen sei nicht *naturaliter christiana,* sondern *naturaliter syncretista.* Ja, der Synkretismus sei beträchtlich gefährlicher als der offene Atheismus. Der bekannte Löwener Professor Gustave Thils ließ mit einem Buch,

Paris 1967; *M. Visser't Hooft,* Cristianismo e outras religiões, Rio 1968; *ders.,* Kein anderer Name. Synkretismus oder christlicher Universalismus? Basel 1965 (London 1963); *M. M. Breeveld,* Uma revisão do conceito de sincretismo religioso e perspectivas de pesquisa, in: Revista Eclesiástica Brasileira 35 (1975) 415–423; *R. Hernegger,* Macht ohne Auftrag (Kap. V, Anm. 9), 340–356: Zauber und Amulette; *P. Stockmeier,* Glaube und Religion in der frühen Kirche, Freiburg 1973, bes. 100–119: Die Identifikation von Glaube und Religion im spätantiken Christentum; *F. J. Dölger,* (Rezension) Mysterienwesen und Urchristentum. Perdelwitz, Die Mysterienreligion und das Problem des I. Petrusbriefes, in: Theologische Revue 15 (1916) 385–393; 433–438; *K. Latte,* Die Religion der Römer und der Synkretismus der Kaiserzeit. Religionsgeschichtliches Lesebuch, Tübingen 1927; *J. C. Maraldo,* Art. Synkretismus, in: Sacramentum Mundi IV, 1969, 795–800; *R. Pettazoni,* Sincretismo e conversione nella storia della religione, in: ders., Saggi di storia delle religioni e di mitologia, Rom 1946, 143–151; *E. P. de la Boullaye,* Sincretismo, in: Enciclopedia Cattolica XI, Rom 1953, 662–682. Weitere Literaturhinweise folgen an den jeweiligen Stellen. »Synkretismus« bedeutet: es wie die Kreter tun, die, obwohl unter sich gespalten, sich zusammenschlossen, um einen gemeinsamen Feind zu bekämpfen (*Plutarch,* De fraterno amore). In der Reformation benutzte Erasmus den Begriff, um damit den Zusammenschluß der protestantischen Reformatoren mit den Humanisten zu beschreiben. In einem Brief an Melanchthon sagt Erasmus: »Ihr seht, welch großen Haß einige gegen die schönen Künste hegen; so ist es nur gerecht, daß auch wir synkretisieren – *Aequum est nos quoque* συνκρητίζειν« *(Melanchthon,* Corpus Reformatorum I, No. 40, Sp. 78). Im 17. Jahrhundert versuchte man, das Wort »Synkretismus« von *syn-kerannymi* herzuleiten, einem altgriechischen Wort, das vermischen, vermengen, harmonisieren (Lehren, Philosophien usf.) bedeutet.

dessen Titel schon die Alternative andeuten sollte: *Synkretismus oder Katholizität?*, den Alarmruf Visser't Hoofts noch einmal im Echo erschallen. Wenn auch weniger scharf, machte er sich die Kritik des ehemaligen Generalsekretärs des Weltkirchenrates zu eigen. Selbst das Zweite Vaticanum warnt vor »jedem Anschein von Synkretismus und falschem Partikularismus« (*Ad gentes*, Nr. 22).

Aber was ist denn Synkretismus? Verschiedene Definitionen sind im Umlauf.

a. Synkretismus als Addition

Von einem Prozeß des Synkretismus spricht man, wenn es zwar noch nicht zu einer neuen Religion im Sinne eines differenzierten Ganzen gekommen ist, wohl aber verschiedene religiöse Praktiken, von denen jede ihre Strukturen, Riten und Realisationsorte hat, addiert werden oder miteinander abwechseln: wenn zum Beispiel jemand an der katholischen Liturgie teilnimmt, dann zu den Spiritisten geht, danach zum Candomblé (einem der afrobrasilianisch-katholischen Mischkulte) und schließlich in den Tempel der Zeugen Jehovas. Hier haben wir es mit einer bloßen Aneinanderreihung von Elementen zu tun, die nicht in Interaktion miteinander treten, sondern lediglich durch die Erfahrung des Gläubigen, dessen diffuse und unbestimmte Religiosität sich dieser religiösen Ausdrucksformen bedient, zusammengehalten werden. Hier zeigt der Synkretismus seine negative Seite mangelnder Identitätsbestimmtheit.

b. Synkretismus als Anpassung

Dieser Begriff wird dann gebraucht, wenn Unterdrückte sich in ihrer Religion der Religion der Unterdrücker anpassen, sei es als Überlebensstrategie, sei es als eine Form des Widerstandes. So mußten sich etwa die afrikanischen Religionen der aus dem Schwarzen Erdteil importierten Sklaven den Institutionen, Festen, Riten und Glaubenspraktiken des kolonialen Katholizismus anpassen. Ein derartiger Unterdrückungsprozeß bedeutet noch nicht die Auflösung der Identität der ursprünglichen Religion, wohl aber die Übernahme von Elementen, die mit seinem Ethos unvereinbar sein und in der religiösen Erfahrung Konflikte und Spannungen hervorrufen können. So mußten sich zum Beispiel viele Gottheiten der schwarzen Sklaven in das Gewand katholischer Heiliger kleiden und sich ihren Festen und Riten anpassen.

c. Synkretismus als Vermischung

Jeder Synkretismus bedeutet Vermischung. Die Frage ist nur, von welcher Art die Vermischung ist. Hier denken wir lediglich an eine oberflächliche Vermengung: Die Elemente werden einfach nebeneinandergestellt, wie sich etwa im römischen Pantheon Götter und Göttinnen aus Asien, Ägypten, Syrien, Persien wie aus allen besiegten Völkern in ein und demselben Tempel mit römischen Göttern vermischten. Es gibt keinerlei Einheit, es sei denn jene diffuse, innerliche Einheit im Gläubigen, der sich unter der Gewalt des Göttlichen spürt, die sich in so vielen Typen von Göttern zeigt. Nichts an Systematisierung, die den religiösen Bedürfnissen entgegenkommt, nichts an religiöser Weltsicht, sondern nur eine unheimliche Fülle an Göttern mit den widersprüchlichsten Besonderheiten. Synkretismus in diesem Sinn ist gleichbedeutend mit Auflösung und Durcheinander.

d. Synkretismus als Harmonisierung

Besonders gegen einen harmonisierenden Synkretismus wenden sich Thils und Visser't Hooft. »Es handelt sich bei dieser Anschauung um die Behauptung, daß es in der Geschichte überhaupt keine einmalige Offenbarung gibt, sondern nur viele verschiedene Wege, um zur göttlichen Wirklichkeit zu gelangen, daß alle Formulierungen religiöser Wahrheit oder Erfahrung ihrem Wesen nach ein unzureichender Ausdruck der einen Wahrheit sind und daß es notwendig ist, alle religiösen Ideen und Erfahrungen so weit wie möglich zu harmonisieren, um für die Menschheit eine Universalreligion zu schaffen.«[2] Das Problem besteht nicht im ersten Teil besagter Behauptung, der unter heilsgeschichtlichem Gesichtspunkt – darauf kommen wir noch vertiefend zurück – voll vertretbar ist, sondern in der Absicht, die verschiedenen Formeln, Riten und Ausdrucksformen miteinander in Einklang zu bringen, um so eine Religion zu schaffen, die allen Menschen zunutze ist. Eine solche Vorstellung rührt nicht an die Struktur, Erfahrung und Identität von Religion, sondern bleibt bei äußeren Bedeutungsträgern stehen. Sie nährt die Illusion, die Harmonisierung der Ausdrucksformen harmonisiere auch die Grunderfahrungen. So ein Bemühen kann nur äußerlich und oberflächlich sein. Das Ergebnis wäre nämlich eine konstruierte Religion, eine Art Esperanto-Religion. Synkretismus wäre einfach ein Nebeneinander verschiedener Elemente ohne jedes organische Leben.

[2] *M. Visser't Hooft,* Kein anderer Name (Anm. 1), 12f.

e. Synkretismus als Übersetzung

Man spricht auch dann von Synkretismus, wenn eine bestimmte Religion Kategorien, kultische Handlungen oder Überlieferungen einer anderen Religion benutzt, um ihre eigene spezifische Botschaft mitzuteilen und zu übersetzen. Aber es geht nur um solche Elemente, die mit der Identität der eigenen Religion vereinbar sind oder die sich so weit angleichen lassen, daß sie integrierender Bestandteil der Religion werden. Dies ist ein Prozeß, der allen Weltreligionen gemeinsam ist.

f. Synkretismus als Einschmelzung

Hier haben wir es mit einem langwierigen, beinahe unmerklichen Prozeß religiöser Produktion zu tun. Eine Religion öffnet sich für andere religiöse Bekundungen, assimiliert sie, interpretiert sie und schmilzt sie gemäß den Kriterien ihrer eigenen Identität ein. Dabei geht es nicht nur um einfache Übernahme, sondern um ein Umschmelzen und Umwandeln. Das aber bringt bisweilen Krisen mit sich, Zeiten, in denen alles undefiniert und unbestimmt zu sein scheint und man nicht mehr recht weiß, ob die Identität nun noch unberührt oder bereits angetastet ist. Der Prozeß der Geschichte spielt dabei eine wichtige Rolle, insofern er es dem Grundethos der herrschenden Religion ermöglicht, die hinzukommenden Elemente zu »verdauen« und sich zu eigen zu machen. Dies ist ein lebendiges und organisches Geschehen, ähnlich der Nahrung, die – so vielförmig sie auch sein mag – aufgenommen und in menschliches Leben umgesetzt wird. Freilich gibt es auch Unverdauliches, Schädliches und anderes, das ausgeschieden wird. Ähnlich verhält es sich mit einer Religion, die voll in die Geschichte integriert und offen für die Einflüsse aus dem Umfeld ist. Sie empfängt nicht nur, sondern verarbeitet das Empfangene auch und prägt ihm das Merkmal ihrer Identität auf. Man kann sagen, daß alle großen Religionen, die eine systematische Entwicklung mitgemacht haben, das Ergebnis eines gewaltigen Synkretisierungsprozesses sind.

Der Prozeß geht weiter. Eine Religion wie das Christentum bewahrt und bereichert ihre Universalität in dem Maße, in dem sie imstande ist, alle Sprachen zu sprechen und sich in alle menschlichen Kulturen hineinzugeben und einzuschmelzen. Dieser Synkretismus ist nicht nur Rechtens, sondern auch notwendig, obgleich auch er nicht gegen Pathologien gefeit ist. Er ist ein Prozeß, der alle anderen von uns angeführten Begriffe von Synkretismus einschließt und übersteigt.

Unsere Aufgabe ist es, zu zeigen, daß der Synkretismus als Lebensprozeß einer Religion legitim ist. Seine Relevanz für Brasilien ist groß, da das brasilianische Volk eine tiefe religiöse Sensibilität hat und religiöse Ausdrucksformen unterschiedlicher Herkunft bei uns üppig gedeihen. Unsere Religiosität speist sich aus Afrika, aus indianischen Traditionen, aus den Überlieferungen der Mischbevölkerungen, aus dem mittelalterlich-kolonialen, reformierten und modernisierten Christentum sowie aus den verschiedenen christlichen Kongregationen. Unter der Bedingung, daß sich der Katholizismus für diesen religiösen Reichtum öffnet und sich wirklich in ihn hineingibt, kann er in Brasilien ein neues Gesicht bekommen.

2. Das Christentum ist ein grandioser Synkretismus

Die herrschende katholische Meinung lautet, Synkretismus gebe es nur in den anderen Religionen. Als geoffenbarte Religion sei das Christentum nicht synkretistisch. Seine Strukturelemente habe es im wesentlichen von seinem göttlichen Stifter Jesus Christus empfangen. Das biblische Judentum seinerseits sei Offenbarung Jahwes in der Geschichte.

Ohne Zweifel paßt diese Deutung zu der herrschenden Religion. Diese bringt sich in einem totalisierenden Diskurs zur Darstellung und erklärt alle übrigen religiösen Manifestationen entweder als Hinführung zu sich – und damit als grundsätzlich unvollkommen – oder als dekadente Wegführung von sich, wie zum Beispiel den Volkskatholizismus oder die aus der Reformation hervorgegangenen Kirchen. Untersuchungen verschiedener mit dem Phänomen Religion – und insonderheit mit dem Christentum – beschäftigter Disziplinen haben derartige Vorstellungen des offiziellen Katholizismus zunichte gemacht. Dieser ist nicht weniger synkretistisch als jedwede andere Religion. Ebenso sind auch das Alte und das Neue Testament synkretistische Schriften, die die Einflüsse aus der eigenen kulturellen Umwelt wie aus anderen Kulturen assimilieren. In den neutestamentlichen Texten findet sich jesuanische, apostolische, jüdische, judenchristliche, typisch christliche, römische, griechische, gnostische, stoische und manch andere Substanz. Allerdings werden die Elemente nicht einfach nebeneinandergestellt – und deshalb handelt es sich ja auch nicht um irgendeine Art von Synkretismus –, sondern

kraft einer starken christlichen Identität nach eindeutig christologischen Kriterien assimiliert.

Das Ergebnis ist nicht eine Religion, die fertig aus der Hand Gottes
bzw. Christi hervorgegangen und so den Menschen übergeben worden wäre. Vielmehr erweist sich das Christentum als ein Kulturer-
zeugnis, das Menschen in der Kraft Gottes mit ihrer kulturellen
Aktivität hervorgebracht haben. Einerseits ist es ein Geschenk Gottes
– und deshalb heißt es mit Recht, es habe einen transzendenten
Ursprung –, und andererseits gibt es sich als menschliche Konstruktion zu erkennen, deren Entwicklungsgeschichte und Prozesse man
untersuchen und aufschlüsseln kann. Das Geschenk Gottes besteht
im Glauben und in der endgültigen göttlichen Offenbarung in Jesus
Christus. Alles das aber leben und bezeugen Menschen in vorgegebenen religiösen und kulturellen Bezügen. Konkret betrachtet, erweist
sich die Kirche in ihren Strukturen als genauso synkretistisch wie jede
andere religiöse Gruppe auch.

In einer ziemlich eingehenden Studie haben wir an anderer Stelle[3]
gezeigt, daß es reines Christentum nicht gibt, nie gegeben hat und
auch nie wird geben können. Das Göttliche begegnet uns immer in
menschlichen Vermittlungen. Diese verhalten sich jenem gegenüber
dialektisch: Sie stellen das Göttliche in der Konkretion der Geschichte dar, indem sie es offenbaren, wie sie es andererseits aufgrund
ihrer inneren Begrenztheit (Nicht-Identität) auch leugnen und ver-
bergen. Was konkret existiert, ist (sind) immer nur die Kirche(n) als
geschichtlich-kultureller Ausdruck und religiöse Objektivierung des
Christentums. Sie lebt (leben) die Dialektik von Affirmation und
Negation aller Konkretisierungen.

Es ist das Verdienst christlicher Historiker vom Rang eines Adolf
von Harnack, Franz Joseph Dölger, Johann Adam Möhler, Fried-
rich Heiler und gegenwärtig eines Peter Stockmeier,[4] herausgearbeitet zu haben, daß der Katholizismus einen »großartigen und unend-
lich komplexen Synkretismus« darstellt. Eduardo Hoornaert hat die
drei Typen von Katholizismus beschrieben und bewertet, welche die
brasilianische Geschichte hervorgebracht hat und die einen nicht
minder grandiosen Synkretismus darstellen: den kriegerischen
Katholizismus, den patriarchalischen Katholizismus sowie den
Volkskatholizismus.[5] In der Kirche begegnen uns immer zwei Hal-

---

[3] Vgl. L. Boff, Catolicismo popular: que é o catolicismo, in: Revista Eclesiástica Brasileira 36 (1976) 19–52.
[4] Siehe Anm. 1.   [5] Siehe Anm. 1.

tungen: Während der einen an der Selbst-Behauptung der eigenen Identität liegt, bis hin zum Geist der Apologetik, der immer nur das besondere Christliche hervorheben will, ist die andere von Offenheit geprägt und voller Sympathie für alle Werte, die bereits vor Ankunft der christlichen Verkündigung vorhanden waren, macht sie sich erlösend zu eigen, bringt durch sie und in ihnen die christliche Botschaft zum Ausdruck und schafft so einen neuen Synkretismus.

Damit ist der Synkretismus weder ein notwendiges Übel noch eine Pathologie der reinen Religion, sondern etwas völlig Normales, als Gestaltwerdung, Ausdruck und Objektivierung eines Glaubens oder einer religiösen Erfahrung. Natürlich kann Synkretismus – was wir noch sehen werden – auch Pathologien zeitigen. Aber grundsätzlich ist er ein *konstitutives,* universales Phänomen jeder religiösen Manifestation.

3. Theologische Rechtfertigung des religiösen Synkretismus

Im Folgenden möchten wir, im Rahmen einer theologischen Sicht der Kirche, über die Gültigkeit und Legitimität des Synkretismus nachdenken, aber auch über die Grenzen, denen er unterliegt, wenn er nicht zur Pathologie entarten und die Substanz des christlichen Glaubens kompromittieren soll. Es wird darum gehen, einige Schlüsselkategorien der katholischen (christlichen) Theologie zu artikulieren – wie: universale Heilsgeschichte und ihre Konkretionen, Glaube und Religion und die wesentliche Katholizität der göttlichen Botschaft –, in denen sich die Positivität des Synkretismus zeigt.

a. Das universale Heilsangebot und seine Vergeschichtlichungen

Es gehört zum Kern des christlichen Glaubens, daß Gott, wie er Schöpfer des Alls, so auch All-Erlöser ist. Er selbst bietet sich als Heil und menschliche Erfüllung allen zusammen und jedem einzeln an. Niemandem verweigert er sich. Das Unheil geht allein auf die Freiheit eines Menschen zurück, der sich der Heilsliebe Gottes verschlossen hat. Die Liebe Gottes ist ein konkretestes Konkretes. Sie läßt es nicht mit einer universalistischen und abstrakten Anwandlung getan sein, sondern steigt in die Konkretionen hinab, erreicht den Menschen dort, wo er steht, und bedient sich zur Vermittlung der Möglichkeiten seines Lebens, seiner Kultur und seiner Religion. Mit anderen Worten: Der universale Heilswille Gottes wird Geschichte und Gestalt in den Riten, Lehren und Überlieferungen einer Religion, in den moralischen Standards einer Gesellschaft, in den Formen gesellschaftlichen Zusammenlebens. So gibt es also von Gott aus eine Heilsgeschichte, die in der erlösenden Selbstmitteilung Gottes an die Menschen besteht; und es gibt dementsprechend auch eine universale Offenbarung Gottes, die allen Menschen die Möglichkeit zur Erkenntnis jener existentiellen Wahrheit gewährt, die sie auf den Weg des Heils schickt.

In diesem heilsgeschichtlichen Verständnis ist die Religion niemals ein rein menschliches Werk. Ihr *Ursprung* liegt immer im Übernatürlichen, weil die Initiative ausschließlich Gott zukommt. Die Religion ist dann bereits Antwort des Menschen auf den Anruf Gottes. In der konkret vorfindlichen Religion geht es, in einer unvermischten und untrennbaren Einheit, stets um das Wort Gottes und die Antwort des Menschen. Ihrem ganzen Wesen nach ist sie synkretistisch, weil sich in ihr das Moment des gestalt- und geschichtegewordenen universalen Heils und das der Erfahrung der Heilsgnade verbinden.[6]

Auf dieser Ebene unserer Reflexion ist der Synkretismus eindeutig eine positive theologische Größe. Unwichtig dabei ist, wie die verschiedenen Elemente geordnet sind oder woher sie kommen. Immer fungieren die konkreten religiösen Realitäten als mögliche Sakramente, die Gnade vermitteln und zum Ausdruck bringen können.

Im Lichte dieses universalen heilsgeschichtlichen Verständnisses sahen die ersten christlichen Apologeten, die sich mit den religiösen und kulturellen Werten des römischen Reiches auseinanderzusetzen hatten, diese als Formen der Gegenwart des Wortes an, das »jeden Menschen erleuchtet, der in die Welt kommt« (Joh 1,9), und nannten sie »Samenkörner des Wortes« *(logoi spermatikoi)*.[7] Was Seneca bereits gesagt hatte, sagten auch sie: »*Quod verum est, meum est . . . Sciant, quae optima sunt, esse communia.* – Was wahr ist, das ist mein . . . Sie sollen wissen, daß das, was wirklich gut ist, allen gemeinsam ist.«[8] In den Worten Justins lautet der Satz: »Was immer sich bei ihnen trefflich gesagt findet, gehört uns Christen an.«[9] Das Problem wurde wirklich heikel, als das Christentum am 28. Februar 380 unter Theodosius dem Großen Staatsreligion wurde; unter dem Druck des Gesetzes wurden die verschiedenen religiösen Gruppen zu Christen und brachten in die christlichen Gemeinden alle möglichen

---

[6] Vgl. *G. Thils,* Propos et problèmes de la théologie des religions non chrétiennes, Tournai 1956 (Literatur!).

[7] Vgl. *Justinus,* Apologie I, 8; II, 8; II, 10; II, 13 (PG 6; 380; 457; 460; 465 f).

[8] Ad Lucilium epistularum moralium liber XII, 11: XVI,7.

Riten, Glaubensvorstellungen, Lehren und religiösen Gewohnheiten ein. Bei allem Bemühen um Läuterung dieser Dinge im Lichte der christlichen Identität und elementarer Forderungen des Evangeliums ist dennoch zu beobachten, wie sich die Theologen befleißigen, die Religionen in einem heilsgeschichtlichen Sinn zu interpretieren. Sie sehen das Christusgeheimnis seit Anfang der Welt nicht nur gegenwärtig, sondern auch wirksam; die universale Kirche durchzieht die ganze Geschichte vom gerechten Abel bis zum letzten Erwählten. Zwar nimmt sie in jeder Epoche und in jeder Kultur unterschiedliche Formen an, aber immer vermittelt sie dieselbe Heilsgnade.[10] So sagt Augustinus beispielhaft: »Dasselbe, was jetzt christliche Religion genannt wird, gab es auch bei den Alten.«[11]

Aufgrund einer solchen optimistischen Interpretation entwickelte sich der großartige katholische Synkretismus: Feste, Riten, Traditionen und religiöse Inhalte wurden übernommen, assimiliert und christlich interpretiert und bildeten schließlich den Symbolreichtum der katholischen Kirche. Bei der theologischen Bewertung der nichtchristlichen Religionen verwendet auch das Zweite Vaticanum dieselbe Argumentation. Es sieht in den wahren Elementen, die sich in ihnen finden, eine »verborgene Gegenwart Gottes« (*Ad gentes,* Nr. 9), »Saatkörner des Wortes« (*Ad gentes,* Nr. 11) und »einen Strahl jener Wahrheit, die alle Menschen erleuchtet« (*Nostra aetate,* Nr. 2).[12]

Allerdings darf man, wenn von universaler Heilsgeschichte die Rede ist, nicht nur an das Gnadenangebot Gottes denken. Denn es geht noch um ein anderes Element: darum, daß Menschen dieses Geschenk annehmen oder abweisen. Das Heil ist nie etwas Zwangsläufiges, nie eine Nötigung, sondern immer ein Angebot an freie Menschen. Die Freiheit des Menschen kennt in ihrem Vollzug auch die Ablehnung Gottes. Es ist dies die Geschichte der Sünde der Welt, die ebenfalls ihre Konkretionen hat, welche ihrerseits das Nein des Menschen zur Einladung Gottes formell werden lassen und verkörpern.

[9] *Justinus,* Apologie II, 13 (PG 6,466). Siehe auch: *Klemens von Alexandrien,* Protreptikos 6, 7; 8, 173; *Augustinus,* De doctrina christiana II, 18; II, 25; II, 40 (PL 34: 49; 54; 63).
[10] Eine ausführliche Darstellung findet sich bei: *L. Boff,* Die Kirche als Sakrament im Horizont der Welterfahrung (Kap. VI, Anm. 12), 63–66 und 87–102.
[11] *Augustinus,* Retractationes I, 13 (PL 32, 603).
[12] Vgl. *B. Kloppenburg,* Ensaio de uma nova posição pastoral perante a Umbanda, in: Revista Eclesiástica Brasileira 28 (1968) 404–417; auf den Seiten 406–407 kommentiert der Verfasser die wichtigsten Passagen des Zweiten Vaticanum über den theologischen Wert der nichtchristlichen Religionen.

Die gegenwärtige Lage ist zutiefst zwiespältig. Augustinus sagt: »*Omnis autem Adam, omnis homo Christus*«[13] – jeder Mensch ist zugleich Adam und Christus, Gerechter und Sünder. Das bedeutet, daß keine Vermittlung nur rein und frei von jedem Sündenmakel ist. Das biblische Judentum wie auch die Kirche sind in einem heilig *und* sündig. Nur in Jesus Christus treffen sich absolut das Angebot Gottes und seine bedingungslose Annahme durch den Menschen. Nur er kann als *novissimus Adam* bezeichnet werden: Schöpfung und ganz und gar lautere Geste. Deshalb wird er als die Gegenwart der in der Zeit antizipierten Eschatologie gefeiert. Mit anderen Worten: Der Synkretismus, der in jeder religiösen Bekundung steckt, artikuliert nicht nur die Gegenwart der Liebe Gottes, sondern verbirgt, verdrängt und verhindert sie auch, wenn er den Menschen sich in sich selbst verschließen, Vermittlung mit göttlicher Wirklichkeit verwechseln und sich an einen Ritualismus und Legalismus versklaven läßt, die ihn das Wesentliche, Gott und seine Gnade, vergessen machen. Trotz dieser Doppeldeutigkeit hat christlicher Glaube immer betont, daß dort, wo die Sünde mächtig ist, die Selbstmitteilung Gottes allmächtig ist. Das heißt: So pathologisch sich der Synkretismus auch darstellen mag, die Gnade Gottes läßt sich bei aller Magie, bei allem Fetischismus und Ritualismus nicht endgültig an ihrem Wirken hindern. Trotz des Versagens des Menschen findet Gott immer noch einen Weg zum Herzen, um es zu erlösen.

Einen Satz wie diesen muß sich die Theologie stets aufs neue in Erinnerung rufen – was sie daran hindern wird, religiöse Entartungen sowohl des Heidentums als auch des eigenen Christentums als pures Satanswerk zu betrachten. Das Streben des Menschen nach einem Transzendenten, nach einem übergeschichtlichen Heil wird nie endgültig enttäuscht. Dessenungeachtet fordert das Wissen um die Unheilsgeschichte, von der ja die Heilsgeschichte durchsetzt ist, immer wieder kritischen Geist, der die symbolische Komponente von den dia-bolischen Elementen in den religiösen Ausdrucksformen zu unterscheiden imstande sein muß.[14]

b. Religion als synkretischer Ausdruck des Glaubens

Die Diskussion um das Verhältnis zwischen Glauben und Religion führt auch zum Problem des Synkretismus. Die Auseinandersetzung

---

[13] *Augustinus*, Enarrationes in Psalmos 70, II, 1 (PL 36, 891).
[14] Eine eingehendere Darstellung dieser beiden Kategorien findet sich in: *L. Boff*, Die Kirche als Sakrament (Kap. VI, Anm. 12), 476–493.

hat eine lange Geschichte, insbesondere auf protestantischer Seite, wo – vielleicht aufgrund einer übertriebenen Leidenschaft für evangelische Reinheit – die Neigung zu beobachten ist, Glauben und Religion als Gegensatz darzustellen (Barth, Bonhoeffer), und wo Religion als das Bemühen des Menschen, sich selbst seine Rechtfertigung zu verschaffen, und Glauben als Gnadengeschenk Gottes gesehen werden. Die katholische Vermittlung ist da erheblich gelassener; sie weiß Glauben von Religion zu unterscheiden, versteht aber auch, daß in der Praxis beide eine unauflösliche und unverwechselbare Einheit bilden. Die legitime Sorge um Unterscheidung rechtfertigt nicht, auseinanderzubrechen, was im Leben immer verbunden ist. Deshalb ist es problematisch, auf der theoretischen Ebene Etappen voneinander abheben zu wollen, wenn man der Einheit des konkreten religiösen Prozesses gerecht werden will, in dem der Glaube ja immer in Gestalt einer Religion auftritt und die Religion stets auf ihren Ursprungskern, den Glauben, verweist. Vielleicht läßt ein rascher Überblick über die Etappen in der Entfaltung des religiösen Aktes erkennen, wie Glaube und Religion miteinander verzahnt sind und daß das Phänomen des Synkretismus schon mit dieser Verzahnung gegeben ist.[15]

In einem *ersten* Moment weist der *homo religiosus,* der religiöse Mensch, eine ontologische Dimension der Existenz auf, das heißt eine Dimension, die zur Struktur des menschlichen Seins gehört und jeder Reflexion und freien Entscheidung vorausgeht. Der religiöse Akt entdeckt nun die Existenz als Offenheit für ein Transzendentes. Die Erfahrung, daß Leben Offenheit ist, läßt sich philosophisch exakt beschreiben, ohne daß damit notwendig ein bestimmtes religiöses Bekenntnis ins Spiel kommen müßte. Das geschieht meisterhaft bei Jean-Paul Sartre, der das Gefühl des Menschen beschreibt, ein *être de trop* zu sein, bei Heidegger, der den Menschen als Ek-sistenz (Geworfenheit) versteht, oder bei Hegel, der im Menschen ein chronisch krankes Tier sieht. Der Mensch entdeckt sich als bezogen auf eine Wirklichkeit, deren Bedeutung er in diesem Moment noch nicht zu entziffern vermag. Er ist einfach ungeschuldet da; da stößt er auf das Geheimnis seiner eigenen Existenz, die in Beziehung zu einem Geheimnis (zu einem bisher noch nicht entzifferten Ich-weiß-nicht-Was) steht.

---

[15] Empfehlend verwiesen sei auf die Studie von *C. Boff,* A religião contra a fé? in: Vozes 63 (1969) 100–116, die wir für eine der besten Untersuchungen zu diesem Thema während der letzten Jahre halten.

Der Theologe sieht in dieser Angst und Leere eine Form der Gegenwart Gottes; der Schrei des Menschen ist nichts anderes als das Echo auf die Stimme Gottes, die ihn anruft.[16] Diese Dimension ist struktureller Natur und charakterisiert die Seinsweise des Menschen.

In einem *zweiten* Moment, dem Moment der Freiheit, kann der Mensch seine Bezogenheit auf ein Transzendentes frei annehmen oder ablehnen. Er kann seine Existenz, so wie sie sich phänomenologisch darstellt, akzeptieren, seine Bezogenheit annehmen und das Geheimnis, dem er sich gegenüber weiß, benennen. So versteht er sein Leben als bezogenes Leben und pflegt den Raum des Geheimnisses, das sich in ihm zeigt – um so mehr, je mehr er sich ihm öffnet. Aber er kann auch nein zu sich selbst sagen und das Fragen, das seine Offenheit mit sich bringt, unbeantwortet lassen, sich vor seiner Offenheit flüchten und sie mit Absolutem stopfen, das er selbst fabriziert und das nur begrenzt seinen Hunger stillt.

So erweist sich, daß unsere Existenz Antwortstruktur hat. Sie fühlt sich angesprochen und kann nicht anders als negativ oder positiv antworten. Aber antworten muß sie. Clodovis Boff macht vier mögliche Ebenen dieser Antwort aus[17]:

als Hilfeschrei in Situationen der Bedrohung. Das Transzendente ist Retter aus Krankheiten, Problemen des Gefühlslebens und existentiellen Ängsten;

als Wunsch nach Fülle. Das Transzendente erscheint als das, was die geheimen Wünsche des Herzens nach absoluter Verwirklichung, grenzenlosem Glück, ewiger Liebe, uneingeschränkter Versöhnung erfüllt;

als Haltung des Respekts. Der Mensch anerkennt das radikale Anderssein des Transzendenten und betrachtet es nicht in Funktion seiner Bedürfnisse. Vielmehr weiß er, daß er im Dienste des Transzendenten steht, denn auf dieses weist ja der Kompaß seiner Existenz hin;

als Hingabe an den anderen. Der religiöse Mensch sieht sich nicht selbst im Mittelpunkt. Deshalb gibt er sich vertrauensvoll den Plänen des Geheimnisses hin. Er weiht sein Leben dem Transzendenten und widmet ihm die Quell-Liebe seiner Existenz. So kann er das absolut lautere und uneigennützige Werk der Freiheit tun, das wir Liebe nennen.

---

[16] Vgl. *L. Boff,* Erfahrung von Gnade. Entwurf einer Gnadenlehre, Düsseldorf 1978, 64–72.
[17] Vgl. *C. Boff,* A religião contra a fé? (Anm. 15), 103.

Alle diese Schritte zur antworthaften Artikulation des Daseins liegen auf einer dynamischen Linie des Reifens: von einer ganz selbstbezogenen Einstellung geht die Entwicklung über eine funktionale Stufe bis hin zu einer uneigennützigen Antwort der Liebe. Das Ganze ist ein einziger Prozeß, der die Gefühle des Menschen, die Bedrohungen, die er in seinem Leben spürt, die geheimen Wünsche seines Herzens und schließlich auch den Bereich der Liebe im Sinne seiner Selbsthingabe an andere umfaßt. Jedem Moment, jeder Etappe entspricht eine Darstellung des Gott-Geheimnisses. Im Vorgriff auf spätere Ausführungen sei an dieser Stelle nur angemerkt, daß hier magische Gottesbilder, die den Lebensbedürfnissen des Menschen entsprechen sollen, wie auch andere Verirrungen nicht auszuschließen sind, wenn der Prozeß auf einer bestimmten Stufe stehenbleibt. Ständige kritische Selbstbeobachtung wie auch fortwährende Umkehr zu dem Absoluten, durch die alle Darstellungsmodelle und Formen von Sicherheit hinterfragt werden, schützen die religiöse Erfahrung vor dem häufig zu hörenden Vorwurf der Illusion oder der Entfremdung von der Wahrheit der Existenz.

Das *dritte* Moment ist das der Objektivierung. Der Mensch ist seinem ganzen Wesen nach Leiblichkeit, die mit anderen in der Welt zusammenlebt. Seine Erfahrungen kommen unter anderem mittels psychischer, verstandesmäßiger, materieller, gesellschaftlicher und kultureller Realitäten zum Ausdruck. Transzendentale Offenheit und das Ja zu ihr vollziehen sich nicht im luftleeren Raum, sondern verkörpern sich in Vermittlungen und in einer Symbolwelt, die aus der konkreten Welt der Person und der Gemeinde, ihrer Klassenzugehörigkeit, aus ihren Konflikten und Zielen erwachsen. Die Theologie nennt das Ja zur transzendentalen Offenheit für das Geheimnis Glauben und seine geschichtlich-kulturelle Ausformung Religion. »Die Religion ist der ausdrücklich gewordene und institutionalisierte Glaube; der Glaube ist der Kern und die Substanz der Religion.«[18]

Auf dieser Ebene des Ausdrucks kommt es zum Synkretismus. Um sich darzustellen, greift die Erfahrung zu Werkzeugen, die sie in Kultur, Gesellschaft und gesellschaftlicher Klasse vorfindet. Der Glaube drückt sich in der *sozialen* Dimension aus, und es entsteht die Religion mit ihren Institutionen, Überlieferungen, Bräuchen, sakralen Mächten und Aufnahmeprozeduren. Auf der Ebene von *Leiblichkeit* und *Materialität* wird er sichtbar in Riten und

---

[18] Ebd. 106.

Symbolen. Er wurzelt sich ein im *Gefühlsleben* des Menschen, dessen Sehnsucht nach Fülle, Versöhnung, Unsterblichkeit und Glück er entsprechen will. Auch die *ethisch-handlungsbezogene* Dimension durchdringt er und bestimmt für das persönliche und gesellschaftliche Tun Verhaltenscodices und Leitbilder. Schließlich bringt er sich auch auf *intellektueller* Ebene zum Ausdruck und artikuliert sich dort als Lehre mit ihren Bekenntnissen und Dogmen.

Dieser ganze Komplex von Elementen, welche die Religion ausmachen, ist ein wahrer Synkretismus. Alle Gegebenheiten dienen dem Glauben als Vermittlung und bilden die sakramental-symbolische Welt der Religion. Als kulturelles Phänomen ist dieser Symbolkomplex Gegenstand wissenschaftlicher Untersuchungen, die in den Ausdrucksformen des Glaubens die Reflexe gesellschaftlicher Konflikte, die Herkunft der darstellenden Materialien wie auch die in ihnen sich abzeichnenden psychosozialen Strukturen herausarbeiten können. Der Kern aber, aus dem die Religion erwächst und der ihr ihre Dichte verleiht: der Glaube, läßt sich mit der wissenschaftlichen Analyse nicht erfassen. Diese geht phänomenologisch vor; der Glaube, der dem religiösen Phänomen zugrunde liegt, ist dagegen für die Wissenschaft unerreichbar, nicht nur weil er mit der Freiheit zu tun hat, sondern weil er sich nicht objektivieren läßt. Der Glaube ist eine ursprüngliche und auf keine andere zurückführbare Erfahrung.

c. Katholizität als Identität in Pluralität

Das rechte Verständnis von der Katholizität der Kirche schafft Raum für eine positive Einschätzung des Synkretismus. Katholizität[19] ist nicht zuvörderst ein *geographischer* Begriff, der besagt, daß es die Kirche allerorten in der Welt gibt. Ebensowenig ist er eine *statistische* Formel, die eine quantitativ große Kirche bezeichnet. Aber auch um *soziologische* Vorstellungen geht es nicht, die beinhalten, daß die Kirche in verschiedenen Kulturen zu Hause ist. Und schließlich ist Katholizität auch kein *geschichtlicher* Begriff, der eine Kirche bezeichnet, die ihre historische Kontinuität bewahrt. Vielmehr liegt die Katholizität in der Identität der Kirche, die sie »in allen, immer und überall« bewahrt, bekräftigt und bekundet. Die Identität der Kirche besteht in der Einzigartigkeit ihres Glaubens an Gott den Vater, der seinen Sohn sandte, damit er kraft des Heiligen Geistes alle Menschen erlöse; diesen Glauben vermittelt die Kirche, die das Sakrament des

[19] Vgl. *H. Küng*, Die Kirche (Kap. V, Anm. 7), 357–358.

universalen Heils ist. Ein Glaube, ein Gott, ein Herr, ein Geist, ein Evangelium, eine Taufe, eine Eucharistie: darin liegen Katholizität, Einheit und Universalität der Kirche.

Nun wird diese Identität objektiv im Rahmen einer Zeit und eines Raumes. Die universale (katholische) Kirche konkretisiert sich in Einzelkirchen, die Einzelkirchen sind, weil sie die eine Identität des Glaubens unter den kulturellen, sprachlichen, psychologischen und klassenmäßigen Verhältnissen eines bestimmten Raumes leben und bezeugen. Die Katholizität ist ein Merkmal jeder Einzelkirche, insofern jede Einzelkirche mit all ihren Besonderheiten und nicht trotz ihrer für das Universale, das sich gleichfalls in anderen Einzelkirchen findet, offen ist.

Zur Katholizität der Kirche gehört die Fähigkeit, sich in den verschiedenen Kulturen eine Gestalt zu geben, ohne dadurch die Identität zu verlieren. Katholisch sein heißt nicht, das kirchliche System ausbreiten, sondern unter den Bedingungen einer bestimmten Kultur den einen Glauben an Jesus Christus, den Erlöser und Befreier, leben und bezeugen können. So formuliert das Konzil trefflich: »Um allen Menschen das Geheimnis des Heils und das von Gott kommende Leben anbieten zu können, muß sich die Kirche all diesen Gruppen einpflanzen, und zwar mit dem gleichen Antrieb, wie sich Christus selbst in der Menschwerdung von der konkreten sozialen und kulturellen Welt der Menschen einschließen ließ, unter denen er lebte« (*Ad gentes,* Nr. 10).[20] Hier ist Raum für echten Synkretismus. Eine Kirche, die nicht afrikanisch, chinesisch, europäisch und lateinisch wäre, wäre keine katholische Kirche. Was Paul VI. in seiner Botschaft *Africae terrarum*[21] sagt, gilt auch für die afrobrasilianischen Kulte: »Viele Bräuche und Riten, die früher bloß als übertrieben und roh galten, erweisen sich heute im Licht genauerer ethnologischer Kenntnisse als integrierende Elemente besonderer gesellschaftlicher Vollzüge, die es wert sind, nicht nur untersucht, sondern auch geachtet zu werden.«[22] Ja, er mißt der afrikanischen Kultur, obwohl sie doch anscheinend polytheistisch ist, großen Wert bei:

»Das geistige Verständnis des Lebens ist immer und überall die sichere Grundlage der afrikanischen Tradition. Dieses Verständnis hat freilich nicht jene Bedeutung, die die Gelehrten mit dem am

---

[20] Vgl. andere Texte wie: *Lumen gentium,* Nr. 13 und 17; *Gaudium et spes,* Nr. 42; *Ad gentes,* Nr. 9, 18, 22; *Nostra aetate,* Nr. 2.

[21] *Africae terrarum* (Botschaft an die afrikanische Kirche), in: AAS 59 (1967), Nr. 17.

[22] Ebd. Nr. 7.

Ausgang des vorigen Jahrhunderts in der Religionsgeschichte geprägten Begriff *animistisch* wiedergäben. Vielmehr handelt es sich um ein tieferes, weiteres und umfassenderes Verständnis, demzufolge jedes Wesen und selbst die sichtbare Natur mit der Welt des Unsichtbaren und Geistigen in Verbindung stehen. Besonders der Mensch wird niemals bloß als Materie und als von den Grenzen des irdischen Lebens eingeengt betrachtet. Man weiß vielmehr um die Gegenwart und Wirkung eines anderen, geistigen Elements, so daß das sterbliche menschliche Leben immer in Beziehung zu einem Leben nach dem Tode gesehen wird. Zu diesem geistigen Verständnis gehört als ein äußerst wichtiges allgemeines Element die Idee eines Gottes, der für die erste und letzte Ursache aller Dinge gehalten wird. Dieser Begriff, der mehr gespürt als entfaltet, mehr gelebt als gedacht wird, variiert von Kultur zu Kultur. In der Tat ist das gesamte Leben der Afrikaner durchdrungen von einem Gespür für Gott als höheres, persönliches und geheimnisvolles Wesen. Zu ihm nehmen sie Zuflucht in den feierlichsten und schwierigsten Augenblicken des Lebens, wenn die Fürsprache jedes anderen Mittlers aussichtslos zu sein scheint. Unter Absehung von aller Furcht vor der göttlichen Macht rufen sie Gott zumeist als Vater an. Die Gebete, die sie einzeln oder in Gemeinschaft an ihn richten, sind aufrichtig und bisweilen bewegend. Und unter den verschiedenen Formen des Opfers sticht durch seine Reinheit und Bedeutung das Erstlingsopfer hervor.«[23] Und der Text setzt einen eindeutigen Schlußpunkt: »Mit großer Hochachtung betrachtet die Kirche die moralischen und religiösen Werte der afrikanischen Tradition, und zwar nicht nur wegen ihrer Bedeutung, sondern auch weil sie in ihnen die von der Vorsehung gegebene geeignete Grundlage sieht, über die die Botschaft des heiligen Evangeliums ausgegossen und auf der eine auf Christus gegründete neue Gesellschaft errichtet werden kann.«[24]

Aus dieser Sicht der Katholizität der Kirche erhebt zum Beispiel Bonaventura Kloppenburg die Forderung, die Riten, Bräuche, Tänze und Sitten der Umbanda-Religion in Brasilien entschieden positiv zu bewerten.[25] Die Farbigen haben ein Recht darauf, in ihrer eigenen

[23] Ebd. Nr. 14.
[24] Ebd.
[25] Vgl. *B. Kloppenburg,* Ensaio de uma nova posição pastoral perante a Umbanda (Anm. 12), 410; »Wenn ein Afrikaner Christ wird, verleugnet er sich nicht, sondern greift im Geist und in der Wahrheit auf die alten Werte seiner Kultur zurück. Wir jedoch, die wir von europäischer und westlicher Herkunft sind und zur Lateinischen Kirche, zum römischen Ritus gehören, die wir zum Klang der Orgel sangen und kniend

Symbolwelt Christen zu sein. Aus unseren Überlegungen folgt, daß der Synkretismus das konkrete Wesen der Kirche ausmacht. Einerseits hat der christliche Glaube, da er sich ja in einer bestimmten Kultur zum Ausdruck bringt, auch teil an ihrem Schicksal, ihrem Ruhm und Elend, an der Weite ihrer Ausdrucksmöglichkeiten wie an den Grenzen ihres Instrumentars. Andererseits muß er, wenn er auf andere Kulturen stößt, in denen er noch nicht zu Hause ist, und sich auch dort in Erfüllung seines Auftrages verständlich machen und all das an Gutem respektieren will, was Gott selbst in ihnen ermöglicht, zwangsläufig einen neuen Synkretismus schaffen und eine neue Gestaltwerdung der christlichen Botschaft entwickeln. So ist der Synkretismus nicht nur unvermeidlich, sondern bildet auch positiv die geschichtliche und konkrete Form, wie Gott die Menschen erreicht und rettet. Das Problem ist nicht, *ob* es in der Kirche Synkretismus gibt oder nicht, sondern welchen Synkretismus es gibt und um welchen man sich bemühen muß. Welcher Synkretismus ist echt, so daß er die christliche Identität wirklich zum Ausdruck bringt, und welcher ruiniert und zerstört sie? Dazu aber brauchen wir Kriterien, so problematisch deren Formulierung auch scheinen mag.

4. Wahre und falsche Kriterien

Die Erarbeitung von Kriterien ist durch den Ort bedingt, von dem aus eine Praxis sich aufbaut und ein theoretischer Entwurf sich äußert. Deshalb gibt es keine neutrale oder außenstehende Position, immer steht man in einem topisch geordneten Rahmen.[26] Das heißt nicht, man könne keine Kriterien entwickeln. Nur muß man sich bewußt

---

in heiligem Schweigen beteten, die wir uns unmöglich vorstellen konnten, zum Klang von Trommeln einen sakralen Tanz tanzen zu können, . . . wir wollten, daß ein Afrikaner, der nebenan wohnte, aufhörte, Afrikaner zu sein, daß er europäisch und westlich dächte, sich in die Lateinische Kirche einfügte, nach römischem Ritus betete, zum Klang und zum feierlichen Rhythmus der Orgel sänge und seine Trommeln, seinen Rhythmus, seinen Tanz und sein bewegtes Gebet aufgäbe. Das war der totale und stolze Ethnozentrismus der Europäer und der Kirche, die aus Europa kam. Als aber die Afrikaner frei wurden, akzeptierten sie unseren Rhythmus nicht länger, fühlten sich von unserem Harmonium nicht mehr angerührt, redeten nicht mehr in unseren Begriffen, sondern kehrten in ihre Kultstätten zurück, zu ihren Trommeln, zum Rhythmus ihrer Herkunft und zu den Mythen ihrer Sprache. Aus der Tiefe ihres Seins, wo lebendig und ruhelos die religiösen Archetypen früherer Generationen sich regten, brach die alte religiöse Überlieferung des schwarzen Afrika hervor. Und so wurde die Umbanda in Brasilien geboren.«
[26] Vgl. *J. B. Libânio,* Critérios de autenticidade do catolicismo, in: Revista Eclesiástica Brasileira 36 (1976) 53–81.

sein, daß sie nur bedingt gelten. Wir möchten hier zwei Typen von Kriterien entwickeln, von denen der eine im Problem des Synkretismus selbst wurzelt und der andere aus dem Selbstverständnis des christlichen Glaubens hervorgeht.

a. Dem Phänomen Synkretismus innewohnende Kriterien

Diese Kriterien ergeben sich aus dem Gleichgewicht, das zwischen den verschiedenen den Synkretismus bildenden Elementen herrschen muß. Wie gesagt: Es kommt dann zum Synkretismus, wenn sich der Glaube in sein soziokulturelles Gewand kleidet, das wir Religion nennen. Diese darf sich aber nie die Funktion eines Substantivs anmaßen, immer ist sie nur Adjektiv. Religion hat keine Autonomie, weil sie ihrem Wesen nach Funktionalität ist. Zwei Fehlentwicklungen sind hier denkbar: Religion ohne Glauben und Glauben ohne Religion. Selbstverständlich gibt es weder das eine noch das andere in Reinform. Der Idealtypus gehört in den Bereich der Utopie, in der Wirklichkeit geht das eine ins andere über. Trotzdem müssen wir in der Tendenz am substantivischen Primat des Glaubens über den adjektivischen Charakter der Religion festhalten. Dieses grundsätzliche und universale (das heißt: auf alle Religionsformen, unabhängig von ihrem Vorzeichen anwendbare) Kriterium soll uns vor möglichen und realen Fehlentwicklungen warnen.

Die erste Pathologie ist Religion ohne Glauben – Religion, der es nur um sich selbst geht. *Soziologisch* betrachtet, erscheint sie als die Überzeugung, durch die einfache Beobachtung von Riten und Normen wie durch die sozioreligiöse Eingliederung in die betreffende Gruppe sei einem das Heil automatisch gesichert. Von Umkehr ist der Mensch ein für allemal entbunden. Auf der Ebene der Wahrnehmung oder *Leiblichkeit* werden Riten und Symbole magisch vollzogen; allein schon dadurch, daß man sie exakt und mechanisch rezitiert, erreicht man unfehlbar ihre Wirkung. Die Symbole verweisen nicht mehr auf das Geheimnis, sondern ersetzen es in idolatrischer Weise und zerkleinern es in viele Geheimnisse. Unter *psychologischem* Gesichtspunkt wird die Religion dazu in Dienst genommen, menschliche Frustrationen zu kompensieren und ein falsches Gefühl von Sicherheit zu erzeugen. Religion ist nur noch eine psychische Funktion und öffnet sich nicht mehr für das Geheimnis Gottes. Auf *intellektueller* Ebene degeneriert sie zu einer vermeintlichen Gnosis, die das Geheimnis in Formeln und Dogmen einfangen will, welche überdies in einem Purismus des Buchstabens konserviert werden müssen. Was die *Ethik* anbelangt, fällt sie auf die Ebene von Legalismus und Heuchelei ab und verlagert die Rechtfertigung in ein aufreibendes Bemühen um Werke.

In all diesen Formen hat Religion aufgehört, Vermittlung des Glaubens zu sein. Statt dessen spielt sie sich als Letztstruktur des religiösen Menschen auf. Da sie nicht mehr in die Atmosphäre des Glaubens, der Freiheit und des transzendenten Geheimnisses einführt, wird sie zu einem Faktor der Unterdrückung des Gewissens und Bewußtseins.

Aber es gibt auch die umgekehrte Pathologie. Der Glaube will sich dermaßen rein und dermaßen offen für das Geheimnis Gottes bewahren, daß er für die Religion überhaupt keine Funktion mehr sieht. Religion sei ein Element der Zerstörung des Glaubens, weil sie ihn verobjektivieren wolle. Mit dieser Sorge wird das Geheimnis nicht geschützt, wohl aber der Mensch getroffen, weil man ihm so seine wesensmäßige Verwurzelung in Welt und Leiblichkeit streitig macht. So verkürzt die Verneinung der *sozialen* Dimension der Religion (Institutionen, Mächte usf.) den Glauben auf einen wirkungslosen Individualismus und eine rein innerliche Privatisierung. Die Zerstörung der materiellen Manifestationen (Riten und Symbole) endet im Agnostizismus und im Geist der Bilderstürmerei. Die Ablehnung alles *Gefühlsmäßigen* in der Religion läßt diese abstrakt und leer werden und entmenschlicht schließlich den Gläubigen. Das Nein zur *lehrmäßigen* Erarbeitung des Glaubens öffnet Tür und Tor für ein unkontrolliertes subjektives Erleben, das sich über jede Gemeinschaftsbindung hinwegsetzt und das Geheimnis dem sich wandelnden Geschmack des einzelnen preisgibt. Die Auflösung der *ethischen* Verpflichtung, welche die Religion beinhaltet, liefert die Religion der Anomie und sozialen Verantwortungslosigkeit aus.

In solchen Abwegen findet der Glaube keinen angemessenen Ausdruck. Der Purismus, der hier verlangt wird, ist unmöglich, weil der Mensch ja auch Körper und Welt ist. Das notwendige Gleichgewicht besteht dagegen in der dialektischen Spannung·zwischen einem Glauben, der die Religion speist, und einer Religion, welche die geschichtliche Dichte des Glaubens ausdrückt, konkretisiert und gestaltet. Die Religion trifft dann ihren Sinn, wenn sie sich nie vom Glauben löst, und der Glaube realisiert sich seinerseits dann, wenn er alle Maschen der Objektivierung zerreißt und so seine Transzendenz wahrt, zugleich aber nie von seinem Streben nach Konkretisierung abläßt.

Diese zwei allgemeingültigen Kriterien zeigen, daß sich sowohl in der Kirche als auch in den afrobrasilianischen Kulten nicht wenige Pathologien finden. Aber die Pathologie – wir gestatten uns, das noch einmal zu sagen – ist nie nur Pathologie. Eine Pathologie hat nur dann Sinn, wenn sie in Beziehung zur Normalität steht.

b. Kriterien aus dem Selbstverständnis des Christentums

Hier sollen Kriterien besprochen werden, die spezifisch christlich sind und aus der Identität des Christentums erwachsen. Wann ist für den christlichen Glauben ein Synkretismus wahr bzw. falsch? Zur Beantwortung dieser Frage müssen wir uns vergegenwärtigen, was wir über die Gleichzeitigkeit von Sünde und Gnade in der Heilsgeschichte gesagt haben. Dasselbe gilt auch für den christlichen Synkretismus. Die Verbindlichkeit eines allein wahren Synkretismus hat es niemals gegeben; sie wird ein eschatologisches Ereignis sein. In der gegenwärtigen »infralapsarischen« Situation der Sünde mischen sich ständig Weizen und Spreu. So ist die Wahrheit des christlichen Synkretismus immer tendenziell, und mehr zu sein darf sie nicht beanspruchen. Daraus resultiert, daß sie Abweichungen – das müssen wir zugeben – tolerieren muß. Diese sind insgesamt unvermeidbar, dürfen aber nur so geartet sein, daß sie die christliche Identität nicht bis zur Unkenntlichkeit verändern.

Wenn wir hier von christlichem Synkretismus sprechen, dann haben wir einen Synkretismus im Auge, der aus dem innersten Kern des christlichen Glaubens erwächst, sobald dieser sich im Symbolrahmen einer anderen Kultur verkörpert. Das setzt voraus, daß die Kultur in ihrem Kern so verändert wird, daß sie aufhört, das zu sein, was sie war, und zur Ausdrucksform des christlichen Glaubens wird. Dazu bedarf es freilich der Umkehr und Bekehrung. Andernfalls wäre die christliche Identität korrumpiert und würde von der Identität der Kultur aufgesogen, mit welcher der Glaube in Kontakt getreten ist.

So ist zu verstehen, daß, wenn es um Mission geht, der christliche Glaube in einem ersten Moment seine Identität noch einmal betont und sich von anderen religiösen Manifestationen abheben will. Der Missionar verkündet das Evangelium und ruft zur Umkehr auf. Sobald aber die Bekehrung stattgefunden hat, beginnt der Prozeß der Synkretisierung. In diesem zweiten Moment gilt von Glauben und christlicher Identität, was das Konzil von den jungen Kirchen sagt: »Aus Brauchtum und Tradition ihrer Völker, aus Weisheit und

Wissen, aus Kunststil und Fertigkeit entlehnen sie alles, was beitragen kann, die Ehre des Schöpfers zu preisen, die Gnade des Erlösers zu verherrlichen, das Christenleben recht zu gestalten« (*Ad gentes,* Nr. 22). Auf diese Weise entwickelt sich ein wahrer Synkretismus, dessen Wesenskern die christliche Identität ist.

Freilich kann es auch den umgekehrten Prozeß geben: Eine Religion tritt in Fühlung mit dem Christentum; anstatt aber bekehrt zu werden, bekehrt sie selbst das Christentum zu ihrer eigenen Identität, sie treibt nun einen Synkretismus hervor und benutzt Elemente der christlichen Religion. Aber dadurch, daß sie christliche Daten synkretisiert, wird sie nicht christlich. Sie bleibt heidnisch und artikuliert einen heidnischen Synkretismus mit gewissen christlichen Zügen. Einigen Untersuchungen zufolge gibt es diese Entwicklungen offenbar bei der Yoruba-Religion (Candomblé oder Nagô) in Brasilien. Während sie sich christliche Merkmale anpaßte, anglich und veränderte, behielt sie ihre Yoruba-Identität bei. Das Christentum bekehrte nicht, sondern wurde bekehrt.[27]

Dies heißt nicht, die Yoruba-Religion sei bar theologischer Werte. Es heißt allein, daß man sie nicht mit systeminternen Meßgrößen des Christentums interpretieren darf, als wäre sie eine Konkretisierung des Christentums, wie es zum Beispiel der Volkskatholizismus ist. Der Horizont für eine Auseinandersetzung mit ihr ist vielmehr die universale Heilsgeschichte. Auf ihre Weise stellt die Yoruba-Religion das Heilsangebot Gottes dar. Zwar ist sie noch kein thematisches Christentum, das sich selbst so nennt, wohl aber stellt sie auf der Grundlage des Heilsplanes Gottes in Christus ein anonymes Christentum dar. Wenn sie in ihrem System auch christliche Elemente synkretisiert hat, steckt sie doch, theologisch gesprochen, noch im Advent, in der Phase vor dem ausdrücklichen Anbruch des Christentums.

Aus unserer Überlegung geht hervor, daß die Kirche der Yoruba-Religion mit missionarischer Haltung zu begegnen hat. Sie muß ihr die Identität des christlichen Glaubens verkünden und sie zur Bekehrung dazu aufrufen. Wenn die Kirche dieses ihr Bemühen dann beendet hat, kann sie den ganzen Yoruba-Reichtum, sofern er sich mit dem christlichen Glauben vereinbaren läßt, synkretisieren. – Aber es bedarf noch einer genaueren Beschreibung dessen, was unter christlicher Identität zu verstehen sei.

[27] Vgl. *M. R. M. Koch-Weser,* Die Yoruba-Religion in Brasilien, Bonn 1976 (hektografiert), 275 f, 368 f.

aa. Christliche Identität. – Eine chemisch reine Identität des Christentums gibt es nicht. Christliche Identität ist immer synkretisiert. Daher ist es schwierig, über christliche Identität zu sprechen und dabei von ihrer Objektivierung im Rahmen der abendländischen griechisch-römisch-germanischen Kultur abzusehen. Christliche Identität ist keine Theorie, sondern eine Erfahrung, ein Lebensweg. Diese Erfahrung ist an die Erfahrung des lebenden, getöteten und auferweckten Jesus von Nazaret gebunden, wie sie uns in den neutestamentlichen Zeugnissen überliefert wird. Im Leben dieses schwachen Menschen – so erkannte der apostolische Glaube – teilt sich Gott uns, wie er selber ist, total und endgültig mit (Menschwerdung). Im Menschen Jesus offenbart er sich als Vater, Sohn und Heiliger Geist.[28] Wenn Gott in Jesus mit seiner ganzen Fülle gegenwärtig ist (menschgewordener Sohn), dann ist in ihm auch das volle Heil des Menschen. Und in der Tat bricht in der Auferstehung Jesu Christi die Realisierung der Utopie vom Reich und vom glücklichen Ausgang des Lebens an, das ja nicht zum Tode, sondern zum Leben berufen ist. Wer aber solche Bedeutung für das Ende der Geschichte hat, muß sie auch für ihren Anfang haben. Gott hat das All geschaffen (Protologie) im Blick auf dieses gute Ende (Eschatologie) in der Mittlerschaft Jesu Christi und seines Geistes.

Das absolute Geheimnis heißt demnach Vater, der seinen Sohn gesandt hat, um in der Kraft des Heiligen Geistes alles zu erfüllen, zu befreien und zu seiner Einheit zurückzuführen. Die universale Vaterschaft schließt die universale Brüderlichkeit ein. Alles dies kann gesagt und angenommen werden, weil es die sakramentale Vermittlung durch die christliche Gemeinde gibt, die ihren Anfang mit dem Glauben der Apostel genommen hat und die sich wie eine ununterbrochene Kette bis heute fortsetzt: die Kirche. Um aber an diesem in Jesus Christus angebotenen Heil teilzuhaben, genügt es nicht, sich der kirchlichen Gemeinschaft anzuschließen. Man muß auch dieselbe Erfahrung radikaler Kindschaft und tiefer Brüderlichkeit erleben, wie sie Jesus Christus hatte. Die Ethik der Nachfolge Jesu Christi läßt die Gemeinde entstehen und befähigt uns, an dem in ihm angebotenen Heil teilzuhaben.

Diese Erfahrung bildet also, wenn sie in gelebter Praxis erzählt wird, die christliche Identität. Sie muß in jedem religiösen und kultu-

---

[28] Vgl. *F. J. Schierse*, Die neutestamentliche Trinitätsoffenbarung, in: Mysterium Salutis II, 1967, 85–131.

rellen Synkretismus herauszuerkennen sein. Andernfalls verbietet es sich, von einem *wesentlich* christlichen Synkretismus zu sprechen.

bb. Katholische Identität und Sympathie für den Synkretismus. – Wie verhielt sich diese christliche Identität im Laufe ihrer geschichtlichen Entwicklung? Ohne in historische Details einsteigen zu wollen, können wir sagen, der Prozeß zeige zwei an sich nicht überraschende Tendenzen. Einmal ist da eine große Sympathie: Leichten Herzens öffnet man sich für den religiösen Reichtum seines Umfeldes, assimiliert ihn, verändert ihn oder, wenn das nicht der Fall ist, paßt ihn durch Nebeneinanderstellen der Elemente an, was so weit gehen kann, daß damit die wesentliche Identität des christlichen Glaubens beeinträchtigt wird. Das wäre die zum Katholizismus neigende christliche Erfahrung. Die andere Tendenz ist kritischer. Ihr ist es wichtiger, das eigene System zu erweitern, als sich mit dem, was ihr begegnet, zu synkretisieren. So säubert sie, weist zurück und erhebt die Forderung nach der Reinheit des Glaubens. Dies wäre das zum Protestantismus neigende Christentum.

Die eine wie die andere Tendenz findet sich sowohl im römischen Katholizismus als auch im Protestantismus. Nur schuf die unterschiedliche Akzentsetzung verschiedene Stile, die christliche Identität zu leben.[29] Beide können sich auf Bibel und Überlieferung stützen. Einerseits heißt es: »Was ihr verehrt, ohne es zu kennen, das verkünde ich euch« (Apg 17,23), und: »Prüfet alles und behaltet das Gute« (1 Thess 5,21). Andererseits gilt auch: »Traut nicht jedem Geist, sondern prüft die Geister, ob sie aus Gott sind« (1 Joh 4,1); bleibt bei dem, »was von Anfang an war« (1 Joh 1,1–4; vgl. 2,7.24, 2 Joh 5), denn es gibt Positionen, die Jesus preisgeben (vgl. 1 Joh 4, 1–6; 1 Kor 12,3); und: »Bewahre, was dir anvertraut ist. Halte dich fern von dem gottlosen Geschwätz und den falschen Lehren der sogenannten ›Gnosis‹! Nicht wenige, die sich darauf eingelassen haben, sind von dem Weg des Glaubens abgekommen . . .« (1 Tim 6,20–21; 1,3–4; 4,7; 2 Tim 1,13–14; 4,2–4). In der Tradition ist eine tiefe wohlwollende Nachsicht (*synkatabasis*) für die vorfindlichen Religionen zu beobachten, von denen man alles nur Mögliche übernimmt. So empfiehlt Gregor der Große († 604) den Missionaren, die er zu den Sachsen entsendet: »Keineswegs sollen die Tempel, sondern nur die Götzenbilder darin zerstört werden. Weihwasser soll man nehmen und auf die Götzenbilder sprengen. Altäre soll man errichten und die

[29] Vgl. Kapitel VI in diesem Buch.

Reliquien niederlegen, denn wenn die Tempel wohlgebaut sind, sollen sie aus Stätten des Dämonenkults zu Stätten der Verehrung des wahren Gottes werden. Wenn das Volk sieht, daß sein Tempel nicht zerstört wird, wird es von Herzen die Irrtümer aufgeben und, den wahren Gott erkennend und anbetend, an den Orten zusammenkommen, die ihm gewöhnlich vertraut waren.«[30] An anderen Stellen spielt sich einfach ein Substitutionsprozeß ab: An die Stelle heidnischer Amulette treten metallene Kreuze, statt beschwörender Heilungsformeln spricht man Wörter und Sätze aus der Schrift[31] usf.

Es gibt aber auch ein ernsthaftes Bemühen um den wahren Synkretismus: Magie, Fetischismus und Polytheismus werden abgewiesen. So ordnet zum Beispiel die Synode von Ankyra (314) in Kanon 24 an, Wahrsager und andere Leute, die heidnische Bräuche pflegten oder Magier in ihren Häusern beherbergten, sollten für fünf Jahre exkommuniziert werden. Die Synode von Elvira (um 312) legt in Kanon 6 fest, wenn jemand kraft magischer Praktiken, die mit Idolatrie zu tun hätten, einen anderen töte, solle er lebenslänglich aus der Gemeinde ausgeschlossen sein. Auf der Synode von Laodicea (zweite Hälfte des vierten Jahrhunderts) wird in Kanon 36 festgelegt: »Geistliche (Priester und Diakone) oder Kleriker sollen nicht Zauberer oder Beschwörer sein, oder ›Mathematiker‹ oder Sterndeuter; sie sollen auch nicht die sogenannten ›Schutzmittel‹ machen, die vielmehr ›Fesselungen‹ ihrer eigenen Seelen sind. Wir haben Anweisung gegeben, daß diejenigen, die sie tragen, aus der Kirche ausgewiesen werden sollen.«[32] In einer Erklärung des Glaubensbekenntnisses, die aus der Zeit zwischen 360 und 400 stammt, lesen wir: »Erlaube niemandem, in einer Krankheit oder in einem Schmerz oder in einem Kummer oder nach einem Schlangenbiß an den Ort eines Beschwörers zu gehen oder eines solchen, der Phylakterien anlegt; tue dies niemals und laß nicht zu, daß jemand dir dies tut.«[33]

Augustinus unterscheidet hinsichtlich des Synkretismus immer zwischen dem, was der Glaube lehrt, und dem, was der Glaube toleriert.[34] Einige Anhaltspunkte, die er gibt, sind auch heute noch nützlich:

[30] Epistulae XI, 76 (PL 77, 1215).
[31] Vgl. *C. J. Hefele,* Conziliengeschichte. Nach den Quellen bearbeitet, Freiburg 1855, Bd. I, 770; *R. Hernegger,* Macht ohne Auftrag (Kap. V, Anm. 9), 345–356.
[32] Zitiert nach: *F. J. Dölger,* Antike und Christentum 3 (1932) 83 f.
[33] Zitiert nach: ebd. 84.
[34] Contra Faustum XX, 21 (PL 42, 384).

»Alle diese Dinge [Bräuche, Riten und aus dem Heidentum stammende Formeln], die weder im Autoritätswort der Heiligen Schrift enthalten sind noch durch die Beschlüsse der Bischofssynoden Geltung fanden noch aufgrund der Gewohnheit der Gesamtkirche in Kraft sind, sondern je nach Sitte der verschiedenen Orte in zahllosen Varianten vorkommen, so daß nicht zu erkennen ist, welchen Gründen die Menschen bei ihrer Einführung folgten, müssen meines Erachtens dort, wo es möglich ist, unverzüglich beseitigt werden. Obwohl man nämlich nicht ausmachen kann, inwiefern sie dem Glauben widersprechen, beladen sie doch die Religion, die nach dem Erbarmen Gottes frei sein und sich durch einfache und klare gottesdienstliche Formen auszeichnen soll, mit Sklavenlasten.«[35]

Hier haben wir es grundlegend mit Kriterien der christlichen Praxis im synkretistischen Verhalten zu tun. An erster Stelle wird die Schrift erwähnt. Gegenüber Formulierungen und Praktiken, die dem Geheimnis Gottes und der Würde des Menschen nicht voll gerecht werden, stellt sie bereits eine Läuterung im Judentum und im frühen Christentum dar. Zweitens wird auf die Tradition der Universalkirche verwiesen, die selbst die verschiedenen Elemente durchgemustert und das bewahrt hat, was die christliche Erfahrung am besten zum Ausdruck brachte. Drittens nennt Augustinus die Beschlüsse der Bischofssynoden, die ihrerseits ebenfalls – wie weiter oben bereits kurz angesprochen – immer zu einer kritischen Durchsicht der Objektivierungen führten, die sich das Volk zurechtgelegt hatte. Und schließlich bringt er ein Argument aus der prophetischen und jesuanischen Tradition zur Verteidigung von Freiheit und Spontaneität des Menschen gegenüber den vielen Kulten: Man soll weder heuchlerisch sein wie die Pharisäer (Mt 6,5) noch redselig wie die Heiden mit ihren endlosen Gebeten (Mt 6,7) noch den Leuten religiöse Lasten mit einer Unzahl von Normen, Gesetzen und Riten aufbürden, die ohnehin niemand tragen kann (Mt 23,4.23). Zusammenfassend können wir sagen: Alles, was der Freiheit und den theologalen Tugenden Liebe, Glaube und Hoffnung hilft, stellt einen wahren Synkretismus dar und verkörpert die befreiende Botschaft Gottes in der Geschichte.

Es dürfte deutlich geworden sein, daß wir uns bemüht haben, von christlicher Identität nicht im Sinne der Universalisierung eines *Begriffs* von Identität zu sprechen, wie es in einer Phase der Theolo-

---

[35] Epistula 55, XIX, 35; vgl. Epistula 54, I, 1 (PL 33, 221–222).

giegeschichte, als man Glauben und Lehre in eins setzte, häufig geschah. Doktrinäres Christentum erträgt keinen Synkretismus; es dogmatisiert den Synkretismus, der einmal zustande gekommen ist, und weigert sich, neue Versuche zu machen. Ein solches Verständnis müßte logischerweise die Geschichte verabschieden. Wenn die Geschichte jedoch weitergeht, dann darf Identität eben nicht im Sinne eines universalen Begriffs gedacht werden, sondern im Sinne einer Erfahrung, die Menschen immer wieder machen und bewahren und auf unterschiedliche Art und Weise je nach Zeit, Ort, gesellschaftlicher Klasse und geopolitischer Situation ausdrücken. Christliche Erfahrung ist, da sie sich als katholisch versteht, offen für Universalität; die Kultur, in die sie sich hineingeben soll, steht ihr nicht zur Wahl; in jeder Kultur läßt sich das Heil, das Jesus Christus für alle Menschen erworben hat, bezeugen. So wird klar, daß wir ein Christentum des Yoruba, der Umbanda, ein Christentum in amerindianischen und in anderen Formen brauchen.

cc. Zwei Grundkriterien: Gottesdienst des Geistes und ethische Verpflichtung. – Zwei Grundkriterien, die uns in der Schrift begegnen und die sich auch Jesus Christus zu eigen gemacht hat, möchten wir noch hervorheben. Außer, daß wir die Identität der christlichen Erfahrung erhalten müssen – die ja im Grunde nichts anderes ist als die Erfahrung des absoluten Geheimnisses, das sich in Gnade, Liebe und Vergebung dem Menschen in der Realität des Menschen mitgeteilt hat (Menschwerdung) –, müssen wir dies durch geistigen Gottesdienst und durch ein ethisches Engagement, das die Wahrheit unseres Einsatzes im Leben bezeugt, zum Ausdruck bringen.

Geistiger Gottesdienst: Worum es in jeder Religion geht, ist die Begegnung mit Gott. Jede Religion will mit ihrer Symbolwelt nichts anderes, als den Menschen in den Raum des Göttlichen zu führen und ihm eine heilschaffende Begegnung zu ermöglichen. Die biblische Tradition nennt das geistigen Gottesdienst. »Geistig« hat hier nichts mit Opposition zur Materie zu tun, sondern beschreibt den Gottesdienst des Herzens, die Weihe des ganzen Menschen. Gott will vom Menschen keine Dinge wie Opfer, Gebete, Riten und Sakramente; Gott will das Herz, das Leben des Menschen, ein gefügiges, demütiges, offenes, dienstbereites und liebevolles Herz. Aufgabe der Religion ist es, im Menschen diese Haltung der Hingabe zu schaffen, sie zum Ausdruck zu bringen und nicht sie zu ersetzen. Solange es dem Menschen um Zeremonien und Riten geht, geht es ihm um sich selbst und nicht um Gott. Wenn ihm aber vorrangig an Gott liegt, dann gewinnen Riten und Zeremonien die Bedeutung des Ausdrucks seines Bemühens und der Feier der Begegnung mit Gott. Die Inflation des Ritus, der Musik, des Tanzes und der symbolischen Betroffenheit bringt die Religion in die Gefahr, sich selbst zu genügen und ihre Funktionalität für Glauben und Erfahrung zu verlieren. Die Propheten und Jesus treten mit aller Entschiedenheit für die Wahrheit der Religion ein, die sie nicht in der Materialität ihrer Ausdrucksformen sehen, sondern darin, wie der Mensch sein Ja und sein Hinhören auf Gott ausdrückt (vgl. Mk 12,33; Mt 23,23.25; 15,1–23; 12,7; Joh 2,13–22; 4,21–24).

Ethische Verpflichtung: Wahrer Gottesdienst und ethische Verpflichtung bilden eine Einheit. Mit derselben Bewegung, mit der sich der Mensch Gott zuwendet, muß er sich auch dem Mitmenschen zuwenden. Die Sache Gottes beinhaltet die Sache des Menschen – und umgekehrt. Vor allem die Propheten sahen, daß die Gebote der ersten Tafel (gegenüber Gott) auch die der zweiten Tafel (gegenüber dem Nächsten) in sich einschließen. Wer das heilige Recht der Menschen verletzt, verletzt auch das hochheilige Recht Gottes. Wer Liebe und Gerechtigkeit tut, steht in Gemeinschaft mit Gott. Wer sagt, er liebe Gott, und haßt seinen Bruder, ist ein Lügner (1 Joh 4,20), und sein Gottesdienst ist nicht mehr als Götzendienst. Eine Religion, die das ungerechte Elend und die Verletzung der Menschenrechte hinnimmt, kann nicht mehr Ausdruck des wahren Glaubens und Projektion der Erfahrung von Gottesbegegnung sein. Für sie gilt der Weheruf Jesu: »Das Wichtigste am Gesetz lassen sie außer acht: Gerechtigkeit, Barmherzigkeit und Treue« (Mt 23,23; vgl. Mt 5,23 24; 9,13; 10,7; 21,12–13). Beim Propheten Micha heißt es: »Es ist dir gesagt worden, Mensch, was gut ist und was der Herr von dir erwartet: Nichts anderes als dies: Recht tun, Güte und Treue lieben, in Ehrfurcht den Weg gehen mit deinem Gott« (6,8). Der Gott Jesu Christi schickt den Menschen nicht in den Ruhestand, sondern macht ihn zum Partner beim Aufbau von Verhältnissen echter Gerechtigkeit, Brüderlichkeit und Liebe unter den Menschen, weil dies der sichere Weg zu Gott und seinem Heil ist.

Im Horizont der positiven Dimension des Christentums helfen diese Kriterien, den wahren vom falschen Synkretismus zu unterscheiden, und zwar sowohl in der Kirche als auch in der Begegnung mit anderen kulturellen und religiösen Formen. Wahrer Glaube macht falsche Religion und falschen Synkretismus heil und wahr. Weil er die Dimension der Transzendenz und der Universalität ausdrückt und das Ja beinhaltet zum lebendigen Gott, der uns in der Geschichte konkret anruft, öffnet sich der Glaube für Gott in der Konkretion, in der er vermittelt wird. Auf diese Weise ist der Glaube imstande, einen Synkretismus zu schaffen, der die Begegnung mit Gott wirklich zum Ausdruck bringt.

Heute setzt sich mehr und mehr die Überzeugung durch, unser gegenwärtiger christlicher und katholischer Synkretismus sei unfähig geworden, den Rechten einer anderen Kultur zu entsprechen und unserer schwarzen Bevölkerung mit ihren seelischen Bedürfnissen entgegenzukommen. Mit Recht behauptet deshalb Bonaventura Kloppenburg: »Weder der offizielle Katholizismus Roms noch der reine Protestantismus der Reformatoren noch der orthodoxe Spiritismus eines Allan Kardec bietet den religiösen Bedürfnissen unserer Menschen ausreichend Weite und Raum. Bei der Umbanda hat man den Eindruck, daß diese afrobrasilianische Mischreligion den Protest des armen Volkes bildet gegen alle religiösen Importe, die sich nur unzulänglich an unser Milieu angepaßt haben.«[36] So wird ersichtlich, daß die Zukunft des Christentums in Brasilien daran hängt, inwieweit es fähig ist, einen neuen Synkretismus zu entwickeln. Die derzeitige kulturelle Gestalt des Christentums im Rahmen der griechisch-römisch-germanischen Tradition gehört zum Ruhm seiner Vergangenheit. Und alles deutet darauf hin, daß dieser Ruhm für die neue Kultur, die hierzulande im Entstehen ist, endgültig vorbei ist.

5. Eine Pädagogik der wohlwollenden Nachsicht

Der neue Synkretismus, den wir fordern, darf nicht ohne sorgfältige Wahrung der christlichen Identität geschaffen werden. Anpassung um jeden Preis ist nicht die Lösung. Was wir brauchen, ist ernsthafter missionarischer und evangelisatorischer Mut, dem es um die Bekehrung zu Jesus Christus geht – als dem Gott, der sich den Menschen endgültig mitgeteilt hat. Aber diese Bekehrung ist nur dann möglich, wenn der christliche Glaube die Beherztheit aufbringt, seinen eigenen Synkretismus mit dem ganzen Troß an kulturellen und theologischen Ruhmestaten aufzugeben und einen neuen Synkretismus zu wollen, indem er sich die Werte der afrobrasilianischen Religionen zu eigen macht, sie assimiliert, integriert und läutert. Ohne echte Ostererfah-

---

[36] *B. Kloppenburg,* Ensaio de uma nova posição (Anm. 12), 404–405.

rung werden wir keine neue Kirche bekommen, wie jene erste der Apostel ja auch nicht ohne Ostern denkbar ist. Nur fürchten wir, daß es im gegenwärtigen Augenblick der Kirche am Bewußtsein dieser Dringlichkeit mangelt. Wir tun uns leichter, das herrschende kirchliche System zu erweitern, als zuzulassen und dafür einzutreten, daß sich ein neues entwickelt. So lösen wir das Problem nicht, sondern schieben es nur vor uns her.

Damit aber eine neue Gestalt von Kirche entstehen kann, müssen wir – wie gegenüber jedem neuen Leben – wohlwollende Nachsicht haben. Wohlwollende Nachsicht, »Herablassung« *(katabasis)*, war in der alten Theologie – das heißt genauerhin in jener Phase des 4. und 5. Jahrhunderts, in der es zu dem großen christlichen Synkretismus kam, dessen Erben wir heute sind – eine theologische Grundkategorie. Gott hat gegenüber dem Menschen grenzenlose Nachsicht geübt und seine ganze Wirklichkeit mit ihren unwiderruflichen Grenzen und belastenden Zweideutigkeiten angenommen. Nicht trotz ihrer, sondern in ihnen und durch sie hat er uns erlöst. Die entstehende Kirche befleißigte sich einer hochherzigen Nachsicht gegenüber Griechen, Römern und Germanen mit ihren Sprachen, Sitten, Riten und religiösen Manifestationen. Sie verlangte ihnen nicht mehr ab als den Glauben an Jesus Christus, den Retter. Denn sie war davon überzeugt, daß er die Herzen der Menschen und ihrer Religionen erobern würde, bis sie schließlich zur Fülle der Wahrheit fänden, die sich in der Formel verbirgt: Jesus Christus ist der Erlöser.

Ein ähnliches nachsichtiges Wohlwollen muß das christliche Bewußtsein auch heute an den Tag legen. Die Devise muß lauten: Weniger verurteilen als tolerieren, weniger Eifer für lehrmäßige und liturgische Formeln als Ermutigung zu wirklich christlicher Erfahrung. Auf die religiöse Erfahrung des afrobrasilianischen Menschen vertrauen heißt: sich dem Geist anvertrauen, der weiser ist als die Kirche und der uns besser die richtigen Wege weist als alle theologische Sorge um die Reinheit der christlichen Identität. Wenn sich die Pastoral nicht mit Prophetie und die kontemplative Schau nicht mit Gespür für die Realitäten verbindet, wird die Kirche kaum den notwendigen Mut aufbringen, sich ihrer selbst zu entäußern und in einem neuen heiligen Fleisch zu verkörpern.

Wie sich Gott des Menschen – so wie er ihn vorfand – annahm, so muß auch die Kirche mit ihrem christlichen Glauben den Menschen dort suchen, wo er sich befindet und wie er sich kulturell darstellt. Ausgehend von diesen Bedingungen wird sie eine Pädagogik des

Wachsens und Reifens im Glauben konzipieren müssen.[37] Je tiefer
der Glaube ist, um so mehr wird er sich für den wahren Synkretismus
öffnen, in dem Gott und Jesus Christus der Befreier nicht mehr bloß
Objekte zur Befriedigung der menschlichen Bedürfnisse nach Sicherheit und Trost sind, sondern das Herzstück des Lebens und die Liebe,
die alles anzieht und durchdringt.

---

[37] Vgl. *C. Boff,* Religião contra a fé? (Anm. 15), 112–114.

VIII. Merkmale der Kirche in einer Klassengesellschaft*

Im folgenden Kapitel sollen die hauptsächlichen Merkmale einer Kirche erarbeitet werden, die an der Basis des Volkes ihren Ort weiß. Wir beabsichtigen damit, das neue Gesicht der Kirche darzustellen, denn sie will ja das Sakrament Christi sein. Bei der Darstellung dieser Charakteristika der Kirchlichen Basisgemeinden stützen wir uns auf Berichte, die von diesen Gemeinschaften selbst auf dem Dritten Interekklesialen Treffen in João Pessoa, Staat Paraíba, vom 19. bis zum 23. Juli 1978 vorgelegt wurden. Die Frage nach den Merkmalen der Kirche (in der Ekklesiologie spricht man von *notae* – Erkennungszeichen – und von Eigenschaften) ist uralt. Schon Epiphanius (315–403) und Kyrill von Jerusalem (313–386) stellen sie und beeinflussen damit den Wortlaut des Glaubensbekenntnisses des Ersten Konzils von Konstantinopel (381),[1] das heute noch in der Kirche gesprochen wird. In diesem Credo werden vier Erkennungszeichen *(notae)* der Kirche genannt: »Ich glaube an die eine, heilige, katholische und apostolische Kirche.« Diese vier Erkennungszeichen sollten die Kriterien bilden, mittels deren die wahre Kirche Christi identifiziert werden konnte.

1. Was bedeutet »Merkmale der Kirche« (*notae,* Eigenschaften)?

Der Entschluß, Kriterien für die wahre Kirche aufzustellen, hat seinen Entstehungsort in einem polemischen Kontext und einem echten konfessionellen Konkurrenzkampf: Welche Gruppe verwirklicht die wahre Kirche Christi? Wie kann man die wahre von der falschen Kirche unterscheiden? Die Fragen gelangten in den ekklesiologischen Kontroversen mit Hus und Luther im 15. und 16. Jahrhundert zu entscheidender Schärfe. Die Theologen unterschieden in

---

* Deutsch erstmals unter dem Titel »Merkmale einer Kirche in den unterprivilegierten Klassen« veröffentlicht in: *L. Boff,* Die Neuentdeckung der Kirche. Basisgemeinden in Lateinamerika, Mainz 1980, 53–76. Der Abdruck erfolgt mit freundlicher Genehmigung des Matthias-Grünewald-Verlags, Mainz.
[1] Vgl. *Y. Congar,* Theologiegeschichtliche Hinweise zur Problematik der Kennzeichen, in: Mysterium Salutis IV/2, Einsiedeln/Zürich/Köln 1972, 359–362.

akademischer Begrifflichkeit zwischen *notae* (Erkennungszeichen) und Eigenschaften.[2] Die *Erkennungszeichen (notae)* benannten – wie das Wort selbst nahelegt – das Erkenn- und Wahrnehmbare, also die Qualitäten der Kirche, die 1. allen Menschen (einschließlich der vorwissenschaftlich denkenden) zugänglich sind, 2. die deshalb bekannter als die Kirche selbst sind und die Fähigkeit haben müssen, die wahre Kirche zu erkennen zu geben, und die 3. untrennbar mit der wahren Kirche verbunden sein müssen, so daß man ihnen außerhalb der Kirche (in ihrer Gesamtheit) nicht begegnen kann. Die *Eigenschaften* waren die Qualitäten der Kirche, die ohne jeden Zweifel zu ihr gehören, die es aber zumindest für den Außenstehenden nicht möglich machen, die wahre Kirche auf den ersten Blick zu erkennen, wie zum Beispiel Fehlerfreiheit und Heilsnotwendigkeit. Die Erkennungszeichen waren die vier schon genannten: Einheit, Heiligkeit, Katholizität und Apostolizität. Besonders seit der Polemik gegen die Waldenser im 13. Jahrhundert (unter Papst Innozenz III.: DS 792) und – mit aller Gewalt – bei den Ekklesiologen des ausgehenden 19. Jahrhunderts (Passaglia, Mazzella, Perrone) kam später noch ein fünftes Erkennungszeichen hinzu: die Verbundenheit mit Rom. Die Kirche ist eine, heilig, katholisch, apostolisch und römisch.

Das Beweisergebnis aufgrund der Erkennungszeichen *(per viam notarum)* war fast gleich null, weil es schwierig ist zu beweisen, daß sie ausschließlich in der römisch-katholischen Kirche gegeben sind.[3] Schließlich konzentrierte sich alles auf das augenfälligste Erkennungszeichen: die Verbundenheit mit Rom. Aber auch diese allein vermochte nicht zu gewährleisten, daß man es mit der wahren Kirche zu tun hatte; denn sie vermittelte den Eindruck, als handelte es sich um eine andere Kirche.

Unsere Absicht bei der Behandlung der Frage nach den Merkmalen der Kirche ist alles andere als polemisch. Weder möchten wir beweisen, daß die Basisgemeinden die wahre Kirche Christi sind; denn wir gehen von der festen Annahme aus, daß sie wirklich die Kirche Christi und der Apostel an der Basis sind. Noch möchten wir die – übrigens akademische und fruchtlose – Unterscheidung zwischen Erkennungszeichen und Eigenschaften mitmachen. Deshalb sprechen wir schlicht von den Merkmalen der Kirche, das heißt von den Qualitäten, welche die Züge der Kirche, die durch den Geist

---

[2] Zu dieser Problematik vgl. das nach wie vor klassische Werk von *G. Thils*, Les notes de l'Eglise dans l'apologétique catholique depuis la Réforme, Gembloux 1937.

[3] Vgl. *F. Grivec*, De via empirica notarum Ecclesiae, in: Antonianum 36 (1961) 395–400.

Gottes aus dem Volk geboren wird, offenbaren und sie innerhalb der gesellschaftlichen Wirklichkeit geschichtlich konkret werden lassen. Damit stehen wir in der Tradition der ersten mittelalterlichen Autoren des Traktates über die Kirche, die von den *conditiones Ecclesiae* sprachen, von den konkreten Bedingungen der Kirche. Welche relevanten Züge nimmt also derjenige wahr, der dieses ekklesiale Geschehen (die Ekklesiogenesis) aus dem Glauben und mit Sympathie betrachtet? Wie vermitteln uns die Merkmale der Kirchlichen Basisgemeinden die Wesensmerkmale Jesu Christi und seiner Botschaft? Denn es ist doch die Aufgabe der Kirche, die Heilsbedeutung Jesu Christi und seiner Sendung sichtbar und geschichtlich konkret werden zu lassen und – indem sie diesen Auftrag ausführt – zum sakramentalen Zeichen und zum sakramentalen Werkzeug der Befreiung zu werden.

Ehe wir die eigentliche Frage besprechen, müssen wir aber noch einen Blick auf die Welt werfen, in der die Kirche angesiedelt ist. Wie ist diese Welt gesellschaftlich organisiert? Sofern wir uns der Tatsache bewußt sind, daß die Kirche ihren Ort in der Welt hat und nicht umgekehrt die Welt in der Kirche – das Konzilsdekret *Gaudium et spes* hat diese Einschätzung übrigens hinreichend verdeutlicht –, ist diese Frage für uns von grundlegender Bedeutung. Wer sie – wie fast alle Autoren von Büchern zum Thema Ekklesiologie, einschließlich jüngerer Publikationen wie *Die Kirche* von Hans Küng[4] – übergeht, ist außerstande, die Kirche konkret zu verstehen, und öffnet den Weg für einen Idealismus, der die komplexe Wirklichkeit der Kirche nur verbirgt. Die Frage, die wir – wenn auch rasch – zu behandeln haben, lautet: Wie kann die Kirche sich in einer Klassengesellschaft verstehen? Die Beschreibung der Merkmale der Kirche hängt von dem Blickwinkel ab, aus dem wir dieses Problem angehen. Für eine Kirche, die aus dem Volk geboren wird, ist diese Frage unumgänglich. Wer sich ihr nicht stellt, beraubt sich der Möglichkeit, zu verstehen, um was es bei den Kirchlichen Basisgemeinden wirklich geht.

---

[4] *H. Küng,* Die Kirche (Kap. V, Anm. 7). Sosehr Küng mit diesem seinem Werk Anerkennung verdient, weil er die Erkenntnisse der historischen und exegetischen Forschung einbringt, um dadurch das Kirchenverständnis zu erneuern, so unzulänglich ist seine Erarbeitung des Verhältnisses zwischen Kirche und Welt. Auch Küng befaßt sich noch mit der Kirche als einer in sich bestehenden Größe und sieht weithin davon ab, daß die besondere Produktionsweise der Kirche abhängig ist von der wirtschaftlichen, politischen und sozialen Geschichte der Gesellschaft.

2. Merkmale einer Kirche auf der Seite der herrschenden Klasse

Wir müssen das Problem genau formulieren.[5] In der Kirche gibt es zwei Dimensionen, von denen jede ihr eigenes Wesen hat, die aber beide miteinander verbunden sind. Gemeint ist die Kirche einmal als religiös-ekklesiastischer (Institution) und das andere Mal als ekklesial-sakramentaler Bereich (Sakrament, Zeichen und Werkzeug des Heils). Unter religiös-ekklesiastischem Bereich verstehen wir den Komplex der ekklesiastischen Institutionen und das Gesamt der religiösen Akteure in Interaktion untereinander und mit den Institutionen.[6] Da diese Dimensionen zwei Seiten ein und derselben Kirche sind, müssen wir sie genau beschreiben, um jedes sachliche und sprachliche Mißverständnis zu vermeiden. Die Grundaussage besteht darin, daß der ekklesiastische Bereich die Basis für die sakramental-ekklesiale Dimension ist. Die Institution ist das Gefäß für das Sakrament. Die gesellschaftliche Sichtbarkeit der Kirche läßt die Gnade und das Reich Gottes greifbar werden.

Im Sinne unseres Anliegens – das heißt: um die Merkmale der Kirche herauszufinden – müssen wir uns den religiös-ekklesiastischen Bereich vornehmen. Wie weit offenbaren die sichtbaren Züge der Kirche die unsichtbaren Wesenselemente des Heils, des Evangeliums und der Person Jesu Christi? Hier schon sehen wir, daß die beiden Dimensionen miteinander verbunden sind. Aber wenden wir uns der – wenn auch raschen – Analyse des religiös-ekklesiastischen Bereichs zu.

Der religiös-ekklesiastische Bereich ist kein bestimmtes strukturiertes Gesamtgebilde von Praktiken, Akteuren, Institutionen und Diskursen, die auf Gott, Christus und Kirche als Sakrament bezogen wären. Vielmehr ist er das Ergebnis eines Produktionsprozesses, der Ertrag einer Strukturierungsarbeit, die zwei Produktivkräfte hat: die Gesellschaft mit ihrer gegebenen Produktionsweise und die christliche Erfahrung mit ihrem Offenbarungsinhalt. Mit anderen Worten: Die institutionelle Kirche kommt nicht fertig vom Himmel, sie ist vielmehr die Frucht einer bestimmten Geschichte und zugleich Ertrag

---

[5] Bei all diesen Überlegungen wurden wir inspiriert von: *C. Boff,* Igreja e Política, in: ders., Comunidade eclesial, comunidade política (Kap. I, Anm. 1), 64–84; *P. Bourdieu,* Le marché des formes symboliques, Paris 1971; *O. Maduro,* Campo religioso y conflictos sociales – Marco teórico para el análisis de sus interrelaciones en Latinoamérica. Travail de fin d'études, Löwen 1978.

[6] Vgl. *P. Bourdieu,* Genèse et structure du champ religieux, in: Revue Française de Sociologie 12 (1971) 295–334. *O. Maduro,* Campo religioso, 47, 111, passim.

des Glaubens, der sich die Zufälligkeiten der Geschichte auf seine Weise zu eigen macht. Betrachten wir rasch die beiden Produktivkräfte.

a. Der religiös-ekklesiastische Bereich und die Produktionsweise der jeweiligen Gesellschaft

Die Kirche operiert nicht auf unbesetztem Feld, sondern in einer geschichtlich angesiedelten Gesellschaft. Das heißt: *Nolens volens* ist die Kirche eingegrenzt und bestimmt durch den gesellschaftlichen Kontext mit seiner Bevölkerung und seinen begrenzten Ressourcen, die überdies in einer bestimmten Weise strukturiert sind. Der religiös-ekklesiastische Bereich ist nun ein Ausschnitt dieses gesellschaftlichen Feldes. Dieser beeinflußt jenen Bereich dialektisch, nicht aber mechanisch. Wir gehen hier von der Annahme aus – die wir an dieser Stelle weder begründen noch rechtfertigen können, weil das einer besonderen Darlegung bedürfte –, daß die organisierende Achse einer Gesellschaft in ihrer spezifischen Produktionsweise besteht. Unter Produktionsweise verstehen wir dabei die Art und Weise, in der sich eine bestimmte Bevölkerung im Blick auf die zur Verfügung stehenden materiellen Ressourcen organisiert, um die Güter zu fertigen, die ihren Fortbestand sowie ihre biologische und kulturelle Fortentwicklung gewährleisten. Diese Tätigkeit liegt auf der Ebene der Infrastruktur, und auf ihr gründet alles Weitere in der Gesellschaft. Sie ist *konstant,* weil sie Bedürfnissen entspricht, die ständig gegeben sind, *universal,* weil sie allen Gesellschaften und allen Zeiten gemeinsam ist, und *fundamental,* weil sie in letzter Hinsicht die Bedingung der Möglichkeit jedweder anderen Initiative ist. Auch die Kirche ist bedingt, eingegrenzt und bestimmt durch die besondere Produktionsweise. Oder anders ausgedrückt: Die Produktionsweise bedingt, welche religiös-ekklesiastischen Aktionen unmöglich, unerwünscht, tragbar, annehmbar und vorrangig sind, das heißt: sie verleiht der Kirche spezifische Merkmale.[7] Natürlich ist damit nicht gesagt, die religiös-ekklesiastischen Aktionen wären rein gesellschaftliche Produkte, die nur nach einem religiösen Codex gefertigt würden. Selbstverständlich haben sie ihre spezifische Eigenart. Jedoch: Wenn sie sich gesellschaftlich darstellen, werden sie von der besonderen Produktionsweise eines bestimmten Gesellschaftstyps durchdrungen, begrenzt und ausgerichtet.

---

[7] *O. Maduro,* Campo religioso, 51–54; *A. Touraine,* Production de la société, Paris 1973, 145 ff.

Es gibt verschiedene Produktionsweisen, von denen einige eher symmetrisch, andere eher asymmetrisch zu nennen sind. In unserem Fall, im Westen und in Lateinamerika, leben wir in einer Gesellschaft, die durch eine *asymmetrische Produktionsweise* organisiert ist. Wir sprechen von der kapitalistischen Produktionsweise, die durch private Aneignung der Produktionsmittel seitens einer beständigen Minderheit, durch ungleiche Verteilung der Arbeitskraft (es gibt ja Leute, die innerhalb der Produktion keine Rolle spielen) und durch ungleiche Verteilung der Endprodukte der Arbeit gekennzeichnet ist. Diese asymmetrische Produktionsweise führt zu einer Klassengesellschaft mit asymmetrisch verteilter Macht, mit einem Herrschaftsverhältnis zwischen den Klassen und mit auseinanderstrebenden Interessen. Diese Tatsachen spiegeln sich in einer beachtlichen Ungleichheit u. a. in Ernährung, Kleidung, Wohnung, Gesundheitszustand, Arbeitsverhältnis und Freizeitbereich wider. Eine solche Klassenstruktur – versteht sich – begrenzt und bestimmt, unabhängig von den Willensentscheidungen der Menschen, alle Aktivitäten, einschließlich der religiös-ekklesiastischen Betätigung. Auch die Gläubigen stehen je nach ihrer Klassensituation objektiv an unterschiedlichen gesellschaftlichen Stellen. Diese Tatsache führt sie dazu, daß sie die Wirklichkeit je nach ihren gesellschaftlichen Bedingungen wahrnehmen und die Botschaft des Evangeliums in Übereinstimmung mit ihrer Klassenfunktion deuten und leben, weil ja jede Klasse ihre Bedürfnisse, Interessen, Gewohnheiten und Verhaltensmuster hat. Die Klassen unterscheiden sich in der Einschätzung von unmöglichen, tragbaren oder empfehlenswerten, notwendigen oder dringlichen Aktionen. Allerdings darf man nicht voraussetzen, die Initiativen einer Klasse wären rein mechanisch und statisch. Vielmehr befindet sich eine Klasse in einem ständigen Prozeß des Aufbaus (oder Abbaus), je nachdem, welche Stellung sie in der gesellschaftlichen Arbeitsteilung einnimmt, welche konkrete Konjunktur herrscht und welche spezifische Strategie sie sich vornimmt. Da die Produktionsweise asymmetrisch ist, ist auch die Dynamik der Klassen asymmetrisch, das heißt: konfliktgeladen und ungleich. Die Klassen führen (unabhängig von der Willensentscheidung der einzelnen Mitglieder, aber aufgrund der Dynamik, die der objektiven Stellung des einzelnen in der Klassenstruktur innewohnt) mit ungleichen Kräften einen Kampf gegeneinander.

In einer Klassengesellschaft gibt es immer eine herrschende Klasse (oder einen Block von Klassen), die (der) verantwortlich ist für das

Geschick der ganzen Gesellschaft. Sie ist immer bestrebt, ihre Macht zu festigen, zu vertiefen oder zu erweitern. Ja, sie versucht, die Beherrschten davon zu überzeugen, die Beherrschung selbst anzunehmen, indem sie ihnen einen ideologischen Konsens abringt.[8] Auf diesem Weg kommt die Klasse zur Vorherrschaft, das heißt: sie erzielt einen allgemeinen Konsens über ihre Herrschaft. In der Sprache von A. Gramsci: sie schafft damit einen historischen Block.[9] Jedoch ist die Herrschaft niemals total. Da sie in einem mehr oder minder langwierigen Prozeß errungen wird, gibt es unter den Beherrschten immer Widerstandsnester, und sie entwerfen Strategien, wie sie überleben und die ihnen geraubte Macht wiedererlangen können. So herrscht je nach der geschichtlichen Konstellation ein ständiger (offener oder latenter) Konflikt zwischen Beherrschten und Beherrschern. Dieser Widerstand legt den hegemonischen Klassen Grenzen auf und verlangt ihnen eigene Orientierungen ab, denn aus den subalternen Klassen könnten ja revolutionäre Klassen werden.

Die herrschenden Klassen sind in ihrer hegemonischen Strategie bestrebt, sich die Kirche im Sinn der Ausweitung, Festigung und Legitimierung ihrer Herrschaft dienstbar zu machen. Ihr Ziel ist dabei vor allem, daß alle Individuen und gesellschaftlichen Gruppen zu ihrer Vorherrschaft ja sagen. Auch der religiös-ekklesiastische Bereich steht unter einem starken Druck, sich in seiner Organisation den Interessen der hegemonischen Klassen anzupassen. Mittel und Wege dabei sind die verschiedensten wirtschaftlichen, juristisch-politischen, kulturellen und sogar repressiven Strategien. In dieser Konstellation erhält und legitimiert die Kirche den herrschenden historischen Block.

Freilich ist es nicht zwingend, daß die Kirche sich auf die Seite des hegemonischen historischen Blockes stellt. Denn auch die unterprivilegierten Klassen haben in ihrem Kampf für mehr Macht und Autonomie angesichts der Herrschaft, die sie erleiden, Forderungen an die Kirche. Diese kann den Bruch mit dem historischen Block sowohl begünstigen als auch rechtfertigen und sich für einen revolutionären Dienst anbieten. Die Gläubigen stehen auf der einen und auf der anderen Seite. Deshalb ist es unvermeidlich, daß die Konflikte zwischen den Klassen auch die Kirche zerreißen. Sie kann gegebenenfalls

---

[8] Hier beziehe ich mich auf die Überlegungen von *E. Hoornaert*, Comunidades de base. Dez anos de experiência, in: Revista Eclesiástica Brasileira 38 (1978) 474–502, bes. 475–479.

[9] Vgl. *H. Portelli*, Gramsci y el bloque histórico, Mexiko 1977, 65–92.

sowohl eine revolutionäre Funktion übernehmen als auch den herrschenden Block stärken. Die eine wie die andere Möglichkeit ist nicht der freien Willensentscheidung des einzelnen anheimgestellt, die dieser *ad libitum* treffen könnte. Vielmehr hängt sie von der Art des Verhältnisses ab, das der religiös-ekklesiastische Bereich zu den verschiedenen Klassen unterhält. So kann es sein, daß die Kirche im Laufe des genannten Prozesses in ihren eigenen Einrichtungen die Strukturen des herrschenden Blockes reproduziert hat. Dann hat sich der religiös-ekklesiastische Bereich auch in asymmetrischer Form strukturiert und spiegelt die gesellschaftliche Formation der Herrschenden wider. Offensichtlich geht es dabei nicht um eine rein mechanische Reproduktion, denn der religiös-ekklesiastische Bereich behält immer seine *relative Autonomie*. Wenn hier von relativer Autonomie die Rede ist, soll damit behauptet werden, daß der religiös-ekklesiastische Bereich nicht gänzlich durch das Gesellschaftsgeschehen festgelegt, aber auch nicht völlig unabhängig von ihm ist. Auf der Grundlage seines unveräußerlichen Propriums (der christlichen Erfahrung, seines objektiven Ausdrucks in Diskursen und Praktiken, seines institutionellen Charakters, mittels dessen er sich reproduziert, erhält und verbreitet, wobei er sich vor allem auch eines ganzen Stabs von Experten und Hierarchen bedient) assimiliert und verarbeitet er *unmittelbar* die gesellschaftlichen Einflüsse.

In der gebotenen Kürze wollen wir im Folgenden betrachten, wie sich die Kirche einmal mit dem Herrschaftsblock und das andere Mal mit den untergeordneten Klassen verbindet. Eine asymmetrische Produktionsweise, die allmählich eine ganze gesellschaftliche Konstellation herausbildete und zu einem Prozeß der Enteignung von Instrumenten der materiellen und symbolischen Produktion führte, gelangte schließlich auch in der Kirche zur Vorherrschaft. In einem langen geschichtlichen Prozeß, der sich auch beschreiben läßt,[10] kam es zu einer Asymmetrie in der religiösen Produktion. In analytischer Begrifflichkeit (die jedoch frei von jeder moralischen Konnotation ist) könnte man von einem Prozeß sprechen, in dem der Klerus dem christlichen Volk die religiösen Produktionsmittel enteignete. Ursprünglich war das christliche Volk in der Kirche an der Macht, an

[10] Vgl. *A. Faivre*, Naissance d'une hiérarchie: les premières étapes du cursus clérical, in: Théologie historique 15 (1977) Nr. 40 (eine Zusammenfassung findet sich in dem soeben zitierten Aufsatz von *E. Hoornaert*). Vgl. weiterhin *W. Weber* (Hrsg.), Macht, Dienst, Herrschaft (Kap. IV, Anm. 19); *H. J. Türk* (Hrsg.), Autorität (Kap. IV, Anm. 18).

den Entscheidungen und an der Wahl der Amtsträger beteiligt. Nach und nach wurde es dann nur noch konsultiert und geriet in der Frage der Macht schließlich ganz an den Rand. Eine Fähigkeit, über die es anfangs verfügte, wurde ihm enteignet. Da die Gesellschaft arbeitsteilig funktionierte, wurde auch in der Kirche eine religiöse Arbeitsteilung eingeführt. So entstand ein Stab von Beamten und Experten, die das religiöse Interesse aller befriedigen sollten, indem sie, und zwar nur sie, symbolische Güter produzierten, die das inzwischen enteignete Volk konsumierte. Hier kann jetzt nicht eingegangen werden auf die internen Konflikte um die religiöse Macht (Hierarchie – Laien, hoher Klerus – niederer Klerus usf.) und ebensowenig auf die verschiedenen Formen des ideologischen Konsenses, der sich im Laufe der Jahrhunderte herausbildete, so daß heute (in analytischer und nicht theologischer Sprache) der Stab von ekklesiastischen Beamten in der rechtmäßigen Ausübung religiöser Macht das Monopol innehat.[11] Offensichtlich harmoniert eine solchermaßen asymmetrisch strukturierte Kirche gut mit der sie umgebenden Gesellschaft, in der dieselbe asymmetrische Produktionsweise herrscht. So konnte die Kirche leicht als religiöse Ideologie zur Rechtfertigung der herrschenden Ordnung erscheinen. In Lateinamerika bestand bis Medellín (1968) diese Art des Verhältnisses zwischen Kirche, ziviler Gesellschaft und Staat,[12] das zum Regime der Christenheit führte.

Die Frage nach dem Verhältnis der Kirche zu den unterprivilegierten Klassen soll weiter unten behandelt werden, weil wir damit schon die Kirchlichen Basisgemeinden ansprechen.

b. Die christliche Erfahrung mit ihrem Offenbarungsinhalt

Die andere Produktivkraft im religiös-ekklesiastischen Bereich ist die christliche Erfahrung mit ihrem Offenbarungsinhalt. Bei diesem Punkt brauchen wir uns nicht lange aufzuhalten, weil die Dinge weithin bekannt sind. Wir möchten nur soviel festhalten, daß die christliche Glaubenserfahrung, die in den Gründungsurkunden bezeugt und bewahrt wird, einfach nicht zu bestreiten ist, wobei mit Gründungsurkunden auch die christlichen Schriften gemeint sind, die im Laufe der Geschichte gelesen und immer wieder neu gelesen wurden (Überlieferung). In ihnen wird die Geschichte eines Leben-

---

[11] Zu diesem ganzen Teil vgl. O. *Maduro*, Campo religioso (Anm. 5), 104–122.
[12] Vgl. P. *Richard*, Mort des chrétientés et naissance de l'Église. Analyse historique et interprétation théologique de l'Église en Amérique Latine, Paris 1978 (hektographiert), bes. die drei ersten Teile.

den erzählt, in dem die Apostel den endgültigen Sinn von Mensch und Welt erkennen (Heil). Die Grundaussage, die den christlichen Glauben trägt und die Kirche inspiriert, ist das Ereignis des getöteten und auferweckten Jesus mit seiner Botschaft der Liebe, Hoffnung, Brüderlichkeit, des Dienstes unter den Menschen und der vertrauensvollen Hingabe an den Vater. Diese Inhalte machen das *positiv Gemeinte* des Glaubens aus, sind also kein bloßes *interpretandum*, sondern die Kriterien, nach denen die Kirche sich, ihre Praktiken, ihre Diskurse und ihre religiöse Produktionsweise zu beurteilen hat.

Es dürfte erkennbar geworden sein, daß im religiös-ekklesiastischen Bereich ein unleugbarer Widerspruch steckt. Denn einerseits ist er, historisch betrachtet, in den Rahmen asymmetrischer Verhältnisse der Symbolproduktion eingespannt und fördert damit die kapitalistische Gesellschaft, während seine Grundideale andererseits eine symmetrische, mitbestimmte und brüderliche Produktionsweise fordern. Da die Kirche in diesem Widerspruch lebt, können immer wieder Propheten auftreten und kann das Verlangen nach Befreiung in ihr immer wieder Raum greifen, so daß sie sich dann in die Richtung der Gruppen bewegt, die gerechtere Beziehungen in der Geschichte wollen und sich im Rahmen einer revolutionären Praxis organisieren. Gerade dies erlebt die Kirche im Augenblick an ihrer Basis.

c. Merkmale der Kirche in asymmetrischen Verhältnissen religiöser Produktion

Die Kirche war in Lateinamerika an dem Prozeß, der zur Konsolidierung des Hegemonialblockes führte, nicht unbeteiligt. Der Tendenz nach wirkte sie im Sinne von Erhaltung und Rechtfertigung der Herrschenden. Darüber hinaus schuf sie einen religiös-ekklesiastischen Bereich mit mehreren Klassen, der die Konflikte, die schon im Gesellschaftsgefüge bestehen, jetzt auch innerhalb der Kirche widerspiegelt. Dabei konzentrierte sich im religiös-ekklesiastischen Bereich die ganze Macht auf den Komplex Papst – Bischöfe – Priester. In dieser asymmetrischen ekklesiastischen Produktionsweise treten nun einige entsprechende Merkmale zutage. Wie stellen sich jetzt die vier grundlegenden (heuristischen) Erkennungszeichen der Kirche dar: ihre Einheit, Heiligkeit, Katholizität und Apostolizität?

Die *Einheit* wird zum einheitlichen Block: Uniformität in Lehre, Ausdrucksweise, Liturgie, Ordnung (Kirchenrecht), Moral und – womöglich – auch Sprache (Latein). Die Vereinheitlichung der Symbolwelt führt zur Verschmelzung mit dem historisch-sozialen Block, so daß sowohl die gesellschaftlichen als auch innerkirchlichen Konflikte kaschiert und verklärt werden. Die Einheit der Kirche wird als Übereinstimmung des Volkes mit der Hierarchie verstanden, während umgekehrt die Gemeinschaft der Hierarchie mit dem Volk kaum angesprochen wird. Die Ausdrucksweise wird *gleichmacherisch und zwiespältig:* gleichmacherisch, weil sie die Konflikte, die an sich ja zu vielfältigen Redeformen führen müßten, vertuscht, und zwiespältig, weil sie den Bedürfnissen der einen und der anderen entspricht und damit den Zusammenhalt des Blockes wahrt. Eine parteiliche Ausdrucksweise hätte hingegen die Möglichkeit eröffnet, daß Konflikte auch ans Tageslicht kommen. Eine solche gleichmacherische und zwiespältige Redeform konzentriert sich im Regelfall auf konfliktfreie Themen, setzt Harmonie an die erste Stelle, leugnet ausdrücklich das Vorhandensein oder die Bedeutung der Klassentrennung bzw. bestreitet den Unterdrückten das Recht, für die ihnen geraubte Freiheit zu kämpfen, und treibt eine wahre Inflation mit Hinweisen auf das Übernatürliche und mit Appellen zur moralischen Observanz. Die Zusammenführung der Klassen in ein und derselben Kirche ist lediglich symbolisch und soll nur die herrschenden Klassen gesellschaftlich und politisch begünstigen.

Die *Heiligkeit* wird zum Merkmal der Kirche mit ihrer asymmetrischen Art religiöser Produktion, insofern sich der einzelne Gläubige in sie hineinbegibt und das *Ethos* des historisch-religiösen Blockes unter der Vorherrschaft der Hierarchie treu erfüllt. Die großen Tugenden des katholischen Heiligen sind Gehorsam, kirchliche Unterwerfung, Demut und Ganzhingabe an die Kirche (man ist getauft oder im Kloster, um der Kirche zu dienen). Aus diesem Grund sind fast alle modernen Heiligen (in denen das hierarchische Monopol voll zur Entfaltung kommt) Heilige des Systems: Priester, Bischöfe, Ordensleute. Nur wenige sind Laien, die – analytisch gesprochen – jedoch von der zentralen Hegemonialmacht in Beschlag genommen wurden. Der Prophet oder Reformator, der im Namen des positiven Glaubensinhalts Kritik übt oder eine Mobilisierung in den innerkirchlichen Machtverhältnissen fordert, setzt sich jeder Art symbolischer Gewaltanwendung (kanonischem Prozeß, Exkommunikation) aus und ist nie *bestimmend* für das Verständnis von Heiligkeit in der Kirche.

In einer asymmetrisch strukturierten Kirche ist die *Apostolizität* das Attribut einer einzigen Klasse (der Bischöfe als Nachfolger der

Apostel) und gilt nicht als Merkmal der ganzen Kirche. Die apostolische Sukzession wird mehr und mehr auf die Abfolge in der apostolischen Gewalt eingeengt, wobei die Sukzession in der apostolischen Lehre, um die es ursprünglich ging, zunehmend aus dem Blick gerät. In Vergessenheit geriet die Tatsache, daß »der Laie wie der Bischof Nachfolger der Apostel ist« (Paul VI.).[13]

Die *Katholizität* ist eng verbunden mit der Einheit (Einheitlichkeit). Vorrang hat der quantitative Gesichtspunkt: Auf der ganzen Erde begegnet man derselben Kirche *(per totum orbem terrarum diffusa)*. Die Katholizität wird nicht mehr durch ihre konkreten Elemente definiert (Gestaltwerdung in den verschiedenen Kulturen und Ortskirchen), sondern durch ihre abstrakten Komponenten (dieselbe Hierarchie, dieselben Sakramente, dieselbe Theologie).

An dieser Stelle müßte nun eine theologische Wertung dieser asymmetrischen Strukturierung der Kirche folgen. Wir müßten fragen: Inwieweit verdeutlicht und vermittelt sie die eigentliche Erfahrung Jesu Christi und der Apostel und ist ein geeignetes Vehikel für die Ideale von Brüderlichkeit, aktiver Mitwirkung und Gemeinschaft, die ja in den Taten und in der Botschaft Jesu enthalten sind? Aus Raumgründen können wir der Frage nicht nachgehen. Nur möchten wir hervorheben, wie wichtig sie ist. Wir möchten darauf hinweisen, daß sich aufgrund eines neuen Bewußtseins in der ganzen Kirche mehr und mehr das Gefühl verbreitet, zwischen dem asymmetrisch strukturierten religiös-ekklesiastischen Bereich einerseits und der Gestalt und Botschaft Christi und der Apostel andererseits bestehe ein (für manche fast unerträglicher) Widerspruch. Alles schreit geradezu nach einer Neustrukturierung innerhalb der Kirche, damit sie wieder zu ihren Ursprüngen zurückfinden und besser ihrer besonderen, das heißt theologischen Aufgabe nachkommen kann. Mittel und Wege dazu sind die Schaffung besserer, symmetrischer und deshalb gerechterer Möglichkeiten der Beteiligung an der Macht.

3. Merkmale einer Kirche auf der Seite der unterprivilegierten Klassen

Die Kirche übt nicht notwendigerweise eine konservative Funktion aus (wie das der orthodoxe Marxismus behauptet). Aufgrund ihres Ideeninhalts und Ursprungs (der gefährlichen und subversiven

---

[13] *J. Guitton*, Diálogos con Pablo VI, Madrid 1967, 392.

Erinnerung an Jesus von Nazaret, der unter Pontius Pilatus gekreuzigt wurde) ist sie sogar eher revolutionär. Allerdings hängt dies von bestimmten gesellschaftlichen Bedingungen und von ihrer internen Verfaßtheit ab. Wenn es im historischen Block zum Bruch gekommen ist, dann kann sich die Kirche in gewissem Sinn für die unterprivilegierten Klassen engagieren und diese bei ihren Kämpfen gegen die Herrschaft unterstützen, insbesondere solche gesellschaftlichen Gruppen, die eine religiöse Weltsicht haben, wie dies der Fall unseres lateinamerikanischen Volkes ist. Diese Gruppen haben das Bestreben, eine *Strategie der Befreiung* zu entwickeln, indem sie eine unabhängige und zu den Vorstellungen der herrschenden Klassen alternative Weltsicht entwerfen. An dieser Voraussetzung kommen sie nicht vorbei, wenn sie objektive Bedingungen für die Veränderung ihres unterprivilegierten Daseins herbeiführen wollen.

Hier nun wird der religiös-ekklesiastische Bereich von Bedeutung. Wenn er dazu beiträgt, eine religiöse Weltsicht zu erarbeiten, die dem Streben der Menschen nach Befreiung ent- und den herrschenden Klassen widerspricht, dann übernimmt er eine revolutionäre Funktion. Das religiöse Interesse der Basis ist es, eine Legitation für das eigene Streben nach Befreiung zu finden und die Herrschaft, die sie erleidet, als unrechtmäßig und widernatürlich zu entlarven. Wenn einige konkrete innere und äußere Bedingungen erfüllt sind, kann der ekklesiastische Bereich diese Rechtfertigung liefern, sei es, weil er den Kampf als gerecht anerkennt, sei es, weil eine Übereinstimmung zwischen ihm und dem Ideengehalt des Evangeliums sieht.

In der kapitalistischen Produktionsweise ist die Religion in der Regel nicht die erste Instanz, die die gesellschaftlichen Verhältnisse schafft. In Lateinamerika jedoch kommt der Kirche aufgrund der vorwiegend religiösen Weltanschauung der Bevölkerung eine wichtige Rolle im Sinn entweder von Verfestigung oder von Infragestellung der Verhältnisse zu. Für die unterprivilegierten Gruppen, die überwiegend religiös eingestellt sind, bedeutet die Ausarbeitung einer unabhängigen und alternativen christlichen Sicht, die im Gegensatz zur herrschenden Klasse steht, den Beginn ihres Befreiungsprozesses. Dieser verspricht unter der Bedingung Erfolg, daß ein bestimmtes Niveau an Bewußtsein, Organisation und Mobilisierung der Klasse erreicht ist. Theologisch gesehen greift man auf den historischen Jesus von Nazaret zurück, der sich ja vor allem den Armen zuwandte und sie als die ersten Adressaten und Nutznießer des Reiches Gottes betrachtete. Man entdeckte den ursprünglichen Sinn seines Lebens und Sterbens wieder – einmal als eines Lebens, das für die Anliegen der Gedemütigten engagiert war, bei denen bis dahin die Sache Gottes scheiterte, und zum anderen als eines Todes, der durch den von den herrschenden Klassen der damaligen Zeit geschürten Konflikt verursacht wurde. Aus dieser Sicht werden die Hauptstücke des Glaubens neu gedeutet und die befreienden Dimensionen wieder aufgedeckt, die objektiv in ihm stecken, aber durch eine Struktur religiöser Herrschaft, die mit der hegemonischen Gesellschaftsklasse Hand in Hand ging, verdrängt worden waren.

Offensichtlich geht ein solcher Rückgriff auf den ursprünglichen Gehalt des Christentums nicht ohne Bruch mit den herrschenden ekklesiastischen Traditionen vonstatten. Dem *organisch religiösen Intellektuellen* käme normalerweise die Aufgabe zu, diesen Bruch wieder zu schließen. Aufgrund seiner Bindung an die unterprivilegierten Klassen trägt er einmal dazu bei, ihr großes Streben nach Befreiung wahrzunehmen, zu systematisieren und zum Ausdruck zu bringen und zum anderen es in das religiöse (theologische) Projekt mit hineinzunehmen, indem er zeigt, daß es mit dem Grundvorhaben Jesu und der Apostel übereinstimmt. Wenn sich die Dinge so gelöst haben, dann können wichtige Teile der ekklesiastischen Institution auf die Seite der subalternen Klassen überwechseln. Jetzt besteht die Möglichkeit, daß eine Kirche des Volkes mit den entsprechenden Merkmalen geboren wird.

Wir sind nun der Ansicht, daß mit den Kirchlichen Basisgemeinden genau dieses Phänomen gegeben ist. Mit ihnen erleben wir eine wirkliche Ekklesiogenesis (die Genesis einer neuen Kirche, die aber keine andere ist als die der Apostel und der Überlieferung), die sich an der Basis von Kirche und Gesellschaft vollzieht, das heißt in den unterprivilegierten Klassen, die sowohl religiös als auch sozial entmachtet sind. Man muß dieses Novum analytisch genau erfassen: Die Gemeinschaften bedeuten zum einen den Bruch des gesellschaftlichen und religiösen Monopols und zum anderen den Beginn eines religiösen und sozialen Prozesses, in dem Kirche und Gesellschaft neu strukturiert werden[13a] sowie die gesellschaftliche und religiös-ekklesiastische Arbeitsteilung anders gestaltet wird. Einige Merkmale dieser Kirche an der Basis sollen im Folgenden aufgelistet werden. Nach unserer Meinung weist die Kirche, die in den unterpri-

---

[13a] Zur Analyse dieses Phänomens und zur Begründung seiner theologisch-dogmatischen Möglichkeit s. *L. Boff*, Die Neuentdeckung (Anm. *).

vilegierten Klassen Gestalt gewinnt, fünfzehn Merkmale auf. Auch der heilige Robert Bellarmin, ein berühmter Ekklesiologe der in der herrschenden Klasse inkarnierten Kirche, sprach (1591) von fünfzehn Erkennungszeichen der Kirche. Die Übereinstimmung ist sicherlich nicht ohne Bedeutung.

a. Kirche als Volk Gottes

Die Kategorie *Volk* beinhaltet für uns etwas anderes als der Begriff »Nation«, der ja unterschiedslos alle Bürger einschließt und damit die internen Asymmetrien verdeckt. Wir sprechen von Volk vielmehr im Sinn von unterprivilegierter Klasse. Diese wird dadurch definiert, daß sie von der Mitbestimmung ausgeschlossen und einem Prozeß der Vermassung (Verdinglichung) ausgeliefert ist. Volk stellt eine analytische und axiologische Kategorie dar. Analytisch gesehen, beschreibt sie eine Gruppe in Abhebung von der anderen. Axiologisch betrachtet, nennt sie einen Wert, der von allen gelebt werden soll. Mit anderen Worten: Alle, nicht nur die unterprivilegierte Klasse, sind dazu aufgerufen, »Volk« zu werden. Die untergeordnete Klasse wird in dem Maße Volk, in dem sie durch die Vermittlung von Gemeinschaften[14] aufhört, Masse zu sein, zum Bewußtsein ihrer selbst gelangt, ein Geschichtsprojekt im Sinn von Gerechtigkeit und Mitbestimmung für alle und nicht nur für sich selbst entwirft und sich um Praktiken bemüht, die auf die annäherungsweise Verwirklichung dieser Utopie hindeuten. Die Freiheitsstrategie des Volkes zielt ab einmal auf die Überwindung der gegenwärtigen Monopolstruktur sowohl der zivilen als auch der religiösen Macht und zum anderen auf eine Gesellschaft, in der ein Höchstmaß von aktiver Teilnahme und Mitbestimmung gegeben ist. Dieses Volk wird in dem Maße Volk Gottes, in dem die Getauften Gemeinschaften des Glaubens, der Hoffnung und der Liebe aufbauen, diese sich von Jesu Botschaft von der absoluten Brüderlichkeit bestimmen lassen und sich das Ziel setzen, in der Geschichte ein Volk von freien, brüderlichen und mitverantwortlichen Menschen zu bilden. Diese geschichtliche Realität stellt nicht nur das Produkt eines symmetrischen Gesellschaftsprozesses dar, sondern bedeutet theologisch die Antizipation und Vorbereitung des Reiches Gottes und des endzeitlichen Volkes Gottes.

---

[14] Vgl. das Werk, das innerhalb der katholischen Theologie die Problematik am besten behandelt: Pueblo de Dios y comunidad liberadora (Kap. I, Anm. 1).

Die Basisgemeinden bilden dieses Volk, das sich auf dem Weg weiß. Ihre Existenz bedeutet eine Herausforderung für die Hierarchie, die alle religiöse Macht monopolartig an sich gezogen hat. Die Hierarchie hat sich dagegen wieder als Dienst zu verstehen und nicht mehr als Macht, die man eben aufgrund von Macht ausübt.[15] Sie muß sich begreifen als Mittel und Weg zur Gerechtigkeit, Brüderlichkeit und Koordinierung des Volkes und darf nicht zulassen, daß sich in der Kirche Monopolstrukturen und Randexistenzen bilden. Die Tatsache, daß auf der einen Seite ein weitgespanntes Netz von Kirchlichen Basisgemeinden und auf der anderen Seite eine Pfarr- und Diözesanstruktur existiert, auf der einen Seite eine Kirche von Laien und auf der anderen Seite eine ausschließlich von Klerikern geleitete Kirche, zeigt, daß nach wie vor Spannungen innerhalb der Kirche herrschen. Die Lösung kann nur sein: ein Verhältnis größerer Gleichheit, so daß alle bei der Produktion von religiösen Gütern mitwirken und auch Nutzen von ihnen haben können.

b. Eine Kirche der Armen und Schwachen (Unter-Menschen)

Die große, wenn nicht die absolute Mehrheit der Basisgemeinden besteht aus Armen und physisch Schwachen, deren Arbeit skrupellos ausgebeutet wird. Die Gemeinschaften verfügen kaum über Mittel. Deshalb schließen die Mitglieder ihre Arbeitskraft in Nachbarschaftshilfen und anderen Gemeinschaftsinitiativen zusammen.

Aber die Tatsache der Armut und Schwachheit ist nicht nur ein soziologisches Faktum. Im Lichte des Glaubens ist sie nämlich auch ein theologisches Geschehen. Denn vom Evangelium her betrachtet, stellt der Arme die Epiphanie des Herrn dar. Seine Existenz bedeutet eine Herausforderung für Gott, der ja einst beschlossen hatte, in den Lauf der Welt einzugreifen, um die Gerechtigkeit wiederherzustellen. Armut ist nämlich eine Verletzung der Gerechtigkeit, insofern sie ja nicht von selbst entstanden ist, sondern aufgrund einer Produktionsweise, die zur Enteignung der Schwachen führt. Die Armen sind die eigentlichen Träger der Utopie des Reiches Gottes. Sie geben Hoffnung weiter, und ihnen muß die Zukunft gehören.

c. Eine Kirche der Ausgebeuteten (Entmenschlichten)

Die große Mehrzahl der Kirchlichen Basisgemeinden – man braucht nur ihre Berichte zu lesen – hat zu kämpfen mit Problemen wie der

---

[15] *J. Sobrino*, Resurrección de una Iglesia popular, San Salvador 1978 (hektographiert).

bereits geschehenen oder drohenden Vertreibung von Grund und Boden, mit Fragen von Lohn, Arbeit, Gesundheit, Wohnung, Schule und Gewerkschaft. Ohne Schwierigkeit läßt sich feststellen, daß unser Modell einer abhängigen, assoziativen und elitistischen Gesellschaft, die nach kapitalistischen Regeln abläuft, nicht für diese Menschen geschaffen wurde. Nichts funktioniert in ihrem Interesse, weder die Gesetze noch die Richter noch der Polizeiapparat noch die Öffentlichkeitsmedien. Überall werden sie ausgebeutet. Bis vor kurzem waren sie für Kirche und Gesellschaft lediglich Objekte der Barmherzigkeit. Positiv galten sie nichts. Allenfalls waren sie Material für politische Manöver und Statisten zum Auffüllen von Volksfesten.

Jetzt aber tun sie sich zusammen, bilden Gemeinschaften und stärken ihr Bewußtsein in dem Sinn, daß Kirche und Gesellschaft kritisiert und verändert werden müssen. Sie werden zu Subjekten der Geschichte. Die Kirchliche Basisgemeinde ist der Einstiegspunkt, von dem aus Menschen, die die herrschenden Klassen bisher zertreten hatten, ihre Würde entdecken (Rechte der Armen). Die Ausgebeuteten erkennen, daß sie Träger von Rechten und Pflichten (Bürger) sind, Bild und Gleichnis Gottes, Kinder des Vaters, Tempel des Geistes und zur vollen Personwerdung bei der Vollendung der Geschichte bestimmt sind, die aber durch freiheitstiftende Initiativen jetzt schon antizipiert wird. Nach unserer Ansicht stellen die Kirchlichen Basisgemeinden für die Opfer der kapitalistischen Akkumulation die sachgerechte Form von Kirche dar – im Gegensatz zur traditionellen und hierarchisierten Kirche mit ihren klassischen (Apostolatsbewegungen, Vinzentinern) und modernisierenden Gruppen (Cursillos, Christliche Familienbewegung, charismatische Erneuerung). Denn diese Art von Kirche paßt doch wohl eher in eine Klassengesellschaft und ist Teil der Vorstellung der herrschenden Klassen.

d. Eine Kirche von Laien

Die Vokabel *Laie* besagt in ihrem ursprünglichen griechischen Wortsinn *Mitglied des Volkes Gottes*. In diesem Verständnis sind auch der Priester, der Bischof und der Papst »Laien«. In der ekklesiastischen Arbeitsteilung indessen ist Laie jeder, der nicht an der sakralen Macht beteiligt ist. Aus diesem Grund galt er nicht als Subjekt von Kirchlichkeit, und zwar in dem Sinn, daß auch er symbolische Güter hätte produzieren und Schöpfer von kirchlicher Gemeinschaft hätte sein können. Vielmehr war er bloßer Nutznießer dessen, was ein Stab von sakralen Beamten produzierte, und hatte auszuführen, was dieser jeweils beschlossen hatte. In den Basisgemeinden dagegen, die ja fast ausschließlich aus Laien bestehen, sind sie offenbar Träger ekklesialer Wirklichkeit, gemeinschaftlichen Zeugnisses, organisatorischer Belange und missionarischer Verantwortung. Hier besitzen sie das Wort, schaffen Symbole und Riten und entdecken mit den Möglichkeiten der Basis die Kirche neu.

e. Kirche als *koinonia* der Macht

Die Gemeinschaft als ganze – und nicht nur einige ihrer Mitglieder – versteht sich als Inhaberin der Macht. Dabei ist sie alles andere als anarchisch, als ob sie von jeder Macht und Organisation absehen könnte. Nur ist sie gegen das Prinzip, alle Macht in den Händen eines Stabs von Spezialisten, der außerhalb und oberhalb der Gemeinschaft angesiedelt ist, monopolartig zu konzentrieren. Nach Möglichkeit gehen die Aufgaben der Koordinierung und Verlebendigung reihum. Macht ist eine Funktion der Gemeinde und nicht einer einzelnen Person. Was abgelehnt wird, ist nicht die Macht als solche, sondern ein Machtmonopol, das zur Enteignung der Mehrheit zugunsten einer Elite führt. Aus dieser Grundhaltung heraus beargwöhnen nicht gerade wenige Gemeinschaften jedes Vokabular, das auf Autoritarismus und Machtkonzentration hindeuten könnte (Leiter, Animator, Chef, Koordinator).

f. Kirche, deren Mitglieder alle Dienstämter haben

Da die Kirchlichen Basisgemeinden eher Gemeinschafts- als Gesellschaftscharakter haben, ist ein Machtaustausch in ihnen verhältnismäßig leicht. Die verschiedenen Dienste sind nicht im vorhinein festgelegt, als wären sie sozusagen die Verewigung einer präexistenten Struktur, sondern sind Antworten auf die jeweiligen Bedürfnisse, die entstehen. Alle und nicht nur einige Mitglieder haben Dienstämter inne. Damit überwinden die Kirchlichen Basisgemeinden die schematische Aufteilung der religiösen Arbeit: hier Hierarchie und Leitung, dort Laien und Ausführung von Anordnungen. Theologisch müßte man dazu sagen, daß zunächst die Kirche als ganze Repräsentantin Christi ist und daß dann erst die Amtsträger Vertreter der Kirche sind. Darüber hinaus sind die Amtsinhaber dann noch Stellvertreter Christi, insoweit sie Kirche sind. Daraus folgt, daß man sich die Macht als der ganzen Gemeinde anvertraut zu denken hat. Von der

Gemeinschaft her gliedert sie sich dann je nach den Notwendigkeiten in verschiedene Formen, bis hin zum Papsttum. Die Dienstämter schweben also nicht oberhalb der Kirche oder sind außerhalb ihrer angesiedelt. Vielmehr haben sie ihren Ort in der Kirche, sind Ausdruck der Sakramentalität der Kirche und stehen in Funktion der ganzen kirchlichen Gemeinschaft.

g. Eine Kirche der Diaspora

Historisch-gesellschaftlich betrachtet, stellen die Basisgemeinden das erste gelungene Experiment von Kirche außerhalb des Rahmens der Christenheit und mit Wurzeln im Volk dar. Christenheit bedeutet dabei – wie unlängst eingehend dargetan wurde[16] – ein spezifisches Verhältnis zwischen Kirche und Zivilgesellschaft, vermittelt durch den Staat und die hegemonischen sozialen und kulturellen Strukturen eines Landes. Die Kirche ist am historischen Block beteiligt und geht, um ihre Macht in der Zivilgesellschaft ausüben zu können, Hand in Hand mit den herrschenden Klassen. Dieser Artikulationsversuch fand historisch sein Ende aufgrund der Veränderungen innerhalb des historischen Blockes, der vom transnationalen, Abhängigkeit und Unterentwicklung verursachenden Kapitalismus bestimmt wurde. Vom Jahr 1960 an kam es zu den geschichtlichen Bedingungen für eine Kirche, die aus dem Volk, aus den unterdrückten Klassen geboren wird. Der Widerspruch, den wir gegenwärtig beobachten – das muß ganz deutlich werden –, besteht nicht zwischen einer offiziellen Kirche und einer Kirche des Volkes, sondern zwischen der Christenheit (das heißt der Kirche, die in den herrschenden Klassen Gestalt angenommen hat) und der Kirche des Volkes. Diese letztgenannte Kirche weiß sich durchaus in Verbindung zur hierarchischen Kirche. Aber sie stellt einen Gegenpol dar gegen das Projekt einer neuen Christenheit, in dem (wie dem Konsultationsdokument in Vorbereitung auf die Dritte Generalversammlung des Lateinamerikanischen Episkopats in Puebla zu entnehmen ist) die Pastoral der Kirche dem Bündnis der Kirche mit den hegemonischen Klassen untergeordnet werden sollte.

Was man in den Basisgemeinden beobachten kann, ist, daß die Kirche den Weg in die Gesellschaft (insbesondere in die unterprivilegierten Klassen) gefunden hat, und nicht mehr umgekehrt die Gesellschaft in die Kirche. Die Kirchlichen Basisgemeinden bedeuten

---

[16] P. Richard, Mort des chrétientés et naissance de l'Église (Anm. 12). Dieses ist die Zentralthese der Arbeit.

christliche Diaspora innerhalb des Gefüges der Gesellschaft. Dabei kommt ihnen nicht nur ein ekklesiologischer (theologischer), sondern auch ein eminent politischer Wert zu. Denn nach Art von Zellen tragen sie zum Wiederaufbau der zivilen Gesellschaft bei, die durch die Klassentrennung und die Handstreiche seitens der herrschenden und gegen das Volk eingestellten Klasse ständig zerrissen und atomisiert wird. Sie schaffen eine Mystik der gegenseitigen Hilfe und üben konkret eine gemeinschaftsbezogene und solidarische Praxis ein, die eine neue, sich von der bürgerlichen Gesellschaft abhebende Form gesellschaftlichen Zusammenlebens antizipiert und vorbereitet.

h. Eine befreiende Kirche

Hier greifen wir auf das zurück, was wir vorhin zum Verhältnis zwischen der Kirche und den unterprivilegierten Klassen geschrieben haben. Eine christliche Gemeinschaft kann (aus der Sicht des Volkes) der Eingang zur Politik sein, wobei unter Politik ein Engagement und eine Praxis zu verstehen sind, deren Ziel in Gemeinwohl und sozialer Gerechtigkeit besteht. Das Christentum ist die Religion des Volkes. Das Volk begreift und organisiert alles aus der Sicht der christlichen Religion. Ein Christentum, das die Erwartungen und Bedürfnisse der Unterdrückten aufgreift, wirkt befreiend. Befreiend erscheinen dann auch die Kirchlichen Basisgemeinden. Offenbar bildet in den Gemeinschaften das Symbolkapital des Glaubens fast die einzige Quelle, die zu einem politischen Engagement zu bewegen vermag. Leben und Evangelium Jesu führen zu Befreiung von Ungerechtigkeiten. Allerdings muß betont werden, daß es dabei nur um einen ersten Schritt geht, auf den die analytische Phase folgen muß. So erscheint die Politik als Bereich relativer Autonomie. Der Glaube erübrigt sich damit nicht, sondern er offenbart seine eigentliche Dimension als Mystik des Impulses. Als solche deutet er auf eine Befreiung hin, die die Geschichte transzendiert und im Befreiungsprozeß der Gesellschaft schon dann antizpiert werden kann, wenn es zu weniger ungerechten Formen des Zusammenlebens kommt.

i. Eine Kirche, die die konkreten Befreiungsschritte sakramentalisiert

Die Kirchliche Basisgemeinde feiert nicht nur das Wort Gottes und (wenn sie es kann) die Sakramente. Im Lichte des Glaubens feiert sie auch das Leben selbst, einschließlich der Errungenschaften einer jeden Gruppe und ihrer Begegnungen. Sie versteht es, ihre Probleme und Lösungen zu dramatisieren, liturgisiert die Belange des Volkes und popularisiert das Liturgische. Sie lehrt, Gott im Leben, in den Ereignissen und in ihren Kämpfen zu entdecken. Auf diese Weise überwindet sie den sakramentalen Gedächtnisschwund, den die Kirche insgesamt erlitt, seitdem das Konzil von Trient die Gesamtheit der sakramentalen Struktur auf die sieben Sakramente reduzierte.[17]

j. Eine Kirche, die die große Tradition fortsetzt

Jesus, die Apostel und die ersten christlichen Gemeinden waren Menschen aus dem Volk, das heißt: arme Leute und Mitglieder der unterjochten Klassen. In der Kirche ging zwar nie die Erinnerung an diese einfachen Ursprünge verloren. Mit der Entwicklung zur Christenheit jedoch gerieten diese einfachen Ursprünge an den Rand des Interesses. Die Befreiungsbotschaft Jesu wurde von den herrschenden Gruppen sozusagen für ihre eigenen Interessen entführt. Die Kirchlichen Basisgemeinden wissen sich in vollem Einklang mit der Kirche der Apostelgeschichte, der Kirche der Märtyrer und mit den prophetischen Bewegungen, die in der Kirche immer wieder die evangelische Dimension der Armut, des Dienstes, der Absage an Pomp und Herrschaft und der Hinwendung zu den Randexistenzen verlebendigt haben. Diese Kirche des Volkes und der Armen, die zwar immer bestanden hat, deren Geschichte aber fast nie erzählt wurde, findet ihre Fortsetzung im Experiment der Kirchlichen Basisgemeinden von heute. Dabei frischen diese Gemeinschaften nicht einfach Schemata der Vergangenheit wieder auf, sondern entwickeln neue Modelle in Funktion heutiger geschichtlicher Herausforderungen. Eine solche Kirche an der Basis ist eher ein Geschehen von Menschen, die sich um des Wortes Gottes willen zusammenfinden, als eine Institution mit im vorhinein festgelegten Strukturen (Sakramenten, Lehren, Hierarchien). Nicht als ob derlei Elemente für sie unwichtig wären oder gar nicht existierten. Nur machen sie nicht das Rückgrat der Gemeinde als solcher aus. Das Entscheidende in diesen Gemeinschaften ist vielmehr, daß sie das Wort Gottes hören und aus dem Horizont ihrer Probleme neu verstehen, die bestehenden Aufgaben gemeinschaftlich ausführen, Gottesdienst feiern und daß die Menschen sich gegenseitig helfen.

---

[17] Vgl. *L. Boff*, Kleine Sakramentenlehre, Düsseldorf [7]1984. In diesem Buch haben wir uns bemüht, die Grundlagen des Lebens sakramental zu deuten.

k. Kirche in Gemeinschaft mit der großen Kirche[18]

Man darf die Kirche an der Basis nicht als eine Parallelerscheinung zur großen institutionellen Kirche mißverstehen. Denn die Polarität besteht nicht, wie wir schon anklingen ließen, zwischen Institution und Gemeinschaft, sondern zwischen Christenheit (Kirche im Bündnis mit den herrschenden Mächten der Klassengesellschaft) und Kirche des Volkes (Kirche auf der Seite der Basis). In Brasilien und in Lateinamerika allgemein ist deutlich eine Konvergenz zu beobachten zwischen der Großkirche mit einem ganzen Geflecht von institutionellen Diensteinrichtungen einerseits und der Kirche, die sich als ein Netz von Basisgemeinden versteht, andererseits. Die Kirche als Netz von Basisgemeinden empfängt von den Großkirchen das Symbolkapital des Glaubens, die Verbindung zur apostolischen Überlieferung und die Dimension der weltweiten Universalität. Die Großkirche erhält von den Basisgemeinden die örtliche und persönliche Konkretheit, hautnahe Berührung mit dem Volk und Engagement für die dringenden Anliegen der Menschen, wie Gerechtigkeit, Menschenwürde, Beteiligung und Mitbestimmung. Die eine ist für die andere offen, beide akzeptieren sich gegenseitig. Wir haben es nicht mit zwei Kirchen zu tun. Es ist dieselbe Kirche wie die der Glaubensväter, wobei sie sich freilich in anderen Gesellschaftsschichten konkretisiert und es auch mit spezifischen Problemen zu tun hat. An der Basis kennt man keinerlei Ressentiments gegen die Anwesenheit von Priestern und Bischöfen. Im Gegenteil, man verlangt sogar nach ihnen. Aber man erwartet von ihnen zugleich einen neuen Stil in der Ausübung ihres Amtes der Einheit und Gemeinschaft, einen Stil, der schlichter und funktionaler ist, der sich konsequenter am Evangelium mißt und mit den Anliegen des Volkes übereinstimmt, als es häufig der Fall ist. Aufgrund des Geschehens an der Basis findet die gesamte Kirche gegenwärtig zu einer folgerichtigeren Option für die Befreiung der Unterdrückten, für die Verteidigung der Menschenrechte, insbesondere der Armen, und für einen Prozeß umfassender Veränderung der Gesellschaft in Richtung auf besser sozialisierte Formen des Zusammenlebens.

[18] Vgl. *L. Boff*, Missão universal e libertação concreta, in: ders., A fé na periferia do mundo, Petrópolis 1978, 76–94. Hier findet sich eine eingehendere Darlegung dieses Zusammenhangs.

l. Eine Kirche, die aus der Perspektive ihres Befreiungsauftrags die Einheit baut

In der theologischen Überlieferung ging man bisher davon aus, daß die Einheit der Kirche bereits ein Faktum sei, das auf drei Säulen beruhe: demselben Glauben *(vinculum symbolicum)*, denselben Sakramenten *(vinculum liturgicum)* und derselben hierarchischen Regierung *(vinculum sociale)*. Die Lateinische Kirche betonte überdies die hierarchische Leitung als das Grundprinzip der Einheit: *unus grex sub uno pastore* (ein Volk unter einem Hirten; *unum corpus [unus populus] sub uno capite)*. Die Zentralgewalt wurde dermaßen übersteigert (Kephalisierungstheorie), daß dem christlichen Volk alle Mitwirkung an Entscheidungen enteignet wurde. Die orthodoxe Ostkirche sah vor allem im Sakrament – besonders in der Eucharistie – das Prinzip, das Einheit schafft und ausdrückt *(una eucharistia, unus grex)*. In den Kirchlichen Basisgemeinden ist die Einheit wesentlich von der Sendung her strukturiert. Natürlich hat die Basisgemeinde denselben Glauben, empfängt und verwaltet dieselben Sakramente und befindet sich in Gemeinschaft mit der hierarchisch strukturierten Großkirche. Aber diese innere Einheit wird durch einen Bezug nach außen, das heißt: durch ihre Sendung, geschaffen und erhalten.

Der konfliktgeladene Horizont, der die Basis umgibt, benennt konkret die Sendung der Kirche. Diese besteht darin, den Glauben in befreiender Form zu denken und zu leben, engagiert an der Seite der Gedemütigten, im Kampf für ihre Menschenwürde und als Hilfe beim Aufbau eines menschlichen Zusammenlebens, das sich am Evangelium orientiert. Diese Entscheidung wird in den Basisgemeinden, sei es auf dem Lande, sei es im vorstädtischen Raum, immer zwingender. Spaltungen entstehen in der Kirche normalerweise nicht auf der Ebene von Glauben, Sakrament oder Leitung, sondern auf der Ebene des Engagements in der Wirklichkeit. Auf der Grundlage dieser Entscheidung, so könnte man sagen, kommt es zur Einheit: *una optio, unus grex* (eine Option, ein Volk).

m. Kirche mit einer neuen Konkretion von Katholizität

Die Einheit erleichtert das Verständnis der Universalität. Die Basisgemeinden tragen einen deutlichen Charakter als soziale Klasse (Arme, Ausgebeutete). Zugleich haben sie aber auch eine universale Berufung: Rechte, Gerechtigkeit und aktive Teilnahme für alle. Gerechtigkeit für alle gibt es nicht, ohne daß die Armen ihre Rechte wiedererlangen und garantiert bekommen. Die Anliegen der Gemeinden sind universale Anliegen. Deshalb werden die Basisgemeinden selbst universal in dem Maße, in dem sie die Universalität dieser Anliegen erkennen und sich zu eigen machen. Darum sind sie auch keine in ihren eigenen Klasseninteressen verschlossenen Gruppen. Jeder, der sich für Gerechtigkeit entscheidet und Seite an Seite mit ihnen kämpft – zu welcher Klasse er auch gehören mag –, hat Platz in der Basisgemeinde. Mit ihrem Kampf für wirtschaftliche, gesellschaftliche und politische Befreiung, die die Perspektive öffnet für eine Befreiung in Fülle im Reich Gottes, steht sie im Dienst einer universalen Sache. Der Kapitalismus als System asymmetrischen Zusammenlebens stellt für die Universalität der Kirche ein Hindernis dar, insofern er nur die Interessen einer Klasse vertritt. Eine demokratische und sozialistische Gesellschaft hingegen würde bessere objektive Bedingungen dafür bieten, daß die Kirche ihre Katholizität voll zum Ausdruck bringen kann. Mit anderen Worten: Im Kapitalismus läuft die Katholizität der Kirche Gefahr, reine Absichtserklärung zu bleiben und wohl dieselben Symbole zu verwenden, diese aber mit anderen, der Klassensituation entsprechenden Inhalten zu füllen. Reiche und Arme kommunizieren gemeinsam in der Kirche, exkommunizieren sich aber in der Fabrik. Wenn es in der Fabrik Gemeinschaft gäbe, dann drückte die eucharistische Tischgemeinschaft nicht nur die eschatologische Gemeinschaft am Ende der Zeit aus, sondern auch die reale Gemeinschaft schon im Hier und Heute.

n. Eine Kirche, die als ganze apostolisch ist

Wir sind gewöhnt, die Apostolizität als ein Merkmal der Bischöfe zu verstehen, da diese ja die Nachfolger der Apostel sind. Aber die Einengung dieses Begriffs allein auf die höchste Leitungsgruppe der Kirche datiert aus relativ später Zeit. Ursprünglich ist Apostel einfach der Gesandte, wie es im Neuen Testament sogar von Jesus heißt (Hebr 3,1). Sehr wahrscheinlich verwandte Jesus selbst den Begriff Apostel nicht für seine ersten zwölf Nachfolger.[19] Diese wurden vielmehr zu Aposteln, indem sie in die Welt·ausgesandt wurden, um Jesu Mission der Offenbarung und Verkündigung fortzusetzen. Dabei bezieht sich der Terminus *Apostel* nicht ausschließlich auf

---

[19] Vgl. *L. Dupont*, Le nom d'Apôtre a-t-il été donné aux Douze par Jésus? Löwen 1957; *Y. Congar*, Begriff des »Apostels« nach dem Neuen Testament, in: Mysterium Salutis IV/2, 535–538. Klassisch und monumental ist das Werk von *F. Klostermann*, Das christliche Apostolat, Innsbruck 1962, hier besonders 119–128.

die Zwölf, denn auch Paulus, der ja erst später berufen wurde, wird Apostel genannt. Jeder Gesandte – und jeder Getaufte hat den Auftrag, das neue Wirken Gottes in Jesus Christus zu bezeugen und zu verkündigen – ist Apostel und setzt die Sendung der ersten zwölf Apostel fort. Darüber hinaus sind die Zwölf diejenigen, die das Geheimnis Jesu als des fleischgewordenen Sohnes Gottes erkannten und weitersagten. Wir sind dem Glauben und der Lehre der Apostel verbunden, die in den Gründungstexten und in der lebendigen Erinnerung der Gemeinden enthalten ist. Weil die Apostel die Aufgabe hatten, das Geheimnis Jesu zu offenbaren, wurden sie zu Leitern von Gemeinden. In diesem Zusammenhang heißt es, daß alle, die den Dienst der Koordinierung und der Einheit ausüben, in der apostolischen Sukzession stehen. Schließlich ist in der Tradition vom *apostolischen Leben* die Rede, vom Leben in der Nachfolge Jesu, das an seinem Leben Anteil hat und sein Geschick teilt.

Das Problem entstand, als in der kanonisch-theologischen Reflexion die zwölf Apostel je einzeln betrachtet wurden. Damit ging der symbolische Sinn der Zwölf verloren, die ja die messianische Gemeinde (das neue Israel) und seine Kollegialität bezeichnen. Wer gesandt ist, ist nicht das einzelne Individuum aus dem Zwölferkreis, sondern die Gruppe, das Kollegium, die Gemeinschaft der Zwölf, die erste und noch winzige *ecclesia* um Jesus herum. Daraus folgt, daß die Gemeinschaft als ganze apostolisch ist und nicht nur einige Inhaber der kirchlichen Gewalt.

In diesem Sinne greift die Kirchliche Basisgemeinde auf den ursprünglichen Sinn von Apostolizität zurück. Denn sie weiß sich – als Gemeinde –gesandt, versteht sich als Trägerin der orthodoxen Glaubenslehre, übt die verschiedenen Dienste aus, die der Geist in ihr weckt, und lebt ein apostolisches Leben in der Nachfolge Jesu, seiner Haltung, seiner Botschaft und der Hoffnung auf das Reich Gottes, die er im Herzen der Gläubigen hinterließ. Die apostolische Sukzession ist also nicht auf die Sukzession der hierarchischen Funktionen eingeengt und bringt damit keine Trennung von Anfang an in die Kirche zwischen denen, die solche Funktionen haben, und denen, die sie nicht haben. Diese Trennung in den Diensten kommt erst später, auf der Grundlage tiefer Brüderlichkeit und Gleichheit. Alle sind Träger der rechten Lehre der Apostel, und alle haben Anteil an den drei Grunddiensten Jesu Christi: des Zeugnisses, der Heiligung und der Verantwortung für Einheit und Verwirklichung der Gemeinde. In den Basisgemeinden herrscht zwischen den verschiedenen Elementen dieses notwendige Gleichgewicht ohne Vorurteil gegen eine symmetrische Aufteilung der unterschiedlichen Funktionen und Verantwortungen.

o. Kirche mit einem neuen Stil von Heiligkeit

Der Heilige ist nicht ausschließlich Asket, der die göttlichen und kirchlichen Anordnungen treu befolgt oder das heilige Geheimnis Gottes und seiner menschlichen Erscheinungsform in Jesus Christus durchdringt und verinnerlicht. Alle diese Elemente sind von unvergänglichem und unersetzbarem Wert. Dessenungeachtet besteht in den Kirchlichen Basisgemeinden eine Situation, die eine andere Art von Heiligkeit erfordert, nämlich die des Kämpfers. Dabei gilt der Kampf nicht so sehr den eigenen Leidenschaften (dies ist ein ständiger Auftrag) als vielmehr im politischen Bereich der Ausbeutung durch Mechanismen, die nur einigen wenigen zu Reichtum verhelfen. Positiv gesagt, zielt der Kampf darauf ab, ausgeglichenere Beziehungen herzustellen, die die Gemeinschaft als ganze berücksichtigen. Die neuen Tugenden kommen zum Ausdruck in Klassensolidarität, Mitbestimmung bei die Gemeinschaft betreffenden Entscheidungen, gegenseitiger Hilfe (Nachbarschaftshilfe), Kritik an Machtmißbrauch, im Ertragen von Verleumdungen, Verfolgungen um der Gerechtigkeit willen,[20] ungerechter Inhaftierung, Arbeitsentlassung, Anfeindung, Übervorteilung und in der Kritik an privater Akkumulation ohne gesellschaftliche Verantwortung. Diese Gemeinschaften finden Bezugspunkte in Menschen, die wegen ihres Engagements für Gemeinde und Evangelium standhaft gelitten haben. Viele bewahren die Erinnerung an ihre Bekenner und Märtyrer, erinnern sich ihrer im Gottesdienst und feiern ihre Siege.

4. Schlußfolgerung: die Glaubwürdigkeit der christlichen Hoffnung

Alle diese Züge (und man könnte noch andere auflisten) charakterisieren das neue Experiment von Kirche, das sich an der Basis von Kirche und Gesellschaft abspielt. Natürlich könnte man über jede dieser Erfahrungen im einzelnen diskutieren. Insgesamt aber offenbaren sie einen neuen Geist, eine neue Hinwendung zu den befreien-

---

[20] Für Augustinus galt die Verfolgung um der Gerechtigkeit willen als eines der Kennzeichen der wahren Kirche: vgl. Epistulae 93,8; 185,9.

den Ursprüngen der evangelischen Botschaft und auch eine neuartige Treue gegenüber der transzendenten Bestimmung der Erde samt ihrem Suchen und Hoffen. Der Glaube entfremdet nicht von der Welt und schafft sich auch keine Gemeinde, die mit den anderen Menschen nichts zu tun haben will. Der Glaube ist vielmehr Sauerteig der Hoffnung und der Liebe, die beide noch nie besiegt wurden und die auf die Kraft der Schwachen und auf die Unfehlbarkeit von Gerechtigkeit und Solidarität setzen. Das Interesse am Himmel läßt uns nicht die Erde vergessen. Im Gegenteil, der Himmel hängt davon ab, was wir auf und mit der Erde tun. Eine Kirche, die in der beschriebenen Weise für die Anliegen der Ausgebeuteten dieser Welt eintritt, läßt glaubwürdig werden, was der Glaube bekennt und was die Hoffnung verheißt. Sie offenbart die Züge eines Christus, der auch heute noch imstande ist, Geister zu faszinieren, die den Finger am Puls des Geschehens haben und mit der Ordnung dieser Welt unzufrieden sind. Die Kirchlichen Basisgemeinden belegen, daß man Christ sein kann, ohne konservativ zu sein, daß man ein gläubiger Mensch sein kann, der sich zugleich gesellschaftlich engagiert, und daß man gegen alle Hoffnung auf die Ewigkeit hoffen kann, ohne dabei den festen Boden unter den Füßen und seinen Einsatz im Kampf für ein besseres Morgen noch hier in unserer Geschichte aufgeben zu müssen.

IX. Kirchliche Basisgemeinden: Mindestelemente*

Die Kirchlichen Basisgemeinden, so sagten die Bischöfe in Puebla, stellen einen »Anlaß zu Freude und Hoffnung« dar (Puebla, Nr. 96; vgl. 262, 1309), sie sind wahre »Brennpunkte der Evangelisierung und Motoren der Befreiung« (Nr. 96). Wie sieht das Mindestverständnis aus, das wir brauchen, wenn wir dieses Phänomen begreifen wollen, das so verheißungsvoll für die geschichtliche Zukunft des Glaubens insbesondere unter den Armen ist? Ich denke, wir müssen fünf Punkte festhalten.

1. Kirchliche Basisgemeinden: das unterdrückte und gläubige Volk

a. Gemeinschaft der Armen

Im modernen Leben zeigt sich überall der Trend zur Gemeinschaft. Neben den Großgruppen der Gesellschaft entstehen überall Kleingruppen mit dem Ziel, die zwischenmenschlichen Beziehungen enger und brüderlicher zu gestalten. Auch die Kirchlichen Basisgemeinden sind Ausdruck dieser Haltung. Dazu kommt die bedauerliche Krise der kirchlichen Institution, verursacht durch den Mangel an geweihten Priestern. Ohne Priester bleibt die herkömmliche Gemeinde sich selbst überlassen, ihre Strukturen verfallen, ja, sie kann sogar aufhören zu existieren. Die Entstehung der Kirchlichen Basisgemeinden zeigt einen Ausweg aus dieser Krise. Laien übernehmen die Aufgabe, das Evangelium zu verkündigen und den Glauben am Leben zu erhalten. Wichtig ist dabei die Tatsache, daß es gewöhnlich die Armen sind, die – unterdrückt und gläubig – die Basisgemeinden bilden. Sie stellen so das Fundament der Gesellschaft (als untere Gesellschaftsschichten, Volksklassen) und der Kirche (als Laien) dar.

---

* Deutsch erstmals veröffentlicht in: *B. Leers/L. Boff/U. Zankanella,* Kirchliche Basisgemeinden (Franziskanische Hefte), Mettingen ²1984, 37–46. Der Abdruck erfolgt mit freundlicher Genehmigung des Brasilienkunde-Verlags, Mettingen.

b. Gemeinschaft im Heiligen Geist

Die Kirchliche Basisgemeinde besteht im allgemeinen aus 15 bis 20 Familien. Sie treffen sich ein- oder zweimal wöchentlich, um das Wort Gottes zu hören, ihre Probleme zu besprechen und im Licht des Evangeliums eine Lösung zu finden. Sie selbst geben den Kommentar zur Bibel, verfassen die Gebete und beschließen gemeinsam unter der Moderation eines der ihren, welche Arbeiten geleistet werden sollen. Nach jahrhundertelangem Schweigen ergreift so das Volk Gottes das Wort. Der Laie wird vom Pfarr-»Kind« zur Person mit ekklesiologischem Stellenwert. In der Praxis wird so die Kirche in ihrer konkret-historischen Bedeutung neu begründet. Die Kirche ist sicher ein Geschenk Christi, das wir dankbar annehmen. Sie ist aber auch die Antwort des Menschen im Glauben. Daraus leitet sich auch die folgende Erklärung der Kirche ab, die, richtig verstanden, durchaus wahr und rechtgläubig ist: Die Kirche erwächst aus dem Glauben des Gottesvolkes, oder einfacher gesagt, sie wird vom Geist Gottes aus dem unterdrückten, gläubigen Volk geboren.

Früher versammelte sich das Volk, das im Landesinnern wohnte, ein- oder zweimal im Jahr, wenn der Geistliche kam. Er kam, um zu taufen, zu trauen und das Evangelium zu verkünden. Nur bei diesen Anlässen fühlten sich die Menschen als Kirche. Jetzt erfahren sie sich wöchentlich oder noch öfter, bei jedem Treffen, als Gemeinschaft von Gläubigen, in der der auferstandene Jesus Christus gegenwärtig ist. Dies ist die Realisierung des Mysteriums der weltweiten Kirche an der Basis, in der bescheidenen und zahlenmäßig geringen Konkretisierung durch Männer, Frauen und Kinder, die im allgemeinen sehr arm an Besitz, aber reich an Glauben, Hoffnung und Liebe sind und in der Gemeinschaft aller Christen stehen. Die Kirchliche Basisgemeinde konkretisiert so die wahre Kirche Jesu Christi.

c. Gemeinschaft in der Nachfolge der Apostel

Gegenwärtig sehen wir die folgende Konstellation: Auf der einen Seite existiert die große institutionelle Kirche mit der Diözese und dem Bischof, den Pfarreien und geweihten Priestern, den Filialkapellen usw. Daneben existiert das große Netz der Basisgemeinden. Allein in Brasilien gibt es 70 000 Basisgemeinden.[1] Das sind rund 4 Millionen Christen, die ihren Glauben in diesen Gemeinden leben. Es ist

---

[1] Zur Zeit der Publikation der deutschen Übersetzung von *Igreja: Charisma e Poder* hat sich die Zahl auf rund 150 000 erhöht (Anm. des Verlags).

wichtig, die Konvergenz zwischen den beiden Gestalten der einen Kirche Christi und der Apostel festzuhalten. Die große institutionelle Kirche fördert und wünscht die Basisgemeinden. Durch sie steht sie inmitten der breiten Bevölkerungsschichten. Durch sie nimmt sie auch am schmerzlichen Schicksal und an den Hoffnungen des Volkes konkreten Anteil. Die Kirchlichen Basisgemeinden ihrerseits wünschen die Gemeinschaft mit der großen institutionellen Kirche und stehen in ihr. Sie wollen den Bischof, den Priester und die Ordensleute in ihrer Mitte haben. So treten sie ein in die große apostolische Tradition, beweisen ihre Katholizität und festigen die Einheit mit der Kirche.

d. Gemeinschaft innerhalb der Kirche

In dem Maß, in dem sich die Kirche dem Volk öffnet, wird sie selbst immer mehr zum Volk Gottes. In dem Maß, in dem das Volk, insbesondere die Armen und die unterdrückten Schichten der Gesellschaft, sich im Namen Christi versammelt und die Botschaft der Erlösung und Befreiung hört, bildet es konkret im geschichtlichen Sinn die Kirche Jesu Christi. Daher gibt es keinen Konflikt zwischen der Spitze der Kirche und ihrer Basis, zwischen kirchlicher Institution und Kirchlichen Basisgemeinden. Er existiert nicht, weil beide Komponenten sich treffen und weil ein Großteil der kirchlichen Institution die Basisgemeinden bejaht, von den Kardinälen über die Bischöfe bis zu Pfarrern. Die eigentliche Spannung innerhalb der Kirche, der Institution und den Basisgemeinden, rührt vielmehr daher, daß die Kirche die Option für das Volk, die Armen und ihre Befreiung getroffen hat und Teile dieser Kirche (Bischöfe, Priester, Laien) diese Entscheidung nicht mittragen und realisieren, weil sie am ausschließlich sakramentalen und devotionalen Charakter des Glaubens festhalten. Die Kirchlichen Basisgemeinden sind ein Geschenk Gottes für unsere Zeit und eine Antwort auf die Hoffnungen und Sehnsüchte des unterdrückten und gläubigen Volkes.

2. Kirchliche Basisgemeinden entstehen aus dem Wort Gottes

a. Evangelium als Botschaft der Hoffnung

Eine Redensart sagt, das Evangelium sei die »Identitätskarte« der Kirchlichen Basisgemeinden. In der Tat hört man das Evangelium, teilt es miteinander und glaubt daran. Im Licht des Evangeliums überdenken die Mitglieder die Probleme ihres Lebens. Gerade das ist ein typischer Zug an den Kirchlichen Basisgemeinden. Sie sehen das Evangelium immer in der Auseinandersetzung mit dem Leben und der Situation. Für sie ist es nicht nur ein wunderbares und trostspendendes Buch. Dies sicher auch; vor allem und in jeder Situation aber ist es Erleuchtung und Sauerteig. In diesem armen Milieu erscheint das Evangelium als das, was es wirklich ist: gute Nachricht, Botschaft der Hoffnung, der Verheißung und Freude.

b. Evangelium als Maß der Gesellschaft

Die Beziehung zwischen Evangelium und Leben erwächst aus einem langwierigen und schwierigen Prozeß. Anfänglich bringt das Wort des Evangeliums die Leute dazu, sich mit den Problemen der versammelten Gruppe zu befassen, etwa einem Fall von Krankheit oder Arbeitslosigkeit. Mit der Zeit wird die Gruppe offen für die sozialen Probleme des umgebenden Milieus, der Straße oder des Stadtviertels, wie Wasser- und Stromversorgung, Kanalisierung, Straßen, ärztliche Versorgung, Schulen usw. In einer schon weiter entwickelten Phase setzt sich die Gruppe mit dem sozialen System auseinander. Dann fragt sie nach der herrschenden Form der Organisation der Gesellschaft. Die diesem Bewußtseinsstand entsprechende Aktion ist die Beteiligung am Instrumentarium des Kampfes der unteren Gesellschaftsschichten: Gewerkschaften, Bürgerinitiativen, Parteiarbeit usw.

c. Evangelium als Sauerteig der Befreiung

Für das Volk an der Basis wird der Glaube zum großen Tor, das den Zugang zur sozialen Problematik eröffnet. Sein soziales Engagement erwächst aus seiner Sicht des Glaubens. Das bedeutet nicht, daß sich der Glaube geändert hat. In der Konfrontation mit der Wirklichkeit des Lebens findet er vielmehr neue Kraft und zeigt sich als das, was er wirklich ist: Sauerteig der Befreiung.

d. Evangelium als Quelle der Inspiration

Die Erarbeitung des Evangelientextes geschieht in den Kirchlichen Basisgemeinden in uneingeschränkter Freiheit. Jeder ist aufgerufen, ein Wort zum Evangelium zu sagen, seine Deutung zu geben im Zusammenhang mit dem Tatbestand oder der Situation, über die berichtet wurde. Überraschenderweise nähert sich diese Volksexegese der Exegese der Kirchenväter. Sie geht über die bloßen Worte hinaus und erfaßt den existentiellen oder spirituellen Gehalt des

Textes. Der Text des Evangeliums ist Quelle der Inspiration für eine Revision des Lebens, das der Ort für den lebendigen Widerhall des Wortes Gottes ist.

e. Führer der Gemeinde

Ohne Zweifel hat jede Gruppe ihre Animatoren. Es gibt auch Versammlungen und Kurse, bei denen diese für ihre Aufgaben vorbereitet werden. Absoluten Vorrang haben aber die Gemeinden, ihre Nöte und ihre Initiative.

f. Evangelium als Stimulans des Neubeginns

Das Wort des Evangeliums markiert immer eine Zäsur auf dem Weg dieser Menschen. Daher sagen sie: »Damals, als ich das Licht des Evangeliums noch nicht kannte . . . Aber nachdem ich Jesus Christus kennengelernt hatte . . . Als ich dann den Weg des Evangeliums ging . . .« So erweist sich das Evangelium in den Kirchlichen Basisgemeinden als ein Wort, das wirksam ist und verändert.

3. Kirchliche Basisgemeinden: eine neue Art, Kirche zu leben

a. Institution und Charisma

Die Kirchliche Basisgemeinde ist nicht nur ein Instrument der Evangelisierung unter den breiten Schichten des Volkes. Sie ist eine neue Art, Kirche zu leben und das Mysterium der Erlösung lebendig und in Gemeinschaft zu konkretisieren. Die Kirche besteht ja nicht nur aus einer institutionellen Komponente, aus Schrift, Hierarchie, sakramentaler Struktur, kanonischer Gesetzgebung, liturgischen Normen, orthodoxer Lehre und moralischen Imperativen. All dies ist verpflichtend und stellt einen zeitlich unbegrenzten Wert dar. Doch die Kirche ist auch *Ereignis*, Kirche im Werden. Sie bricht auf, wird geboren und immer wieder neu dargestellt, wenn Menschen sich versammeln, um das Wort Gottes zu hören, es gläubig anzunehmen und sich gemeinsam auf den Weg der Nachfolge Christi zu machen. Genau das geschieht in den Kirchlichen Basisgemeinden. Oft treffen sich die Gruppen einfach unter einem großen Baum, der als Versammlungsort dient. Jede Woche lesen sie hier die Heilige Schrift, teilen miteinander ihre Auslegung, beten, sprechen über ihre Probleme im Leben und beschließen gemeinsame Aktionen. Genau hier ereignet sich Kirche Jesu Christi und des Heiligen Geistes.

b. Gemeinsame Sendung aller Getauften

Die beherrschenden Elemente, in dieser Art, Kirche zu verwirklichen, sind die Gemeinschaft und die Brüderlichkeit. Alle stehen dabei wirklich auf einer Stufe: Brüder und Schwestern. Alle nehmen Anteil und übernehmen Aufgaben. Das ist der Ausgangspunkt. Später bildet sich fortschreitend eine Struktur der Leitung und Koordination aus. Alle sind nach wie vor gleich, tun aber nicht mehr alle dasselbe. Darum gibt es die Koordinatoren, oft sind es Frauen, die für die Ordnung, für das sakramentale Leben der Gruppe verantwortlich sind und bei den liturgischen Feiern die Leitung übernehmen.

Wir wissen, daß sich die Kirche der ersten Jahrhunderte vor allem als *communitas fidelium*, als Gemeinschaft der Gläubigen, verstand, wobei das Volk am gesamten Geschehen in der Gemeinde großen Anteil hatte. Nach dem Jahr 1000 setzte sich dann die hierarchische Struktur der Kirche immer mehr durch. Die sakrale Macht wurde zum strukturierenden Element noch vor der Gemeinde (*koinonia*). Diese kirchliche Organisationsform entsprach sicher der historischen Notwendigkeit, förderte aber nicht die verantwortliche Teilnahme aller Getauften.

Mit der Kirchlichen Basisgemeinde eröffnet sich die Möglichkeit einer größeren Beteiligung und Ausgewogenheit aller kirchlichen Funktionen. Die Laien entdecken ihr Maß an Verantwortung neu. Auch sie sind Nachfolger der Apostel in dem Maß, in dem sie Erben der Lehre der Apostel sind. Auch sie sind mitverantwortlich für die Einheit des Glaubens und der Gemeinde. Die Bischöfe verlieren dadurch in keiner Weise ihre unersetzliche Funktion. Man muß ja beachten, daß die Apostolizität nicht nur Charakteristik einiger Mitglieder der Kirche (Papst und Bischöfe), sondern der ganzen Kirche ist. Innerhalb der Kirche haben die Gläubigen auf verschiedene Weise an dieser Apostolizität teil. In den Kirchlichen Basisgemeinden entdecken die Laien den apostolischen und missionarischen Geist neu. Es ist nicht selten, daß eine Gemeinde neue Gemeinden gründet und in ihrem Wachstum unterstützt.

c. Charisma als Dienst

Die Gemeinschaftsform des Glaubenslebens bringt viele Ämter für die Laien hervor. Das Volk nennt sie einfach Dienste und übernimmt damit die paulinische Bewertung der Charismen. Alle diese Dienste werden als Gabe des Heiligen Geistes angesehen. Einer besucht die Kranken und tröstet sie, ein anderer hat die Aufgabe, Informationen zu sammeln und weiterzugeben, andere unterrichten Lesen und Schreiben, wieder andere wecken das Bewußtsein für die Menschenrechte und die Arbeitsgesetzgebung. Einige bereiten die Kinder auf den Empfang der Sakramente vor, einige befassen sich mit den Familienproblemen. Der verantwortliche Leiter respektiert die Charismen, regt dazu an und koordiniert sie. So wächst alles zum Wohl der Gemeinschaft. Die Kirche ist hier mehr als eine Organisation, sie ist ein lebendiger Organismus, der sich von seiner Basis her ständig neu belebt, nährt und erneuert.

4. Kirchliche Basisgemeinden: Zeichen und Instrument der Befreiung

a. Ganzheitliche Sicht des Menschen

Die Kirchlichen Basisgemeinden sind nicht und dürfen nicht sein nach außen abgeschlossene Gettos oder Sekten. Sie sind zur Welt und zur Gesellschaft hin offen. Das Lesen des Evangeliums und das gemeinsame Gespräch darüber, wie es in den Gemeinden geschieht, geben Orientierungshilfen für das soziale Verhalten. Man bringt die gesamte Problematik des leidenden Volkes in die Gemeinschaft ein: Arbeitslosigkeit, Unterbezahlung, miserable Arbeitsbedingungen, Fehlen öffentlicher Verkehrsmittel und anderer grundlegender Dienstleistungen.

b. Hinterfragen der Probleme

Dann fragt sich die Gruppe nach den Ursachen und Konsequenzen dieser ganzen Problematik. Unbestreitbar hat die Kirchliche Basisgemeinde hier eine kritische und hinterfragend-aufdeckende Funktion. Dabei lernt man, mit der Wahrheit zu leben. Die soziale Wirklichkeit kann dabei unmöglich weiter verborgen bleiben. Man nennt die Dinge beim Namen: Folter heißt hier Folter, und Diktatur heißt Diktatur.

So gesehen haben sich die Kirchlichen Basisgemeinden Instrumente der Analyse zu eigen gemacht, die bisher Alleinbesitz einiger gebildeter Gruppen oder Grüppchen waren, Monopol der Akademiker und des Militärs. Die institutionelle Kirche begleitet sie mit dem überaus wertvollen Dienst der Bewußtseinsbildung (conscientização). Sie klärt das Volk über seine Recht auf und spricht offen über das Unrecht.

c. Überwindung der Unrechtsstrukturen

Andererseits erprobt man in den Kirchlichen Basisgemeinden einen neuen Gesellschaftstyp. Man versucht von innen her, die Unrechtsstrukturen in der Gesellschaft zu überwinden. Wie man das macht? Durch die direkte Beteiligung aller Mitglieder, durch Teilnahme an der Führungsverantwortung und am Entscheidungsprozeß, durch Respektierung der Schwächeren und durch Ausübung der Macht als Dienst.

d. Motor der *promotio humana*

Die Kirchlichen Basisgemeinden sind aktiv im sozialen Bereich. In manchen Gegenden sind sie die einzige Möglichkeit für die Artikulation und Mobilisierung des Volkes. Sie organisieren Unterschriftensammlungen, Gemeinschaftsarbeiten (mutirões), landwirtschaftliche Gemeinschaftsprojekte, Darlehenskassen, Widerstand gegen die Vertreibung vom Grund und Boden usw. Manchmal setzen sie den Anfang für autonome Bürgerinitiativen, z. B. Proteste gegen die Teuerung, landwirtschaftliche Genossenschaften, lokale Koalitionen von Parteien usw. Wenn solche Initiativen schon bestehen, versuchen sie nicht, eine Konkurrenz aufzubauen. Sie setzen sich mit ihnen in Verbindung, bieten Führungskräfte, Unterstützung, aber auch Kritik an. Sie denken nicht daran, konfessionsgebundene soziale Organisationen zu schaffen. Dieses Problem existiert für sie nicht. Ihr Anliegen ist die Schaffung oder Stärkung der Volksbewegungen (Gewerkschaften, Parteien usw.).

e. Bereitschaft zum Opfer

Aus diesem Grund sind die Kirchlichen Basisgemeinden auch immer wieder unterdrückte und verfolgte Gemeinschaften, die damit rechnen, »Heilige« und »Märtyrer« zu haben. Es sieht aber nicht so aus, als ob die Unterdrückung die Kraft der Kirchlichen Basisgemeinden schwächen könnte. Das Gegenteil ist der Fall: Aus der freien und bewußten Annahme des Leidens gehen die Basisgemeinden geschlossener und mutiger hervor.

5. Kirchliche Basisgemeinden: Feier des Glaubens und des Lebens

a. Feier der Erlösung

Der christliche Glaube, wie wir ihn darstellen, verbraucht und erschöpft sich nicht in seiner Dimension des sozialen Engagements und der Befreiung. Er besitzt auch die Dimension der Feier der Erlösung, die Gott in Jesus Christus für uns verwirklicht hat. Man feiert seine Gegenwart unter uns Menschen im Wort und im Sakrament. Alle erfahren die Kraft der Verheißung, die er gegeben hat. In den Kirchlichen Basisgemeinden ist die Dimension dieser Feier sehr stark entwickelt. Das ganze Gewicht des Elends und die Beschwerlichkeit ihrer Kämpfe können ihnen nicht das Gespür für diese Feier nehmen. Sie ist der Ort, an dem das Volk aufatmet, sich – wenn auch nur für kurze Zeit – befreit und glücklich fühlt.

b. Aufwertung der Volksreligion

In den Gemeinden und in unserer gesamten Pastoral finden wir eine kräftige Aufwertung der Volksreligion: Verehrung der Lieblingsheiligen des Volkes, Prozessionen, Wallfahrten und andere charakteristische Feste. Dieser Ausdruck des Glaubens ist keine dekadente Form des offiziellen, orthodoxen, katholischen Glaubens, sondern die Weise, in der das Volk im Rahmen seiner Möglichkeiten die Botschaft Christi angenommen hat. Das Volk läßt sich ja nicht so sehr von der Logik des Begriffs und von der analytischen Vernunft leiten, sondern vielmehr von der Logik des Unterbewußten und Symbolhaften. Seine Ausdrucksform des Glaubens ist genauso würdig wie jede andere.

In dieser Religiosität des Volkes ist Gott bei seinen Armen. Durch seine Gebete, seine Heiligen, durch die Feste der Gottesmutter und der Mysterien Christi konnte das Volk viele Jahrhunderte politischer und wirtschaftlicher Unterdrückung, aber auch kirchlicher Marginalisierung überleben. Durch den inneren Gehalt seiner Religiosität erhielt sein Leben Sinn, blieb der Glaube erhalten und wurde die Hoffnung genährt, trotz einer Gesellschaftsform, die das Volk seiner Rechte enteignete, in seiner Würde verletzte und um die Beteiligung an den Entscheidungsprozessen der Gesellschaft brachte. Diese Erkenntnis veranlaßte die Kirche dazu, ihre traditionelle pastorale Praxis neu zu überdenken, die diesen Formen religiösen Ausdrucks früher wenig Wert beigemessen hatte.

c. Einheit von Glaube und Leben

In den Kirchlichen Basisgemeinden festigt sich nicht nur die Religiosität des Volkes; dies allein wäre schon großartig. Sie sind auch der Ort, wo die Kreativität lebendigen Glaubens angemessenen Ausdruck findet. In der Gemeinschaft ergibt sich die Einheit von Glauben und Leben. In den langen Gemeinschaftsgebeten ruft man sich all die Probleme in Erinnerung, die Formen der Unterdrückung, die Unterdrücker, die Schwierigkeiten. Man schließt aber auch die Siege, die Errungenschaften und die Projekte ein, an denen man gerade arbeitet. Wenn nach langem Kampf endlich eine Ambulanzstation mit einem Arzt im Stadtviertel eingerichtet wurde, wenn eine Schule oder eine Busverbindung errichtet wurde, feiert die Gemeinde bei der Versammlung diese Errungenschaften im Gebet. Sie sind Ausdruck der Segnungen des Reiches Gottes, Sinnbilder der befreienden Gnade in der Welt. So feiert man nicht nur die Sakramente, sondern auch die sakramentale Dimension des Lebens, das immer von der Gnade Gottes durchdrungen ist. Das Volk besitzt diesen feinen Sinn für die religiöse Dimension, die alle Bereiche des menschlichen Lebens durchzieht. Das Leben ist nie rein profan und vor Gott verschlossen.

d. Liturgische Kreativität

In der Gemeinde findet auch die liturgische Kreativität ihren Raum. Natürlich liebt das Volk die kanonische und offizielle Liturgie. Daneben schafft es eigene Riten, inszeniert mit großer Spontaneität das Wort Gottes, weiß große Feiern zu organisieren, in denen die Bibel und regional bedeutsame und typische Gegenstände eine Rolle spielen, oder auch die üblichen und bekannten Festmahlzeiten zu bereiten. Bei diesen Gelegenheiten gewinnt der Glaube seinen besten Ausdruck.

Ein Volk, das versteht zu feiern, ist ein erlösbares Volk. In ihm ist noch nicht alles unterdrückt. Es ist ein Volk auf dem Weg zu seiner Befreiung.

X. Die Ekklesiologie der Kirchlichen Basisgemeinden

Fünf landesweite Treffen der Kirchlichen Basisgemeinden haben in Brasilien mittlerweile stattgefunden: 1975 und 1976 in Vitória (Staat Espírito Santo), 1978 in João Pessoa (Paraíba), 1978 in Itaici (São Paulo) und 1983 in Canindé (Ceará).

1. Ekklesiogenesis: Die Kirche wird aus dem Glauben des Volkes geboren

Der erste Eindruck, den man gewinnt bei der Begegnung mit diesem Phänomen, in dem sich das gläubige und arme Volk organisiert, um gemeinschaftlich seinen Glauben zu leben, ist, daß hier kraft des Geistes etwas Neues am Werk ist. Hier wird weder etwas Vergangenes wiederholt noch eine gegenwärtige Struktur reformiert. Eine neue Zukunft tut sich auf, wie sie die letzten Jahrhunderte klerikaler Vorherrschaft noch nicht gesehen haben. Wir stehen vor einer wirklichen Ekklesiogenesis, das heißt: Eine Kirche, die aus dem Glauben des Volkes geboren wird, ist im Entstehen begriffen.

Etwas noch nie Dagewesenes, etwas theologisch wirklich Großes spielt sich auf diesen Treffen ab. Dort versammelt sich die Kirche mit ihren Bischöfen, Bekennern, Propheten, Märtyrern (viele wurden ihres Glaubens wegen gefoltert), Lehrern, Jungfrauen und Vertretern des großen Volkes Gottes. Es scheint, als würde die Geschichte des Anfangs mit ihrer ganz besonderen Mystik wieder lebendig. Im Lichte des Glaubens und der Wirkung des Geistes, der dort zu spüren ist, diskutiert man die Etappen der Wegstrecke. Dabei fehlt es durchaus nicht an Heftigkeit, und das Bemühen um die besten Wege ist wahrlich kein leichtes Unterfangen. Diese Nationaltreffen stehen eindeutig in der Tradition der Synoden der alten Kirche: von Karthago, Toledo, Orange und vieler anderer, die die spätere Entwicklung der Kirche in Lehre und Disziplin bleibend geprägt haben.

Schließlich belegen alle Beschlüsse, daß man sich der geistlichen und theologischen Bedeutung dieses Geistereignisses bewußt ist. Wie die Apostel halten sie fest: »Wir und der Heilige Geist haben alles erwogen und folgenden Beschluß gefaßt . . .« Oder: »Gehorsam gegenüber dem Evangelium und in Treue zu den Schreien des geschundenen Volkes . . .«

Theologen haben bei diesen Treffen weniger zu reden und zu dozieren als vielmehr hinzuhören und zu lernen. Und das ist gut so. Denn vor der theoretischen Systematisierung kommt normalerweise die Praxis. Jene ist immer Reflex-Realität, Realität im Widerschein. Quell-Realität ist die reflektierte Erfahrung der Gemeinde. Wenn die Theologie nicht hinhört und lernt, wird sie, fürchte ich, die Wege der neuen Kirche, die da aus der alten geboren wird, eher verdunkeln als erhellen. In dieser Perspektive möchte ich einige Gedankengänge zu den Ekklesiologien vortragen, die den kirchlichen Basisgemeinden zugrunde liegen.

Nahezu alle Gemeinden haben die Entwicklung, die das Schema auf Seite 234 kurz verdeutlichen soll, entweder bereits genommen oder stecken noch in ihr.

2. Jeder Typ von Kirche hat seine besonderen Probleme

Auf diesem Weg sind die Gemeinden durch alle genannten Etappen gekommen, und manche sind noch unterwegs. Allerdings folgt dabei die eine Etappe nicht unbedingt auf die andere, und wenn man eine hinter sich gebracht hat, ist sie nicht sogleich vorbei. Nein, das Ganze ist ein lebendiger Prozeß. Deshalb überlappen sich die Typen auch. Sie alle bestehen nebeneinander und müssen auch nebeneinander bestehen. Nicht durch gegenseitigen Ausschluß, sondern durch unterschiedliche Akzentsetzung kommen sie zustande. Sie betonen jeweils eine bestimmte Linie oder Perspektive von Kirche, weil diese besser den Herausforderungen der Situation entspricht. In dieser Perspektive gruppieren sich dann die übrigen Werte und Tendenzen.

a. Probleme um das Reflexionsthema »Kirche als Volk Gottes«

Schon bald nach dem Konzil trat das Thema »Kirche als Volk Gottes« in den Mittelpunkt des Interesses. So änderte sich manches, wenn auch nicht so sehr auf seiten des Volkes. Das Volk konnte sich nur wundern, daß die Kirche erst so spät ein Thema entdeckt hatte, das für jemanden, der die Botschaft Christi liest, geradezu auf der Hand liegt. Vielmehr geschah die Veränderung auf seiten des Priesters. Denn er, der doch eine elitäre Bildung hatte und manche Privilegien

Kritik →	angestrebtes Ziel →	Reflexionsthema →	Praxis
1. Priesterkirche: Klerikalismus.	Kirche des Volkes; nicht für das Volk, sondern mit dem Volk.	Kirche als Volk Gottes.	Offener Dialog, Hinhören auf das Volk. Mitsprache. Priester ändert sich. II. Vaticanum.
2. Herrscherliche Kirche; anonym; fragt nicht, informiert nicht; Institution: Gehorsam gegenüber den Gesetzen.	Brüderlichkeit, Dialog, Dienste, horizontale Beziehungen, Mitverantwortung.	Kirche als Gemeinschaft, Glaubens- und Liebesgemeinschaft; Sakrament als Zeichen.	Das Volk ändert sich: teilt sich mit, bringt sich in die Liturgie ein, übernimmt Dienste; keine Gehorsams-, sondern Liebesgemeinschaft. Bibelkurse.
3. Entfremdung: Kirche – nur Riten und Sakramente; Bündnis mit den Reichen; freischwebend.	Hinwendung zu den Armen; menschennahe Kirche deckt Ungerechtigkeiten auf, verteidigt die Ausgebeuteten, ist sich der Menschenrechte bewußt.	Prophetische Kirche; befreiende abrahamitische Gemeinde; Sakrament als Werkzeug der Befreiung.	Soziales Engagement, Kreise zur Bewußtseinsbildung und Reflexion über die Menschenrechte. Gründung von Kirchlichen Basisgemeinden und von Vereinigungen zur Verteidigung der Menschenrechte und der Interessen des Volkes. Medellin/Puebla

genoß, verlor seine Distanz zum Volk. Der Priester »wurde Mensch« und tauchte sozusagen in das Volk ein. Das Ganze geschah unter dem Zeichen der Säkularisierung. So verzichtete er auf fast alle sakralen Zeichen: Soutane, Klausur (im Falle der Ordenspriester), Pomp in der Liturgie und komfortable Wohnung, zu der nunmehr auch das Volk Zutritt bekam. Nach diesem Experiment fragen nun manche, ob die Priester nicht zu weit gegangen seien. Denn das Volk ist, wie manche Berichte belegen, gar nicht so säkularisiert.

Das Volk hängt an seiner Volksreligiosität. Vor Jahren entledigte sich der Priester der Soutane, und die Kirchen wurden kahl. Bewußt werden sollte das Volk! Zu diesem Zweck wurde manches Element in der Volksreligiosität abgebaut. Da zog sich das Volk zurück. Es gab nicht auf, aber es fühlte sich verletzt. Heute finden die Zeichen des einfachen Volkes wieder mehr Beachtung. Sakrales ist nicht mehr tabu. Neben einer berechtigten Säkularisierung läßt man das Sakrale wieder als eine Form gelten, in der Gott in expliziter Weise gegenwärtig wird. Jedoch: Die eigentlichen Probleme liegen gar nicht hier.

Das eigentliche Problem besteht vielmehr in den theologischen Implikationen der grundsätzlichen Feststellung, die Kirche sei das Volk Gottes. Einige dieser Implikationen seien hervorgehoben:

In der Kirche herrscht grundsätzlich Gleichheit. Alle sind Volk Gottes. Alle haben teil an Christus, direkt und ohne Vermittlungen. Deshalb haben auch alle teil am Dienst des Lehrens, des Heiligens und der Gemeindebildung. Alle und nicht nur einige sind in die Welt gesandt, alle sind verantwortlich für die Einheit der Gemeinde, alle müssen sich heiligen.

Wenn auch alle gleich sind, tun doch nicht alle alles. Die einen tun dies, die anderen das zum Aufbau der einen Gemeinde. So kommt es zu den verschiedenen Aufgaben und Diensten, die den konkreten Bedürfnissen in der Gemeinde entsprechen sollen. Aber es gibt auch einen besonderen Auftrag: allen Diensten eine Einheit zu geben, damit alles in Harmonie wachsen kann. Das ist das Amt des Priesters in der örtlichen Gemeinde und des Bischofs in der Region. Das Spezifikum ihrer Aufgabe besteht nicht darin, daß sie weihen, sondern daß sie in Gottesdienst, Organisation und Weitergabe des Glaubens die Einheit sind.

Das Verständnis der Kirche als Volk Gottes kehrt, was die Ämter angeht, das Verhältnis um und verlangt eine neue Ekklesiologie. Die klassische Ekklesiologie, die noch in vielen Köpfen steckt, ist eine Hierarchologie, das heißt eine Lehre von der Kirche, die ihr Augenmerk nur auf die Hierarchie richtet. Graphisch läßt sich der Unterschied so darstellen:

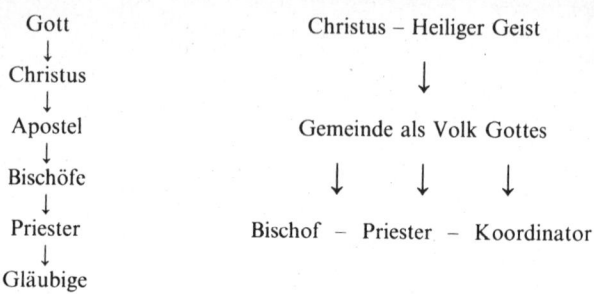

Gott
↓
Christus
↓
Apostel
↓
Bischöfe
↓
Priester
↓
Gläubige

Christus – Heiliger Geist

↓

Gemeinde als Volk Gottes

↓   ↓   ↓

Bischof – Priester – Koordinator

In diesem Verständnis hat der Gläubige – außer dem Recht zu empfangen – nichts. Bischöfe und Priester haben alles bekommen: ein wahrer Kapitalismus. Sie produzieren die religiösen Werte, die das Volk konsumiert. Monarchischer und pyramidenhafter Stil.

Alle Dienste dem Volk Gottes, im Volk Gottes und für das Volk Gottes. Die Dienste kommen erst an zweiter Stelle, die Gemeinde kommt zuerst. Brüderlicher und gemeinschaftlicher Stil. Flexibel, Dienste je nach den Bedürfnissen.

Wer sich für die Kirche im Sinne von Volk Gottes (vgl. *Lumen gentium:* Das 2. Kapitel über das Volk Gottes kommt vor dem 3. Kapitel, das von der Hierarchie handelt – darin klingt bereits ein neues Verständnis der Ämter an) entscheidet, muß auch konsequent zu den Folgen stehen und für eine lebendige Kirche mit flexiblen und funktionalen Diensten ohne theologische Privilegien eintreten. Diese Auffassung hat es leichter, die verschiedenen Dienste, die in der Gemeinde zu tun sind, theologisch als Manifestation des Auferstandenen zu verstehen. Krankenpflege, Hilfe bei der Erklärung der Heiligen Schrift in den Bibelkreisen, Aufklärungsarbeit zu den Menschenrechten, Vorsitz in der Gemeinde ..., das alles sind echte Ämter.

Wir brauchen den Mut, eine volksverbundene Kirche zu schaffen und wachsen zu lassen, eine Kirche des Volkes, mit den Werten des Volkes in Sprache, liturgischen Formen, Volksreligiosität usw. Bis vor kurzem war die Kirche keine Kirche des Volkes, sondern der Priester im Dienst am Volk.

b. Probleme um das Reflexionsthema »Kirche als Gemeinde und Zeichen der Befreiung«

In der Gestalt der Gemeinde ermöglichte die Kirche den Menschen eine neue Erfahrung von Glaubensleben: Partizipation nicht mehr nur in der Liturgie, sondern auch in den Entscheidungen, bei Erhaltung, Wachstum und Missionstätigkeit der Kirche.

Eine positive Dezentralisierung hat stattgefunden. Die Basisgemeinden sind mehr als einfache Außenkapellen und haben sowohl ihre eigenen Werte als auch ihre Autonomie. Liturgie ist Ausdruck des Glaubens und kein Nachvollziehen eines heiligen Ritus. Das Wort ist kein Privatbesitz des Priesters mehr, sondern liegt auch beim Volk. Der Zehnte (die Kollekte) drückt das Engagement der Gemeinde aus.

Zuerst kommt die Erfahrung, daß die Kirche als Quellsakrament Bedingung für den Empfang der Sakramente ist. Diese sind Konkretisierungen des Quellsakraments Kirche in den konkreten Situationen des Lebens, (ähnlich der Hand [Kirche], die fünf Finger hat [sieben Sakramente]). Man kann nicht nur die Finger wollen, ohne auch die Hand zu wollen und zu ergreifen.

Die Gemeinden erhalten eine stabile Führung, entweder durch Gemeinderäte oder durch ausgebildete Monitoren, die für die Einheit der Gemeinden und die Harmonie in ihnen zu sorgen haben.

Allerdings dürfen auch bei dem Verständnis der Kirche als Gemeinde einige Gefahren und Grenzen nicht übersehen werden:

Worum geht es bei der Glaubensgemeinde? Die Gemeinde hat – im Blick auf Leben und neue Praxis des gemeinschaftlichen Umgangs – unerläßliche Werte des Christentums zu intensivieren: Brüderlichkeit, gegenseitige Hilfe, Solidarität, Mitsprache und Mitbestimmung in allen Belangen der Gemeinde, Informationsaustausch, Findung reifer Entscheidungen an der Basis . . .

Wichtig ist ferner, daß eine Mystik des Glaubens entsteht, eines Anhangens an Jesus Christus, der in der Gemeinde gegenwärtig ist, wie auch eines Ja zum Heiligen Geist, der in den verschiedenen Diensten (Charismen, würde Paulus sagen) präsent ist. Die Haltung eines tiefen und unerschütterlichen Glaubens muß gepflegt werden, damit die Menschen befähigt werden, Schwierigkeiten und Verfolgungen zu ertragen. Ohne diese in der Gemeinde gewachsene Mystik hätten die Gläubigen nicht die Kraft, Konflikte, Verfolgungen und, wer weiß, Verhaftungen aufgrund ihres im Glauben wurzelnden Engagements zu ertragen.

Diese Mystik ist unabdingbar. Sie ist eine Etappe, die weder übersprungen noch durch irgendeinen sozialen Einsatz für die Menschenrechte ersetzt werden darf. Damit der Glaube lebt, neue Kräfte wachsen und der auferstandene Jesus Christus gegenwärtig bleibt, muß sie immer lebendig sein.

Die Gefahr besteht in einer Totalisierung *ad intra,* nach innen. Es kann gefährlich sein, zu denken, Christentum bestehe grundsätzlich im Aspekt von Gemeinschaft, Liturgie, persönlicher Beteiligung und Mitmachen der Familien.

Wenn es nur bei den religiös-gemeinschaftlichen Dingen bleibt, verdoppelt die Gruppe am Ende Aktivitäten, die bereits Staat und Gesellschaft tun: gegenseitige Unterstützung, Schulbauten, Eröffnung von Gesundheitszentren. Natürlich muß man diese Dinge beschaffen, wo es sie nicht gibt. Aber damit allein ist es nicht getan.

Die Gemeinde hat ihren Ort in der Welt. Mit ihrer Liturgie, so gut auch alle mitmachen, wie auch mit ihren sozialen Aktionen, bei denen ja alle einander kennen, darf sie keine kleine Welt für sich bilden. Die Kirche ist in einer offenen Welt angesiedelt, in der Konflikte, Klassenkämpfe und Ausbeutungsmechanismen herrschen, in der die Religion dazu benutzt wird, die Geister zu beruhigen, damit alles so laufen kann, wie es immer gelaufen ist, das heißt: die Mächtigen da oben beuten das leidende Volk hier unten aus.

Gewiß gibt es eine systeminterne Befreiung: Da werden Positionen verändert, Leute leiden weniger, und Fortschritt bahnt sich an, denn es fehlt nicht an den notwendigen Werken der Fürsorge. Aber den Zaun, der alle Welt gefangenhält und unterdrückt, rührt keiner an. Man kann seine Freiheit auch im Gefängnis haben: Die Mauern lassen sich ohnehin nicht niederreißen, also kommt es darauf an, sich irgendwie mit dem Leben zu arrangieren. Fortschritt ja, aber im Gefängnis. Das Problem liegt darin, daß jemand vor lauter Begeisterung über den Fortschritt im Gefängnis schließlich das Gefängnis noch vergißt. Am Ende verteidigt er gar seine Lage und nimmt überhaupt nicht mehr wahr, daß er das Gefängnis verteidigt, das ihn der Freiheit beraubt und in seinen Mauern eingesperrt hält. So geht es darum, den Leuten das Gefängnis ins Bewußtsein zu bringen, zu bewirken, daß keiner mehr drinnen sein muß, und Bedingungen zu schaffen, daß alle freikommen. Mit Fortschritt im Gefängnis ist es nicht getan. Heraus müssen die Menschen – in einem langen Prozeß, in dem die Mauern niedergerissen werden und das Gefängnis so verändert wird, daß es aufhört, Gefängnis zu sein.

Ein solcher Befreiungsprozeß erfordert eine eingehende Analyse der Gesellschaft: wie der Reichtum produziert und verteilt wird und wo jeder einzelne in der Beziehung von Kapital, Arbeit und Partizipation seinen Ort hat. Eine Gemeinde, die für solche Dinge wach geworden ist, ist sich auch schon dessen bewußt, daß hier Menschenrechte verletzt werden, daß die Armut strukturelle Gründe hat und daß die sozialen Ungerechtigkeiten nicht mit dem bösen Willen des Unternehmers zu erklären sind, sondern daß sie durch die Organisation eines gesamten Systems hervorgebracht werden, das normalhin als gut, christlich, demokratisch usf. dargestellt wird. Christlicher Glaube macht dagegen die Menschen wach für Makrocaritas, für soziale Gerechtigkeit und für die eigentliche Bedeutung der umfassenden Befreiung Jesu Christi, in der es nicht nur um die Veränderung der Person, sondern auch der Strukturen geht.

c. Probleme um das Reflexionsthema »Prophetische Kirche als Werkzeug der Befreiung«

In diesem Verständnis ist sich die Gemeinschaft des Glaubens, das heißt die Basisgemeinde, bereits ihres Weltauftrages bewußt: »Wir dürfen uns nicht bloß um unsere gemeindeinternen Probleme kümmern, wenn draußen in der großen Welt Elend und Ausbeutung grassieren.« Deshalb macht sich die Gemeinde daran, die Unterdrückungsmechanismen eingehend zu untersuchen. Aber sie sieht in dem Ganzen nicht einfach ein soziologisches Datum, sondern eine soziale Sünde, eine Ungerechtigkeit, die sowohl Gott als auch die Brüder und Schwestern beleidigt. Jesus Christus will die Menschen auch aus solchen Situationen befreien und in eine freiere, brüderlichere und von der Gnade Gottes erfüllte Gesellschaft führen.

Weder die Reflexionsgruppe noch die Gemeinde kann

– sich auf das beschränken, was *spezifisch christlich* ist, wie etwa die Reflexion über Glauben, Nächstenliebe, Gnade, Sünde, Ehe, Sakrament oder Christusgeheimnis. Obgleich das alles unerläßlich ist, ist es damit nicht getan.

– sich damit zufriedengeben, die *gemeindlichen Probleme* zu studieren und zu bearbeiten, wie etwa gegenseitige Hilfe, Hygiene, Alphabetisierung der Erwachsenen, Mitwirkung bei gemeinschaftlichen liturgischen und anderen Aufgaben. Wo eine Gemeinde das täte, fiele sie in eine systemimmanente kirchliche Totalisierung zurück.

Vielmehr muß die Gruppe dahin kommen, Position zu beziehen angesichts der *gesellschaftlichen und strukturellen Probleme,* mit denen die Menschen zu kämpfen haben: Gerechtigkeit, Ausbeutung, Armut, Randdasein, fehlende Mitsprache und Mitbestimmung, mangelnde Freiheit in Wort, Tat und Entscheidung. Themen dieser Art rühren an den neuralgischen Punkt unserer Wirklichkeit. Nur so wird es zu einer Veränderung kommen können, die nicht nur für die Gemeinde, sondern auch für die Welt um sie herum Verbesserung bringt und die der erste Schritt zu einer größeren Veränderung ist.

Hier aber tauchen ganz eigene Probleme auf: Man muß sich genau überlegen, mit welchen Mitteln christlicher Glaube und christliche Liebe am wirksamsten zur Veränderung beitragen. Überzeugung allein reicht nicht, es bedarf einer neuen, befreienden Praxis.

Wir brauchen eine wissenschaftliche Analyse der Wirklichkeit, die aber auch für das Volk verständlich sein muß. »Wissenschaftlich« heißt dabei weder technisches Vokabular noch detaillierte Untersuchungen, sondern: erkennen, was hinter den Phänomenen steckt. Da gibt es zum Beispiel eine Favela mit all ihrer Armut. »Wissenschaftlich« bedeutet hier: herausfinden, was die objektive Ursache für die Armut ist. Diese besteht weder in Faulheit noch in fehlenden Möglichkeiten, sondern in der Form, in der die Menschen den Gewinn aus der Arbeit unter sich verteilen. Alle arbeiten, aber einige, die das Kapital besitzen, nehmen sich das größere Stück aus der Arbeit aller. Sie kaufen die Arbeit auf, erzeugen gesellschaftliches Randdasein und schaffen dadurch die Armut. So ist der Arme ein Verarmter, ein Subprodukt der kapitalistischen Gesellschaft. Wissenschaftlich erkennen besagt: der Gemeinde die Mechanismen der Gesellschaft, in der sie lebt, verständlich machen: wie ein Staat funktioniert, der eben nicht allen Brot und Arbeit gibt, sondern die Interessen derer vertritt, die über die Produktionsmittel verfügen, der Reichen usf. Das gleiche gilt für die Medien, Polizei, Justiz, Gewerkschaften, Parteien. So wird das Volk allmählich kritischer.

Angesichts der Organisation und der Macht des herrschenden Systems, das alles bestimmt und alles kontrolliert, breitet sich im Volk das Gefühl der *Ohnmacht* aus: Es gibt keinen Ausweg mehr! Dagegen haben Christen die große Hoffnung und den tiefen Glauben zu stellen, daß Gerechtigkeit, Mitsprache, Mitbestimmung usf. mehr Zukunft haben als alle Ausbeutung. Deshalb ist es so wichtig, daß sich unsere kleinen Kreise nicht nur mit sozialen Problemen beschäftigen, sondern auch ihren Glauben, ihre Hoffnung, ihr Vertrauen und ihre Geduld vertiefen; denn andernfalls verfiele das Volk entweder der Verzweiflung oder der Gewalt und dem Terror. Terror ist ein Akt der Verzweiflung und tiefer Verbitterung, Ergebnis eines unersättlichen Hungers nach Gerechtigkeit, dem es jedoch am geschichtlichen Gespür, an Geduld und an Einsicht in die Möglichkeiten fehlt. So kommt es darauf an, das Gefühl der Ohnmacht abzubauen, denn es macht den Menschen kaputt. Eine Bewußtseinsarbeit, die den Eindruck erweckt, man sei ohnmächtig, ist verantwortungslos, treibt die Leute aus der Kirche und engagierte Gläubige aus unseren Kreisen.

Deshalb gilt es, zu zeigen, daß die Befreiung das Ziel eines langen Weges ist. Bestimmte Wegstrecken dürfen nicht übersprungen, sondern müssen durchgestanden werden. Schon in den Gemeinden selbst müssen wir mit einer Praxis der Befreiung beginnen: Die Gemeinde darf niemanden unterdrücken, sondern muß ein Symbol der Freiheit des Wortes, der Tat und der Mitsprache sein. Wie sollte sie auch sonst Zeichen und Werkzeug der Befreiung sein?

Diese neue Praxis verändert nicht nur das Ideengerüst der Menschen, sondern auch ihr Verhalten. Wer sich aber anders verhält, setzt sich der Gefahr der Verfolgung aus. Von den Kräften der Repression wird er sofort als subversiv diffamiert und vom System an den Pranger gestellt. Indes: Auch viele Gläubige, Priester und Bischöfe der traditionellen Kirche halten ihn für subversiv und meinen, er gehe wirklich zu weit. Damit aber treiben sie, ohne es zu wollen oder zu wissen, letztlich das Spiel des Systems. Wie soll man nun im Falle der Repression reagieren? Man braucht eine tiefe Mystik des Glaubens und der Nachfolge Jesu und der Apostel, und in der Gemeinde muß das Gespür für Solidarität wachsen. Wenn jemand verhaftet wird, nehmen sich die anderen der Familie an, kümmern sich um die rechtlichen Belange, begleiten und stärken den Inhaftierten mit ihren Besuchen und Besorgungen – wie in der Urkirche.

Wie läßt sich in einer Welt, in der man keine Veränderung sieht, noch überleben? Indem man sein Befreiungsengagement mit Klugheit und ein mittleres Risiko mit argloser Kühnheit verbindet, indem man handelt, ohne den Repressionsapparat unnötig zu provozieren, und indem man schließlich eine Mystik des Martyriums entwickelt, die für jemanden, der Jesus Christus wirklich folgt, Verfolgung, Diffamierung, Verhaftung und – wer weiß – selbst den Tod als durchaus normal akzeptiert. Das ist keine Kleinigkeit. Es bedarf fester Überzeugung und großer Kraft, marginalisiert zu leben, ohne marginalisiert zu sein, abgelehnt zu werden und doch die realen Probleme, die Ausbeutung und Unglück in diese Welt bringen, tief zu spüren.

Gott vergebe uns, wenn es uns an Beherztheit fehlt.

XI. Ist die Unterscheidung zwischen der lehrenden und der lernenden Kirche zu rechtfertigen?*

Unser Thema ist sehr komplex. Um es unserem heutigen kritischen Bewußtsein entsprechend angemessen zu behandeln, dürften wir nicht nur rein theologisch fragen, sondern wir müßten es auch psychologisch, sozial-psychologisch und ideologiekritisch behandeln. Der Grund dafür ist, daß im Namen der Unterscheidung zwischen einer Kirche, die spricht und lehrt (*ecclesia docens*), und einer Kirche, die zuhört und gehorcht (*ecclesia discens*), und im Namen einer Wahrheit, zu der nur eine Gruppe von Priestern Zugang hatte und die nur sie verwaltete, Christen über Christen herrschten und Gewalttaten begangen wurden. Die Wahrheit aber soll die Menschen befreien, nicht unterdrücken (vgl. Joh 8,32). Um deshalb diese alte Unterscheidung vor einer Verzerrung zu bewahren, die sie in der Kirche oft in einer ungesunden Praxis und in einem krankhaften Verhalten erfährt, damit diese Unterscheidung selber gesundet, ist es notwendig, über die Voraussetzungen einer solchen Gesundung nachzudenken. Wir beabsichtigen hier nicht mehr, als einige Thesen über dieses Thema vorzutragen.

1. Die gesamte Kirche *(communitas fidelium)* ist die lernende Kirche *(ecclesia discens)*

Es gibt nur *einen* Gott, *eine* einzige Offenbarung, *eine* befreiende Tat des Vaters durch Christus im Heiligen Geist, *ein* ewiges Leben und *eine* Eschatologie. Die einzige religiös verantwortliche Haltung gegenüber diesem Gott und seinem Heilshandeln ist der Glaube. Der Glaube ist die Antwort der Menschen auf die *magnalia Dei,* auf die Großtaten Gottes. In seinem biblischen Sinn ist der Glaube das Ja und Amen der Menschen zu einer Initiative Gottes. Der Glaube setzt also ein schweigendes Hören, ein anhängliches Einverständnis voraus. Aus dieser Antwort des Glaubens wird die Kirche geboren.

---

* Erstmals deutsch veröffentlicht in: Concilium 17 (1981) 650–654; übersetzt von Karel Hermans.

Durch sie entsteht die Gemeinschaft derjenigen, die eine Ant-Wort auf das Vor-Wort Gottes gaben. Deshalb ist die gesamte Kirche eine lernende Kirche, eine Jüngerin des einen Meisters und Rabbis, Jesu Christi (Mt 23,8; vgl. Mt 10,24; Joh 13,13), eine Schülerin des Geistes der Wahrheit, von dem Jesus sagte: »Er wird euch in die ganze Wahrheit führen« (Joh 16,13). Was das Handeln des Geistes in uns angeht, gilt deshalb von Gott aus auch: »Die Salbung die ihr von ihm empfangen habt, bleibt in euch, und ihr braucht euch von niemand belehren zu lassen« (1 Joh 2,27).

Wenn also jemand in der Kirche, und seien es auch die Bischöfe oder der Papst selbst, sich bei aller Arbeitsteilung und vor jeder Verschiedenheit der Aufgaben nicht als Mitglied der *ecclesia discens* versteht, hört er auf, auf grundsätzlicher und sakramentaler Ebene Mitglied der *communitas fidelium* zu sein, denn ihm fehlt das konstitutive Element, das theologisch die Kirche entstehen läßt: der Glaube. Die Unterscheidung zwischen der *ecclesia docens* und der *ecclesia discens* kann, wenn sie gültig ist, erst in zweiter Instanz gültig sein, und immer bleibt dabei das *discere,* das Lernen, wichtiger als das *docere,* das Lehren. Bevor die Kirche lehrt, das heißt Zeugnis von den Heilstaten Gottes ablegt, muß sie lernen, das heißt Hörerin des Wortes sein.

Den Grund dafür bringen wir in der großen Hymne der Messe, dem Gloria, zum Ausdruck: »Denn du allein bist der Heilige, du allein der Herr, du allein der Höchste, Jesus Christus.« In diesem Lobpreis wird implizit auch gesagt: »Du allein bist der Meister.« Und dies heißt dann auch wieder: »Wir alle sind deine Schüler, die wir auch noch heute deinen Ruf hören: ›Komm und folge mir‹ (Mk 10,21). Auch uns verkündet dein Geist, was kommen wird (vgl. Joh 16,13), auch uns wird er alles lehren (vgl. Joh 14,26).«

2. Die gesamte Kirche *(communitas fidelium)* ist die lehrende Kirche *(ecclesia docens)*

Es ist eine sehr wichtige Aufgabe der Glaubensgemeinschaft, dafür zu arbeiten, daß auch andere Gott ihr Ja und Amen sagen können. Ihr wird die Sendung anvertraut, alle Menschen zu Jüngern Jesu zu machen (vgl. Mt 28,19). Die erste Predigt des Petrus in der Apostelgeschichte zeigt uns, wie das Lehren desjenigen ist, der zuerst selber zugehört und sich selber der rettenden Heilstat Gottes geöffnet hat: »Dies sollt ihr wissen. Achtet auf meine Worte … hört diese

Worte ... Diesen Jesus hat Gott auferweckt, dafür sind wir alle Zeugen« (Apg 2,14.22.32). Hier spricht der Glaube und legt Zeugnis ab, nachdem er selber zuerst zugehört, sich geöffnet und dann auch empfangen hat. Er spricht, damit die Gemeinschaft der Gläubigen wächst: »Was wir gesehen und gehört haben, das verkünden wir auch euch, damit auch ihr Gemeinschaft mit uns habt« (1 Joh 1,3). Durch den in der Taufe zum Ausdruck gebrachten Glauben werden alle in das Geheimnis Christi eingetaucht, und der Geist Gottes wohnt in ihnen, sie sind Geistträger (vgl. Röm 8,9.23; 1 Kor 3,16; 6,19). Alle sind deshalb aufgerufen, Zeugnis abzulegen. Deshalb konstituieren auch alle die *ecclesia docens,* die den Menschen verkündet, was Gott zum Heil und zum Wohl aller tat.

3. Lernen und Lehren sind zwei Aufgaben der gesamten Kirche, nicht von unterschiedlichen Gruppen in der Kirche

In der Gemeinschaft, die aus dem Glauben geboren wird, gibt es die Stunde des Zuhörens und die Stunde des Redens, die Zeit, aus der Offenbarung zu lernen, und die Zeit, von der Offenbarung Zeugnis abzulegen. Die Gemeinschaft ist *docens* und *discens,* sowohl lehrend als auch lernend: beide als Adjektiv gebrauchte Partizipien bezeichnen ein und dieselbe Gemeinschaft, die ganze Gemeinschaft. Es handelt sich ja nicht um Substantive, etwa »die Lehrenden« und »die Lernenden« in der Gemeinschaft, als zwei einander entgegengesetzte Gruppen, in die die Gemeinschaft aufgeteilt wird. Es handelt sich um zwei Funktionen derselben Kirche, nicht um zwei Fraktionen in der Kirche.

Alle Mitglieder der Kirche müssen zusammen und voneinander lernen. Es gibt auch eine Zeit, in der die Hierarchie zuhören, auf die Schrift hören muß, in der sie die Zeichen der Zeit erkennen soll und in der sie sich dem Schrei der Armen, der zum Himmel steigt, nicht verschließen darf, in der sie versuchen muß, den Willen Gottes für alle zu erkennen. Es gibt aber auch die Zeit, in der der Laie von der Wahrheit des Evangeliums in der konkreten Gesellschaft, in der er lebt, reden muß, auch wenn dies ihm Verfolgung, aber damit auch die Seligpreisung des Evangeliums einbringt. Wenn der Laie auf diese Weise die Wahrheit des Evangeliums verkündigt, dann gehört die Hierarchie ihm gegenüber der *ecclesia discens* an, und dann ist der Laie selbst Angehöriger der *ecclesia docens.* Jeder ist Schüler, aber auch Lehrer der anderen, alle sind darin Hörer des Evangeliums und dann auch nach dem Evangelium Handelnde. Darin, daß beide Aufgaben allen zukommen, daß sie zusammengehen und jeder gleichzeitig Lehrender und Lernender sein kann, besteht die Treue gegenüber der Mahnung Jesu, niemand solle sich Meister, Vater, Lehrer nennen lassen, denn alle sind Brüder (Mt 23,8–10).

4. Die Unterscheidung zwischen einer lehrenden und einer lernenden Kirche ist nur dann theologisch berechtigt, wenn man zuvor auf gesellschaftsanalytischer Ebene über die Arbeitsteilung in der Kirche nachgedacht hat und wenn man gleichzeitig bereit ist, über die Notwendigkeit einer solchen Arbeitsteilung hinauszugehen

Obwohl in der Kirche alle als Brüder und Jünger grundsätzlich gleich sind, obwohl alle gleichzeitig Lehrende und Lernende sind, besteht dennoch in der Kirche *eine Instanz, der auf besondere Weise die Aufgabe zu lehren zukommt.* Hier handelt es sich aber nicht um ein allgemeines Bezeugen und Bekunden des christlichen Glaubens, sondern um ein besonderes, um ein technisch sogenanntes offizielles und authentisches Lehren, das mit einer *Lehrvollmacht* zu tun hat. Der Papst und die Bischöfe fühlen sich auf besondere Weise mit einer solchen Lehrvollmacht bekleidet, die selber mit der Hierarchie in der Kirche verbunden scheint. Wie kam man zu einer solchen Spezialisierung?

In der theologischen Handbuchliteratur, besonders in der, die sich mit dem Kirchenrecht beschäftigt, wird gesagt, daß die Kirche durch göttliche Einrichtung ihrem Wesen nach hierarchisch ist. »Das bedeutet«, so erklärt Joaquín Salaverri, »daß in der Kirche aufgrund des Willens ihres göttlichen Gründers ein Unterschied besteht, durch den einige Personen unter Ausschluß anderer berufen sind, nach dem von Christus gegebenen Gesetz die in der Kirche wesentlichen Gewalten auszuüben.«[1] Christus, so argumentiert man, ist als Messias der Meister, dem alle Gewalt und Macht zukommen. Er hat diese Macht den Aposteln auf solche Weise weitergegeben, daß gilt: »Wer euch hört, der hört mich, und wer euch ablehnt, der lehnt mich ab« (Lk 10,16, vgl. Mt 28,18–20). Wir stehen hier vor einer epiphani-

---

[1] *J. Salaverri,* La potestad de magisterio eclesiástico y el asentimiento que le es debido, in: Estudios Eclesiásticos 29 (1955) 155–195, hier 174; *ders.,* De ecclesia (Sacrae Theologiae summa, hrsg. von M. Nicolau/J. Salaverri, I,3), Madrid ²1952, v. a. 117–141.

schen Sicht von der Kirche, als ob sie aus dem Willen ihres Gründers ganz fertig und vollkommen strukturiert hervorginge.

Bei einer solchen Betrachtungsweise werden die für das Christentum maßgeblichen Texte ohne Beachtung der verschiedenen Zeiten, in denen sie entstanden sind, und der unterschiedlichen Theologien, die sich in den verschiedenen Schichten dieser Texte reflektieren, buchstäblich interpretiert. Darüber hinaus werden diese Texte gerade durch diejenigen auf eine solche Weise interpretiert, die selber ein Interesse an dieser Interpretation haben (die Hierarchie): Wenn man daher diese Interpretation kritisch analysiert, muß man davon ausgehen, daß es sich dabei um ein ideologisches Denken handelt. Um die Berechtigung und Gültigkeit eines authentischen Lehramtes der Kirche feststellen zu können, muß man eine epiphanische Sicht der Entstehung der Kirche überwinden und zu einem theologischen Verständnis gelangen, das sich damit auseinandersetzt, was die Glaubensaussage, Jesus habe die Kirche gegründet, alles impliziert, und das so auch auf die hermeneutischen Vermittlungen eingeht, mit deren Hilfe diese Glaubensaussage angemessen verstanden werden kann.

An erster Stelle muß man den historisch-kritisch gesicherten Ergebnissen der Exegese Rechnung tragen. Danach stand die Kirche nicht in der Mitte des Denkens und Handelns Jesu. Im Neuen Testament gibt es nur wenige Elemente, die gleichzeitig unmittelbar auf Jesus zurückgehen und die sich auf die Struktur seiner Gemeinde beziehen.[2] Das soll nicht heißen, daß die Aussage, Jesus sei das Fundament der Kirche, keine Bedeutung habe. Aber man sollte sich doch nicht unkritisch und ohne Beachtung der Ergebnisse der Exegese auf diese Aussage berufen.

Zweitens muß man die religionssoziologischen Erkenntnisse über die Entstehung von Hierarchien[3] und über religiöse Arbeitsteilung mit in Betracht ziehen. Auch das Christentum steht, wie andere große Religionen, mit der Entstehung von Städten in Zusammenhang, auf die dann auch die Unterscheidung zwischen Stadt und Land und eine erste soziale Arbeitsteilung zwischen manueller und intellektueller Arbeit zurückgeht. Es ist das Verdienst von Max Weber, gezeigt

---

[2] Vgl. *L. Boff,* Wollte der historische Jesus nur eine institutionelle Form von Kirche? in: ders., Die Neuentdeckung der Kirche. Basisgemeinden in Lateinamerika, Mainz 1980, 79–99; *H. Küng,* Die Kirche (Kap. V, Anm. 7), 70–99.

[3] Vgl. *H. Dombois,* Hierarchie, Grund und Grenze einer umstrittenen Struktur, Freiburg/Basel/Wien 1971, dort bes. 11–22.

zu haben, daß der Prozeß der Verstädterung zu einer »Rationalisierung« der Religion führte.[4] Mit ihr entstand auch eine Gruppe von
Experten, die mit der Bewahrung und der authentischen Interpretation und offiziellen Exegese des alles Gläubigen gemeinsamen religiösen Kapitals beauftragt waren. Hier liegt eine Wurzel für die Entstehung des Unterschiedes zwischen einer *ecclesia docens* und einer
ecclesia discens. Mit den Worten von Pierre Bourdieu: »Die Gruppe
der Priester hat unmittelbar mit der Rationalisierung der Religion zu
tun. Sie leitet das Prinzip ihrer Legitimität aus einer Theologie ab, die
zum Dogma erhoben wird und für deren Gültigkeit und Bewahrung
sie einsteht.«[5] Aus einer Gemeinschaft von Gleichen entsteht eine
Hierarchie, die ihre Aufgabe als eine *diakonia,* als einen notwendigen
Dienst an allen legitimiert.

Von unserem heutigen Bewußtseinsstand in Sachen Wissenschaft
ausgehend, muß ein theologisches Denken, das diesen Gegebenheiten
keine Rechnung trägt, objektiv als ein ideologisches Denken erscheinen, das Phänomene mystifiziert und verschleiert, welche durch die
Angabe eindeutig identifizierbarer historischer Gründe erklärt
werden könnten. Mit anderen Worten: Auch wenn Christus nichts
Authentisches über ein Lehramt in der Kirche gesagt hätte, würde es
in der Kirche eine solche Lehrinstanz geben. Theologisch heißt das:
Der Gründerwille Jesu schließt den normalen Mechanismus nicht
aus, durch den eine Glaubensgemeinschaft sich in einer Gruppe von
Experten, die in Austausch mit allen Gläubigen stehen, die Treue
gegenüber ihrer ursprünglichen Identität sichert. Ja, ein solcher
Gründerwille knüpft an diesen natürlichen Mechanismus an. Emile
Durkheim hat gezeigt, daß eine solche Arbeitsteilung nicht notwendigerweise zur Verselbständigung solcher Funktionen führen muß,
sondern daß auch die Möglichkeit einer wirklichen Aufrechterhal-
tung der Solidarität mit einer gemeinsamen Basis besteht.[6] In dieser
Solidarität erweist man dem Gemeinwesen den nützlichen und
notwendigen Dienst des Bewahrens und Klärens, der Vertiefung und
Erweiterung. Im Rahmen dieser Überlegungen kann man die Unterscheidung zwischen einer lehrenden und einer lernenden Kirche unter
der Voraussetzung verteidigen, daß die Lehrenden der Funktion der

---

[4] Vgl. *M. Weber,* Wirtschaft und Gesellschaft I, Köln/Berlin 1964, 124 ff, 688 ff; *P. Bourdieu,* Genèse et structure du champ religieux (Kap. VIII, Anm. 6).
[5] A economia das trocas simbólicas, São Paulo 1974 (Paris 1971), 38.
[6] Über die Teilung der sozialen Arbeit, eingeleitet von N. Luhmann, übersetzt von
L. Schmidts, Frankfurt 1977 (Paris 1893), v. a. 89–110.

eigenen Aufgabe in einer Gemeinschaft von Brüdern treu bleiben. Wenn von einer lehrenden Kirche gesprochen wird, *dann soll es sich also nicht um eine Instanz oberhalb und außerhalb der Gemeinschaft handeln, sondern um eine Aufgabe innerhalb dieser Gemeinschaft.* Matthäus bringt diese Dialektik sehr gut zum Ausdruck. Einerseits kommt die Gewalt, zu binden und zu lösen, der Gemeinschaft als solcher zu (Mt 18,18). Andererseits aber ist sie die besondere Aufgabe desjenigen, der das Einheitsprinzip dieser Gemeinschaft ist: die Aufgabe des Petrus (Mt 16,19). In den Anfängen der Ekklesiologie wurde das wie folgt formuliert: Die *potestas sacra* wird *generaliter* der *ecclesia* (der *communitas fidelium*) und *specialiter* den Bischöfen und Priestern gegeben.[7] Das eigentliche Subjekt der *sacra potestas* ist deshalb die gesamte Glaubensgemeinschaft, in der ein Lehramt entsteht, das das konkrete Organ und der Ausdruck dieser *potestas* ist.

5. Ein Verständnis der Kirche, das diese in eine lehrende und eine lernende Kirche aufspalten will, verrät eine ungesunde Sicht der Wirklichkeit der Kirche

Alles, was gesund ist, kann in seiner geschichtlichen Entwicklung krank werden. Das geschah auch mit der Unterscheidung, um die es uns hier geht. Besonders seit der gregorianischen Reform gab es Zeiten, in denen man mit »Kirche« hauptsächlich den Klerus meinte. In einer solchen Geisteshaltung sieht man auch die *ecclesia docens* als eine von der allgemeinen Gemeinschaft der Gläubigen soziologisch abgesonderte Gruppe von Experten. Daraus folgt, daß man allen anderen jede religiöse Gewalt abspricht: Sie werden religiös enteignet, sie sind nur noch »Laien«. Sie sind nicht mehr berechtigt, an der Produktion symbolischer Güter Anteil zu haben: Sie haben passive Beobachter des Lebens der »Kirche« zu sein.

Gregor XVI. (1831–1846) betonte auf exemplarische Weise diese strenge Trennung zwischen Klerikern und Laien: »Niemandem kann unbekannt sein, daß die Kirche eine ungleiche Gesellschaft ist, in der von Gott die einen zum Herrschen, die anderen zum Gehorchen bestimmt sind. Diese sind die Laien, jene die Kleriker.« Pius X. formuliert es noch härter: »Allein das Kollegium der Hirten hat das

---

[7] Vgl. *Y. Congar,* L'ecclésiologie du haut moyen-age. De Saint Grégoire le Grand à la désunion entre Byzance et Rome, Paris 1968, 92–98 (dort eine umfangreiche Dokumentation).

Recht und die Autorität ..., zu lenken und zu führen. Die Mehrheit hat kein anderes Recht, als sich führen zu lassen und als folgsame Herde ihren Hirten zu folgen.«[8]

Paulo Freire hat uns gezeigt, wie ungesund, ja wie pathologisch eine solche Beziehung ist, die sowohl den Lehrenden als auch den Lernenden ihre Menschlichkeit nimmt.[9] In einer solchen Beziehung hätte man einerseits die lehrende Kirche, die alles weiß, alles bestimmt und alles erklärt. Auf der anderen Seite steht der Laie, der nichts weiß, nichts beiträgt, nichts bestimmt: eine lernende Kirche, die nur empfängt. Nach diesem Modell kann die Hierarchie nichts von den Laien lernen. Die Laien besitzen in der Kirche keine Möglichkeit, den Reichtum ihrer Erfahrung und Weisheit zur Geltung zu bringen. Dadurch aber verkennt man die ontologische Berufung eines jeden Menschen und besonders des Christen, in der Geschichte des Heiles zu handeln, an ihr Anteil zu nehmen, und nicht nur ihr gegenüber passiv abzuwarten, was kommen wird. Die Erziehung des Menschen, die aus dem Glauben kommt, soll nicht nur dem einen oder dem anderen, sondern allen Befreiung bringen.

Das Zweite Vaticanum hat noch rechtzeitig eine verzerrte Perspektive korrigiert und dadurch einer bedrohten Theologie ihre Gesundheit wiedergegeben. Grundsätzlich ist die Kirche Volk Gottes. Alle, auch die Laien, haben teil am Lehramt Christi (*Lumen gentium*, Nr. 35). Innerhalb dieses Volkes kommt dem Lehramt eine besondere, amtliche Aufgabe zu, aber immer nur als Dienst gegenüber der gesamten christlichen Gemeinschaft (*Lumen gentium*, 25).

6. Ein dialektischer Austausch als Voraussetzung für eine gesunde Beziehung und Unterscheidung zwischen der *ecclesia docens* und der *ecclesia discens*

Damit jemand in der Kirche die ihm gegebene Gewalt legitim ausübt und seine Vollmacht die Funktion erfüllt, die sie nach dem Evangelium haben soll, muß er auch die Grenzen dieser ihm zustehenden Gewalt kennen, sonst unterliegt er der Versuchung, die von jeder Macht ausgeht: der Verabsolutierung der Macht. Dann wird die

---

[8] Zitiert nach *F. Klostermann*, Desiderate zur Reform des Laienrechtes, in: Theologisch-praktische Quartalschrift 115 (1967) 334–348, hier 341.
[9] Vgl. *P. Freire*, Pädagogik der Unterdrückten. Bildung als Praxis der Freiheit, Reinbek bei Hamburg 1973, 57–70; *ders.*, Erziehung als Praxis der Freiheit. Beispiele zur Pädagogik der Unterdrückten, Stuttgart 1974, 44–56.

Ausübung solcher Macht schlicht und einfach zur Unterdrückung der anderen. In der Geschichte der Kirche führte die Aufhebung der spannungsvollen Beziehung zwischen Lehren und Lernen, die fast immer zugunsten des Pols der Lehre (und das heißt der Hierarchie) geschah, zu einem Autoritarismus, der nach dem Evangelium in der Kirche nicht bestehen darf (Lk 22,25–28). Die Beziehung ging nur in einer Richtung: von einer Hierarchie, die lehrte, zu einem Volk, das nur hörte und gehorchte. Statt dessen aber sollte eine Beziehung entstehen, die in beide Richtungen geht: vom *discens* zum *docens,* vom *docens* zum *discens.* Dazu muß man folgendes anstreben und beachten:

1. *Einen von beiden Seiten offenen und ehrlichen Dialog:* Alle müssen zuhören können, besonders diejenigen, die eine amtliche Aufgabe des Lehrens haben, nämlich die Hierarchie. Alle müssen in der Kirche einen Raum finden, in dem sie selber reden dürfen und wo ihnen auch zugehört wird. Es muß ein Austausch des Wissens stattfinden, in dem keiner über den anderen herrschen will, sondern in dem jeder dem anderen aufmerksam zuhört, weil der Heilige Geist in allen anwesend ist und durch alle spricht.

2. *Eine Haltung der gegenseitigen Kritik,* »die einzige Weise, auf die der Mensch seine natürliche Berufung verwirklichen kann, sich [in die Wirklichkeit] zu integrieren, und auf die er eine Haltung der Anpassung und der Bequemlichkeit überwindet und durch die er die Anliegen und Aufgaben seiner Zeit zu erkennen lernt«,[10] das heißt auf theologischer Ebene: durch die er in den Zeichen der Zeit auch den konkreten Willen Gottes für seine Kirche entdeckt.

3. *Einen Bezugs- und Orientierungspunkt extra nos:* Die Kirche besteht nicht für sich selbst, sondern für die Welt, in der sie ihre Sendung zu erfüllen hat und die Gott retten will. Sowohl die lehrende als auch die lernende Kirche dürfen weder ihre Aufgabe für diese Welt und ihre Beziehung zu ihr vergessen noch sich je dem Geist entziehen, der Welt und Kirche trägt und umfaßt. Nur durch einen solchen sowohl vertikalen als auch horizontalen Austausch können das authentische Lehramt und ein gehorsames Hören sich in ein und derselben Kirche auf gültige und gesunde Weise gegenüberstehen.

---

[10] *P. Freire,* Educação como prática da liberdade, Rio de Janeiro 1974, 44. (Vgl. *P. Freire,* Erziehung [Anm. 9], 12: die deutsche Übersetzung einer amerikanischen Übersetzung versagt hier aber. Zufügung des Übersetzers.)

XII. Eine alternative Sicht: Die Kirche als Sakrament des Heiligen Geistes*

Die gesamte Theologie der lateinamerikanischen Kirche ist sich einig darüber, daß jedes Verständnis und jedes Bild von der Kirche auf der Christologie aufbauen muß. Bereits das Neue Testament stellt die Verbindung eindeutig her, wenn es von der Kirche als dem Leib Christi spricht oder der Auferstandene selbst zu Saulus sagt: »Ich bin Jesus, den du verfolgst« (Apg 9,5; vgl. Joh 17,18; 20,21). Die Kirche verstand sich selbst stets als Fortsetzerin Christi und seiner Sache. Das Erste Vatikanische Konzil lehrt folgendes und faßt damit die allgemeine Lehre der Tradition zusammen: »In dem Willen, das Heilswerk der Erlösung zu verewigen, beschloß der ewige Hirt und Bischof unserer Seelen, die heilige Kirche zu erbauen« (DS 3050). Das Zweite Vaticanum vervollständigt diese Aussage: »Um dieses große Werk voll zu verwirklichen, ist Christus seiner Kirche immerdar gegenwärtig, besonders in den liturgischen Handlungen« (*Sacrosanctum Concilium*, Nr. 7).

Die Verbindung zwischen Christus und der Kirche ist so dicht, daß Pius XII. in seiner Enzyklika über den mystischen Leib Christi (1943) behaupten konnte: Wer die Kirche sehe, sehe Christus, die Kirche sei Christus selbst. Offensichtlich darf man solche Formulierungen nicht unbedingt wörtlich nehmen.[1] Die Kirche bildet keine hypostatische Union mit dem Logos, wie sie zwischen diesem und der Menschheit Jesu bestand. Die Kirche ist zugleich gerecht und sündig und bedarf ständig der Umkehr und der Reformen.

---

* Dieses Kapitel ist eine stark überarbeitete Fassung des 11. Kapitels der Dissertation von *L. Boff*, Die Kirche als Sakrament im Horizont der Welterfahrung. Versuch einer Legitimation und einer struktur-funktionalistischen Grundlegung der Kirche im Anschluß an das II. Vatikanische Konzil, Paderborn 1972. Der Abdruck erfolgt mit freundlicher Zustimmung des Verlags Ferdinand Schöningh, Paderborn.

[1] Vgl. *Y. Congar*, Dogme christologique et ecclésiologie, in: ders., Sainte Église. Études et approches ecclésiologiques, Paris 1963, 69–104; *A. Bandera*, Analogía de la Iglesia con el misterio de la encarnación, in: Teología espiritual 8 (1964) 44–91; *A. Ancel*, Estructura teándrica de la Iglesia. Historia y significado eclesiológico del número 8 de *Lumen gentium*, in: Estudios Eclesiásticos 42 (1967) 39–72.

1. Inkarnation – Modell der Kirche?

Redeweisen wie, die Kirche sei der fortlebende Christus oder zusammen mit Christus bilde die Kirche sozusagen eine einzige Person, und ähnliche sollen die Kontinuität der Funktionen hervorheben. So wie Christus das Heil für alle Menschen erworben hat, muß die Kirche diese Sendung durch die Jahrhunderte hindurch fortsetzen. Ihr eignet derselbe Auftrag wie Christus. Trotzdem müssen wir feststellen, daß die traditionelle Theologie der Lateinischen Kirche zur Verdeutlichung dessen, was Kirche sei, Jesus Christus zum Modell genommen hat. Zwischen beiden sind parallele Elemente: In Christus gibt es eine menschliche und eine göttliche Natur; ähnlich verhält es sich mit der Kirche: auch sie ist menschlich und göttlich. Dennoch gab es ansatzweise Einschränkungen im Verständnis Christi und der Kirche. Man verstand nämlich Christus nahezu ausschließlich von seiner Inkarnation und seiner menschlichen Verfaßtheit her, mit Leib, Seele und Gottheit. Der physische Leib Christi diente als Vergleichsmodell für die Kirche, die ja der mystische Leib Christi ist. Wie der Körper verschiedene Glieder hat und verschiedene Funktionen wahrnimmt, so existieren auch in der Kirche viele Glieder mit unterschiedlichen Funktionen. Im Lichte dieser Parallelisierung schlossen die offiziellen Dokumente des Lehramtes wie die Enzyklika *Satis cognitum* Leos XIII. (1896) und *Mystici corporis* Pius' XII. (1943) auf die Sichtbarkeit, Einheit und Pluralität der und in der Kirche.

Wie der menschliche Körper eine genau umschriebene und begrenzte Größe ist und nichts anderes als das sein kann, so weist auch die Kirche als der mystische Leib Christi genau definierte und eingegrenzte Merkmale auf. So kommt es zu einem Kirchenbegriff, der klar bestimmt, wer Glied der Kirche ist (entweder man ist Glied der Kirche, oder man ist es nicht; Halbmitglieder gibt es nicht), was ihre Grenzen sind und wie ihre Institutionen auszusehen haben, damit sie *eine* bleiben und voll in der Welt präsent sein kann. Dieser Kirchenbegriff ist eine logische Konsequenz aus der Wahl des Modells: des physischen Leibes Christi. Jedoch – und hier liegt ein schweres theologisches Problem – diese Christologie und diese Ekklesiologie erweisen sich, von ihrem Ansatz her, als zu eng und defizitär. Denn sie lassen das entscheidende Datum außer acht, das an Jesus Christus geschah: seine Auferstehung. In der Auferweckung wurde der Leib Christi nicht einfach reanimiert, sondern voll realisiert und von allen zeitlich-räumlichen Beschränkungen befreit. Der Leib des Auferstandenen ist nicht mehr einfach ein fleischlicher Körper, das heißt ein Körper, der den irdischen Bedingungen unterworfen und an die Verhältnisse von Raum und Zeit gebunden ist, der die Bedürdnisse des Essens und Trinkens verspürt und an die Grenzen der Kommunikation mit ihren stets doppeldeutigen Worten und Gesten stößt. In der Auferstehung ist der fleischliche Leib Jesu zu einem geistigen Leib (vgl. 1 Kor 15,44 f) geworden.[2] Der geistige Leib ist die neue Seinsweise des auferweckten Jesus, der nunmehr absolut frei ist von den Grenzen sowohl der menschlichen Existenz als auch, inthronisiert in der Ewigkeit und in der Grenzenlosigkeit des göttlichen Lebens, des Raumes und der Zeit. In der Auferstehung wurde die Einkapselung, in der der fleischliche Jesus durch seinen Bezug zu nur einem Teil von Raum und Zeit gefangen war, aufgesprengt. Jetzt steht Jesus Christus in einem umfassenden Bezug zur ganzen Wirklichkeit. Fortan ist der Auferweckte der kosmische Christus, von dem der Epheser- und Kolosserbrief, aber auch der Johannesprolog und der Hebräerbrief (1,2.10–13; 2,8–9) sprechen.[3] Daraus aber folgt, daß der Leib des auferweckten und pneumatischen (geistigen) Christus nicht als eine genau definierte physische Größe betrachtet werden darf, von der her man die Grenzen der Kirche, des Leibes Christi, bestimmen könnte. Deshalb muß sorgfältig definiert werden, was mit dem Ausdruck *Kirche als Leib Christi* gemeint ist. Wie wir weiter unten sehen werden, hat Paulus, wenn er diese Wendung gebraucht, nicht den physischen Leib Christi, sondern seinen pneumatischen und auferstandenen Leib im Auge. Ja – und das wird im Folgenden eingehender zu erläutern sein –, er identifiziert den Auferweckten mit dem Geist (2 Kor 3,17). Daraus ziehen wir den für unsere Überlegungen wichtigen Schluß: Die Kirche darf nicht so sehr vom fleischlichen Jesus her gedacht, sondern muß vor allem vom auferstandenen, mit dem Geist identifizierten Christus her verstanden werden. Die Kirche hat nicht nur einen christologischen, sondern auch und vor allem einen pneumatologischen (*pneuma* = Geist) Ursprung. Sofern sie vom Heiligen Geist, der der Geist Christi ist, ihren Ursprung nimmt, hat sie eine dynamische und funktionale Dimension. So ist die Kirche im Sinne von Energie, Charisma und Aufbau der Welt zu beschreiben, denn

---

[2] Vgl. *H. Mehl-Koennlein*, L'homme selon l'apôtre Paul (Cahiers théologiques, 28), Neuchâtel/Paris 1951, 31–37; *C. Spicq*, Dieu et l'homme selon le Nouveau Testament, Paris 1961, 158–161.

[3] Vgl. die gründlichere Erörterung in: *L. Boff*, O Evangelho do Cristo Cósmico. A realidade de um mito. O mito de uma realidade, Petrópolis 1971.

„der Geist weht, wo er will« (Joh 3,7), und »wo der Geist des Herrn wirkt, da herrscht Freiheit« (2 Kor 3,17). Aber der christologische und pneumatologische Entstehensgrund der Kirche verdient noch eine gründlichere Erörterung.

2. Die Gründung der Kirche durch Christus und durch die vom Geist getriebenen Apostel

Es ist allgemeine Lehre, die Kirche sei von Christus gegründet worden. Diese Aussage gehört zum unveräußerlichen Bestand jedes christlichen und kirchlichen Glaubens. Allerdings ist damit noch nicht gesagt, wie Christus seine Kirche konkret gründen wollte und gegründet hat. Nicht alle institutionellen Elemente der Kirche gehen auf Jesus zurück. Wenn man genau hinsieht – und das haben ernsthafte und anspruchsvolle Exegeten wirklich getan –, dann hat Jesus nicht die Kirche, sondern das Reich Gottes gepredigt,[4] im Sinne einer völligen und umfassenden Umkehr der Grundlagen dieser Welt, die nunmehr durch göttliches Eingreifen, mit der Überwindung von Sünde, Krankheit, Haß und jeder Art von Entfremdung, die Menschen und Kosmos noch martern, neugestaltet werden wird. In Verkündigung und Verwirklichung dieses Reiches tut Christus durchaus Dinge, die später zur Grundlage der Kirche werden: Er beruft die Zwölf (Mk 3,13–19 par) und setzt Taufe und eucharistisches Mahl ein. Aber das alles ist noch nicht die ganze Wirklichkeit der Kirche. Kirche gibt es nur deshalb, weil die Juden das Reich Gottes nicht angenommen haben und das Volk Jesus abgelehnt hat. Wenn das Reich, so wie Christus es gepredigt hat, eingetroffen wäre (und es ist nicht eingetroffen wegen der Schuld und Verhärtung der Juden), dann wäre für die Kirche kein Platz gewesen. Die Kirche hat nämlich die essentielle Funktion, Platzhalter des Reiches Gottes zu sein, und muß sich deshalb theologisch verstehen als Werkzeug zur vollen Verwirkli-

---

[4] Eine eschatologische Wertung dieser Perspektiven bieten vor allem folgende katholische Autoren: E. *Peterson,* Die Kirche (Kap. VI, Anm. 30); J. *Ratzinger,* Zeichen unter den Völkern, in: M. Schmaus/A. Läpple (Hrsg.), Wahrheit und Zeugnis. Aktuelle Themen der Gegenwart in theologischer Sicht, Düsseldorf 1964, 456–466; *ders.,* Art. Kirche (systematisch), in: Lexikon für Theologie und Kirche, Bd. VI, Freiburg ²1961, 173–183; *ders.,* Menschheit und Staatenbau in der Sicht der frühen Kirche, in: Studium Generale 14 (1961) 664–682; *ders.,* Das Geschick Jesu und die Kirche, in: Theologische Brennpunkte, 2: Kirche heute, Bergen-Enkheim 1965, 7–18; *ders.,* Das neue Volk Gottes. Entwürfe zur Ekklesiologie, Düsseldorf 1969 u. ö.; *ders.,* Einführung in das Christentum. Vorlesungen über das Apostolische Glaubensbekenntnis, München ³1968 u. ö., 281–289; L. *Boff,* Die Kirche als Sakrament (Anm.*).

chung des Reiches und als Zeichen für den realen, wenn auch noch unvollkommenen Anbruch des Reiches in der Welt. Im übrigen existiert die Kirche nur unter der Voraussetzung, daß das Kommen Christi nicht unmittelbar bevorsteht, sondern daß es eine Geschichte des Glaubens und der Annahme Jesu und seiner Botschaft gibt. So wurde die Eschatologie (die Lehre von der letzten Bestimmung des Menschen und der Welt) zum theologischen Traktat über die Letzten Dinge: Tod, Gericht, Hölle, Paradies. Anfangs erwarteten die Zwölf und die Jünger noch den unmittelbaren Beginn des Reiches Gottes mit der glorreichen und endgültigen Wiederkunft des Menschensohnes (des auferstandenen Jesus). Indem sie dasselbe predigten, was zuvor Jesus verkündet hatte: das Reich und sein Nahegekommensein, wollten sie das Volk bekehren. Als sich jedoch das Volk verhärtete, Jakobus den Märthyrertod fand und Petrus gefangengenommen wurde und wieder floh, gaben sie die Hoffnung auf den unmittelbar bevorstehenden Anbruch des Reiches auf und wandten sich den Heiden zu. Mit diesem Entschluß und dem Aufbruch zur Mission taten die Zwölf – kraft des Heiligen Geistes (vgl. Apg 15,28) – einen entscheidenden Schritt. Sie übernahmen die Elemente, die der historische Jesus eingeführt hatte (Botschaft, Zwölferkreis, Taufe, Eucharistie usw.) und gründeten die konkrete Kirche. In ihren wesentlichen Elementen ist die Kirche von Christus vorgegeben. In ihrer konkreten und geschichtlichen Gestalt jedoch fußt sie nicht nur auf den Worten des historischen Jesus, sondern auch auf der Entscheidung der vom Heiligen Geist inspirierten Apostel. Deshalb ist die Tradition immer davon ausgegangen, die Kirche sei am Pfingsttag geboren. In der Tat hat sie ein christologisches und pneumatisches Fundament. Dies festzuhalten ist überaus wichtig; denn so wird klar, daß das pneumatische sowie das charismatische Element in der Kirche von Anfang an einen institutionellen Charakter hat. Die Kirche als Institution beruht nicht, wie es gewöhnlich heißt, auf der Inkarnation, sondern auf dem Glauben der Apostel an die Vollmacht im Geist, der sie befähigt, die Eschatologie in die Zeit der Kirche zu transponieren und die Lehre vom Reich Gottes in die Lehre von der Kirche zu übersetzen. Entscheidungskompetenz und Dogma gehören wesentlich zur Kirche. So entspringt sie in ihrer geschichtlichen Konkretion ja auch selbst einer Entscheidung, die die Apostel in der Kraft des Heiligen Geistes trafen. Wenn die Kirche aus einer Entscheidung geboren wurde, dann geht ihr Leben weiter, wenn Menschen und Christen, welche an den auferweckten Christus und an seinen Geist glauben, diese Entscheidung ständig erneuern und der Kirche in den je neuen Situationen, die sich ihnen bieten, eine neue Gestalt geben, ob in der griechischen, mittelalterlichen oder in der technischen Kultur von heute. Die Kirche ist kein abgeschlossenes Etwas, sondern eine Größe, die für immer neue situationsbedingte und kulturelle Bewegungen offen ist und in diesen Gegebenheiten die befreiende Botschaft Christi zum Ausdruck zu bringen und zu verkünden hat.

Aber kann man nicht noch hinter diese beiden Fundamente der Kirche, Christus und den Heiligen Geist, zurück und eine Ursprungs-Einheit finden? Wir glauben, daß es eine solche ursprüngliche Einheit, sei es dogmatisch, sei es biblisch, gibt und daß sie aufgedeckt werden kann.

3. Die ursprüngliche Einheit des Christologischen mit dem Pneumatologischen in der Kirche

Zwischen Christologie (Christus) und Pneumatologie (Heiligem Geist) besteht eine ursprüngliche Einheit. Diese Feststellung möchten wir zunächst mit einer neutestamentlichen Überlegung erhärten. Diese läßt sich in zwei Sätzen zusammenfassen. Der fleischliche (sarkische; vom griechischen *sarx* = Fleisch) Jesus war bereits die Gegenwart des Heiligen Geistes. Und: Der Heilige Geist der Kirche ist schon die Gegenwart des pneumatischen (auferweckten) Christus in der Welt. Diesen beiden Aussagen liegt noch eine andere, innertrinitarische Feststellung zugrunde: daß nämlich der Heilige Geist aus dem Vater und aus dem Sohn *(Filioque)* hervorgeht, wie es die Kirche des Westens im nizäno-konstantinopolitanischen Glaubensbekenntnis formuliert. Damit soll gesagt werden, daß der Heilige Geist in seinem Ursprung auch etwas vom Sohn und nicht nur vom Vater hat. Dieser zunächst recht abstrakt klingende Satz fußt aber auf Gründen, die uns später noch klarer werden. Im Folgenden möchten wir die drei Aussagen begründen.[5]

[5] Vgl. die wichtigsten Titel, die von uns konsultiert wurden: *I. Hermann*, Kyrios und Pneuma. Studien zur Christologie der paulinischen Hauptbriefe, München 1961; *Th. Maertens*, Der Geist des Herrn erfüllt den Erdkreis, Düsseldorf 1959; *H. Mühlen*, Der Heilige Geist als Person. Beitrag zur Frage nach der dem Heiligen Geist eigentümlichen Funktion in der Trinität, bei der Inkarnation und im Gnadenbund, Münster 1963; *ders.*, Una mystica persona. Die Kirche als das Mysterium der Identität des Heiligen Geistes in Christus und den Christen: Eine Person in vielen Personen, 2., wesentlich erweiterte Auflage, München/Paderborn/Wien 1967; *ders.*, Die Kirche als die geschichtliche Erscheinung des übergeschichtlichen Geistes Christi. Zur Ekklesiologie des Vaticanum II, in: Theologie und Glaube 55 (1965) 270–289; die von *E. Käsemann/*

a. Der fleischliche Jesus war schon die Gegenwart des Heiligen Geistes

Eine solche Auffassung ist vor allem in der Theologie des Lukas zu finden. Für den dritten Evangelisten ist Jesus nicht ein Pneumatiker, der nur vorübergehend den Geist hätte. Jesus ist der Herr, der den Geist fortwährend besitzt (Lk 4,1.14.18; Apg 10,38). Er wird nicht »vom Geist getrieben«, sondern geht seinen Weg »im Geist« (Lk 4,14; anders dagegen Mk 1,12). Vom ersten Moment seiner Existenz an ist er das Werk des Geistes und der von ihm »Gesalbte« (Lk 1,35; 4,18–21; Apg 4,27; vgl. Mt 1,18; Hebr 1,9; 2 Kor 1,21; 1 Joh 2,22).[6] Lukas läßt Jesus, anders als Johannes den Täufer, nicht im Geist wachsen; denn Jesus besitzt ihn schon ganz und gar. Nur die Manifestationen des Geistes werden immer deutlicher, bis hin zur sichtbaren Gestalt (Lk 3,22; Apg 2,3–6; 4,31). Die Wunder sind für Lukas, im Gegensatz zu Markus und Matthäus, keine Zeichen des Geistes Gottes, sondern Zeichen der Macht Jesu selbst, der voll des Heiligen Geistes ist (Lk 5,17; 6,19). Deshalb kann ein englischer Theologe mit Recht sagen: Jesus »hatte nicht den Geist, er war der Geist. Was Moses hatte, war er. Paulus setzt Christus mit dem Geiste gleich. Jesus selbst war *das große Sakrament* und das wirksame Sinnbild göttlichen Lebens und Geistes . . . Er war nicht ein Prophet, der im Namen des Geistes sprach, sondern der Geist selbst in menschlicher Form.«[7] Während für das Alte Testament wie auch für Matthäus und Markus der Geist die Kraft Gottes ist, die einen Menschen durchdringt und ihm Kräfte gibt, die er aus sich heraus nie hätte, besitzt in der Theologie des Lukas Jesus seit Anfang an die Fülle der Kräfte des Geistes, und was er tut, tut er aus eigener Kraft. Durch Jesus Christus wird der Gemeinde der Geist mitgeteilt (Lk 24,49; Apg 2,33). Der Geist gibt der Kirche den Missionsauftrag (Apg 15,28), setzt Ämter ein (Apg 20,28), erläßt kanonische Dekrete (Apg 15,28) und verteilt die Aufga-

---

M. A. Schmidt/P. Prenter bearbeiteten Teile des Art. Geist in: Die Religion in Geschichte und Gegenwart, Bd. II, Tübingen ³1958, 1272–1286; *Y. Congar*, L'Esprit dans l'Église, in: Lumière et Vie 10 (1953) 51–74; *E. Bardy*, Le Saint-Esprit en nous et dans l'Église d'apres le Nouveau Testament, Albi 1950; *H. D. Wendland*, Das Wirken des Heiligen Geistes in den Gläubigen nach Paulus, in: Theologische Literaturzeitung 77 (1952) 457–470; *H. Stirnimann*, Die Kirche und der Geist Christi, in: Divus Thomas 31 (1953) 3–17; *K. Rahner*, Das Dynamische in der Kirche (Quaestiones Disputatae, 5), Freiburg/Basel/Wien 1958; *H. Volk*, Das Wirken des Heiligen Geistes in den Gläubigen, in: Catholica 9 (1952) 13–35.

[6] Vgl. *E. Schweizer*, Art. Pneuma, pneumatikos. Das Neue Testament, in: Theologisches Wörterbuch zum Neuen Testament, Bd. VI, Stuttgart 1959, 394–449, hier 402.

[7] *G. Tyrell*, Das Christentum am Scheideweg, hrsg. von F Heiler, München 1959, 177.

ben (Apg 6,6; 13,2). Wer die Kirche betrügt, vergeht sich an ihm und wird von ihm auch gerichtet (Apg 5). Der Geist ist das Charakteristikum der Zeit der Kirche. Die vielen Wunder und Ekstasen in der Apostelgeschichte sollen zeigen, daß die Kirche voll des Geistes Christi und das Werkzeug des Wirkens des Auferstandenen ist.

b. Der Heilige Geist in der Kirche ist schon die Gegenwart des auferstandenen Christus

Dies ist eine der Grundaussage paulinischer Theologie, die damit einen Schritt über lukanische Vorstellungen, so wie wir sie gerade besprochen haben, hinausgeht. Das Leben von uns Christen ist ein Leben nach dem Geist, der es uns nicht gestattet, uns in die Raster dieser Welt einzupassen (Röm 12,2). Die neue, in der Auferweckung Jesu heraufgeführte Wirklichkeit gilt es in die Tat umzusetzen. Diese Auferstehungswirklichkeit eröffnet den neuen Himmel und die neue Erde und macht jeden Gläubigen zu einem neuen Geschöpf (1 Kor 5,17). Paulus identifiziert den auferweckten Herrn mit dem Geist (2 Kor 3,17; ähnliche Gedanken: Röm 1,1–5; 1 Kor 15,45; 6,17; Röm 8,9–11): »Der Herr ist der Geist, und wo der Geist des Herrn wirkt, da ist Freiheit.« Der Text war für ganze Generationen, theologisch und exegetisch betrachtet, ein wahres Rätsel.[8] Die jüngere Exegese rückte den Vers nun in ein Licht, das den – gerade für unsere ekklesiologische Reflexion – großartigen Reichtum dieser Stelle zutage fördert.[9] Paulus will hier nicht die Identität zweier personaler Größen aussagen: des Sohnes und des Heiligen Geistes. Der Apostel kannte ja noch keine bis ins einzelne ausgearbeitete Trinitätslehre. Mit der Formulierung: »Der Herr ist der Geist« (2 Kor 3,17), will er vielmehr die *Existenzweise* des auferstandenen Herrn beschreiben.[10] Wie lebt jetzt der auferstandene Christus? Für Paulus ist klar: Der Auferstandene lebt in der Form des Geistes.[11] Die Auferstehung hat ihn, den Irdischen und Fleischlichen, zu lebenspendendem Geist gemacht (1 Kor 15,45). Leben im Geist oder auch Leben in Christus stellt der Apostel immer einem Leben im Fleisch, nach dem Fleisch oder im Leib des Fleisches

---

[8] Vgl. *K. Prümm*, Die katholische Auslegung von 2 Kor 3,17 in den letzten vier Jahrzehnten nach ihren Hauptrichtungen, in: Biblica 31 (1950) 315–345 und 459–482; 32 (1951) 1–24.

[9] Vgl.: *I. Hermann*, Kyrios und Pneuma (Anm. 5); E. Schweizer, H. Mühlen, E. Käsemann und andere in Anm. 5 genannte Autoren.

[10] Vgl. *E. Schweizer*, Art. Pneuma (Anm. 6), 416.

[11] Vgl. *A. Deißmann*, Die neutestamentliche Formel »in Christo Iesu«, Marburg 1892, 84–90.

gegenüber. Im Fleisch (griechisch: *kata sarka*) leben heißt: in Grenzen, in Verschlossenheit, in Bedrängnis, in Schwachheit und in Versuchung leben. Jesus von Nazaret lebte nach dem Fleisch – mit allen negativen Bedeutungen, die das Wort für Juden mit sich bringt. Doch seine fleischliche Existenzweise wurde durch die Auferstehung völlig verändert. Fortan lebte er nach dem Geist (griechisch: *en pneumati;* der Ausdruck findet sich neunzehnmal bei Paulus) bzw. in einem Leib der Herrlichkeit oder in einem geistigen Leib (1 Kor 15,44). Nach dem Geist oder in einem geistigen Leib leben bedeutet allerdings nicht: ohne Körper oder nur als Geist leben, sondern besagt durchaus: mit Leib und Seele leben, aber ganz erfüllt von Gott, ein vollständiger Mensch sein, allerdings jetzt in einer Form, die keine Grenzen, Schwächen, Bedrängnisse oder Todesdrohungen mehr kennt. Wer nach dem Geist lebt, hat eine Körperlichkeit, für die Raum, Zeit und Welt keine Grenzen mehr sind, sondern nur noch Kommunikation, Offenheit und Gemeinschaft mit Gott und mit der ganzen Schöpfung darstellen. Der Geist kommt immer von Gott (1 Kor 2,12), und deswegen ist diese Existenzweise von Gott her bestimmt. Der auferstandene Jesus Christus existiert jetzt in der Form des Geistes. Deshalb ist der Herr Geist, und »wer sich an den Herrn bindet, ist ein Geist mit ihm« (1 Kor 6,17). Der Geist – so könnte man mit Adolf Deißmann sagen – bildet die Materie des auferweckten Leibes des Herrn (vgl. 1 Kor 15,35 f).[12] Demnach kann man sagen: Die Gegenwart des Auferstandenen in der Kirche ist bereits die Gegenwart des Geistes in ihr. Diese Gegenwart ist durch nichts mehr eingegrenzt, sondern erfüllt alles und ist in allen Dingen, so wie der Geist, der alles durchweht, über dem Urchaos schwebte, dem Schöpfungsakt Gottes beiwohnte, in Pflanzen und Tieren am Werk ist, durch die Propheten spricht, Helden erweckt und das Leben lebendig macht und wachsen läßt. Der auferweckte Jesus hat diese Existenzweise angenommen.

c. Eine Person in zwei Personen

Diese Einheit zwischen dem auferweckten Herrn und dem Heiligen Geist findet ihre letzte Begründung in der Dreifaltigkeit. Der Geist wird vom Vater *und* vom Sohn als einem einzigen Prinzip gehaucht (DS 704). Demnach ist der Heilige Geist eine Person in zwei Personen in der Einheit derselben Natur. So ist er der *communis nexus ambo-rum,* das gemeinsame Bindeglied zwischen beiden, wie Thomas von

---

[12] Ebd. 89 f.

Aquin sich ausdrückt.[13] Wird der Sohn gesandt, wie er zur Vollendung und Befreiung der Menschen und des Kosmos gesandt wurde, dann folgt daraus, daß auch der Heilige Geist mit ihm gesandt wurde. Einige Theologen wie Matthias Josef Scheeben[14] und vor einigen Jahren Heribert Mühlen[15] sprechen sogar von einer Art von Inkarnation des Heiligen Geistes. Wie er im innertrinitarischen Prozeß eine Person in zwei Personen ist, so ähnlich zeigt er sich in der Heilsökonomie als eine Person in vielen Personen, das heißt in allen, denen Gottes Gnade zuteil wird, insbesondere aber in allen Christen. Wie er in der Dreifaltigkeit die Bindung zwischen dem Vater und dem Sohn herstellt, so ist er in der Schöpfung das Prinzip der Einheit, der Gemeinschaft und der Versöhnung von allem mit allem und mit Gott. Treffend sagt der große Theologe Carl Feuerer gegen 1939: »Er macht sie [die Kirche] *zum Sakrament der innergöttlichen Beziehungen* und Geheimnisse. Was im innergöttlichen Leben geschieht, findet einen Widerhall im innersten Sein der Kirche. Im Hintergrund der Kirche werden die innergöttlichen Sendungen sichtbar.«[16] Und so gelangen wir an den Punkt, an dem wir darüber nachdenken können, in welchem Sinne die Kirche das Sakrament des Heiligen Geistes ist, der ja der Geist Christi ist.

4. Die Kirche als Sakrament des Heiligen Geistes

Unsere bisherigen Überlegungen deuten die Richtung an, in der wir das Geheimnis der Kirche zu suchen haben. Wir müssen die Kirche nicht vom fleischlichen Jesus, sondern vom auferstandenen Christus her denken, der jetzt in der Form des Geistes existiert. Man muß die Kirche also vom Heiligen Geist her denken – vom Heiligen Geist her allerdings nicht so sehr im Sinne der dritten Person in der Dreifaltigkeit als vielmehr im Sinne der Kraft und der Wirkungsweise, durch die der Herr in der Geschichte gegenwärtig bleibt und sein Werk der Eröffnung einer neuen Welt fortsetzt.[17] Die Kirche ist das Sakrament,

---

[13] Contra errores Graecorum c. 9.
[14] *M. J. Scheeben*, Handbuch der katholischen Dogmatik, Bd. III, Freiburg 1925 (1882), § 276, Nr. 1612.
[15] *H. Mühlen*, Una mystica persona (Anm. 5), 242–257; *ders.*, Die Kirche (Anm. 5), 278.
[16] *C. Feuerer*, Unsere Kirche im Kommen. Begegnung von Jetztzeit und Endzeit, Freiburg 1937, 184; Hervorhebungen von L. Boff.
[17] Vgl. *U. Valeske*, Votum Ecclesiae, München 1962; *A. Wikenhauser*, Die Kirche als der mystische Leib Christi nach dem Apostel Paulus, Münster 1937, 114–121.

Zeichen und Werkzeug des jetzt lebenden und auferstandenen Christus, das heißt des Geistes.[18]

a. Die Symbolik der Pfingstwunder: Der Geist lebt in der Kirche

Mit seinem Pfingstbericht (Apg 2,1–13) will Lukas zeigen, wie die Kirche entstanden ist und wie sie schwanger geht mit den Kräften des Geistes Christi. An Pfingsten werden die neue Wirkweise und die neue Gegenwart Christi durch seinen Geist in der Welt für jedermann sichtbar. Was bedeutet für die Kirche konkret die wirkmächtige Gegenwart des Geistes Christi? Für Lukas mit seiner Apostelgeschichte wie für die ganze Urkirche gibt es keinen Zweifel daran: Sie bedeutet, daß die Zeit der Fülle angebrochen ist, so daß sich die Menschen bereits als verbrüdert und erlöst betrachten können und nur noch die definitive Vollendung erwarten müssen. Dennoch erfahren sie schon jetzt die endgültigen Wirklichkeiten, wie sie in der Auferstehung sichtbar geworden sind. Die Form, in der Lukas diese Wahrheit zum Ausdruck bringt, ist durch die Symbolik des zeitgenössischen Judentums bedingt, die wir erst noch aufschlüsseln müssen.[19] So nahm man an, daß in den letzten Zeiten (wenn die Fülle gekommen wäre) der Geist über alles Fleisch ausgegossen werde und alle prophetisch reden würden. Lukas schildert das in der Weise, daß er erzählt, wie an Pfingsten der Geist auf alle Apostel und alle anderen herabkam, die betend mit ihnen im Saale versammelt waren (Apg 2,1–4). Damit will er sagen: Mit dem auferweckten Jesus und mit der Kirche sind die Menschen in die letzte Phase der Offenbarung eingetreten. Wir brauchen auf nichts Wesentliches mehr zu warten, das noch von Gott kommen könnte. Mit Jesus hat uns Gott das definitive Ja und Amen gesagt, und er hat uns bereits gerettet (vgl. 2 Kor 1,20). Weiterhin glaubte man, die durch den Stolz der Menschen geschaffene Verwirrung der Sprachen (vgl. Gen 11: Turmbau zu Babel) werde am Ende der Zeiten überwunden werden. Das aber sei ein Zeichen für Versöhnung und brüderliche Gemeinschaft aller mit allen. Die Sprachenvielfalt wird Grund nicht mehr für Trennung und

[18] Vgl. *J. Alfaro*, Cristo, Sacramento de Dios Padre: La Iglesia, Sacramento de Cristo glorificado, in: Gregorianum 48 (1967) 5–27; *E. Schillebeeckx*, Christus, Sakrament der Gottbegegnung, Mainz 1960.

[19] Vgl. *L. Cerfaux*, Le symbolisme attaché au miracle des langues, in: Ephemerides Theologicae Lovanienses 13 (1936) 256–259; *J. G. Davies*, Pentecost and glossolalia, in: The Journal of Theological Studies NS 3 (1952) 228–231; *S. Weinstock*, Zum Pfingstwunder Act 2,9–11, in: Journal of Roman Studies 38 (1948) 43–46; *L. Boff*, Simbolismo no milagre de Pentecostes, in: Vozes 64 (1970) 325–326.

Mißverständnis sein, sondern für Begegnung und Gemeinschaft. In seiner Pfingsterzählung läßt Lukas den Geist in Gestalt feuriger Zungen herabkommen. Alle Anwesenden, Araber, Juden, Römer und viele andere verstehen die Predigt des Petrus in ihrer eigenen Sprache.

Damit zeigt er an: Die Botschaft der Kirche zielt darauf ab, die ursprüngliche Einheit des Menschengeschlechtes und die gegenseitige Harmonie unter den Menschen wiederherzustellen. In der Kirche herrscht der *schalom* Gottes, das heißt Friede, Freundschaft und der brüderliche Geist des Verständnisses und der Menschlichkeit. Das Konzil sagt, die Kirche sei »das sichtbare Sakrament dieser heilbringenden Einheit« und »für das ganze Menschengeschlecht die unzerstörbare Keimzelle der Einheit« (*Lumen gentium*, Nr. 9). Mehr noch. Lukas liegt daran, den universalen Charakter der Kirche hervorzuheben. Die Kirche ist gesandt, alle Sprachen zu sprechen, und sie wird wachsen, bis sie sich in allen Idiomen auszudrücken vermag. Deshalb legt er Wert darauf, zwölf verschiedene Völker aufzuzählen, die ein und dieselbe Botschaft von Christus in ihren eigenen Sprachen hören. Im orientalischen Denken, in dem ja auch Lukas und seine Hörer verhaftet waren, war jedes Volk einem Zeichen aus dem Tierkreis geweiht. Die Völker, die er zitiert (Apg 2,9–11): Parther, Meder, Elamiter usf., entsprechen genau, sogar in der Folge, den Zeichen des Tierkreises. Damit will der Verfasser sagen, daß die Kirche eine kosmische Dimension hat, sich an alle Völker der Erde wendet und daß ihre Sendung, wie die Christi, sich auf die ganze Welt erstreckt. Der Bericht von der aufsehenerregenden Herabkunft des Heiligen Geistes an Pfingsten steckt voll theologischer Absichten, die Lukas in eine seinen Lesern keineswegs unbekannte Symbolsprache kleidet. Um diese zu verstehen, müssen wir sie entziffern und das eigentlich Gemeinte herausarbeiten: Jetzt ist die Kirche das Sakrament des Heiligen Geistes, der der Geist Christi ist, und der auferstandene Christus ist in der Welt am Werk. Durch den Geist ist die Kirche in der Welt entstanden, und sie soll sie zu ihrer letzten Vollendung in Gott führen. Mit Irenäus können wir sagen: »Wo die Kirche ist, da ist der Geist Gottes; und wo der Geist Gottes ist, da ist die Kirche und jegliche Gnade.«[20] Die Kirche lebt vom Geist. Daher ist die Variante aus dem cäsarenischen Text des Vaterunser (Codex D), wo anstelle von »Zu uns komme dein Reich« zu lesen ist: »Dein Heiliger Geist komme herab auf uns und reinige uns« (vgl. die Varianten zu

[20] Adversus haereses III, 38,1.

Lk 11,2), durchaus nicht ohne Sinn. Diese Lesart, die guten Exegeten zufolge[21] für Lukas die älteste zu sein scheint, gibt deutlich Auskunft über das theologische Verständnis, das Lukas von der Kirche und von deren Verhältnis zum Heiligen Geist hat.

b. Die Kirche als Leib des auferstandenen Christus: ihre kosmische Dimension

Der pneumatische Charakter der Kirche tritt noch deutlicher hervor, wenn wir den Ausdruck *Kirche als Leib Christ* aufschlüsseln. Was ist damit gemeint? Wie gesagt: Die Aussage stiftet theologisch Verwirrung, wenn wir den Begriff *Leib* im fleischlichen und nicht im pneumatischen Sinn nehmen. Wir haben bereits deutlich genug gemacht, daß in der Auferstehung aus dem fleischlichen Jesus der geistige Christus wurde (vgl. 1 Kor 15,45), das heißt: Die Art und Weise, wie er mit Leib, Seele und Gottheit existiert, ist nicht mehr auf einen bestimmten Ort und eine bestimmte Zeit beschränkt; vielmehr ist er jetzt – als Geist – frei von all diesen irdischen Koordinaten, gewinnt wirklich kosmische Dimensionen und ist offen für das Gesamt der Wirklichkeit. Sein Leib ist ein »geistiger Leib« (1 Kor 15,44). Als solcher ist er allen Dingen nahe. Er ist »alles in allem« (Kol 3,11), und nichts von dem, was existiert, ist seiner Gegenwart enthoben. In einem alten Text sagt der Auferstandene: »Richt' auf den Stein, und du wirst Mich dort finden, spalte das Holz, und Ich bin da.«[22] Damit hat der auferweckte Christus alle Barrieren niedergerissen, die Menschen voneinander trennten (Eph 2,15–18), und die Spaltungen zwischen den Rassen und den Religionen, zwischen Sakral und Profan aufgehoben. Seine unsagbare und pneumatische Kommunikation kennt keine Grenzen mehr. Wo aber wird diese Existenzweise Christi sichtbar? Für Paulus ist die gesellschaftliche Bekundung des auferweckten Christus die Ortskirche, insbesondere wenn sie die Eucharistie feiert. Durch den Empfang des Leibes des auferstandenen Herrn wird das versammelte Volk Gottes zum Leib Christi: »Durch den einen Geist wurden wir in der Taufe alle in den einzigen Leib aufgenommen, ... und alle wurden wir mit dem einen Geist getränkt« (1 Kor 12,13). Wenn jedoch der pneumatische (auferstandene) Christus keine Grenzen und keine Eingrenzungen mehr kennt, dann darf sich auch sein Leib, der ja die Kirche ist, nicht mehr in die

---

[21] Vgl. *E. Schweizer*, Art. Pneuma (Anm. 5), 407 (Literatur); vgl. auch *H. Stirnimann*, Die Kirche und der Geist Christi (Anm. 5), 9 und 13.
[22] Zitiert nach: *J. Jeremias*, Unbekannte Jesusworte, Gütersloh ¹1963, 100.

Grenzen seiner Dogmatik, seiner Riten, seiner Liturgie und seines kanonischen Rechtes einkapseln. Der Kirche eignen dieselben Dimensionen wie dem auferstandenen Christus; und diese Dimensionen sind kosmisch. Die Funktionen und Mysterien, die Strukturen und Dienste, die sie hat und die sie haben muß, müssen sich stets für den Geist offenhalten, der bekanntlich weht, wo er will, und der eine bleibende Kraft und Dynamik in der Welt ist. Aus diesem Grunde müssen sich eigentlich alle Menschen, die im Stande der Gnade sind und sich an den Geist halten, als Glieder der Kirche fühlen und in den sichtbaren Strukturen der Kirche einen Platz für sich finden. Niemand steht außerhalb der Kirche, weil es kein »außerhalb« mehr gibt und weil niemand mehr außerhalb der Realität Gottes und des auferstandenen Christus ist. Jedoch: Der Mensch kann sich dieser Öffnung verschließen und es subjektiv ablehnen, diese Wirklichkeit anzunehmen. Aber auch so fällt er nicht aus der Wirklichkeit Gottes heraus. Aus diesem Grunde kann er sich immer bekehren und das Heil, das ihm als Chance bereits offensteht, annehmen.

c. Der Heilige Geist und die Strukturen: Zeichen oder Gegenzeichen?

Wir haben darüber nachgedacht, daß das Pneumatische zur institutionellen Struktur der Kirche dazugehört. Veranlaßt durch den Heiligen Geist (den auferweckten Christus), entschlossen sich die Apostel, in die Mission aufzubrechen und konkret der Kirche eine geschichtliche Form zu geben, indem sie jene Elemente und Realitäten, die der fleischliche Jesus eingeführt hatte, übernahmen. Diesen Entschluß der Apostel muß die Kirche fortwährend wiederholen und in neuen Situationen jene Ausdrucksformen und Institutionen entwickeln, welche die Botschaft wirklich angemessen vermitteln und das Heil zu den Menschen gelangen lassen. Hier aber tut sich die Frage auf, ob die Entscheidungen, die die Kirche in der Vergangenheit getroffen hat, einen absoluten Wert haben, so daß sie unantastbar sind, und zwar auch dann, wenn sie ihre Funktion verloren haben. Wer die Schriften des Neuen Testaments aufmerksam liest, wird sehen, daß die Apostel und Jünger mit großer Freiheit neue Institutionen einführten und die Botschaft Christi in andere Sprachmodelle und Philosophien übersetzten.[23] Immer war es dabei ihr Bestreben, nicht so sehr in die Vergangenheit zu schauen und zu

[23] Vgl. das wichtige Buch von *G. Hasenhüttl,* Charisma (Kap. V, Anm. 7).

wiederholen, was Christus getan und gesagt hatte, sondern den Blick auf die Gegenwart zu richten, sich vom Geist und vom Auferstandenen inspirieren zu lassen und Entscheidungen zu treffen, die für den Dienst am Heil wie für die Verbreitung der Sache Christi am besten wären. In diesem Sinne haben Johannes und Paulus als die Vorkämpfer der christlichen Freiheit zu gelten. Denn sie predigten die Botschaft Christi eben nicht im Sprach- und Kulturgewand Jesu, der dem apokalyptischen Weltbild des Frühjudentums verhaftet war, sondern hatten den Mut, sie in die Mentalität der griechischen Welt zu übersetzen. So wissen wir zum Beispiel, daß Christus das Kommen des Reiches Gottes in den Mittelpunkt seiner Verkündigung gestellt hatte. Johannes, der sein Evangelium gegen das Jahr 90 schreibt und unter seinen Lesern viele Griechen und viele andere vom gnostischen Denken beeinflußte Menschen weiß, sieht davon ab, die Botschaft Christi in der Begrifflichkeit des Gottesreiches zu verkünden. Statt dessen bringt er – in hervorragender Weise – den Inhalt dieser Botschaft in existentiellen Termini zum Ausdruck, wie: Sinn (*logos, Wort*), Brot, Leben, lebendiges Wasser, Weg, Wahrheit, Tür usw. Ähnlich übersetzt Paulus den Grundbegriff der Nachfolge Christi mit Sein-in-Christus usf. Weder der eine noch der andere verfielen dabei einem – wie man karikieren könnte – Lehrfixismus, der behauptet, dies oder das habe das Wort des Lebens wörtlich so gesagt, sondern in grundsätzlicher Treue zum Geist Christi und seiner Botschaft münzten sie die Worte Jesu in Begriffe und Ausdrücke um, die ihre Leser und Hörer verstehen, denen sie beipflichten und aufgrund deren sie sich zum Glauben an Jesus Christus den Erlöser bekehren konnten. Etwas Ähnliches ließe sich von den kirchlichen Institutionen sagen. Nur wenn sie sich für eine ständige Vervollkommnung, Reform und Angleichung offenhalten, sind sie Dienste am Geist in Kirche und Welt. Andernfalls verselbständigen sie sich und laufen Gefahr, zu Nestern des Konservativismus und zu Werkzeugen in der Hand derer zu werden, welche die befreiende Entwicklung von Gnade und Glauben mit Macht unterdrücken. Alle Institutionen und theologischen Sprachmuster können und müssen in der Kirche zu Sakramenten (Zeichen und Werkzeugen) im Dienst des Geistes werden, so daß der auferstandene Herr durch sie auch heute wirken und in der geschichtlichen Sichtbarkeit der Menschen gegenwärtig werden kann. Für den Fall, daß sie sich zu sehr verhärten, zu sakralen Hypostasen werden und sich ihrer Funktionalität gegenüber Glauben und Gnade versagen, können sie zu Gegenzeichen für das Reich und für den in der

Welt lebenden Herrn werden. Institutionen und Theologien müssen wie Pokale sein. Ihre Freude ist es, dem kostbaren Wein des Geistes zu dienen, nicht aber ihn zu ersetzen, und ihn in der Demut eines menschlichen Zeichens zu tragen, damit er kredenzt und getrunken werden kann.

XIII. Eine alternative Struktur:
Charisma als Organisationsprinzip

*

Wer die Kirche als Sakrament des Heiligen Geistes versteht, muß, wenn er Wesen und Auftrag der Kirche zu beschreiben hat, folglich der Auferstehung und den Elementen Kreativität und Gleichklang mit der Geschichte den Vorrang vor den institutionellen Elementen einräumen. Die Hervorhebung der Inkarnation im Gesamtrahmen des christologischen Geheimnisses führte in der Lateinischen Kirche zu einer übermäßigen institutionellen Verhärtung.[1] Als nahezu zweitausendjährige Institution vermittelt die Kirche Roms weder Heiterkeit noch Freude, sondern Ehrfurcht und ein Gefühl der Last. Ein derartiges Bild ist nicht gleichgültig für die Theologie und das Evangelium. Das Evangelium erschöpft sich nicht in Inhalten, sondern ist auch ein Lebensstil, der die Freude über die Frohe Botschaft, die Erleichterung über eine große Befreiung zum Ausdruck bringt. Die Institution zeigt diese Merkmale nur schwerlich. Und doch sind sie Früchte des Geistes. Und dieser Geist ist die bewegende Kraft bei allen großen Werken: bei der Schöpfung (Gen 1,1), bei der Entstehung des Volkes Israel, beim Auftreten der Propheten, bei der Empfängnis Jesu, bei der Taufe Jesu, anläßlich deren er seiner Berufung inne wird, bei der Herabkunft über die Apostel an Pfingsten, bei der Entscheidung der Apostel, zu den Heiden zu gehen (Apg 15,28) und so konkret mit der Kirche zu beginnen, wie auch bei der Epiklese in der Feier der Eucharistie, wenn Brot und Wein in den Leib und in das Blut des Herrn verwandelt werden.

Theologisch kann man von der Kirche erst seit Ostern und Pfingsten reden. Die Kirche ist ein Ereignis des Geistes. Denn der Geist hat zunächst Jesus von den Toten erweckt und seine fleischliche Seinsweise in die pneumatische Existenz umgestaltet. Sodann ist er über die Zwölf herabgekommen, um sie zu Aposteln zu machen, zu Gründern der kirchlichen Gemeinden. Der Geist inspiriert zu einer besonderen Form von Organisation.[2]

---

[1] Vgl. *Y. Congar*, Pneumatologie ou »Christomonisme« dans la tradition latine? in: Ecclesia a Spiritu Sancto edocta, Gembloux 1970, 41–63.

[2] Vgl. die wichtigste Bibliographie: *G. Hasenhüttl*, Charisma (Kap. V, Anm. 7); *J. Rat-*

1. Der ganzen Kirche als Volk Gottes wurden der Geist und die Charismen gegeben

Ekklesia (Kirche) bedeutet im profanen Griechisch die Versammlung der Bürger (der freien Männer), die von einem Herold zusammengerufen werden, um die Belange des Gemeinwesens öffentlich zu besprechen. *Ekklesia* meint ferner das Geschehen und den Augenblick der Zusammenkunft, die aber als solche noch keine Kontinuität mit sich bringt. Theologisch können wir sagen, die Kirche sei die Begegnung der Gemeinschaft der Gläubigen, zusammengerufen durch Christus und seinen Geist, damit sie ihren Glauben feiert und vertieft und ihre Probleme im Licht des Glaubens diskutiert. In diesem ursprünglichen Sinn ist Kirche eher ein *Ereignis,* das unter einem Mangobaum, im Haus eines Gemeindekoordinators oder auch in einem Kirchengebäude stattfinden kann, als die *Institution* mit all ihren Gütern, Diensten, Gesetzen, Lehren und Ämtern, mit aller historischen Kontinuität.

Der Zusammenhalt und die organisierte Kontinuität der Gläubigen läßt sich am besten mit der Kategorie *Volk Gottes* beschreiben. Jedes Volk hat seine Geschichte und seine Ehre, hat ein Bewußtsein von seinen Werten und Empfindlichkeiten, hat ein historisches Projekt, um das herum sich alle zusammenfinden, wie auch eine Macht, das sie organisiert. Als Volk Gottes hat die Kirche dies alles auch, freilich in einer religiösen, übernatürlichen und transzendenten Sicht. Vor jeder internen Unterscheidung gehören alle zu dem einen Volk. So sind in einem ersten Moment alle im Volk Gottes gleich, alle Bürger des Reiches. Die Sendung obliegt nicht diesen oder jenen, sondern allen. Träger der sakralen Vollmacht sind anfangs alle und erst sekundär die sakralen Amtsinhaber. Alle haben den Auftrag, die Frohbotschaft zu verkünden, daß die Geschichte eine gute Zukunft hat und daß in der Auferstehung, welche die Wahrheit der Utopie

zinger, Das geistliche Amt und die Einheit der Kirche, in: ders., Das neue Volk Gottes (Kap. XII, Anm. 4); *W. Kasper,* Kollegiale Strukturen in der Kirche, in: ders., Glaube und Geschichte, Mainz 1970, 355–370; *ders.,* Espírito, Cristo, Igreja, in: Experiência do Espírito Santo, Petrópolis, 72–90; *J. de Goitia,* La fuerza del Espíritu: Pneuma-Dynamis, Bilbao 1974; *J. Moltmann,* Kirche in der Kraft des Geistes. Ein Beitrag zur messianischen Ekklesiologie, München 1975 u. ö.; *Y. Congar,* Der Heilige Geist, Freiburg 1982; *H. W. Robinson,* The christian experience of the Holy Spirit, London 1962 (1928); *H. Mühlen,* Una mystica persona (Kap. XII, Anm. 5); *H. Küng,* Die charismatische Struktur der Kirche, in: Concilium 1 (1965) 282–290; *S. Voigt,* A vida religiosa como carisma, in: Grande Sinal 26 (1972) 323–337.

Jesu bezüglich des Reiches Gottes Geschichte werden läßt, der Sinn der Welt bereits garantiert ist und antizipiert wird.

Nach 1 Petr 2,5–10 ist die ganze Kirche eine erwählte Nation, ein königliches Haus *(basileion)*, eine Priesterschaft *(hierateuma)*, ein heiliger Stamm, ein Volk, das Gott sich zum Eigentum genommen hat, damit es Gottes erlösende Großtaten für die Menschheit verkündet (vgl. Offb 1,6; 5,10). Demnach ist also der historische Träger der Sache Jesu und seines Geistes das ganze Volk. Gewiß handelt es sich um ein organisiertes Volk, aber die Instanzen der Organisation sind nur als Dienst an allen zu rechtfertigen und dürfen ihnen nicht jene sakrale Macht Christi nehmen, deren Erben und Treuhänder alle Mitglieder sind. Die Unterscheidung zwischen Laienschaft und Hierarchie, zwischen lernender und lehrender Kirche ist, wie wir in einem früheren Kapitel bereits sahen, nur dann gerechtfertigt, wenn die innere Funktionalität der Pole garantiert ist und jedes ontokratische Klassendenken vermieden wird. So müssen wir sagen, daß sich die Kollegialität, an der dem Konzil ja so sehr gelegen war, nicht nur auf die Bischöfe und Priester, sondern auch auf die Laien bezieht. Wie die Apostolizität, so ist auch die Kollegialität ein Wesensmerkmal der ganzen Kirche und nicht nur einiger ihrer Mitglieder.

So müssen wir an dem Grunddatum festhalten: In der Kirche herrscht grundsätzlich Gleichheit: »Alle sind wir Brüder« (Mt 23,8), alle sind wir Kinder, alle sind wir in den auferstandenen Christus eingetaucht, und alle sind wir mit dem heiligen Pneuma gesalbt. Dieser Gedanke bringt uns in die Nähe demokratischer Vorstellungen – mit dem Unterschied, daß sich die Macht in der Kirche als Ableitung und Teilhabe an der Macht des Geistes und des Auferstandenen versteht, die beide in der Gemeinde wirken, und nicht einfach als Kompetenz des Volkes im profanen Sinn.

Die Gegenwart des Geistes erweist sich in einer großen Fülle von Gaben bzw. Charismen (1 Kor 12,5). Mit dem Wort *charisma* bezeichnet Paulus einfach die Dienste, die er in großer Zahl auflistet (1 Kor 12,8–10; Röm 12,6–7; Eph 4,11–12).[3] Wenn man sich all diese Gaben-Dienste genauer ansieht, wird man entdecken, daß einige mit den konjunkturellen Bedürfnissen der Gemeinde zu tun haben, wie der Dienst der Barmherzigkeit (Röm 12,8), der Ermahnung (Röm 12,8), der Heilung und des Wunders (1 Kor 12,9), während andere auf

---

[3] Vgl. die eingehende Analyse jedes der von Paulus aufgeführten Charismen bei: *G. Hasenhüttl*, Charisma (Kap. V, Anm. 7), 129–232.

die strukturellen Notwendigkeiten abzielen, wie Lehren, Leiten und Unterscheidung der Geister (1 Kor 12,10; Eph 4,11; Röm 12,8), die ständig bedacht sein wollen.

Hier zeichnet sich ein Alternativmodell für die Organisation der Gemeinde ab, das sich von dem unterscheidet, das in den Pastoralbriefen anklingt und in den Ignatiusbriefen deutlich zutage tritt und in dem alles um die Triade Bischof – Presbyter – Diakon kreist. Dort sind nämlich diese drei die bevorzugten Träger des Geistes, und auf ihnen baut die Gemeinde auf; von Anfang an herrscht eine Trennung unter den Mitgliedern, deren ursprüngliche Gleichheit dahin ist. Konkret hat sich in der Geschichte dieses Modell durchgesetzt, wenn auch nicht so sehr aus theologischen als vielmehr aus außertheologischen Gründen; denn es paßte sich verhältnismäßig friedlich an die autoritären Formen der Macht an, wie sie in der antiken und später in der feudalen Welt herrschten. Aber es ist wichtig, ins Bewußtsein zurückzurufen, daß die Christen anfangs ein anderes Gemeindemodell versucht hatten, das brüderlicher, durch Austausch gekennzeichnet und in dem jeder voll beteiligt war. Dieses vormalige Modell ist in der Kirche nie in Vergessenheit geraten. Charismatische Bewegungen, Gruppen mit starkem Bezug zum Evangelium und Utopisten haben immer wieder versucht, es zu aktualisieren. Heute – da überall die Basisgemeinden aufbrechen, das Volk mitsprechen und mitbestimmen will und dies auch sagt und tut, Hierarchen sich wieder auf den Weg des Volkes machen und die Titel ihres kirchlichen Amtes ablegen und allerorten ein allgemeiner Wille zu Gemeinschaft und Gleichheit zu spüren ist – in diesem historischen Augenblick gewinnt dieses Modell eine ungeahnte geschichtliche Chance. Dies ist der Grund unseres Interesses und unserer Reflexionen.

2. Was ist denn ein Charisma?

Mit einer einzigen Ausnahme (1 Petr 4,10) findet sich das Wort *charisma* nur bei Paulus und in den sogenannten paulinischen Schriften.[4] In der profanen und auch alttestamentlichen Literatur stößt man selten auf das Wort. Im Alten Testament begegnet es uns zweimal, und selbst da noch in Varianten. »Charisma« kommt von *charis* bzw. *chairein*. Beide Begriffe sind Schlüsselwörter für das theologi-

---

[4] Vgl. *K. Wennemer*, Die charismatische Begabung der Kirche nach dem heiligen Paulus, in: Scholastik 34 (1959) 503–525. Siehe auch: *H. Goldstein*, Paulinische Gemeinde im Ersten Petrusbrief, Stuttgart 1975, 11–24.

sche Verständnis des Alten und Neuen Testaments und bedeuten ungeschuldete Verdanktheit, verdankte Ungeschuldetheit, Wohlwollen und Geschenk Gottes, der sich den Menschen öffnet und sich ihnen gibt. Paulus hat das Verdienst, das Wort *charisma* in den Kontext der gemeindlichen Organisation eingeführt zu haben. Das aber erfordert eine tiefe mystische Erfahrung des *Christus praesens* und des *Pneuma,* im Sinne lebendiger und wirksamer Realitäten in den Initiativen der Menschen und in der Gemeinschaft der Gläubigen, die sich darum bemühen, das neue, vom Evangelium bestimmte *ethos* in ihrem Leben zu verwirklichen.

Dessenungeachtet fehlt es nicht an Belegen für das Charismatische im Alten Testament.[5] Da gibt es Kräfte und Dienste des Geistes, die dem Volk zugute kommen, wie die Befreiungsbewegung bei den Richtern, vor allem bei Simson (Ri 13,25). Die Könige werden gesalbt und mit besonderen Kräften zugunsten des Volkes ausgestattet (1 Sam 11,6). In Propheten bricht der Geist in überwältigender Form auf. Für Joel (Kap. 3) ist das Ende der Zeiten daran zu erkennen, daß der Geist über alles Volk ausgegossen wird. Zwar fehlt es auch im Heidentum nicht an pneumatischen Elementen, wie an den Sehern, an den Orakeln und am Zeugnis der Inspiration abzulesen ist. Dennoch ist zu beachten, daß der Geist niemals im Staat, in einer etablierten Ordnung oder im Gesamt des Volkes aufbricht oder wirkt. Der Geist ist etwas, was in den Bereich der Kreativität, des Unkonventionellen, des anbrechenden Neuen und des Individuellen gehört.

Bei Paulus stoßen wir auf etwas Überraschendes: Für ihn bildet das Charisma die strukturierende Struktur der Gemeinde. Die theologische Rechtfertigung beruht auf seiner Überzeugung, mit der Gründung der Kirche sei das Ende der Zeiten angebrochen und deshalb sei mit aller Macht auch die Fülle des Geistes über sie herabgekommen. So verstanden, gehört das Charisma nicht mehr in den Bereich des Außerordentlichen und Außergewöhnlichen, sondern ist die Regel bei der gemeindlichen Strukturierung. Damit bedeutet das Charisma schlicht die konkrete Funktion, die jeder zum Wohle aller in der Gemeinde ausübt (vgl. 1 Kor 12,7; Röm 12,4; Eph 4,7).

Paulus beschreibt das Modell näherhin, indem er die Kirche mit einem Leib vergleicht, der viele Glieder hat, die alle von ein und demselben Geist belebt sind und von denen jeder seine Funktion hat.

[5] Vgl. *G. Haya-Prats,* L'Esprit force de l'Église. Sa nature et son activité d'après les Actes des apôtres, Paris 1975; *G. Hasenhüttl,* Charisma (Kap. V, Anm. 7), 108–112.

Glieder, die nicht charismatisch, das heißt die müßig wären, gibt es nicht. Jedes hat eine bestimmte Stelle in der Gemeinde inne, das eine hat dem anderen zu dienen (vgl. Röm 12,5). Alle genießen die gleiche Würde. Für Privilegien, die die Einheit des Ganzen auflösen könnten, ist kein Platz: »Das Auge kann nicht zur Hand sagen: Ich bin nicht auf dich angewiesen. Der Kopf kann nicht zu den Füßen sagen: Ich brauche euch nicht« (1 Kor 12,21). Die goldene Regel, die den guten Zustand des Modells und seine brüderliche Kreisstruktur gewährleistet, formuliert Paulus so: »Alle Glieder sollen einträchtig füreinander sorgen« (1 Kor 12,25).

Wie sehr unterscheidet sich dieser Stil, christlich zu leben, von jenem anderen, bei dem die Hierarchie alle sakrale Macht und alle Mittel zur religiösen Produktion bei sich anhäuft und dem Laien praktisch diktiert: »Du sollst hören und gehorchen, nicht viel fragen, sondern ausführen!« Das ist die totale Herrschaft des Kopfes über Füße und Hände, ja übers Herz. Die Hierarchie hält sich allein für das Gründungscharisma und vergißt dabei, daß die Kirche – als Familie Gottes – auf dem Fundament der Apostel und auch der Propheten (Eph 2,20) und der Lehrer (Eph 4,11; 1 Kor 12,28) aufgebaut ist. Die Hierarchie ist ein charismatischer Stand in der Kirche, der – wie das gelegentlich geschieht – andere Charismen, die der Geist in der Gemeinde weckt, nicht verdrängen darf. Manche Charismen können für einen in militärischen Kategorien denkenden Hierarchen sogar unbequem werden, wenn er die Einheit des Volkes Gottes mit der Disziplin in einem Heer verwechselt, aus seiner Diözese Priester, die nicht seinen Katechismus nachsprechen, vertreibt, Theologen auf den geringsten Verdacht hin das Wort verbietet, alternative Philosophisch-Theologische Institute gründet, die aus Kleinmut und unter Mißachtung einer Theologie, die sich den Herausforderungen der Zeit stellt, nur die Lehre der Konzilien wiederholen sollen, wobei er sich nicht nur als wenig intelligent, sondern sogar als Feind der Intelligenz erweist. So behandelt er die Diözese, als wäre sie ein Lehnsgut, und betrachtet sich als den, der für alles verantwortlich ist, als gäbe es nicht den Geist in der Kirche.

Die Folge ist, daß sich die Pastoral verhärtet und die Freude am Evangelium auszieht. Die Miene des Hierarchen ist in der Regel so trist, als ob er zu seiner eigenen Beerdigung ginge, und so schwer, als ob er allein das Heil der ganzen Welt zu tragen hätte. Mit seinem kapitalismusgleichen Bestreben, alles bei sich anzuhäufen, läßt er die ganze Kirche verarmen, erstickt mögliche Charismen, flößt Angst ein und sammelt ein Heer von Mittelmäßigen und Kriechern um sich, die auf jeden Wink ihres kirchlichen Chefs warten.

Ganz anders dagegen eine Kirche, in der der Geist nicht ausgelöscht wird. Verschiedenste Charismen können sich entwickeln, schöpferische Kräfte sich entfalten, die der Botschaft Jesu ihren Charakter als Gute Nachricht zurückgeben. Die Menschen fühlen sich wirklich als Glieder und nicht bloß als Kunden ihrer Gemeinden. Alle finden den Raum, sich mit ihren unterschiedlichen Fähigkeiten (Charismen) im Dienst an allen ebenso wie am Evangelium zu verwirklichen.

Wir sehen: Sowohl das Routinemäßige als auch das Außergewöhnliche fällt unter die Kategorie *Charisma*. In der Kirche hat das eine wie das andere Bürgerrecht. Ein echtes Charisma blüht dann auf, wenn die Menschen das bieten, was sie sind, was sie haben und was sie im Dienste Gottes und im Dienst an ihren Brüdern und Schwestern können. Ihre Fähigkeiten wissen sie gebunden an den Geist und wirtschaften mit ihnen wie mit den Talenten aus dem Evangelium.

Solch eine Form der Organisation in der kirchlichen Gemeinde kann nur dann ihren hohen Integrationsfaktor bewahren und verhindern, daß der eine den anderen unterdrückt und weniger evangelische Geister sich der sakralen Macht bemächtigen, wenn im Zentrum des Ganzen die Liebe steht. Paulus weiß sehr genau darum. Deshalb schließt er die Aufzählung der großartigsten Charismen und Dienste mit einer Steigerung: Strebt nach den noch höheren Gaben! (1 Kor 12,31). Darauf läßt er das Hohelied der Liebe folgen und reiht jene Tugenden auf, deren es im Alltag brüderlichen Zusammenlebens bedarf: Geduld, Wohlwollen und die Überwindung von Neid, Hochmut, Ehrgeiz, Reizbarkeit, Verdächtigung, Selbstsucht und von eigenen Interessen (vgl. 1 Kor 14,4–8; 14,1). Liebe, die so konkret und schlicht ist, ist das Charisma aller Charismen und der Dienst aller Dienste, den man jemandem erweisen kann: »Die Liebe hört niemals auf« (1 Kor 13,8).

Was ist also ein Charisma? Das Charisma ist eine Manifestation der Anwesenheit des Geistes unter den Gliedern der Gemeinde, die bewirkt, daß alles, was diese sind und tun, zum Wohle aller getan und bestimmt wird. Hans Küng definiert das Charisma so: Es »ist der an den Einzelnen ergehende Ruf Gottes zu einem bestimmten Dienst in der Gemeinde, der zugleich zu diesem Dienst befähigt«.[6] Ein anderer

---

[6] *H. Küng*, Die charismatische Struktur (Anm. 2), 288.

Fachmann auf diesem Gebiet beschreibt es wie folgt: »Charisma ist die durch das Heilsereignis geschenkte (Zeit und Ewigkeit umspannende) je konkrete Berufung, die in der Gemeinde verwirklicht wird, sie konstituiert und dauernd aufbaut und dem Mitmenschen in Liebe dient.«[7]

3. Die Gleichzeitigkeit der Charismen

Aus dem, was wir bisher überlegt haben, dürfte deutlich geworden sein, daß die Charismen – und zwar sowohl die gewöhnlichen als auch die außergewöhnlichen – von Gott und vom Geist kommen. Deshalb müssen sie, wenn sie Charismen bleiben wollen, auch unentwegt auf den Geist und nicht einfach auf den Willen zur Selbstbehauptung, auf das Gemeinwohl und nicht auf das eigene Interesse bezogen werden. Charisma ist Dienst, ist Funktion. Der Geist gibt jedem seine Gaben, wie er will (1 Kor 12,11). Deshalb darf man nicht meinen, es gebe nur eine bestimmte Art von Charismen, wie zum Beispiel jene, die durch ein Sakrament vermittelt werden (vgl. 2 Tim 1,6: ». . .die dir durch die Auflegung meiner Hände zuteil geworden ist«). Charismen sind nicht an eine sakramentale Institutionalisierung gebunden. Wenn Paulus von den Charismen spricht, läßt er die Charismen, die an die Weihe geknüpft sind, unerwähnt. Mit Recht sagt er: Da »ihr an allem reich geworden seid in ihm, . . . fehlt euch keine Gnadengabe« (1 Kor 1,5.7); »Ihr seid an allem reich« (2 Kor 8,7); und: »In seiner Macht kann Gott alle Gaben über euch ausschütten, so daß euch allezeit in allem das Nötige ausreichend zur Verfügung steht« (2 Kor 9,8).

Das bedeutet, daß es verschiedene Charismen gleichzeitig gibt. Jeder hat an seiner Stelle, in seiner Funktion und mit seinen Fähigkeiten dem anderen zu dienen. Jeder Eingriff in das Charisma des anderen ist ein Eingriff in die Einheit der Kirche. Dies gilt sowohl für die, die in Zungen reden, als auch für die Weisen als auch für die Regierenden. Jeder muß auf seinem Gebiet allen dienen und für alles offen sein. Obwohl es also eine Gleichzeitigkeit bei den Charismen gibt, existiert doch je nach den Bedürfnissen der Kirche offenbar eine gewisse Hierarchie unter ihnen. So gibt es gewichtigere und weniger gewichtige Charismen. Allerdings darf das bedeutendere Charisma daraus nicht das Recht ableiten, in einer gegebenen Situation das andere Charisma zu verdrängen oder es an seiner Verwirklichung zu

[7] *G. Hasenhüttl*, Charisma (Kap. V, Anm. 7), 238.

hindern. Auch das kleinste Charisma gehört zur Struktur der Kirche und stammt von dem einen Geist, der auch andere, drängendere Charismen aufbrechen läßt.

4. Jeder ist Träger eines oder mehrerer Charismen

In der Kirche gibt es keine passiven Mitglieder – als ob die einen das Sagen hätten und die anderen nur gehorchen müßten. Wie in einem Organismus hat jeder eine Funktion. Aus diesem Grund ist jeder Christ ein Charismatiker. Paulus sagt: »Jeder hat seine Gnadengabe von Gott, der eine so, der andere so« (1 Kor 7,7); »Jedem wird die Offenbarung des Geistes geschenkt, damit sie anderen nützt« (1 Kor 12,7). Ähnlich heißt es im Ersten Petrusbrief: „Dient einander als gute Verwalter der vielfältigen Gnaden Gottes, jeder mit der Gabe, die er empfangen hat« (1 Petr 4,10). Und in der Apostelgeschichte schreibt Lukas, der Geist werde über alles Fleisch ausgegossen (Apg 2,17).

Auch daraus folgt, daß die Charismen nicht einer bestimmten Anzahl von Personen, zum Beispiel Priestern und Bischöfen, vorbehalten sind. Niemand darf den Anspruch erheben, alle Charismen zu besitzen: »Sind etwa alle Apostel?, alle Propheten?, alle Lehrer? . . .« (1 Kor 12,29). So ist jeder Christ aufgerufen, seine Funktionen, seinen Beruf und seine Fähigkeiten zu entdecken, und zwar nicht nur irgendwie, sondern gründlich – als Gaben, die ihm geschenkt wurden, über die er also nicht der Herr ist, die er vielmehr zum Aufbau der Gemeinde einzusetzen hat.

5. Das Charisma als Struktur der Gemeinde

Wenn das Charisma die konkrete Art und Weise bedeutet, in welcher der Geist und der auferstandene Herr in der Welt gegenwärtig sind, dann muß man sagen, daß das Charisma zur Struktur der Kirche gehört. Ohne es wäre sie weder etwas Religiöses noch etwas Theologisches. Das Charisma ist kein Privileg der ersten Zeiten der Kirche, sondern die ständige Verfaßtheit der Kirche als Gemeinschaft mit unterschiedlichen Funktionen und Diensten. Das Charisma schließt jedoch, wie wir noch im einzelnen sehen werden, das hierarchische Element nicht aus, sondern ein. Das Charisma ist fundamentaler als das institutionelle Element. Es ist die pneumatische Kraft (*dynamis tou theou*), welche die Institutionen schafft und lebendig erhält. In ihnen artikuliert es sich. Aus diesem Grund ist das Strukturprinzip in der Kirche weder die Institution noch die Hierarchie, sondern das Charisma, das der Wurzelgrund jeder Institution und jeder Hierarchisierung ist. Hier die Klasse der Regierenden und dort die Klasse der Regierten gibt es nicht. Es gibt nur die eine Gemeinschaft des Glaubens. Sowohl wer regiert als auch wer regiert wird, muß glauben. Der Glaube bzw. das Charisma des Glaubens ist das *prius natura* und die gemeinsame Gegebenheit, an der alle teilhaben und in der grundsätzlich alle brüderlich gleich sind.

Ohne Charisma keine Kirche; das heißt: ohne die Gegenwart des Geistes und des Auferstandenen, die sich konkret in den Gliedern und deren Funktionen offenbaren, gibt es keine Kirche. Deshalb ist eine Kirche, die sich der Charismen begäbe, unvorstellbar. Sie wäre eine Kirche ohne Gnade und ohne Heil, ohne den Auferstandenen und damit ohne Leben, ein Museum voller Toten, eine sterbende Archäologie toter Erinnerungen an eine lebendige Vergangenheit, die jedoch für immer Vergangenheit bliebe.

Treffend sagt deshalb Gotthold Hasenhüttl: »Charismatische Grundstruktur der Kirche bedeutet, daß jeder seinen Platz in der Gemeinde hat, der ihm durch die Vollmacht geschenkt ist, daß dieser Platz der Ort ist, an den er durch sein Charisma gestellt wurde, und daß er gerade an diesem Ort Kirche mitkonstituiert – fällt er aus oder wird ihm sein Platz verwehrt, so hat die Gemeinde nicht nur ›moralischen‹ Nachteil, sondern wird in ihrem Wesen angegriffen, ja pervertiert.«[8]

Sollte aber der eine den anderen unterdrücken oder Machtgelüste über irgend jemanden entfalten, dann setzt sich »Menschen«-Geist gegen den Geist Christi durch. Mit der Freiheit, zu der uns Christus berufen und gerufen hat (vgl. Gal 5,1 f), ist es dann vorbei. Legalismus, Heuchelei und Dekadenz breiten sich aus. Deshalb mahnt uns Paulus mit den ernsten Worten: »Löscht den Geist nicht aus!« (1 Thess 5,19).

In der Kirche wie auch bei ihren Gliedern besteht die ständige Versuchung, daß die einen die anderen ihre Macht spüren lassen, daß sich das eine Charisma über das andere erhebt und daß manche Gnadengabe gar zum Schweigen gebracht wird. Dann gilt nicht mehr achtsames Hinhören, sondern gebieterisches Reden, und die Imperative des Gesetzes werden zu Unterdrückungsmechanismen. Dann

[8] Ebd. 235.

gerät die Kirche in die diabolische Gefahr, aus einer Gemeinde von Gläubigen, das heißt von Menschen, die das Wort Gottes, des Geistes und des Auferstandenen hören, zu einer Gemeinde zu werden, in der nur noch Dogmen, Gesetze, Riten, kirchenrechtliche Vorschriften und erbauliche Ermahnungen gelten, aber nicht mehr das befreiende Wort des Geistes.

Was würde aus der Kirche, wenn es in ihr keine Männer und Frauen mehr gäbe, die trösten, ermutigen und Hoffnung und Heiterkeit ausstrahlen? Eine Kirche von Trauergestalten und Jammerern. Gewiß könnten Ordnung, Disziplin und Gehorsam herrschen. Das gibt es aber auch – und noch viel besser – in einer Armee. Doch die Kirche ist keine Armee und hat nicht die Aufgabe, zu trainieren, wie man in Angriff und Verteidigung den Gegner tötet. In ihr geht es vielmehr darum zu lernen, Gott und die Menschen zu lieben. Dazu bedarf es anderer Charismen als Ordnung und Disziplin. Aber auch das Gegenteil gilt: Was würde aus einer Kirche, in der es vielfältige Charismen, aber keine Ordnung unter ihnen gäbe, die möglich macht, daß alle an dem einen Leib bauen? Wenn niemand da wäre, der darauf achtete, daß die Charismen nicht zum eigenen Vorteil eingesetzt werden oder zum Nutzen einer Gruppe – die dann eine *ecclesiola* in der *Ecclesia* wäre, selbst wenn diese *ecclesiola* von einem Kardinal-Erzbischof angeführt würde –, sondern zum Wohle aller?

Alle Charismen sind konstitutiv für die Kirche und nicht nur einige von ihnen, wie die der Ordnung und der Einheit, der orthodoxen Lehre und des Vorsitzes beim Gottesdienst. So müssen die Charismen der Mit-Verantwortung, der konstruktiven Kritik, der wissenschaftlichen und technischen Kenntnis, der Poesie, der Dichtung, der Redekunst, der Theologie und der Organisation im Gesamt der Kirche ihren unbedrohten Platz haben. Sie nur zu tolerieren oder moralisch anzuerkennen reicht nicht aus. Vielmehr haben sie (ihrer Natur und ihrem Wesen nach) als konstitutive und nicht nur als integrierende Bestandteile des Lebens der Kirche zu gelten, deren Herren Christus und der Geist sind. Sie sind es, die in den Diensten und Charismen der verschiedenen Glieder der Kirche wirken und verkündet werden. Eine auf Macht erpichte Mentalität, die das Leben der Kirche nur autoritär begreift, ist außerstande, diese mehr mystische und geistige Weise des Geheimnisses der Kirche zu verstehen.

Diese Sicht erlaubt es, zu beurteilen, ob die Leitung in der Kirche dem Evangelium entspricht. Mit dem Hinweis darauf, man habe ein ständiges Charisma und sei kraft des Sakramentes der Weihe darin eingesetzt, ist es nicht getan. Auf die Art und Weise, wie das Charisma ausgeübt wird, kommt es an; gibt es doch Formen, die Herrschaft sind. Diese aber hat Jesus als für die Herren dieser Welt charakteristisch angeprangert (Mt 20,25), und deshalb müssen wir sie im Namen des Geistes und der Freiheit, zu der uns Christus berufen hat, kritisieren und im Extremfall ihnen die Gefolgschaft verweigern, denn »man muß Gott mehr gehorchen als den Menschen« (Apg 5, 29; 4,19). Die Tatsache, daß es in der Kirche Machtstrukturen gibt, heißt nicht, daß ihre wesentlich charismatische Natur verletzt wird. Macht kann ein Charisma sein, wenn sie zum Dienst an den Brüdern und Schwestern sowie zum Werkzeug bei der Erlangung von Gerechtigkeit in der Gemeinde wird.

Damit aber stoßen wir auf eine Frage, an der wir nicht vorbeikommen: Wann weiß man, daß ein Charisma Charisma ist? Gibt es Anhaltspunkte, echte von falschen Charismen zu unterscheiden?

6. Kriterien für die Echtheit von Charismen: Wann weiß man, daß ein Charisma Charisma ist?

Unter Kriterium verstehen wir die Norm, nach der wir etwas normieren und beurteilen, ob ein Phänomen aus der Macht Gottes stammt oder ob es sich einfach durch das erklären läßt, was zuhanden ist oder was die Umstände ermöglichen.[9]

Im Blick auf das Charisma können wir sagen: Wenn das Phänomen von Gott kommt und der oder die mit ihm Beschenkte es stets mit Gott in Verbindung bringt, dann ist es möglicherweise ein Charisma. Daß es aber wirklich von Gott kommt, ist schwer zu sagen. Der beste Hinweis auf seinen göttlichen Ursprung ist, daß der Charismatiker selbst es stets auf Gott zurückführt. Allerdings tut sich hier insofern ein Problem auf, als der Bezug auf Gott nicht immer bis an Gott heranreicht. Der Mensch kann – wie im Falle vieler spiritistischer Phänomene – Gott zwar alles zuschreiben, aber dennoch kann seine Deutung falsch sein. Denn es können ja, wenn auch unbewußt, Interesse und Macht im Spiel sein. So läßt sich der Mensch durch sein Unbewußtes täuschen, obgleich sein Bewußtsein alles mit Gott in Verbindung bringt. Deshalb ist ein zweites Kriterium wichtig: das des uneigennützigen und den Egoismus überwindenden Dienstes an der Gemeinschaft.

[9] Siehe ebd. 113–129; *H. Küng,* Die Kirche (Kap. IV, Anm. 40), 466–477.

Was der charismatischen Gemeinde Einheit gibt, ist der Geist, von dem alles kommt und auf den alles hingeordnet ist (vgl. 1 Kor 12,4; Eph 4,4; Röm 12,6). Sollte jemand mit seinem Charisma Zwietracht und Entzweiung und eine Atmosphäre der Spaltung und des Hasses schaffen, dann ist dies kein Charisma mehr, sondern allenfalls eine Absonderlichkeit von Spiritualisten. Ohne jenen konvergierenden und einheitstiftenden Zug wirken die Charismen in der Gemeinde zerstörend. Dann sind sie wie Pilze, die vom Humus leben, aber das Leben vernichten. Aus diesem Grund verurteilt Paulus das ungeordnete Streben nach Charismen (1 Kor 13,2). Was das Charisma zum Charisma macht, ist seine Bindung an den Geist, der ein Geist der Eintracht und nicht der Spaltung ist. So ist das Charisma vor der Manipulation durch den Menschen geschützt. Charisma ist immer Gnade und ungeschuldetes Geschenk. Der Mensch befindet sich in der Position des Empfangenden und darf sich der Gabe nur dann bedienen, wenn er sie als gesandt und empfangen erkennt.

a. Charisma und menschliches Talent

Das Charisma steht in engem Bezug zur menschlichen Begabung. Talentiert oder nicht talentiert zu sein liegt nicht in der Hand des Menschen. Talent ist Gnade. Gegenüber seinen als Geschenk empfangenen Talenten kann sich der Mensch verantwortlich oder unverantwortlich verhalten (vgl. Mt 25,14 f). Gut, das heißt zur Vermenschlichung, benutzt er sie dann, wenn er sie beständig im Horizont der Ungeschuldetheit sieht. Talent ist Gnade, und es offenbart mir dann seine Wahrheit, wenn ich es als Gabe, als Begabung, gegenüber der ich Verantwortung trage, anerkenne. Sobald sich das empfangene Talent aber von seiner Quelle unabhängig macht und sein Entstehen aus Gnade vergißt, bleibt es zwar erhalten, entwickelt sich aber in entmenschlichender Weise: als Selbstbehauptung, als Mittel zur Unterdrückung anderer und als Instrument zum Ausschalten von Konkurrenten. Trotzdem hat es seinen Ursprung nach wie vor in der Gnade; aber es verkommt, weil es seine Quelle aus dem Auge verliert, aus der es sich auch weiterhin speist.

Das Charisma ist ein derartiges Talent (und zwar auch dann, wenn es etwas ganz Gewöhnliches beinhaltet), allerdings in permanenter Erinnerung an seinen Ursprung in Gott, als aus der Hand Gottes entgegengenommene Gabe. Aus diesem Grund sind Talent und Charisma, natürliche Begabung und Gnade kein Widerspruch, sondern ein und dieselbe Wirklichkeit, die auf seiten des Menschen allerdings verschieden gelebt wird. Der eine lebt sie als Gabe Gottes, und dann heißt sie Charisma, während der andere sie zum Aufbau seiner selbst, als Instrument zur Herrschaft über seine Mitmenschen benutzt, und dann heißt sie rein natürliche Begabung. Selbstverständlich ändert diese letzte Interpretation nichts an der Struktur des Talents, wohl aber an der Struktur des Menschen, der damit sein Bewußtsein verfälscht.

b. Das Charisma dient dem Aufbau der Gemeinde

Es reicht nicht, daß das Charisma vom Geist kommt; damit ist gewiß seine vertikale Dimension gesichert. Das Charisma kommt von Gott: für die Menschen, für den Aufbau der Gemeinde; und damit ist seine horizontale Dimension angesprochen. Ein Riß in diesem Liniennetz läßt das Charisma verschwinden. Paulus nimmt als Beispiel ein ungewöhnliches und außerordentliches Charisma: das Zungenreden. Wer in Zungen redet, ist nur dann wirklich ein Charismatiker, wenn sein Reden für die anderen verständlich ist. Sonst ist das Ganze lediglich ein Problem für Fachleute oder ein Fall von Selbstdarstellung, der auf seiten der anderen zum Aberglauben führt (vgl. 1 Kor 14,2): »Dein Dankgebet mag noch so gut sein, der andere hat keinen Nutzen davon . . .«; »denn er versteht nicht, was du sagst« (1 Kor 14,17.16). Paulus wägt ganz klar ab: »Vor der Gemeinde will ich lieber fünf Worte mit Verstand reden, um auch andere zu unterweisen, als zehntausend Worte in Zungen stammeln« (1 Kor 14,19), die niemand versteht. Im Namen des Dienstes an den anderen und zu ihrem Nutzen verurteilt der Apostel hiermit jede Mystifizierung und unbewußte Selbsttäuschung, jeden Pietismus und Supranaturalismus.

Die Gemeinde in Korinth, in welcher Mystizismus und Spiritualismus hoch im Kurs waren, bekam von Paulus eine Ermahnung zu hören, die bleibenden Wert hat und auch heute noch aktuell ist. »Alles ist erlaubt, aber nicht alles nützt. Alles ist erlaubt, aber nicht alles baut auf« (1 Kor 10,23). Wieder stoßen wir hier auf das einfache und selbstverständliche Grundkriterium: Dienst, Absehen vom eigenen Ich und persönliche Uneigennützigkeit zugunsten der anderen. So gesehen, braucht es nicht große theologische Subtilitäten, ausgeklügelte Argumente und gewichtige Hinweise auf viele Autoritäten, um zu wissen, ob eine Gabe, ein Dienst oder eine Arbeit von Gott kommt oder nicht. Ein Blick auf ihren Wert und Nutzen für die Gemeinde genügt. Die Gemeinde muß etwas davon haben und muß davon erbaut werden, Güte und ehrliche Absicht allein tun es nicht. Natürlich kann es auch Gaben geben, die wirklich Gaben sind, die aber die Bedürfnisse und Notwendigkeiten der Gemeinde übersteigen. Gaben, Charismen und Dienste dieser Art sollen sich zurückhalten und auf ihren *kairos* warten.

Die *norma normans* ist die: »Denkt nicht an euch selbst, sondern an die anderen« (1 Kor 10,24). Von dieser Warte aus läßt sich beobachten, daß die strenge hierarchische Struktur der Kirche ihren Trägern, was Finanzen, Verdienste, gesellschaftliche Position, Einfluß und öffentliche Verdienste angeht, mancherlei Nutzen und Vorteile bringt. So kommt es zu Karrieredenken und zu der damit verbundenen Unterwürfigkeit, zu diplomatischen Erklärungen, zu fehlendem Engagement, zum Vertuschen der Wahrheit, zur Absage an jeden prophetischen Geist, der mit seiner *parrhesia* für die Apostel so entscheidend war, und schließlich zum Tod der Prophetie. Erztypen von Macht und von sozialem Aufstieg über den Weg der Religion haben freie Bahn. Anstelle von Hirten, die ihre Gemeinde aufbauen, haben wir dann in der Kirche mittelmäßige, saft- und kraftlose Geister, die sich mehr um ihr eigenes Image als um die Wahrheit des Evangeliums kümmern und für die Liebe zu den Menschen und zu den Armen, für die Christus alles eingesetzt hat, ein Fremdwort ist.

In aller Deutlichkeit müssen wir sagen: Wenn das Charisma aufhört, Charisma zu sein, tritt die Konkupiszenz, das heißt der Wille zu Macht und Besitz, an seine Stelle. Dieser aber stammt aus der Sünde (vgl. Joh 8,44) und führt zur Sünde (vgl. Röm 1,24). Die Gemeinde geht zugrunde dabei, mitunter aus purer Eitelkeit oder Herrschsucht ihres Pfarrers oder Bischofs. Im Galaterbrief beschreibt Paulus die Parallelität *sub contrario* zwischen den Werken des Fleisches und den Werken des Geistes, zwischen den Taten der Konkupiszenz und den Taten des Pneuma (vgl. 5,16–25).

Es kann geschehen, daß eine ganze Gemeinde Opfer von »Feindschaft, Streit, Eifersucht, Jähzorn, Eigennutz und Spaltung« (Gal 5,20) wird. In diesem Fall sind Ordnung und Disziplin geboten. Auch diese sind (unter der Voraussetzung, daß sie ihrer Funktionalität entsprechen) Charismen. Sie schränken die anderen Charismen nicht ein, sondern umschreiben – im Gesamt und in Funktion der Gemeinde – ihren Gültigkeitsbereich.

7. Das Charisma der Einheit unter den Charismen: Gemeindekoordinator, Presbyter, Bischof, Papst

Von grundlegender Bedeutung ist für jede Gemeinde das Problem des inneren Zusammenhalts und der Einheit, zumal wenn sich Auflösung abzeichnet. Deshalb gibt es, unter anderen Gnadengaben, das äußerst wichtige Charisma der Verantwortung für die Harmonie unter all den verschiedenen und unterschiedlichen Charismen. Es ist denen eigen, die die Leitungsposten in der Gemeinde innehaben. Normalhin wird es als Hierarchie bezeichnet.

Das Neue Testament kennt noch keinen Ausdruck für das, was wir heute unter hierarchischer Funktion verstehen. Der ihr am nächsten kommende Begriff ist dem angesehenen deutschen Exegeten Ernst Käsemann zufolge eben der des Charisma.[10] Um das Charisma der Leitung in der Gemeinde zu verstehen, muß man von den durch die Geschichte vorgegebenen Modellen sowohl auf profaner (Monarchie, Feudalsystem, Demokratie) als auch auf kirchlicher Ebene (Bischof, Papst, Pfarrer) absehen. Gerade in diesem letzten Bereich gab es im Laufe der Geschichte ein erhebliches Quantum an Selbstsakralisierung. Das Neue Testament vermeidet sowohl eine profane als auch eine sakrale Begrifflichkeit. Damit die Sprache weder von Herrschaft (profane Macht) noch von Überhöhungen und Privilegien (sakrale Macht) verunreinigt wird, säkularisiert es die Nomenklatur völlig. Es verwendet – sosehr wir, die wir an byzantinische Titel gewöhnt sind, das auch als Skandal empfinden mögen – Begriffe, die lediglich profane Funktionen und Dienste beschreiben: *diakonia* und *oikonomia,* Dienst und Leitung des Hauses. Wie gesagt, existieren im Neuen Testament eigentlich keine Ämter, sondern nur Amts- oder Dienstträger. Im Hinblick auf sie, die für die Leitung der Gemeinde verantwortlich sind, wird einfach von Charismen der Leitung, des Vorsitzes, der Fürsorge und der Regierung (vgl. 1 Kor 12,28; 1 Thess 5,12; Röm 12,8; 1 Kor 16,16) gesprochen. Genannt werden auch *episkopoi* (Bischöfe) und *diakonoi* (Diakone: Phil 1,1). Entgegen unserem heutigen Verständnis haben Bischof und Diakon jedoch nichts mit Sakrament oder Gottesdienst zu tun. Dem Bischof, im direkten und einfachen Sinn, obliegen Aufsicht und Kontrolle, damit

---

[10] Vgl. *E. Käsemann,* Amt und Gemeinde im Neuen Testament, in: ders., Exegetische Versuche und Besinnungen, Bd. 1, Göttingen 1960, 109–134, v. a. 109; vgl. auch *W. Kasper,* Glaube und Geschichte (Anm. 2), 362–365.

alles zufriedenstellend funktioniert. Der Diakon – Diener oder Assistent würden wir heute sagen – bekleidet ein zweitrangiges Amt. Der Presbyter kommt aus einer anderen Tradition, aus dem Judentum nämlich. Presbyter bildeten den Kreis der Ältesten und Ehrwürdigsten in der Gemeinde, die sich um Fürsorge und Organisation zu kümmern hatten.

So dürfte ersichtlich geworden sein, daß die vorherrschende Bedeutung nicht vom Sakralen, sondern vom Dienst der Aufsicht, der Leitung und der Fürsorge bestimmt ist.

Der besondere Auftrag der Hierarchie (das heißt derer, die Leitungsämter bekleiden) besteht also nicht im Alles-an-sich-Ziehen, sondern im Integrieren, in der Sorge um Einheit und Harmonie unter den verschiedenen Diensten, ohne daß der eine den anderen an die Seite schieben, zum Schweigen bringen oder überfahren dürfte. Von dieser Funktion her ist es mit der unmittelbaren Unterordnung aller unter die Hierarchen vorbei. Die Hierarchen sollen sich nicht die anderen unterordnen, sondern den genau gegenteiligen Geist wecken: Brüderlichkeit und Einheit um den vom Geist geschaffenen Dienst (Hierarchie), damit sich ein lebendiger Regelkreis entwickelt und Spaltungen und Überheblichkeiten vermieden werden. Offensichtlich braucht dieses Charisma der Einheit noch andere Charismen: Dialog, Geduld, Hinhören, Heiterkeit, Menschenkenntnis und Durchblick durch die Mechanismen von Macht und Selbstbehauptung. In einer Basisgemeinde liegt diese hierarchische Funktion beim Koordinator, in einer Pfarrei beim Presbyter, in einem Bistum beim Bischof und in der Weltkirche, die ja die Gemeinschaft aller Kirchen untereinander ist, beim Papst.

Aufgrund des Charismas der Einheit führen sie den Vorsitz bei den gottesdienstlichen Feiern der Gemeinde und tragen die Hauptverantwortung für die orthodoxe Lehre wie auch für die Ausübung der Liebesdienste. Damit alles seine rechte Ordnung hat und funktioniert, steht es insbesondere ihnen zu, die Geister zu unterscheiden und dafür zu sorgen, daß die Charismen Charismen bleiben, indem sie Dienste am Wohl der Gemeinde sind *(Lumen gentium,* Nr. 12; *Apostolicam actuositatem,* Nr. 3).

Heute könnte dieses Organisationsmodell einen ganz neuen Stil prägen, nach dem Evangelium zu leben: in kleinen Gruppen, die zusammen ein großes Netz bilden, in das Laien, Ordensleute, Priester- und Bischöfe eingebunden sind. Ja, es besteht die Chance, daß die Kirche, welche da kraft des Geistes aus dem Glauben des Volkes geboren wird, diese von Paulus konzipierte Idee neu in die Tat umsetzt. Mindestens aber kann ein Geist entstehen, der in der Kraft des Heiligen Geistes die traditionellen hierarchischen Strukturen zu neuem Leben erweckt. Und die Geschichte des Heils zeigt, daß, wo der Geist am Werk ist, wir mit Neuem, Unerwartetem und Noch-nicht-Dagewesenem rechnen können.

Abkürzungen

AAS   Acta Apostolicae Sedis, Rom 1909 ff

CELAM   Consejo Episcopal de Latinoamérica
Lateinamerikanischer Bischofsrat

CChr   Corpus Christianorum, Turnholt 1953 ff

CLAR   Confederación Latinoamericana de Religiosos
Lateinamerikanische Vereinigung der Ordensleute

CNBB   Conferência Nacional dos Bispos do Brasil
Nationalkonferenz der Bischöfe Brasiliens

CSEL   Corpus Scriptorum Ecclesiasticorum Latinorum, Wien
1866 ff

LThK   Lexikon für Theologie und Kirche, 2. Aufl., hrsg. von
Josef Höfer/Karl Rahner, Freiburg/Basel/Wien 1957 bis
1968

PG   Patrologiae cursus completus, series graeca, hrsg. von
Jacques Paul Migne, Paris 1857–1866

PL   Patrologiae cursus completus, series latina, hrsg. von
Jacques Paul Migne, Paris 1844–1855

Puebla   Die Evangelisierung Lateinamerikas in Gegenwart und
Zukunft. Dokument der III. Generalkonferenz des
lateinamerikanischen Episkopats in Puebla, 13. 2. 1979
(Stimmen der Weltkirche, 8), hrsg. vom Sekretariat der
Deutschen Bischofskonferenz, Bonn 1979

RGG   Die Religion in Geschichte und Gegenwart, 3. Aufl.,
hrsg. von Kurt Galling u. a., Tübingen 1957–1965

SEDOC   Serviço de Documentação, Petrópolis 1968 ff

Norbert Greinacher

Die Kirche der Armen
Zur Theologie der Befreiung
3. Aufl., 14. Tsd. 1985. 177 Seiten. Serie Piper 196

Die »Theologie der Befreiung« entstand in Lateinamerika aus der
vielfältigen leidvollen Erfahrung der Unterdrückung der
Menschen in diesem Kontinent. Sie sieht das von Gott in Christus
geschenkte Heil als ganzheitliche Befreiung des Menschen, die alle
Dimensionen seines Lebens umfaßt.
Norbert Greinacher, der sich seit Jahren der Theologie der Befreiung
verpflichtet weiß, erläutert, was diese aktuelle theologische Richtung
heute bedeutet, und geht kritisch auf die Auseinandersetzung ein,
die um die Theologie der Befreiung in der ganzen Weltkirche wie auch
in der Bundesrepublik im Gange ist. Er verfolgt den Weg, den die
Theologie der Befreiung von der zweiten lateinamerikanischen
Bischofskonferenz in Medellin (1968) bis zur dritten lateinamerikanischen
Bischofskonferenz in Puebla (1979) eingeschlagen hat. Es wird
offensichtlich, daß sich die Theologie der Befreiung immer mehr als
eine Herausforderung für die Kirchen in der ersten Welt erweist.

Der Schrei nach Gerechtigkeit
Elemente einer prophetischen politischen Theologie
1986. 199 Seiten. Serie Piper 643

Theologie hat in ihrer gesamten Geschichte immer schon eine politische
Dimension gehabt. In dem Bemühen, die Sache des Jesus von Nazareth
heute ernsthaft zu reflektieren und glaubwürdig zu bezeugen,
muß sie eine prophetische politische Theologie sein, die über den Tag
hinausweist. In dieser Sammlung von Predigten, Aufsätzen und Reden
versucht der Autor, sich den Herausforderungen der Theologie der
Befreiung für die Christen der »Ersten Welt« zu stellen und Elemente
einer solchen prophetischen politischen Theologie zu entwickeln.

PIPER

Theologie bei Piper

Karl Barth
Kirchliche Dogmatik
Ausgewählt und eingeleitet von Helmut Gollwitzer.
320 Seiten. Serie Piper 692

Eugen Biser
Der Freund
Annäherungen an Jesus. 341 Seiten. Serie Piper 981

Das Buch der Bücher
Altes Testament
Einführung, Texte, Kommentare. Mit einer Einführung von Gerhard von Rad.
Herausgegeben von Hanns-Martin Lutz, Hermann Timm, Eike Christian Hirsch.
573 Seiten mit 4 Karten. Serie Piper 347

Das Buch der Bücher
Neues Testament
Einführungen, Texte, Kommentare.
Herausgegeben von Gerhard Iber, in Verbindung mit Hermann Timm.
Mit einer Einführung von Günther Bornkamm. 496 Seiten. Serie Piper 348

Georg Denzler
Lebensberichte verheirateter Priester
Autobiographische Zeugnisse zum Konflikt zwischen Ehe und Zölibat.
237 Seiten. Serie Piper 964

Georg Denzler
Die verbotene Lust
2000 Jahre christliche Sexualmoral. 378 Seiten. Geb.

Georg Denzler
Widerstand oder Anpassung?
Katholische Kirche und Drittes Reich. 155 Seiten. Serie Piper 294

PIPER

Theologie bei Piper

P**IPER**

Theologie bei Piper

Doris Kaufmann
Frauen zwischen Aufbruch und Reaktion
Protestantische Frauenbewegung in der ersten Hälfte des 20. Jahrhunderts.
Mit einem Vorwort von Elisabeth Moltmann-Wendel.
264 Seiten. Serie Piper 897

Wilhelm Korff
Wie kann der Mensch glücken?
Perspektiven der Ethik. 388 Seiten. Serie Piper 394

Gerhard Schmied
Kirche oder Sekte?
Entwicklungen und Perspektiven des Katholizismus in der westlichen Welt.
138 Seiten. Serie Piper 910

Helmut Thielicke
Mensch sein – Mensch werden
Entwurf einer christlichen Anthropologie. 526 Seiten. Kart.

Paul Tillich
Auf der Grenze
Eine Auswahl aus dem Lebenswerk. Mit einem Vorwort von Heinz Zahrnt zur Taschenbuchausgabe.
240 Seiten. Serie Piper 593

P<small>IPER</small>

Hans Küng

Christ sein
676 Seiten. Geb.

Ewiges Leben?
327 Seiten. Serie Piper 364

Existiert Gott?
Antwort auf die Gottesfrage der Neuzeit. 878 Seiten. Geb.

Freud und die Zukunft der Religion
160 Seiten. Serie Piper 709

Die Kirche
605 Seiten. Serie Piper 161

Rechtfertigung
Die Lehre Karl Barths und eine katholische Besinnung
Geleitbrief von Karl Barth. 393 Seiten. Serie Piper 674

Strukturen der Kirche
Mit einem Vorwort zur Taschenbuchausgabe und einem Epilog.
369 Seiten. Serie Piper 762

Theologie im Aufbruch
Eine ökumenische Grundlegung. 320 Seiten. Geb.

24 Thesen zur Gottesfrage
134 Seiten. Serie Piper 171

20 Thesen zum Christsein
75 Seiten. Serie Piper 100

PIPER

Hans Küng

Unfehlbar?
Eine unerledigte Anfrage.
Erweiterte Neuausgabe. Mit einem Vorwort zur
Taschenbuchausgabe von Herbert Haag.
267 Seiten. Serie Piper 1016

Katholische Kirche – wohin?
Wider den Verrat am Konzil.
Herausgegeben von Norbert Greinacher und Hans Küng.
467 Seiten. Serie Piper 488

Hans Küng / Josef van Ess / Heinrich von Stietencron / Heinz Bechert
Christentum und Weltreligionen
Hinführung zum Dialog mit Islam, Hinduismus und Buddhismus
631 Seiten. Geb.

Hans Küng / Julia Ching
Christentum und Chinesische Religion
319 Seiten. Geb.

Menschwerdung Gottes
Eine Einführung in Hegels theologisches Denken als
Prolegomena zu einer künftigen Christologie.
Mit einem Vorwort zur Taschenbuchausgabe.
704 Seiten. Serie Piper 1049

Walter Jens / Hans Küng
Dichtung und Religion
Pascal, Gryphius, Lessing, Hölderlin, Novalis,
Kierkegaard, Dostojewski, Kafka
388 Seiten. Serie Piper 901

PIPER

Heinz Zahrnt

Gotteswende

Christsein zwischen Atheismus und neuer Religiosität.
276 Seiten. Geb.

Heinz Zahrnt analysiert die religiöse Situation der Gegenwart und ihre Zukunftsperspektive. Der kämpferische, humanistische Atheismus des 19. Jahrhunderts ist zur religiösen Gleichgültigkeit verkommen, andererseits hat die globale Bedrohung der Menschheit einen »metaphysischen Schock« versetzt. Eine neue Gottsuche auf oft fragwürdigen Wegen ist die Folge. Wenn das Christentum den Dialog mit den Suchenden nicht scheut und auf eine Verbindung von Weltvernunft und Spiritualität hinarbeitet, kann es Antworten finden, die auch in der Zukunft tragfähig sind.

Jesus aus Nazareth

Ein Leben. 320 Seiten. Geb.
(Auch in der Serie Piper 1141 lieferbar)

Heinz Zahrnt hat *sein* Jesus-Buch geschrieben: keine Biographie, keine Christologie, sondern »ein Lebensbild, geformt aus den verschiedenen Aspekten seiner Erscheinung und so lebendig und anschaulich erzählt, wie Stoff und Autor es hergeben«.

Martin Luther

Reformator wider Willen. 264 Seiten mit 7 Abbildungen.
Serie Piper 5246

Die Sache mit Gott

Die protestantische Theologie im 20. Jahrhundert.
430 Seiten. Serie Piper 890

Westlich von Eden

Zwölf Reden an die Verehrer und die Verächter der christlichen Religion.
238 Seiten. Kart.

Wie kann Gott das zulassen?

Hiob – Der Mensch im Leid.
96 Seiten. Serie Piper 453

Piper 17/6c

PIPER

Russisches Christentum

Ein Lesebuch. Herausgegeben und eingeleitet von
Ingeborg Fleischhauer. 358 Seiten. Serie Piper 866

Vor genau tausend Jahren, im Jahre 988, begann die Christianisierung
Rußlands. Das russische Christentum hat eine große
Ausstrahlungskraft bewiesen, weit über die russisch-orthodoxe Kirche
hinaus. Dieser Band versammelt die wichtigsten russisch-christlichen
Denker; er enthält u. a. Texte von: Kirill von Turov, Nil Sorskij,
Josif Volocki, N. V. Gogol, F. M. Dostojevski, L. N. Tolstoj,
V. S. Solovjev, L. P. Karsavin, S. N. Bulgakov.

Die Theologie des 20. Jahrhunderts

Ein Lesebuch. Herausgegeben und eingeleitet von Karl-Josef Kuschel.
506 Seiten. Serie Piper 646

Das 20. Jahrhundert zählt sicherlich zu den spannendsten Epochen der
Theologie: Das Denken von Gott muß sich in einer zunehmend
säkularisierten Welt behaupten, neue Herausforderungen annehmen
und sich – nicht zuletzt von der Theologie selbst – immer wieder in
Frage stellen lassen. Wie kann man heute von Gott, von Jesus Christus
und dem Evangelium sprechen? In 6 Themenkreisen – Zugänge zu
Gott, Bilder von Gott, Annäherungen an Jesus, Visionen von Kirche,
große Themen, Grundentscheidungen – versammelt dieses Lesebuch
wichtige theologische Texte dieses Jahrhunderts.

Jüdische Theologie im 20. Jahrhundert

Ein Lesebuch. Herausgegeben von Schalom Ben-Chorin
und Verena Lenzen. 501 Seiten. Serie Piper 879

PIPER

Karl-Josef Kuschel

Jesus in der deutschsprachigen Gegenwartsliteratur

Mit einem Geleitwort von Walter Jens und einem Vorwort zur Taschenbuchausgabe.
394 Seiten. Serie Piper 627

Karl-Josef Kuschel stellt am Schnittpunkt von Theologie und Literatur dar, wie die
Jesus-Gestalt in der modernen Literatur gesehen wird. Er zeigt anhand wichtiger Texte
(u. a. von Böll, Frisch, Dürrenmatt, Andersch, Handke, Seghers, Celan) welche
überragende Bedeutung die Jesusfigur auch gerade für nicht-christliche Schriftsteller hat.

»Kuschel gelingt hier ein Unternehmen, wohl einzigartig im christlichen Schrifttum ...«
Zeitschrift für katholische Theologie

»Dieses Buch hält mehr, als der Titel verspricht ... Ein Buch, in dem die Dichtung so
ernst genommen wird wie die Theologie.«
Elisabeth Endres, Frankfurter Allgemeine Zeitung

Der andere Jesus

Ein Lesebuch moderner literarischer Texte.
Hrsg. von Karl-Josef Kuschel. 413 Seiten. Serie Piper 625

Diese Sammlung von modernen literarischen Texten zeigt, daß Jesus von Nazareth
die große Bezugsgestalt auch der zeitgenössischen Literatur ist. Dieser Jesus der
Literaten ist freilich zumeist ein anderer als der traditioneller Kirchlichkeit. Über Literatur
erschließt dieses Lesebuch einen neuen Zugang zur Gestalt des Nazareners. Es enthält
Texte u. a. von: A. Andersch, I. Bachmann, H. Böll, W. Borchert. B. Brecht, P. Celan,
H. Domin, I. Drewitz, F. Dürrenmatt, G. Eich, E. Fried, M. Frisch, G. Grass, P. Handke,
S. Heym, W. Hildersheimer, R. Hochhuth, W. Jens, M. L. Kaschnitz, W. Koeppen, R. Kunze,
K. Marti, L. Rinser, N. Sachs, W. Schnurre, A. Seghers, E. Zeller.

Weil wir uns auf dieser Erde nicht ganz zu Hause fühlen

Zwölf Schriftsteller über Religion und Literatur. In Zusammenarbeit mit
Hartmut Musmann. 180 Seiten. Serie Piper 414

Karl-Josef Kuschels Fragestil ist unaufdringlich, unapologetisch.
Literatur wird bei ihm nicht religiös vereinnahmt, sondern als Herausforderung an Theologie,
Kirche und Christentum erschlossen.

Lust an der Erkenntnis

Die Theologie des 20. Jahrhunderts. Ein Lesebuch. Hrsg. und eingeleitet von
Karl-Josef Kuschel. 506 Seiten. Serie Piper 646

Dieser zweite Band der Reihe »Lust an der Erkenntnis« will die Theologie unseres
Jahrhunderts mit wichtigen Autoren und Themen vorstellen. Etwa 50 kürzere,
repräsentative Texte zeigen die Entwicklung der modernen Theologie und eröffnen
einen Zugang zum christlichen Denken unserer Zeit.

PIPER